W0076367

Rainer Kapellen

Keine Zeit
-
Bin im Stress

Stress verstehen, beherrschen und vermeiden

 ForwardVerlag

 **Forward**Verlag

Keine Zeit – Bin im Stress
Stress verstehen, beherrschen und vermeiden.

Copyright © 2022 Rainer Kapellen
Forward Verlag, Paderborn
www.forwardverlag.de

1. Auflage

Autor: Rainer Kapellen
www.rainer-kapellen.de

Redaktion & Satz: Patrick Kapellen, Daniel Weiner
Kontakt: info@forwardverlag.de
Umschlaggestaltung, Illustration: StudyHelp GmbH
Druck: mediaprint solutions GmbH

Disclaimer / Haftungsausschluss
Die Erstellung dieses Dokumentes erfolgte mit höchster Sorgfalt, dennoch behalten wir uns ausdrücklich Änderungen, Irrtümer, Auslassungen und Fehler vor.

ISBN: 978-3-947506-88-0

Inhaltsverzeichnis

Einleitung

So geht's
Die Kunst der kleinen Schritte

Es gibt Tage, da steht man auf und man hat die Motivation eines Murmeltieres. Selbst der Gang zum Frühstück fällt einem schwer. Man sitzt gelangweilt am Tisch, stochert lustlos im Müsli und man fragt sich, wie man den Tag überstehen soll.

Sind wir mal ehrlich, solche Tage hat jeder von uns einmal. Die Angestellten schleppen sich nun ins Geschäft und versuchen mit der Unsichtbarkeitstaktik den Tag zu überstehen. Oder scrollen sich gelangweilt durch die E-Mail Liste. Andere, die die Möglichkeit besitzen, legen einen Tag im Homeoffice ein. Für selbstständige Unternehmer sind solche Tage besonders blöd, weil sie täglich einhundert Prozent für ihr Business geben wollen und sollen.

Kennst du das? Hast du auch solche Tage, wo nichts geht? Wo du unproduktiv bist...? Ist das normal? Oder schon der Beginn eines Burnouts...? Immerhin ...

- 87% aller Deutschen fühlen sich gestresst, das ist mehr als jeder 4. von 5. Schau dich um, wer ist nun derjenige?
- und über 40% fühlen sich von einem Burnout bedroht. Wahnsinn, oder?

Ja, so ein Burnout brodelt meist schon lange vor sich hin, bis es zum wirklichen Ausbruch kommt. "Ich kann nicht mehr" ist das Gefühl, was dann die Gedanken beherrscht. Betroffene Menschen laufen monate-, manchmal jahrelang auf Hochtouren, bis sie schließlich zusammenbrechen. Einfach nicht mehr können, nicht mehr wollen. Körper und Seele halten die Belastung nicht mehr aus, der ständig unterdrückte Hilferuf dringt nun auch nach außen.

Im ersten Teil des Buches findest du die Geschichte von Kerstin M.. Sie ist beispielhaft für eine Überlastung, die zum Dauerzustand wird. Mit Hilfe einer Reha fand sie in Leben und Job zurück. Ihr Burnout kam schrittweise, bis es schließlich zum Ausbruch führte. Doch der ist auch der Beginn einer Heilung und Reise zum eigenen Selbst.

Damit es gar nicht so weit kommt, findest du in diesem Buch zum einen die Erklärung dafür, was in unserem Alltag mit uns passiert, wenn wir nicht aufpassen, zum anderen viele kleine nützliche Tipps, sogenannte Quick-Wins, die du schnell und mühelos in deinen Alltag übernehmen kannst, ohne weitere endlose to-dos auf deiner Liste.

Lass dich darauf ein. Gemäß der "Kunst der kleinen Schritte".

„Die Kunst der kleinen Schritte" – von Antoine de Saint-Exupéry

Ich bitte nicht um Wunder und Visionen, sondern um Kraft für den Alltag. Lehre mich die Kunst der kleinen Schritte! Mach mich findig und erfinderisch, um im täglichen Vielerlei und Allerlei rechtzeitig meine Erkenntnisse und Erfahrungen zu notieren, von denen ich betroffen bin.

Mach mich griffsicher, in der richtigen Zeiteinteilung. Schenke mir das Fingerspitzengefühl, um herauszufinden, was erstrangig und was zweitrangig ist. Ich bitte um Kraft und Zucht, dass ich nicht durch das Leben rutsche, sondern den Tagesablauf vernünftig einteile, auf Lichtblicke und Höhepunkte achte, und mir Zeit für Besinnung, Erholung und kulturelle Freude nehme. Lass mich erkennen, dass Träume allein nicht weiterhelfen, weder über die Vergangenheit noch über die Zukunft. Hilf mir, das Nächste so gut wie möglich zu tun und die jetzige Stunde als die Wichtigste zu erkennen.

Bewahre mich vor dem naiven Glauben, es müsste im Leben alles glatt gehen. Schenke mir die nüchterne Erkenntnis, dass Schwierigkeiten, Niederlagen, Misserfolge, Rückschläge eine selbstverständliche Zugabe zum Leben sind, durch die wir wachsen und reifen.

Erinnere mich daran, dass das Herz oft gegen den Verstand streikt. Schick mir im rechten Augenblick jemanden, der den Mut hat, mir die Wahrheit in Liebe zu sagen. Ich möchte dich und die anderen immer aussprechen lassen. Die Wahrheit sagt man nicht sich selbst, sie wird einem gesagt. Ich weiß, dass sich viele Probleme dadurch lösen lassen, dass man nichts tut. Gib, dass ich warten kann. Du weißt, wie sehr wir der Freundschaft bedürfen. Gib, dass ich diesem schönsten, schwierigsten, riskantesten und zartesten Geschenk des Lebens gewachsen bin.

Verleihe mir die nötige Phantasie, im rechten Augenblick ein Päckchen Güte - mit oder ohne Worte – an der richtigen Stelle abzugeben. Mach aus mir einen Menschen, der einem Schiff mit Tiefgang gleicht, um auch die zu erreichen, die unten sind. Bewahre mich vor der Angst, ich könnte das Leben versäumen.

Gib mir nicht das, was ich mir wünsche, sondern das, was ich brauche.

Lehre mich die Kunst der kleinen Schritte!

Teil I

Bin ich noch leistungsfähig?
Eine Standortbestimmung

01 Was ist bloß los mit mir
Such dir deinen Säbelzahntiger

Um was es geht:

★ Wie unsere Sprache den Alltag beherrscht und vorgibt

★ Sind wir nicht auch bisschen "stolz", im Stress zu sein?

★ Warum du dir einen Säbelzahntiger suchen solltest

Der Begriff »Stress« gehört heute zum alltäglichen Sprachgebrauch. Er hat geradezu eine anhaltende Popularisierung erfahren wie kaum ein anderer Begriff

Vom Stress am Arbeitsplatz über den Leistungs-, Beziehungs- und Freizeitstress bis hin zum Stress im Straßenverkehr und auch im Urlaub gibt es kaum einen Bereich im Alltag, der nicht mit diesem Begriff verbunden wird. Ähnlich wie Burnout. Stress und Burnout ist aber nicht nur fester Bestandteil des Sprachgebrauchs Erwachsener. Schon im Grundschulalter kennt fast jedes Kind den Begriff Stress und verwendet ihn zur Kennzeichnung unterschiedlicher Belastungen (z. B. wenn es »Stress mit anderen Kindern« hat oder »Stress bei den Hausaufgaben«, wenn »ein Lehrer stresst«, oder es über »stressige Eltern« klagt).

„Ich bin gestresst!" ist eine vielgehörte Antwort auf die Frage nach dem Befinden, „Das kommt vom Stress" eine häufige Erklärung für das eine oder andere Zipperlein.

Leider wird Stress dabei oft einseitig als „äußeres Übel" beschrieben, dem man quasi hilflos ausgesetzt ist. Und oft dient der Hinweis „Ich bin im Stress!" dazu, eigene Fehler sich selbst und anderen gegenüber zu entschuldigen. Quasi, um einer kritischen Betrachtung des eigenen Fehlverhaltens bereits im Vorfeld den Wind aus den Segeln zu nehmen.

Und, sind wir mal ehrlich, mischt sich in die Klage über zuviel Stress nicht auch ein kleiner Unterton von Stolz mit ein? Ich bin wichtig, ich hab viel zu tun! Stress als Statussymbol, das Anerkennung von anderen verspricht.

Doch Stress ist zu einem der größten Gesundheitsrisiken in der modernen Arbeitswelt geworden.

Sechs von zehn Befragten klagen zumindest gelegentlich über typische Burn-out-Symptome, wie anhaltende Erschöpfung, innere Anspannung und Rückenschmerzen. Dies sind Ergebnisse einer aktuellen Umfrage der pronova BKK. Fast neun von zehn Deutschen sind von ihrer Arbeit gestresst. Und das teilweise so stark, dass bereits Warnzeichen für ein Burn-out auftreten. Mehr als die Hälfte der Arbeitnehmer leidet zumindest hin und wieder unter Rückenschmerzen, anhaltender Müdigkeit, innerer Anspannung, Lustlosigkeit oder Schlafstörungen.

Stress an sich ist nicht in jedem Fall negativ zu bewerten. Wissenschaftlich kann zwischen Eustress und Distress unterschieden werden. Positiver (Eu-) Stress beschleunigt und verleiht Schwung und Energie für bevorstehende Aufgaben. Er ist ein zündender Funke, das Glühen der Begeisterung. Das Gegenteil davon ist negativer (Di-)Stress. Er macht aus Menschen gereizte, leicht erregbare Personen. Die Grenzen zwischen beiden verschwimmen allerdings nicht selten, oft wird Stress erst als negativ wahrgenommen, wenn bereits erste schädliche Stresssymptome wahrzunehmen sind.

Wir alle erleben täglich Stresssituationen, denen wir nicht ausweichen können: Kinder morgens zur Schule bringen, mit dem Auto zur Arbeit fahren, am Samstagmittag Lebensmittel einkaufen, schwäbische Kehrwoche machen, aber auch die Scheidung der besten Freundin oder ein Krankheitsfall im nächsten Umfeld etc. Wir regen uns auf, sind angespannt, werden wütend, beginnen zu schwitzen, bekommen Kopfweh oder einen trockenen Mund. Ein jeder reagiert anders.

Diese Belastungen können von unserem Körper verkraftet werden, sie sind an sich nicht gesundheitsschädlich. Eine kurzfristige körperliche Aktivierung von Stresssymptomen, die in einem beständigen Wechsel von Phasen der Entspannung abgelöst werden, sind das Salz in der Suppe. Das macht das Leben „aufregend" und spannend.

Unser Reaktionsmuster bei körperlichen Stressreaktionen beruht aber auf einem sehr alten Reaktionsmuster, also aus der Urzeit. Uralte Überlebensmechanismen sorgen dafür, dass unser Nervensystem auf Gefahrensituationen mit Kampf- oder Fluchtreflexen reagiert.

Zur Verdeutlichung dient das Beispiel vom Neandertaler und Säbelzahntiger: Wenn der Neandertaler Hunger hatte und auf die Jagd ging und der Tiger kam vorbei, dann gab es zwei Möglichkeiten: Kampf oder Flucht. Der Stresspegel ging jedenfalls nach oben.

Hat sich der Neandertaler für Kampf, weil hungrig, entschieden, musste er gewinnen – dann hat er dazu ein super Abendessen für sich und seine Familie ergattert. Hat er gegen den Tiger verloren – nun, dann war es grad egal, ob er hungrig war ....

Hat er sich aber für Flucht entschieden, weil der Tiger zu groß war, musste er mit hungrigem Magen schnell rennen, um rechtzeitig auf den nächsten Baum zu kommen. Hat er es geschafft, gab es zwar nichts zu essen, aber er hat immerhin überlebt – Glückwunsch. War er nicht schnell genug: nun dann – siehe oben. Pech gehabt, eh egal.

So oder so: die kurzfristig bereitgestellten Zucker- und Fettreserven wurden verbraucht, die Stressreaktion gewissermaßen zu ihrem natürlichen Ende gebracht. Auch wenn der Neandertaler das eventuell nicht überlebt hat, der Organismus kam in jedem Fall wieder zur Ruhe.

Unser Problem heute ist nun: Wir kämpfen oder flüchten in Stresssituationen nicht, sondern wir leugnen es oder nehmen uns zusammen. Oder hast du schon mal gesehen, dass in einer Besprechung der gestresste Mitarbeiter (Neandertaler) über den Tisch hechtete und den Chef oder Kunden (Säbelzahntiger) im Angriffsmodus am Schlafittchen gepackt und mal kräftig durchgeschüttelt hat? Wäre übrigens mal echt eine spannende und reizvolle Situation...

Und seltenst hab ich auch gesehen, dass jemand eine Besprechung im Stress fluchtartig verlassen hätte und die nächsten Stunden abgetaucht ist (quasi auf dem Baum saß). Soll wohl eher vorkommen ...

Durch die Nichtreaktion setzen sich die Stresshormone in unserem Körper fest. Es erfolgt kein Abbau der bereitgestellten Energie mehr. Die Energie will eigentlich in Form einer Reaktion raus, prallt aber gegen eine Wand (die Belastung wird geleugnet), prallt zurück, nimmt neuen Anlauf, prallt wieder zurück. Sie ist gefangen.

Fett, Zucker und verklumpende Blutplättchen verstopfen nun die Blutbahn. Es kann zu Gefäßverengungen und schließlich zu einem vollständigen Gefäßverschluss (Infarkt) in Herz, Lunge oder Gehirn kommen.

Hinzu kommt: Gesundheitliches Risikoverhalten beschleunigt in solchen Fällen die negative Spirale noch zusätzlich. Rauchen und Alkohol, auch Medikamente und Aufputschmittel werden oft zur Beruhigung eingesetzt. Die Auswirkungen sind nicht nur auf körperlicher Ebene wahrzunehmen. Immer häufiger führt nichtabgebauter Stress auch zu emotionalen Störungen des psychischen Wohlbefindens. Der Weg zum Burnout ist nicht mehr weit...

Unser scheinbares Problem ist: Es fehlt heute einfach die Zeit für Erholung, meinen wir zumindest. Und deshalb werden präventive Maßnahmen immer ans Ende der viel zu langen to-do-Liste gesetzt, also quasi nie erreicht in der Reihenfolge der Abarbeitung.

Die Konsequenz daraus ist aber: Wir müssen für regelmäßige körperliche Aktivität sorgen, um die im Rahmen der Stressreaktion bereitgestellte Energie auch tatsächlich zu verbrauchen. Such dir also regelmäßig einen Säbelzahntiger.

02 Schlimmer als Organspende
Helden des Alltags

Um was es geht:

★ Was verstehst DU unter Stress?
★ Mein Stress gehört mir!

Bei meinen Vorträgen habe ich oft erfahrene Chefs und Führungskräfte vor mir sitzen. Die sind alle super professionell und wissen natürlich, wie der Hase läuft. Ich und gestresst? Ich doch nicht! Und ein Problem mit meinem Handykonsum hab ich doch auch nicht...

Ich mach dann oft den Gegenbeweis und lass erstmal alle ihre Handys herausholen. In diesem Fall ist das Handy-Daddeln ausdrücklich erlaubt. Ich bitte sie, WhatsApp oder einen anderen Messenger zu öffnen und zu dem Chat zu gehen, wo die meisten Herzchen und Küsschen drin sind. Wenn alle diesen Chat aufgerufen haben, kommt die Aufforderung, das Handy bei geöffnetem Chat mit einem Nachbarn zu tauschen...

Was denkst du, wie viele sofort bereit dazu sind und wie viele der vermeintlichen Helden bereits die ersten Schweißperlen auf der Stirn bekommen...? Für manche ist das Gefühl schlimmer als Organspende!

Erstaunlich dabei ist, etwa der Hälfte der Anwesenden macht das gar nichts aus, die anderen bereuen schlagartig, dass sie zum Vortrag gekommen sind, bekommen Schnappatmung und suchen verzweifelt den Notausgang.

Warum ist das so?

Im letzten Kapitel hast du erfahren, dass Stress ein populäres Wort geworden ist. Wenn also nun jemand sagt, »Ich bin im Stress«, scheinen zwar alle zu wissen, was gemeint ist, letztlich hat jedoch jeder, wie eben aufgezeigt, seine ganz persönlichen Vorstellungen und Erfahrungen.

Deshalb sollten wir zunächst mal klären, was wir eigentlich unter dem Begriff »Stress« verstehen und wie er zu definieren ist, damit wir uns auf eine gemeinsame Sprachregelung einigen können.

Und so wollen wir uns nun auch zunächst einmal der Frage widmen: Was ist eigentlich Stress, wie empfindest du Stress, was ist für dich Stress, was löst Stress bei dir aus und welche Reaktionen laufen ab?

Impuls:
Vervollständige die Sätze
Klärung Stressverständnis

Vervollständige doch mal für dich die folgenden drei Satzanfänge und such zu jedem Satz mindestens drei Beispiele.

- Ich gerate in Stress, wenn ...
- Wenn ich im Stress bin, dann ...
- Ich setze mich selbst unter Stress, indem ...

Probier es mal aus und schreib die Antworten in deinem Planer, PC oder Journal...

In meinen Seminaren erhalte ich individuell sehr unterschiedliche Antworten. Hier ein paar Beispiele:

Ich gerate in Stress, wenn ...

- ich die Erwartungen anderer nicht erfülle
- in Zeitdruck bin
- zu viele "Bälle" gleichzeitig spielen muss
- Entscheidungsdruck "zwischen Tür und Angel" habe
- mir Informationen für eine Entscheidung fehlen
- bestimmte Leute anrufen
- ...

Wenn ich im Stress bin, dann ...

- werde ich hektisch und unkonzentriert
- mache ich Fehler
- werde ich gereizt
- bekomme ich Herzklopfen
- fange ich zu schwitzen an
- kann ich schlecht einschlafen

- fahre ich leicht aus der Haut und werde laut
- rauche ich mehr als normal
- ...

Ich setze mich selbst unter Stress, indem ...

- ich mir zu viel vornehme
- ich es immer allen recht machen möchte
- ich Tagespläne aufstelle, die nicht zu schaffen sind
- ich alles perfekt erledigen möchte
- ich zu wenig Zeit dafür einplane
- ich mir selbst keine Ruhepausen gönne
- ich mich um alles selbst kümmern möchte
- ...

Denk daran: Diese Aufzählung ist nicht abschließend und kann bei dir vielleicht ganz anders aussehen.

Als Fazit kann man aber festhalten: Stress ist immer individuell!

Und glaube mir: Dein Stress gehört dir! Sag dir das immer wieder. Das ist vor allem immer dann hilfreich, wenn die sogenannten „Helden des Alltags" das Belastungserleben von anderen bagatellisieren oder herunterspielen wollen (das ist doch kein Stress oder wie kann man sich bloß über so etwas aufregen?). Lass dich also nicht beirren, wenn mal wieder alle meinen, es besser zu wissen – und mach den Handy-Test mit deinem Chef oder deinem Team.

Teil II

Einflussfaktoren für
Höchstleistungen

01 Nichts bleibt, wie es einmal war
Der Stress-Hocker

> ## Um was es geht:
>
> ★ Wie sich Stress entwickelt und deinen Alltag beeinflusst
> ★ Stressmodell auf 3 Ebenen

So, nun kannst du also den Begriff Stress einordnen und weißt inzwischen, dass Stress individuell ist. Das bedeutet natürlich auch, dass es nie eine Allround-Lösung, eine eierlegende Wollmilchsau für alle Stressgeplagten geben kann, zumal Stress nicht jeden Tag gleich auftritt, von der Tagesform abhängig ist. So individuell Stress also ist, so individuell muss auch die Lösung der Stressproblematik sein.

Dazu müssen wir nun etwas tiefer in deine persönliche Situation eintauchen.

Anhand der folgenden Grafik versuche ich nun, das Stressgeschehen allgemein darzustellen. Ich bediene mich dabei des Bildes vom Stress-Hocker mit seinen drei Beinen (angelehnt an das 3-Ebenen-Modell / Stressampel nach Gert Kaluza). Der Hocker, und damit dein Stresserleben, ist ausgeglichen, wenn alle drei Beine gleich lang und stabil auf dem Boden stehen. Knickt ein Bein weg, stürzt du ab. Steht der Hocker uneben oder ein Bein ist kürzer oder länger, wackelt der Hocker und dein persönliches Wohlbefinden gerät ins Wanken. Es ist deshalb wichtig, dass alle drei Beine stets gleich lang und stabil sind, damit du gut durchs Leben kommst.

Bei einem aktuellen Stressgeschehen lassen sich grundsätzlich immer drei Aspekte oder Ebenen (drei Hocker-Beine) voneinander unterscheiden:

- Da sind zum einen die äußeren belastenden Bedingungen und Situationen, die Stressoren genannt werden. Das sind die Störungen in unserem Alltag, die uns das Leben oft so schwer machen. Was das konkret bei dir sein kann, hast du im vorherigen Kapitel mit der ersten Frage beantwortet - "Ich gerate in Stress, wenn…"
- Diese Stressoren lösen körperliche und psychische Antworten deines Organismus auf diese Belastungen aus, die als Stressreaktionen bezeichnet werden. Das waren die Antworten zu Frage 2 – "Wenn ich im Stress bin, dann …"

- Die Klammer oder das Bindeglied zwischen Stressor und Stressreaktion (zwischen Reiz und Reaktion), das sind die Brandbeschleuniger, deine individuellen Motive, Einstellungen und Bewertungen. Sie sorgen dafür, dass du abgehst wie Harry – oder eben auch nicht. Sie werden persönliche Stressverstärker genannt. (siehe Frage 3 im vorherigen Kapitel: "Ich setze mich selbst unter Stress, indem...")

Dieses Schaubild zeigt die drei Ebenen des Stressgeschehens am Beispiel des Stress-Hockers:

Stressoren:
Ich gerate in Stress, wenn ...
Konflikte, Hetze, Termindruck,
Leistungsdruck, Störungen

Stressreaktion:
Wenn ich im Stress bin, dann...
körperliche Schmerzen, Gedankenkreisen,
Ängste, sichtbares Verhalten

Stressverstärker:
Ich setze mich selbst unter Druck, indem...
Ungeduld, Perfektionismus, Selbstüberforderung,
Einzelkämpfer

02 Ausgebremst! Hemmende Faktoren für gute Leistungen

Um was es geht:

★ Stresserleben früher und heute
★ Warum meine Mutter meint, Stress sei ein Luxusproblem der heutigen Gesellschaft
★ Was sind deine Belastungen und Herausforderungen im Alltag?
★ Erstelle deine Belastungshierarchie

Lass uns jetzt nochmals näher hinschauen: Stressfaktoren (Stressoren) sind Umweltreize, die körperliche und psychische Stressreaktionen hervorrufen. Das bedeutet, sie lösen biochemische Reaktionen aus, die zur Ausschüttung von Stresshormonen führen. Die wiederum versetzen unseren Körper in Alarmbereitschaft (siehe Neandertaler und Säbelzahntiger). Klingt dieser Zustand für längere Zeit nicht ab, schadet er der Gesundheit.

Stressfaktoren ändern sich, wenn sich die Gesellschaft wandelt: Früher spielten Stressauslöser wie Kälte, Hunger oder Verletzungen eine große Rolle. Heute machen überwiegend die psychosozialen Stressursachen die Menschen gereizt, hektisch und nervös. Typische Stressoren unserer modernen Gesellschaft sind:

- Leistungsdruck und Termindruck
- Multitasking
- Konflikte in der Schule, am Arbeitsplatz oder in der Familie
- Doppelbelastung durch Beruf und Familie
- schwere Krankheit oder Tod in der Familie
- Dauererreichbarkeit durch die Digitalisierung
- überzogene Anspruchshaltung gegenüber sich selbst
- Unzufriedenheit, Sorgen und Zukunftsängste
- ungesunde Ernährung
- Bewegungsmangel
- wenig oder gar keine Erholung

Meine Mutter zieht mich immer auf, wenn ich wieder mal keine Zeit für sie habe, weil alles grad „stressig" ist. Ist es ja auch (wieder mal), ich habe mir nämlich einen

Hund angeschafft. Und Welpen sind wie kleine Kinder. Stubenreinheit, nachts durchschlafen, Gehorsam ... Meine Mutter meint also, dass Stress ein Luxusproblem der heutigen Gesellschaft sei. Früher seien die Lebensumstände viel härter gewesen, das wäre echt Stress gewesen. Aber heute?

Nun gut, die Belastungen sind im Vergleich zu früher nicht unbedingt gravierender, aber halt andersartiger geworden. Früher war der Schwerpunkt der Belastungen mehr im körperlichen Bereich, während er heute eher im sozialen und mentalen Bereich ist. Schau dir doch nur die gesellschaftlichen Entwicklungen an: Komplexere Aufgaben, Beschleunigung, erhöhte Mobilität, ständige Erreichbarkeit, Informationsflut, Auflösung traditioneller Strukturen, globale Welt – nur um mal ein paar zu nennen.

Doch zurück zu dir: Wie sieht es denn mit deinen Alltagsbelastungen aus?

Impuls:
Check 1
Deine Belastungen im Alltag

Stress bedeutet für jeden etwas anderes. Was bedeutet Stress für dich persönlich? Was sind das für Dinge, die dich persönlich belasten und beunruhigen, von denen du dich überfordert fühlst, die dich hilflos machen oder über die du dich ärgerst? Geh mal die Checkliste durch.

In der linken Spalte findest du Beispiele für "stressige Situationen". In der ersten Durchsicht machst du ein Kreuz bei Ja oder Nein, wenn dich eine Situation belastet. Mehr nicht.

Danach folgt der zweite Durchgang zur Vergabe der Punkte. Du bekommst insgesamt 10 Punkte. Gewichte nun die Belastungen, die du mit JA angekreuzt hast, nach der Schwere der Belastung. Du kannst die 10 Punkte auf verschiedene Belastungen je nach subjektiv wahrgenommener Schwere verteilen. Du kannst natürlich auch alle 10 Punkte für eine Belastung vergeben. Die anderen Belastungen erhalten dann ggf. keinen Punkt.

Auf diese Weise erfährst du schon ein Stück weit, wo du mit deinem persönlichen Strategieplan zur Verbesserung deines Stresserlebens, den ich dir am Ende des Buches vorstelle, ansetzen kannst.

In meinem Alltag fühle ich mich belastet durch

	Ja	Nein	Punkte
Termin-, Zeitdruck			
Störungen, z.B. bei der Arbeit			
Dienstreisen oder lange Anfahrt zur Arbeit			
Ungenaue Anweisungen und Vorgaben			
Multitasking			
Konflikte am Arbeitsplatz			
Ärger mit dem Chef, Kollegen oder Kunden, persönliche Spannungen am Arbeitsplatz			
Ungerechtfertigte Kritik			
Dauerndes Telefonklingeln			
Informationsüberflutung			
Mangelhafte Kommunikation			
Probleme mit Kindern (Erziehung, Schule…)			
Doppelbelastung Familie / Beruf			
Ärger mit der Verwandtschaft			
Familiäre Verpflichtungen (Krankheit, Pflege)			
Hausarbeit, Verteilung			
Gesundheitliche Probleme bei mir oder anderen			
Ehe- oder Partnerschaftskonflikte			
hohe Verantwortung am Arbeitsplatz (großes Risiko, Schaden zu verursachen)			
Unzufriedenheit mit Arbeitsplatz (Unterforderung, kein Spaß)			
zu viel Arbeit			

mangelnde Anerkennung am Arbeitsplatz

häufig wiederkehrende Konflikte mit anderen
Personen (Nachbarn, Vermieter, Mieter)

Unzufriedenheit mit der Wohnsituation (Lärm, zu
kleine Wohnung, Lage)

Tagesablauf - keine Zeit für mich, zu wenig Schlaf

Angst vor Veränderung der jetzigen Lebenssituation,
z.B. durch Arbeitslosigkeit, Krankheit

Sonstiges.... gibt es weitere Belastungen in deinem
Alltag?

Meine persönliche Belastungshierarchie:

1 _____

2 _____

3 _____

4 _____

5 _____

03 Niedergestreckt
Die Auswirkungen von Leistungshemmern

Um was es geht:

★ Wer immer das Gleiche tut, bekommt immer das gleiche Ergebnis
★ Wie Dortmunder einem Schalke-Fan geholfen haben
★ Stell deine Brandbeschleuniger auf den Prüfstand

Verschiedene Personen reagieren auf dieselbe Situation höchst unterschiedlich, je nachdem, wie sie diese Situation (primäre Bewertung) und ihre eigenen Bewältigungskompetenzen (sekundäre Bewertung) einschätzen. In beiden Phasen der Informationsverarbeitung können deine Brandbeschleuniger zum Einsatz kommen. Je nach Tagesform wirst du ein Ereignis eher positiv oder negativ wahrnehmen, wirst du deine eigenen Kräfte und Ressourcen als ausreichend oder nicht einschätzen, und wird auch deine Interpretation einseitig ausfallen oder nicht.

Dazu ein Beispiel aus eigenem Erleben:

Als mein Herzensclub Schalke 04 sich in der Saison 2020/21 aufmachte, den Rekord von Tasmania Berlin mit den meisten Spielen ohne Sieg zu knacken, war ich beinahe jedes Wochenende dem Kollaps nahe (Phase 1, subjektive Bewertungen). Das war für viele Oberschwaben, wo die Bayern hoch im Kurs sind und allenfalls noch vom VfB Stuttgart übertroffen werden, völlig unverständlich. Und es ist den Schalkern am Ende nicht mal gelungen, den Negativ-Rekord zu übertreffen, sie schafften lediglich 30 Spiele ohne Sieg (Tasmania 31). Es folgte ein epochaler Abstieg in die 2. Liga.

Doch inzwischen war ich schon abgehärtet und jede weitere Niederlage wurde von mir mit stoischem Gleichmut ertragen (Phase 2, kann ich´s ändern?). Ich musste lediglich mit einem kleinen Rückschlag leben, als zu Beginn der Saison 2021/22 in der 2. Liga so etwas wie Hoffnung auf den sofortigen Wiederaufstieg aufkeimte (Phase 3 – Meister der Herzen, UEFA-Cup-Sieger: war da nicht was früher?). Doch ich hab mich schnell berappelt, denn die Niederlagenserie geht auch in Liga 2 weiter, der Trainer (der wievielte in zwei Jahren?) steht kurz vor seiner Ablösung und der Verein befindet sich erneut in den hinteren Tabellenregionen (zum Zeitpunkt, als ich diese Zeilen schreibe). Also: alles beim Alten, wozu diese Aufregung, keep cool und adaptiere dich ins Unvermeidliche, hast ja eh keinen Einfluss darauf... (Phase 4 – Konzentration auf meinen Einflussbereich, Fügung ins Unvermeidliche).

Es hatte sich bei mir in diesem Beispiel ein gewisser „Lernprozess" eingestellt. Wenn die immer gleiche Situation (sieglos) auf die immer gleiche Einstellung stößt (das kann doch nicht wahr sein!), wird am Ende immer Frust und schlechte Laune übrigbleiben. Also musste ich meine Einstellung zur Niederlagenserie ändern, denn die Situation als solche (Niederlagenserie) war ja nicht in meinem Einflussbereich. Ich musste das Ergebnis quasi mit den Augen eines Dortmunder Fußballfans betrachten. Als mir dies gelang, konnte ich mich auch mit dem Abstieg arrangieren.

Anders sieht es aus, wenn sich in unterschiedlichen Situationen gleichartige Bewertungsmuster immer wieder wiederholen. Dann scheinen dabei bestimmte Grundannahmen bzw. fest eingerichtete „Programme" eine Rolle zu spielen. Diese Grundannahmen kommen von früheren Erfahrungen, die ursprünglich die Funktion hatten, das „Überleben" unter schwierigen Bedingungen zu sichern. Sie werden in der Gegenwart bei ähnlichen Ereignissen unbewusst und automatisiert aktiviert – ohne Abgleich mit neuen Informationen. So triggert zum Beispiel die Kritik des Vorgesetzten ein Schema der Selbstabwertung, das in der Kindheit durch Reaktionen der Eltern auf schulische Probleme geprägt wurde (ich bin sowieso ein Versager).

Solche stressverschärfenden inneren Einstellungen und Grundannahmen in Bezug zu sich und anderen wirken wie Brandbeschleuniger, wie sich selbst erfüllende Prophezeiungen und werden immer wieder als »wahr« erlebt. Sie sind deshalb besonders hartnäckig gegenüber Veränderungen. Aber sie lassen sich natürlich relativieren oder auch verändern, wenn du sie auf den Prüfstand stellst, und wenn dabei neue, positive Erfahrungen gemacht werden können. Dazu mehr im Teil III.

04 Wieso geht Harry ab?
Konzept der Brandbeschleuniger

Um was es geht:

★ Wie Brandbeschleuniger funktionieren
★ Wie innere Einstellungen dein Leben beeinflussen - gut und weniger gut
★ Checkliste zum Herausfinden deiner Brandbeschleuniger

Wie funktionieren nun diese Brandbeschleuniger?

Wie jeder Mensch hast sicher auch du ganz normale menschliche Motive oder auch Ziele, etwas, das du mehr oder weniger stark für dich und dein Leben anstrebst. Jetzt gibt es aber Situationen, da werden Motive oder Ziele dermaßen als das Nonplusultra postuliert, als etwas, was unbedingt eintreten oder passieren muss. Ihre Erfüllung ist scheinbar absolut notwendig für das eigene innere Gleichgewicht, für das Wohlbefinden und ganz besonders für das Selbstwertgefühl.

Das merkst du durch Formulierungen wie „muss" oder „sollte", an Worten wie „immer", „niemals", „auf gar keinen Fall" und an sonstigen Superlativen.

Ich ertappe mich immer wieder dabei, aus meinen Fachbüchern sogenannte „Essentials", also die „Best-of-the Best" herauszuschreiben und zusammenzufassen – ich könnte ja mal davon profitieren und etwas davon benötigen. Nach ein paar Seiten merke ich, dass es wahnsinnig zeitintensiv und eigentlich völliger Quatsch ist, da ich die bisherigen Zusammenfassungen der letzten 100 Bücher noch nie angesehen habe. Aber jetzt hab ich schon angefangen, also mach ich das Buch noch durch. So halb fertig macht die Sache ja auch keinen Sinn, und falls ich tatsächlich mal den Aufschrieb ansehe ... also Augen zu und durch!

Brandbeschleuniger sind also ein starrer und übersteigerter innerer Sollwert. Es handelt sich um interne Anforderungen, die wir an uns selbst richten, um die innere „Richtschnur", um Wünsche und Ziele oder auch soziale Normen, die wir im Laufe des Lebens entwickelt haben.

Wie innere Einstellungen unser Leben beeinflussen

Man sieht, was man kennt, und man tut, was man kann. Einstellungen, Überzeugungen und persönliche Motive (z. B. »bloß keine Gefühle zeigen«, »am besten macht man alles allein«) stehen oft »hinter« unseren alltäglichen Gedanken und bestimmen, wo´s lang geht. Sie stammen aus früheren Erfahrungen, meistens aus der Kindheit, haben sich über viele Jahre etabliert und immer wieder »selbst« bestätigt, und manche sind schon Teil unserer Persönlichkeit geworden. Neue Erfahrungen werden relativ schnell den schon vorhandenen Schubladen zugeordnet und so entstehen gedankliche und verhaltensmäßige Gewohnheiten.

Beispielsweise wird jemand, der in der Kindheit schon Einsamkeit erfahren hat, leicht Beweise dafür finden, dass sich (auch heute) keiner für ihn interessiert. Er filtert die Informationen heraus, die er zur Bestätigung dieser Grundannahme braucht. Solche gedanklichen Schubladen haben viele Vorteile: Sie helfen »aufzuräumen«, sind zeitsparend, schützen vor Reizüberflutung und Selbstverunsicherung.

Problematisch ist halt, dass sie nicht immer genau für neue Situationen passen. Wir versperren uns damit neuen Möglichkeiten und Optionen und unsere Handlungsspielräume bleiben ungenutzt. Wer als Kind beschämende Erfahrungen, zum Beispiel im Musikunterricht, gemacht hat, wird wohl künftig nicht mehr in Gemeinschaft singen – höchstens noch allein unter der Dusche. Er wird viele peinliche Bestätigungen für sein Selbstkonzept »ich kann nicht singen« sammeln und es dadruch immer mehr verfestigen.

Viele haben diese Überzeugungen vollständig aufgesaugt. Sie nehmen das wahr, was sie wahrnehmen wollen, und sie interpretieren ihre Erfahrungen so, dass sie das Bild von sich selbst und der Welt immer neu bestätigen (sich selbst erfüllende Prophezeiung).

Doch das kann man ändern: Wer achtsam ist und die Bereitschaft mitbringt, bestimmte Situationen und Herausforderungen immer wieder neu zu betrachten, dem ist es möglich, sich von seinen Vorbehalten zu lösen und seine ungeprüften Annahmen in den Hintergrund zu schieben. Diese Neu-Gier wird sich auch auf sozialen Beziehungen auswirken, nämlich als größere Bereitschaft, anderen ehrlich und aufrichtig zuzuhören, ihnen nach Missverständnissen eine neue Chance zu geben und versöhnlicher mit (ihren) Fehlern umzugehen.

Was sind denn deine Brandbeschleuniger oder stressverschärfenden Gedanken, Motive und Einstellungen? Mach doch gleich mal den Check!

Impuls:
Check 2
Stressverschärfende Gedanken

- Geh die Checkliste durch und setz dein Kreuz. Wie sehr stimmst du den Aussagen zu?
- Auf welche Gedanken bist du bei der Bearbeitung des Arbeitsblattes gestoßen, die dir vertraut sind?
- Wie wirken sich diese Gedanken auf deine Gefühle und dein Handeln aus?
- In welchem Zusammenhang siehst du diese Gedanken mit deinem alltäglichen Stresserleben?

Die Auswertung erfolgt im nächsten Kapitel. Sie zeigt dir auf, welche Antreiber bei dir besonders stark ausgeprägt sind.

Zunächst wird's aber kurz wissenschaftlich, damit du auch verstehen kannst, was da eigentlich dahintersteckt. Mit dieser Kenntnis wird es dir später umso leichter gelingen, erfolgreich gegenzusteuern.

	Trifft voll zu	Trifft ziemlich zu	Trifft etwas zu	Trifft nicht zu
Wie sehr treffen folgende Aussagen auf dich zu?	**3**	**2**	**1**	**0**

01. Am liebsten mache ich alles selbst.

02. Aufgeben kommt für mich niemals in Frage.

03. Es ist entsetzlich, wenn etwas nicht so läuft, wie ich will.

04. Ich muss unter allen Umständen durchhalten.

05. Wenn ich mich wirklich anstrenge, dann schaffe ich es.

06. Es ist nicht akzeptabel, wenn ich eine Arbeit nicht schaffe.

07. Ich muss den Druck (Angst, Schmerzen, etc.) auf jeden Fall aushalten.

08. Ich muss immer für meinen Betrieb da sein.

09. Man muss wirklich hart gegen sich selbst sein.

10. Es ist wichtig, dass ich alles unter Kontrolle habe.

11. Ich will die anderen nicht enttäuschen.

12. Es gibt nichts Schlimmeres, als Fehler zu machen.

13. Auf mich muss 100%iger Verlass sein.

14. Es ist schrecklich, wenn andere mir böse sind.

	Trifft voll zu	Trifft ziemlich zu	Trifft etwas zu	Trifft nicht zu
Wie sehr treffen folgende Aussagen auf dich zu?	**3**	**2**	**1**	**0**

15. Starke Menschen brauchen keine Hilfe.

16. Ich will mit allen Leuten gut auskommen.

17. Es ist schlimm, wenn andere mich kritisieren.

18. Wenn ich mich auf andere verlasse, bin ich verlassen.

19. Es ist wichtig, dass mich alle mögen.

20. Bei Entscheidungen muss ich mir 100% sicher sein.

21. Ich muss ständig daran denken, was alles passieren könnte.

22. Ohne mich geht es nicht.

23. Ich muss immer alles richtig machen.

24. Es ist schrecklich, auf andere angewiesen zu sein.

25. Es ist ganz fürchterlich, wenn ich nicht weiß, was auf mich zu kommt.

05 Gut zu Wissen
Konzept und Herkunft der Antreiber

Um was es geht:

★ Herkunft und Definition von Antreibern
★ Diese Brandbeschleuniger hat jeder - die 5 häufigsten Antreiber
★ wie du die negative Wirkung verstehen kannst
★ So kommt es zum Energieraub!
★ Wie du die Brandbeschleuniger erkennen kannst
★ Auswertung: deine persönlichen Brandbeschleuniger

Herkunft des Konzepts der Antreiber

Das Konzept der Antreiber aus der Transaktionsanalyse (TA) ist ein sehr nützliches Modell, um die Psychodynamik des Selbstwertgefühls und dessen Zusammenhang mit zwischenmenschlichen Beziehungen zu verstehen. Die Transaktionsanalyse ist eine tiefenpsychologische Methode, gegründet vom Psychiater Eric Berne in den 50er und 60er Jahren in den USA.

Ein Kernstück der TA ist das Konzept der unbewussten Lebensskriptmuster, die einen wahnsinnigen Einfluss haben auf unser Denken, Fühlen und Verhalten. Antreiber sind ein Teil dieser Lebensskriptmuster. Antreiber können leicht entdeckt werden aufgrund unseres Verhaltens und typischer Denkmuster, wie sie sich in unseren inneren Dialogen zeigen.

In den 70er Jahren entwickelten Bernes Kollege Taibi Kahler und seine Mitarbeiter aus klinischen Beobachtungen heraus das Konzept der Antreiber. Durch das Studieren kurzzeitiger Verhaltenssequenzen wie Wortverwendung, Modulation, Mimik, Gestik, Körperhaltung und Wortwahl fanden sie die fünf typischen Antreibermuster heraus.

Definition von Antreibern

Antreiber sind elterliche Botschaften an Kinder, die meist gutgemeint sind, aber ratschlagmäßig vorgeben, wie die Kinder sich verhalten sollen, um den elterlichen Ansprüchen und Vorstellungen gerecht zu werden. Das kennst du sicher auch. Folgt ein Kind diesen Anweisungen, kann es sich der Anerkennung der Bezugspersonen ziemlich sicher sein. D.h., dann fühlt es sich akzeptiert. Und wer will das nicht. Mit den Antreibern hat das Kind quasi einen „Kompass" zur Hand, der ihm in neuen Situationen sagt, wonach es sich richten kann, um die Zustimmung der anderen Menschen zu erhalten.

Innere Antreiber - Wie sie dich stressen und was du dagegen tun kannst

1. Die fünf inneren Antreiber

Das sind die 5 inneren Antreiber (Brandbeschleuniger). In jedem Unternehmen oder Organisation gibt es bestimmte Personen, die überall vorkommen. Du kennst also sicher auch den Herrn Wegmann. Oder die Lisa. Oder Lasse, André und Andrea. Vielleicht heißen sie bei dir anders, aber glaub mir: Sie sind da! Und lieber Herr Wegmann, liebe Lisa, Lasse, André und Andrea - ich kenn euch nicht persönlich - und ihr seid auch gar nicht persönlich gemeint. Jede Ähnlichkeit mit Personen gleichlautenden Namens ist nämlich rein zufällig und völlig unbeabsichtigt. Auch Kevin konnte nichts dafür, dass er alleine in New York war.

1. **Sei perfekt!** Entspricht Herrn Wegmann mit seinem korrekt sitzenden Anzug und seiner Pünktlichkeit;
2. **Sei beliebt!** Entspricht Lisa, der guten Seele im Betrieb;
3. **Streng Dich an!** Entspricht Lasse mit seinen ständigen Sorgenfalten auf der Stirn;
4. **Sei stark!** Entspricht André, der sich seinen Stress nicht anmerken lässt;
5. **Beeil Dich!** Entspricht Andrea, die ständig noch Aufgaben erledigt.

Im Grunde genommen repräsentieren die inneren Antreiber positive Eigenschaften wie:

1. Genauigkeit und Fehlerlosigkeit (Sei perfekt!)
2. Freundlichkeit und Liebenswürdigkeit (Sei beliebt! Mach's allen Recht!)
3. Gründlichkeit und Durchhaltevermögen (Streng Dich an!)
4. Stärke und Unabhängigkeit (Sei stark!)
5. Schnelligkeit und die Fähigkeit, Chancen zu nutzen (Beeil dich!)

Das Konzept der inneren Antreiber beschreibt ein übertriebenes, gelegentlich unpassendes Ausleben dieser Eigenschaften. Wenn der Antreiber die Kontrolle übernommen hat, können Menschen nicht mehr wählen, ob sie beispielsweise etwas perfekt machen oder ob sie freundlich sein wollen. Sie werden von ihrem Antreiber dazu gezwungen.

Ihnen zu folgen, kann Zeit und Kraft kosten. Ihnen nicht zu folgen, führt zunächst zu schlechten Gefühlen, wie dass man sich nicht gut genug fühlt.

Je nach Ausprägung beeinflussen uns die inneren Antreiber enorm, vor allem das Verhalten und das Erleben. Gerade in Stress- oder Konfliktsituationen werden sie unpassend aktiv. Dann kann die ganze Denk- und Ausdrucksweise von ihnen geprägt sein.

Sie können sogar so mächtig sein, dass sie beinahe jede Äußerung eines Menschen bestimmen oder zumindest färben können, seien es:

- Sprache: Lisa mit ihrem "Sei beliebt - Antreiber" (mach es allen recht) spricht fast immer höher als ihre natürliche Stimme.
- Körperhaltung: Sie hat den Kopf häufig zur Seite geneigt.
- Gesichtsausdruck: Ihre Gesichtsbewegungen sind weich und von zustimmendem Lachen gezeichnet.
- Verhalten gegenüber anderen: In Unterhaltungen mit ihrem Chef nickt sie häufig mit dem Kopf, weil sie glaubt, ihm auf diese Art zeigen zu können, dass sie besonders gut zuhört. Zudem kann sie nicht nein sagen.
- Die Art, wie an Dinge herangegangen wird: Lisa denkt beim Wochenendeinkauf zuerst daran, was ihr Mann gern isst. Sich selbst stellt sie oft hintenan.

2. Was sind die inneren Antreiber?

Taibi Kahler (1977) hat durch Verhaltensbeobachtungen herausgefunden, dass Menschen dazu neigen, bestimmte Verhaltensgewohnheiten lieber und häufiger einzusetzen als andere.

Im Alltag ist dies für die meisten Menschen leicht zu erkennen. Sie sprechen dann aber nicht von inneren Antreibern, sondern eher von einem Typus:

- "Das ist so ein Strahlemann."
- "Der ist ein Perfektionist."
- "Sie ist eine Hektikerin."

Fast immer werden die beobachtbaren Verhaltensweisen, die aus den inneren Antreibern resultieren, als positive Eigenschaften in Begegnungen wahrgenommen. Auch die "Träger" dieser Eigenschaften selbst nehmen sie positiv wahr. Für sie sind es deshalb positive Eigenschaften, weil sie dazu schon häufig positive Rückmeldungen von ihren Freunden und Bekannten erhalten haben.

Lass uns beim Beispiel des immer freundlichen Mitmenschen bleiben, Lisa. (Antreiber: "Sei beliebt! Und mach es allen recht").

So legt uns die Lebenserfahrung nahe, dass dieses Verhalten zwar oft passend ist, dass es aber mit Sicherheit auch Situationen gibt, wo dieses Verhalten unpassend oder sogar schädlich ist.

Wenn dem "Immer-freundlich-und-gefällig-Typus" zum Beispiel

- etwas weggenommen wird,
- wenn er eigentlich etwas nicht so recht will,
- schon genügend zu tun hat,
- jemand die Grenzen überschreitet
- oder unverschämt wird,

müsste er andere Verhaltensweisen an den Tag legen. Und genau an dieser Stelle wird es problematisch: Zur Abwendung des konflikthaften Geschehens setzt dieser Typus immer und immer mehr seine bisherige freundliche und nette Art ein.

Obwohl er immer mehr Energie einsetzt, bleibt der erhoffte Erfolg aus. Jemand, der unverschämt ist, fühlt sich eher dazu ermutigt, noch unverschämter zu sein, anstatt zu merken, dass er eine Grenze überschritten hat, weil sie nicht nein sagen kann.

Nach Taibi Kahler sind alle Antreiber in jedem Menschen angelegt. Jeder von uns weist Verhaltensweisen auf, die jeweils einem der fünf inneren Antreiber zugeordnet werden können. Es gibt jedoch einen stärksten, einen zweitstärksten, und so weiter.

Antreiber können auch als Kombination im gleichen Verhalten auftreten. Wenn die hastige Andrea mit dem "Beeil dich Antreiber" losläuft, um das vergessene Laptop-Kabel zu holen, kann es sein, dass sie den "Sei gefällig, Beeil Dich, Sei perfekt und Streng Dich an Antreiber" zur gleichen Zeit lebt.

Niemand steht ständig unter dem Einfluss der inneren Antreiber. Sie werden eher in bestimmten Situationen und im Zusammenhang mit gewissen Personen ausgelöst. Meistens gerade dann, wenn in irgendeiner Form nicht alles rund läuft.

3. Ihre negative Wirkung verstehen

Die inneren Antreiber wirken sich deswegen negativ aus, weil sie auch in unpassenden Situationen einen Anspruch auf hundertprozentige Erfüllung stellen.

So können wir beispielsweise nur bedingt beeinflussen, ob uns jemand mag. Schafft es jemand mit einem "Sei gefällig Antreiber" nicht, bei jemandem anzukommen, kommt es zumindest zu einem inneren Unbehagen.

Antreiber haben oft nur wenig mit einer angemessenen Reaktion auf gegenwärtige Ereignisse zu tun. Sie sind eher ein verinnerlichtes Verhaltensmuster, das nicht hinterfragt und reflektiert wurde. Menschen, die als Kinder das Verhaltensmuster der Antreiber entwickelt haben, stellen sich gefühlsmäßig diese Frage: "Was kann ich tun, damit ich ein Gefühl von gemocht werden empfinde?"

Die jeweiligen inneren Antreiber bieten eine Antwort. Ihnen zu gehorchen, verdeckt seither eine darunter liegende Thematik. Nämlich das Gefühl des "Nicht-Okay-Seins", also des "nicht gut genug Gefühls". Anders ausgedrückt: Ein Mensch mit Antreiber erlebt sich so lange als in Ordnung, solange er perfekt, beliebt usw. ist.

Solange wir den vorgeschriebenen Regeln der inneren Antreiber gehorchen, befinden wir uns in einer Position des "bedingten In-Ordnung-seins". Nur unter der

Bedingung, dass wir perfekt oder beliebt sind, uns anstrengen, stark sind oder schnell, sind wir in Ordnung, fühlen uns gemocht und sicher. Ein paar Beispiele:

- Du sollst als Kind aufhören zu weinen. Du erlebst dich erst als "in Ordnung", wenn du deine Gefühle unterdrückst. Ein "Sei stark!"-Antreiber könnte die Folge sein.
- Das ständige Augenverdrehen der Eltern verstehst du als Kind so, dass du nervig bist. Du entwickelst daraufhin einen „Sei beliebt"-Antreiber, indem du ohne jeglichen Widerstand alles machst, was die Eltern dir sagen. Fortan bestimmt "mach es allen recht" dein Verhalten.
- Du bekommst von deinen Eltern nur Aufmerksamkeit, wenn du Leistung erbringst. So hast du Angst in der Schule schlechte Noten zu bekommen und willst alles perfektionieren, um dir eine 1 zu sichern. Du hast einen „Sei perfekt"-Antreiber entwickelt.

Wenn du einen inneren Antreiber bewusst und sofort unterbrichst, kann es passieren, dass du umgehend mit den darunter liegenden unangenehmen Gefühlen konfrontiert wirst, die der Antreiber zu überdecken versucht. Diese unangenehmen Gefühle sind Ausdruck einer unbewussten Thematik, die bearbeitet werden kann.

Löst du die unter dem Antreiber liegende Thematik auf, wird auch die Zwanghaftigkeit des Antreibers nicht mehr benötigt. Er kann dir dann in seiner erlösten Form gute Dienste leisten. Das bedeutet, dass du schnell, stark usw. sein kannst, wenn du es willst und wenn du es als passend erachtest.

Das Gefühlsleben hinkt Veränderungswünschen häufig etwas hinterher. Wenn du dich beispielsweise entscheidest, nicht mehr gefällig zu sein, kann es durchaus sein, dass du noch eine Weile Scham oder ein anderes negativ empfundenes Gefühl spürst.

Lass dich dadurch nicht irritieren. Wenn du dranbleibst, dann stellt sich ein stimmiges Gefühl ein. Dann ist die Veränderung zu einer neuen Gewohnheit geworden.

4. Wie kommt es zum Energieraub?

Wenn Kinder ihre Sprache und dabei ihre neuronalen Strukturen und Systeme entwickeln, spielen Wiederholungen eine wichtige Rolle. Im Regelfall sind die Eltern und die nahen Familienangehörigen wie Geschwister oder Großeltern die ersten Bezugspersonen.

Das Überlebensprinzip, mit dem Babys, Kinder und auch Erwachsene ausgestattet sind, lautet Sicherheit. Zwei Grundbedingungen sind für dieses Sicherheitsbedürfnis Voraussetzung:

4.1 Die Notwendigkeit in einer sozialen Gruppe einen Platz zu haben und geborgen zu sein

Bei 1. ist die wichtigste Bedingung, überhaupt wahrgenommen zu werden. Wir wollen Beachtung finden. Eine der schlimmsten Erfahrungen für ein Kind (das gilt übrigens auch für Erwachsene) ist es, wenn die Bezugspersonen und Beteiligte sich so verhalten, als wäre es gar nicht da. Jedes Kind ist angewiesen auf Beachtung. "Übersehen zu werden" ist eine schlimme Verletzung.

Manche Kinder entdecken, dass es möglich ist, Beachtung zu erzwingen. Es ist für sie ein Leichtes herauszufinden, was die Eltern auf die Palme bringt. So bekommen die Kinder wenigstens Beachtung in Form von Strafen. Dieser Mechanismus kann lebenslang beibehalten werden oder bei einem neu auftretenden Mangel an Beachtung wieder neu aktiviert werden.

Im Normalfall bekommt ein Kind ausreichend positive Beachtung:

- Es wird genährt, wenn es Hunger hat.
- Es wird getröstet, wenn es weint oder traurig ist.
- Es wird geschützt, wenn es sich bedroht fühlt.

Zuwendung zu bekommen, ist der sicherste Beweis, aufgehoben und in einer Gemeinschaft gehalten zu sein.

4.2 Verlässliche Abläufe und Strukturen im Verlauf der Zeit geboten zu bekommen

Der 2. Aspekt besteht darin, verlässliche Strukturen vorzufinden. Er bedient gleichermaßen das Sicherheitsbedürfnis. Spätestens dann, wenn ein Kind ein Zeitgefühl entwickelt hat, taucht das Bedürfnis auf, zu wissen, wie es weiter geht. Was passiert in einer Stunde, was morgen, was, wenn ich groß bin, und so weiter.

Gleichartig wiederkehrende Situationen in nicht allzu großen Zeitabständen stärken das Gefühl, verlässlich in die Zukunft blicken zu können. Das abendliche Ritual des Vorlesens, regelmäßige Mahlzeiten oder Morgenrituale sind Beispiele für diese strukturgebenden Abläufe. Sie geben einem Kind Orientierung und Sicherheit im Zeitverlauf.

Den beiden Aspekten des Sicherheitsbedürfnisses gegenüber steht ein Hunger nach Anregung, Stimulation und Erregung. Unser Nervensystem funktioniert nicht ohne Anregung. Es bricht zusammen, wenn man einem Menschen diese Anregung entzieht.

Beispielsweise kann das bei langen Krankenhausaufenthalten oder Inhaftierung der Fall sein. Das wird Hospitalismus genannt. Aber auch als Foltermethode ist dieses Phänomen bekannt. Es ist Folter für Menschen, wenn man ihnen den hell-dunkel Rhythmus (z.B. Dunkelhaft), Geräusche und Bewegung entzieht. Damit kann man Menschen in den Wahnsinn treiben.

5. Entwicklung der Antreiber - Die Einflüsse von außen

Im konkreten Erlebensbereich eines Kleinkindes spielen spezifische Bedingungen eine prägende Rolle:

Stell dir vor, du wirst als drittes Kind geboren. Du bist ein Mädchen, und du findest eine ältere Schwester und einen älteren Bruder vor. Beide haben die Bedingungen für Zuwendung schon herausgefunden und sie haben sich ihren Platz in der Familie eingerichtet. Da sie unterschiedlichen Geschlechts sind, war das gar nicht so schwer. Die Schwester ist das quirlige Mädchen und der Bruder der lausbubenhafte Junge. Jetzt kommst du dazu.

Welche Rolle bleibt dir oder wird dir angeboten?

Du merkst, dass deine Mutter froh wird, wenn du nicht so anstrengend wie deine Geschwister bist, nicht so draufgängerisch wie dein Bruder. Und schon gar nicht so quirlig wie deine Schwester. Man kann dich sogar ohne Bedenken für ein paar Wochen zu Oma geben, weil du ja so gut zu haben bist.

Es kommt noch ein Geschwisterkind nach dir. Ein Junge, der häufig kränklich ist. Er zieht auch noch einiges an Aufmerksamkeit ab.

Du lernst, dass deine Eltern nicht alles mitbekommen, was dir widerfährt, oder es nur beiläufig kommentieren. Wenn du in beängstigenden Situationen bist, musst du schauen, wie du alleine zurechtkommst.

Wenn du den Impuls hast, wütend zu sein, weil du ungerecht behandelt wurdest, musst du dieses Gefühl unterdrücken. Denn die Momente, in denen du Beachtung und Zuwendung erfährst, sind die, wo du pflegeleicht, ruhig und brav bist. Also entwickelst du die Fähigkeit, Gefühle zu unterdrücken. Insbesondere Wut und Angst.

Diese Fähigkeit verfestigt sich in deinem Nervensystem als automatisierte Verhaltensrichtlinie und sie wird für dich normal. Du kannst nichts Auffälliges an dir entdecken. Emotional kontrolliert zu sein, wird in vielen Bereichen der Gesellschaft sehr geschätzt. So zum Beispiel bei Rettungssanitätern, Juristen und Führungskräften - um nur einige zu nennen.

Du sagst unbewusst zu dir selbst: "Wenn du Zuwendung und Anerkennung willst, dann sei immer cool und stark." Gerade in Situationen, in denen du selbst in Bedrängnis bist und es dir besonders wichtig ist, dein Sicherheitsgefühl wiederzuerlangen, wird sich der "Sei stark Antreiber" besonders stark in Deinem Denken, Fühlen und Verhalten ausdrücken.

Hinter unserem Handeln stecken also verinnerlichte elterliche Haltungen und Erwartungen, die du dir zu eigen gemacht hast. Innere Antreiber zeigen sich als unbewusste Automatismen, die unser Denken, Fühlen und Verhalten bestimmen.

6. So kannst du sie erkennen

Du kannst Antreiber anhand verschiedener Indizien erkennen. Es reicht jedoch nicht aus, sie an Floskeln oder Gesten festzumachen. Es kann sehr sinnvoll sein, ein Gefühl dafür zu entwickeln, welche Stimmung der Antreiber bei dir und anderen entstehen lässt, wenn du in verschiedenen Situationen bist.

Es gibt jedoch allerhand Hinweise auf Antreiber, die du auch beobachten kannst. Jeder Antreiber wird gekennzeichnet durch eine typische Kombination von:

- Wortwahl
- Sprechweise
- Gesichtsausdruck
- Gesten
- Körperhaltung

Sätze wie „Ich mach das immer wieder, obwohl ich es nicht will." oder „Warum passiert mir das immer wieder?" oder „Warum schaff ich es nicht, mich abzugrenzen?" deuten darauf hin, dass jemand unter stark ausgeprägten Antreibern leidet.

Hier kannst du versuchen zu hinterfragen, welche Stimmen du hörst, welche dir immer wieder begegnen und vielleicht schon aus der Erwartungshaltung der Eltern (oder anderer Bezugspersonen) kennst. Diese Stimmen oder inneren Antreiber lassen sich durch gezielte Befragung klar definieren.

Und das sind die fünf Antreiber der Transaktionsanalyse

1. Sei (immer) perfekt!

„Mache alles genau und möglichst vollkommen!"

Wer ist nicht davon befallen? Wohl nur wenige. Es geht um den Wunsch nach Erfolg und Selbstbestätigung durch gute Leistungen. Wer diesem Antreiber folgt, hält Fehler für nicht akzeptabel, vor allem die eigenen. Es wird keine Ruhe gegeben, bis auch alles perfekt ist, restlos, einwandfrei. Und, bitte, am besten nochmal prüfen!

Berichte werden überarbeitet, viermal, verworfen und neu geschrieben, der Mülleimer quillt schon über; E-Mails benötigen Stunden, vor allem die knappen Dreizeiler dauern ewig, Prüfungs- und Abgabetermine werden verschoben, da sich immer noch eine Wissenslücke auftut oder tun könnte. Oder Ausbildungen, Fortbildungen, Jobs und Hobbys werden gar nicht erst begonnen; Schließlich wäre man ja Anfänger! Und wenn schon Anfänger, dann bitte erst im sozialen Abseits, im Keller, auf dem Dachboden, im Geheimen: Niemand darf davon erfahren oder Unvollkommenes sehen. Dann lieber gar nicht erst anfangen – oder jemals zum Ende kommen. Ach, wie viel hat die experimentierende Digitalgesellschaft verbessert! Und um wie viel mehr Qualität durch ausuferndes Testen, durch Probieren, Experimentieren und einfach machen sind wir heute bereichert?! Um so viel mehr!

Aber zurück zum Perfekt-Antreiber: Erwartungen müssen generell übererfüllt werden, alles andere ist Schluderei. Kompromisslosigkeit ist ein vorherrschender Wesenszug, v.a. gegenüber sich selbst. Tests, Entwürfe, Ping-Pong im Team…all das geht gar nicht, sondern ist ein Zeichen von Schludrigkeit, Dilettanterei, Versagerei! Mit Abscheu blickt der Perfektionist auf die Hilflosigkeitsversuche der anderen – und mit Angst auf die eigenen Umsetzungsmöglichkeiten.

Diese Stimmen deuten auf den „Sei perfekt"-Antreiber hin:

- Wenn ich etwas mache, dann gründlich und ohne Fehler!
- Ich muss noch besser werden!
- Ich darf keine Fehler machen!

2. Sei beliebt - Mach's anderen (immer) recht!

„Sei lieb, andere sind wichtiger, ihre Bedürfnisse gehen immer vor!"

Auslöser ist das Bindungsmotiv, also der Wunsch nach Zugehörigkeit, nach Angenommensein und Liebe. Wer diesem Antreiber folgt, macht sein inneres Wohlbefinden davon abhängig, ob der andere sich wohl fühlt. Er wird voller Unsicherheit immer wieder auf den anderen eingehen, bis dieser sich „wohlfühlt". Wer es „anderen (immer) recht macht", glaubt, die Verantwortung für das Wohlbefinden und die Gefühlswelt des anderen zu haben oder übernehmen zu müssen. Bloß die Wünsche und Bedürfnisse der anderen richtig erfassen (ohne nachzufragen!), wie es ihnen tatsächlich geht und die „Wünsche" immer im Voraus schon wissen und erfüllen! Undenkbar erscheint es, dass der andere bereits ohne diese „Hilfe" zufrieden und glücklich wäre. Undenkbar ebenso, dass die Mach's-recht-Angetriebenen zunächst an sich selbst denken dürften, ehe sie an die anderen denken! Das führt mitunter zu sozial akzeptierten, wenn auch diktierenden Maßnahmen (denn ein Aufschub wird nicht geduldet!)!

Andererseits, ja keine Kritik üben! Dem anderen vermeintlich nicht zu nahe treten, auch wenn er grad durch den eigenen persönlichen Vorgarten trampelt. Es immer und allen recht zu machen, das „ist eine Kunst, die niemand kann"…

Mach's-recht-Machende phantasieren die Bedürfnisse ihrer Umwelt und machen sie sich zur Erfüllungsaufgabe – und manchmal landen sie auch einen Treffer.

Diese Stimmen deuten auf den „Sei beliebt - Mach's recht"-Antreiber hin:

- Ich möchte akzeptiert und geliebt werden!
- Dabei verzichte ich gern auf meine eigenen Interessen!

- Ich kann nicht „Nein" sagen!
- Ich möchte Harmonie um mich herum!

3. Streng dich (immer) an! Halte durch!

„Nichts ist leicht, mache alles mit viel Aufwand, gib nicht auf!"

Wer diesem Antreiber folgt, arbeitet unbewusst nicht um der Zielerfüllung willen, sondern um des Arbeitsaufwandes willen. Gut ist die Arbeit nur, wenn sie „im Schweiße des eigenen Angesichts" erbracht wird. Das Leben ist eines der Schwersten! Nicht klagen, kämpfen! Nur nicht lockerlassen, keine Müdigkeit vortäuschen, Arbeit ist Anstrengung; was leicht von der Hand geht, ist nichts wert! Das kann ja jeder!

Sonne, Lächeln, Leichtigkeit?! Wo kommen wir denn da hin! „Lockeren Schrittes" geht gar nicht; Beim Gehen wird geschlürft, als lasten die Weltenprobleme auf den eigenen Schultern! Atlas ist der Typ, bei dem empathische Kompetenzen spürbar werden. Die Lippen sind häufig gepresst, das Grinsen kommt verkniffen und neue Gesprächsthemen werden mit einem schweren Seufzer eingeleitet. Es wird sich nicht hingesetzt, es wird sich buchstäblich fallengelassen! Alles ist schwer. Vor allem die eigene Aktentasche! Dienstreisen geraten bei den Angestrengten schon mal zu halben Umzügen. Digitale Bücher? Was soll der Mist, ist doch viel zu leicht. Echte Bücher die Wälzer, die ihre Bedeutung in Kilogramm verraten. Generell ist alles schwierig und eigentlich unmöglich, aber versucht wird's dennoch, denn zu schaffen ist es eh' nicht. Aber irgendwer muss ja! Hilft ja nichts. Gemacht muss es werden. Sisyphus war im Grunde ein glücklicher Mensch! Das muss mal gesagt werden.

Diese Stimmen deuten auf den „Streng dich an"-Antreiber hin:

- Für Erfolg muss ich hart arbeiten!
- Es muss schwer gehen, sonst ist es nicht sinnvoll!
- Ich gebe nie auf!
- Ich schaffe es auch ohne Hilfe!

4. Sei (immer) stark! Sei unabhängig!

„Beherrsche Dich, fühle nicht, mache es allein und ohne zu klagen!"

Im Hintergrund dieses Stressverstärkers steht das Autonomiemotiv, der Wunsch nach persönlicher Unabhängigkeit und Selbstbestimmung. Menschen mit einem stark ausgeprägten Autonomiestreben erledigen deshalb ihre Aufgaben am liebsten allein und machen Schwierigkeiten, Sorgen und Ängste mit sich allein aus. Es fällt ihnen schwer, andere um Hilfe oder Unterstützung zu bitten und sich anderen anzuvertrauen. Sie versuchen unter allen Umständen gegenüber sich und anderen das Bild der Stärke und Unabhängigkeit aufrechtzuerhalten. Dass ein solches Verhalten längerfristig leicht in die Selbstüberforderung bis zur Erschöpfung führen kann, liegt auf der Hand.

Das Leben ist eiserne Konsequenz. Beiß' auf die Zähne, beherrsche Dich, gib' Dir keine Blöße, bewahre Haltung, klage nicht, heul' nicht herum. „Sei stark!" ist der Aufruf zum Heldentum, der Versuch, nicht zu fühlen, Gefühlen keinen Raum zu geben, auch wenn sie emotional nicht zu verhindern sind. Und der Körper wird beherrschbar gemacht. „Körperbeherrschung" – ein schillerndes Wort für die Starken, Schmerzfreien, Harten.

Der Unterschied zu den Angestrengten? Wenn die Harten in den Garten kommen, finden sie die Angestrengten, die dort seit Monaten die Arbeit verrichten, schon vor. Wenn die Starken nicht fühlen, sind es die Angestrengten, die es immer schwer brauchen.

„Sei stark!" tötet das Lebendige und Humane und gebiert Spartanertum. Es sind die Starken, die sich gewissermaßen als Teil der 300 „fühlen" wollen.

Diese Stimmen deuten auf den „Sei stark"-Antreiber hin:

- Ich schaffe das allein!
- Ich darf keine Gefühle zeigen!
- Ich muss Haltung bewahren!
- Zähne zusammen und durch!

5. Beeil dich (immer)! Behalte die Kontrolle!

„Sei noch schneller und erledige alles im größtmöglichen Tempo!"

Wer diesem Antreiber folgt, ist schnell unterwegs, immer und überall, verschwindet buchstäblich aus dem „Hier und Jetzt", vertreibt sich und sieht in der Uhrzeit nur Verlust.

Der Takt ist bei ihm immer hoch, ist stets eng getaktet; Rhythmus ist ihm ein Graus, jedenfalls die Phasen der Ruhe und Entspannung. Unruhe ist sein Thema, Getriebensein ist das für ihn vorbehaltene Wort und doch ist er immer zu spät. Gibt es mal eine Pause, ist sie meist erzwungen; sie werden als Möglichkeiten zur Nach- und Aufholarbeit eingesetzt.

Effizienz ist sein Lieblingsthema, Zeitmanagementsysteme seine Arena. Und beides bringt er mit seinem Treiben in Verruf. Abschiede erfolgen im Gehen, E-Mails gleichen Bombardements, Telefonanrufe Gewehrsalven, weil er nicht zuhören kann, geschweige denn aufnehmen – er ist meist schon so voll, bis oben hin.

So isst er auch: Es gibt keine Mahl-, sondern nur Schling- und Stopfzeiten, wenn überhaupt. Eine Zigarette tut's auch, hastig im Gehen, wenn's das Smartphone zulässt. Essen und Schlafen? Ist sowas von 20. Jahrhundert!

Diese inneren Stimmen deuten auf den „Beeil dich"-Antreiber hin:

- Ich muss mehrere Dinge gleichzeitig erledigen!
- Ich darf keine Zeit verlieren!
- Ich bin der Motor, der alles vorantreibt!
- Ich bin ständig in Bewegung und dauernd beschäftigt!

Um Klarheit über deine Antreiber zu bekommen, kannst du die Checkliste im vorherigen Kapitel ausfüllen. Damit lässt sich die Stärke deiner inneren Antreiber messen. So erhältst du schnell eine Idee davon, wie sehr du von deinen inneren Antreibern geprägt bist. Die Auflösung kommt am Ende dieses Kapitels.

Lerne den Umgang mit ihnen

Antreiber, Brandbechleuniger oder Stressverstärker und die damit verbundenen Verhaltensweisen beinhalten durchaus auch positive Aspekte. Sie haben auch Talente bei dir hervorgebracht. Es geht im Weiteren darum, die positiven Seiten zu bewahren und zugleich die negativen, stresserzeugenden Seiten möglichst zu verringern.

Der Unterschied zwischen einem noch schadhaften inneren Antreiber und einem erlösten besteht darin, dass die entwickelte, neue Form keine Zweifel mehr am Selbstwert aufkommen lässt, sondern Freiheit für angemessenes Verhalten lässt.

Du kannst Dich beeilen oder auch nicht und fühlst Dich bei beiden Entscheidungen gut.

Oder Du kannst etwas perfekt machen, musst es aber nicht. Das eigene Lebensgrundgefühl wird nicht mehr von einer solchen Entscheidung negativ beeinflusst.

Wenn Du unter Druck gerätst, geben Dir die unerlösten inneren Antreiber die falschen und gefährlichen Signale. Folgst Du ihnen, gerätst Du immer tiefer in die Verschlimmerungs-Spirale. Erlangst Du jedoch diese neue Freiheit, bist Du nicht mehr gefährdet von der Klippe des Burnouts zu stürzen.

So, das war nun der ernstere und formelle Teil. Nun bist du sicher gespannt, welches „Programm" denn bei dir hinterlegt ist. Sicher hast du dich in der einen oder anderen Beschreibung wiedergefunden, mehr oder weniger ausgeprägt. Auf der nächsten Seite findest du die Auswertung für den Check 2 (Seite 27) und kannst dein persönliches Profil deiner Brandbeschleuniger erstellen. Pass aber genau auf, die Auswertung ist etwas tricky und soll geplante Angaben („ich muss das so und so beantworten, dann kommt ein gutes Ergebnis für mich raus") etwas verhindern.

Impuls:
Arbeitsblatt
persönliches Stressverstärkerprofil

Hier geht es um die Auswertung von Check 2 – deine „Stressverschärfenden Gedanken"

Auswertung der Checkliste „Stressverschärfende Gedanken"

Addiere die Punkte zu den Gedanken 6, 8, 12, 13 und 23

W 1 =

Addiere die Punkte zu den Gedanken 11, 14, 16, 17 und 19

W 2 =

Addiere die Punkte zu den Gedanken 1, 15, 18, 22 und 24

W 3 =

Addiere die Punkte zu den Gedanken 3, 10, 20, 21 und 25

W 4 =

Addiere die Punkte zu den Gedanken 2, 4, 5, 7 und 9

W 5 =

Setze in der folgenden Tabelle ein Kreuz bei dem Punktwert (01-15), den du für den jeweiligen Stressverstärker errechnet hast. So erhältst du dein persönliches Stressverstärkerprofil.

	01	02	03	04	05	06	07	08	09	10	11	12	13	14	15
W 1 = **Sei Perfekt!**															
W 2 = **Sei beliebt!** **Mach´s allen** **recht!**															
W 3 = **Sei stark! Sei** **unabhängig!**															
W 4 = **Beeil dich!** **Behalte** **Kontrolle!**															
W 5 = **Streng dich an!** **Halte durch!**															

06 Ausgetickt!
Wie dich deine Brandbeschleuniger schachmatt setzen

Um was es geht:

★ Wie Körper und Geist auf zu viel Stress reagieren
★ körperliche und seelische Symptome - Hinweise auf Stress?

Der menschliche Körper reagiert auf Stresssituationen heute noch wie vor Tausenden von Jahren. Du erinnerst dich an das Urprogramm beim Neandertaler, wenn der Säbelzahntiger vorbeikommt? Er bereitet sich auf Flucht oder Angriff vor. Der Organismus mobilisiert kurzfristig sämtliche Reserven. Stresshormone werden freigesetzt. Sie mobilisieren Energiereserven wie Zucker und Fett, erhöhen den Blutdruck und die Pulsfrequenz und beschleunigen die Atmung. Die Muskulatur wird auf Leistung getrimmt. Andere Funktionen wie die Immunabwehr, die Verdauung und Sexualfunktionen werden heruntergefahren, die Aufmerksamkeit und Konzentrationsfähigkeit lassen nach. Das alles geht mit einer Drosselung der körpereigenen regenerativen Funktionen einher.

Am Arbeitsplatz führen die ausgelösten körperlichen Reaktionen allerdings nicht in notwendige körperliche Aktivitäten. Unter Dauerstress stößt der Organismus immer wieder neu Mobilisierungsprozesse an, bleibt aber durch den Bewegungsmangel im Büro körperlich blockiert. Dies kann zu einer Vielzahl von körperlichen und psychischen Symptomen und bei längerem Andauern auch zu ernsthaften gesundheitlichen Schäden führen.

Der Begriff der Stressreaktion bezeichnet also zusammenfassend alle Prozesse, die von der betroffenen Person als Antwort auf einen Stressor in Gang gesetzt werden. Diese Antworten können

- auf der körperlichen
- auf der gedanklichen
- und auf der Verhaltens-Ebene ablaufen.

Oft schaukeln sich die drei Ebenen wechselseitig auf, sodass es zu einer Verstärkung oder Verlängerung der Stressreaktion kommt. Es kann sich ein regelrechter Teufelskreis entwickeln... (Ärger über Ärger – Angst vor der Angst ...) ...

Wenn jemand permanent unter starkem Stress steht, bleiben die Stresshormone – dazu gehören zum Beispiel Adrenalin, Noradrenalin und Cortisol – auf einem unnatürlich hohen Niveau. Der Mensch fühlt sich quasi andauernd in einer Bedrohungssituation und ist auf dem Sprung, entweder anzugreifen oder davonzurennen. Alle Stressreize werden sensibler wahrgenommen, hängen eng miteinander zusammen, beeinflussen sich gegenseitig und lassen sich im Alltag oft gar nicht voneinander trennen.

Die nachfolgend aufgelisteten körperlichen und seelischen Symptome können auf Stress hindeuten:

Körperliche Symptome:

- Herzklopfen – Herzrasen – Schmerzen und Beengungs- oder Druckgefühle in der Brust, Herzinfarkt
- Erhöhter Blutdruck
- Eingeschränkte Leistungsfähigkeit, Hirninfarkt
- Magenschmerzen – Übelkeit
- Chronische Verstopfung oder häufiger Durchfall
- Kurzatmigkeit
- Schlafstörungen
- Muskelzucken
- Verspannungen
- Chronische Müdigkeit
- Kopfschmerzen
- Unspezifische Schmerzen, Verringerte Schmerztoleranz
- Hautausschläge
- Anfälligkeit für Allergien
- Ohnmachtsanfälle
- Erhöhte Anfälligkeit für Infektionskrankheiten
- Wiederaufbrechen früherer Krankheiten
- Drastischer Gewichtsverlust oder -zunahme in kurzer Zeit
- Veränderungen im Menstruationszyklus
- Diabetes, erhöhter Cholesterinspiegel
- Infektionserkrankungen, ungünstiger Verlauf von u.a. Tumorerkrankungen
- Tinnitus, Hörsturz, Ohrgeräusche
- Zyklusstörungen, Unfruchtbarkeit, Impotenz
- ....

Psychische Symptome:

- Stimmungsschwankungen
- Grübeln
- Reizbarkeit

- Angespanntheit
- Gefühle des Ausgelaugtseins und der mangelnden Lebensfreude
- Zynismus
- Gefühle der Nervosität, Ängstlichkeit, Unruhe
- Panikattacken
- Gefühle der Hilflosigkeit
- Verlust des Selbstvertrauens
- Mangelnde Konzentrationsfähigkeit
- Rückzug in Tagträume
- Antriebsschwäche
- erhöhte Reizbarkeit
- depressive Verstimmungen und Burnout

Auch Veränderungen im Sozialverhalten können als Reaktion auf chronische Stresssituationen gesehen werden.

Veränderungen im Verhalten:
- Neigung zu Unfällen
- Niedrige Arbeitsleistung
- Vermehrtes Rauchen
- Vermehrte Abhängigkeit von Medikamenten (insbesondere Schmerz-, Schlaf-, Beruhigungs- oder Aufputschmittel)
- Heißhunger oder Appetitlosigkeit
- Verändertes Schlafverhalten, Einschlafschwierigkeiten oder das Gefühl völliger Erschöpfung beim Aufwachen
- Nachlassendes Interesse an Sexualität
- Schlechte Zeitplanung
- Sprachstörungen
- Rückzug aus wichtigen privaten Beziehungen
- Tendenz, verstärkt Büroarbeiten zu Hause zu erledigen
- Keine Entspannungspausen, keine Urlaube
- Mangelndes Interesse am eigenen Wohlergehen

Die Palette der Reaktionen, die Stress auslösen können, ist sehr breit. Jede Art von Reaktion, die außerhalb des Normalen liegt, kann Teil deiner Stressreaktion sein. In der Regel hat jeder Mensch einen oder einige wenige Körperteile oder Organe, die als „Stress-Anzeiger" dienen – dort macht sich der Stress als Erstes bemerkbar.

Bei mir persönlich zeigen zuerst Nacken und Rücken durch Verspannung und Schmerzen zu viel Stress an. Warnstufe 2 ist bei mir immer Kopfweh, wenn die Beschwerden ausstrahlen. Nachdem ich aber diesen „Ablaufplan" entdeckt und aufgeschlüsselt und Joggen als ein Stress-Bewältigungsmittel für mich entdeckt habe, treten diese „Pseudo-Kopfschmerzen" bei mir zum Glück nicht mehr bzw. selten auf.

Besonders diese körperlichen Symptome sind eine deutliche Warnung deines Körpers: Es ist zu viel, deine Belastung ist zu groß, du hast zu viel Stress! Du kannst absolut sicher sein, dass dein Körper dich aus dem Verkehr zieht, wenn du bei solchen Warnsignalen einfach weiter machst wie bisher. Dies macht er z.B. mit einem schweren grippalen Infekt, einer Migräne, einem Hexenschuss, einem Bandscheibenvorfall, einer Entzündung etc. Wenn das nicht reicht, folgen irgendwann Herzinfarkt, Burnout etc. - Sei also gewiss, dein Körper sitzt am längeren Hebel!

Außerdem machen diese Stressreaktionen auf Dauer chronisch krank. Denn im Dauerstress wird der Körper so in Mitleidenschaft gezogen, dass Krankheiten und chronische Beschwerden entstehen. Die treten dann unabhängig vom Stress dauerhaft auf. Sie sind sehr schwer, manchmal gar nicht mehr zu kurieren.

07 Warum wir wirklich ausbrennen
Wenn die Maske zerbricht: Burnout

Um was es geht:

★ Alles fängt mal ganz harmlos an - So kommt es zum Burnout
★ Faktoren, die eine Burnout-Konstellation erhöhen
★ Persönlichkeitsmerkmale eines typisch Burnout-Gefährdeten

Was machst du, wenn du dir eine schwere Erkältung oder einen fiesen Magen-Darm-Virus einfängst? Klar: Du meldest dich krank und kurierst dich zuhause aus. Aber was machen viele, wenn es ihnen mal psychisch nicht gut geht? Wenn sie sich erschöpft oder niedergeschlagen fühlen? Sie reißen sich immer wieder zusammen und marschieren zur Arbeit.

Frauen tun diese Beschwerden als Nichtigkeit ab.

Männer maskieren diese Symptome oft. Sie ignorieren meistens Probleme, die sie selbst betreffen, egal ob psychischer oder physischer Natur. Bei beginnendem Burnout versuchen einige, die Krise durch Aggressivität oder erhöhtem Alkoholkonsum zu übertünchen, andere versuchen, den Stress durch riskantes Verhalten wie schnelles Autofahren buchstäblich in andere Bahnen zu lenken.

Aufgepasst Männer und Frauen! Das ist ganz falsch - und auch gefährlich! Psychische Erschöpfung hat nichts mit persönlicher Unfähigkeit zu tun, sondern ist ein wichtiges Alarmzeichen, dass man(n) oder Frau überfordert ist. Denn diese Versuche verstärken über kurz oder lang nur die Problematik, bis es einfach nicht mehr geht. Schlaflosigkeit und nicht mehr aufstehen wollen oder totale Erschöpfung sind dafür typische Anzeichen. In der Umgangssprache hat sich dafür der Begriff Burnout eingebürgert.

Was ist ein Burnout?

Burnout ist eine spezifische Stressreaktion, aber kein Synonym für Stress. Nicht jeder, der unter Stress leidet, „brennt aus". Für den Begriff "Burnout" gibt es keine medizinisch-exakte Definition. Wesentlich ist, dass es sich bei einer Burnout-Erschöpfung immer um eine Häufung von – teils schwer erkennbaren, weil »normalen« – Faktoren handelt, die sich über einen langen Zeitraum aufgestaut haben. Jedes einzelne Element für sich wäre und ist von uns allen durchaus zu verkraften. Die zerstörerische Kraft entsteht erst durch das lange Ignorieren und

»Durchhalten« eines vermeintlich kurzfristigen anstrengenden Zeitabschnitts. Körperliche Müdigkeit ist gleichzeitig mit emotionaler Erschöpfung und starker Unzufriedenheit mit der eigenen Leistung sowie einer grundlegenden Persönlichkeitsveränderung ein starker Hinweis für das Bestehen einer Burnout-Erschöpfung.

Der Begriff Burnout wurde in den 1970er Jahren von dem US-amerikanischen Psychotherapeuten Herbert Freudenberger geprägt. Er beschrieb damit die Folgen starker Belastungen und hoher Ideale in „helfenden" Berufen: Zum Beispiel Ärztinnen, Ärzte und Pflegekräfte, die sich in ihrem Einsatz für andere aufopferten, seien am Ende häufig „ausgebrannt" – erschöpft, lustlos und überfordert. Heute beschränkt sich der Begriff nicht mehr auf die helfenden Berufe oder die Schattenseiten übermäßiger Opferbereitschaft. Treffen kann es jeden: Gestresste Karrieremenschen und Prominente genauso wie überarbeitete Angestellte, Hausfrauen oder -männer. Heute gilt es als anerkannt, dass Burnout jeden Menschen treffen kann.

Ursachen: Wie entsteht ein Burnout?

In einer Zeit der Globalisierung und Wirtschaftskrise erleben viele Menschen Verunsicherung und einen Verlust an Sicherheit sowohl im beruflichen wie im privaten Bereich.

In Burnout-Konstellationen kann man deshalb auf ganz unterschiedliche Art und Weise geraten. In aller Regel wirken sowohl situative (zum Beispiel "Druck und/oder mangelnde Anerkennung im Beruf") und persönliche Faktoren (zum Beispiel eigene Ressourcen wie private Kontakte und Interessen zu pflegen) zusammen.

Faktoren im Arbeitsleben, die die Wahrscheinlichkeit von Burnout-Konstellationen erhöhen, sind:

- unerfüllbare Vorgaben
- unklare Erfolgskriterien
- große Verantwortung unter Zeitdruck
- langweilige Routinen
- mangelnde Kontroll- und Einflussmöglichkeiten
- ständige Unterbrechungen des Arbeitsablaufes
- schlechtes Betriebsklima, Konflikte mit Vorgesetzten und Kollegen
- Angst um den Arbeitsplatz

In der heutigen Zeit erfahren aber immer mehr Menschen Stress auch im privaten Bereich und haben Mehrfachbelastungen über einen längeren Zeitraum, wie bspw. Beruf, Haushalt, Kinder und Pflege eines Angehörigen. Bis sie zu einem

Punkt kommen, an dem sie das Gefühl haben: Ich kann nicht mehr, ich bin erschöpft, leer und ausgebrannt.

Es betrifft Menschen, die dazu neigen, eine Sache oder einen anderen Menschen an die erste Stelle ihres Lebens zu stellen. Dies kann eine positive Eigenschaft sein, weil sich der Mensch selber zurücknehmen kann. Doch hier wird sie negativ gelebt. Der Mensch überprüft die Realität nicht mehr. Er nimmt nicht mehr wirklich wahr, ob er überhaupt etwas besitzt, das er geben und teilen kann oder nicht. Er gibt und gibt, ohne auf sich selbst und seine Grenzen zu achten. Bis er seine physischen und psychischen Grenzen überschritten hat.

Oft sind Aspekte in der Persönlichkeit der Betroffenen entscheidend: Es trifft oft Menschen, die einerseits hohe Ansprüche an sich selbst und andere stellen, die alles perfekt erledigen wollen, gleichzeitig aber ein schwaches Selbstwertgefühl haben und Konflikten lieber aus dem Weg gehen. Mit Kränkungen, Enttäuschungen oder Frust können sie nicht gut umgehen, ihnen fehlen Bewältigungsstrategien. Zudem haben Betroffene oft das Gefühl, sich stark zu verausgaben, ohne entsprechende Gegenleistungen zu erhalten.

Der typische Burnout-Gefährdete zeigt folgende Persönlichkeitsmerkmale auf:

- Neigung zu hoher Leistungsbereitschaft, sehr engagiert bzw. überengagiert
- oftmals ein Hang zu Absicherung und Perfektion
- starke Identifikation mit der Arbeit
- streben nach Erfolg, sehr wettbewerbs- und erfolgsorientiert
- fehlendes Bewusstsein bezüglich der Wichtigkeit von ausgleichenden Tätigkeiten
- oftmals geringes Selbstwertgefühl
- zieht es vor, unter Zeitdruck zu arbeiten
- eigene Unentbehrlichkeit, fühlt sich unersetzbar und hat deshalb Mühe, Dinge zu delegieren
- hohe persönliche Leistungsanforderung
- hohe Selbstdisziplinierungsfähigkeit
- geringe Akzeptanz eigener Grenzen und Bedürfnisse
- erhöhtes Kontrollbedürfnis
- überzogenes Harmoniebedürfnis
- Tendenz, Konflikten auszuweichen
- verstärkte Ängstlichkeit, Fehler zu machen, sensibel

Gefährdet sind Menschen immer dann, wenn hohe Anforderungen bestehen und diese keinen Spaß machen. So ist es etwa möglich, sich trotz eines 18-Stunden-Tages nicht überfordert zu fühlen, weil die Arbeit Spaß macht.

Andererseits können bereits vier Stunden täglich in ein Burnout führen, wenn die Tätigkeit absolut nervt und die Atmosphäre unter den Kollegen oder das Verhältnis zur Führungskraft vergiftet ist.

Es gibt Burnout jedoch genauso bei Menschen, die keinen oder nur wenig erkennbaren Arbeitsstress haben. Und längst nicht jeder, der im Beruf unter größtem Druck steht, endet automatisch in der totalen Erschöpfung. Viele lieben Herausforderungen und fühlen sich gut dabei.

Auch private Rückschläge können Burnout begünstigen – insbesondere, wenn die Unterstützung durch Partner, Freunde und Familie fehlt.

08 Mareike:
"Ich habe nur noch geschrien!"

Um was es geht:

★ Ein Fallbeispiel

★ Jeder kennt Fälle aus dem Bekanntenkreis: Du auch?

Fast jeder kennt heute Fälle aus dem Bekanntenkreis: Da ist die alleinerziehende Studentin, die das Examen erzwingen will und unter dem Druck verzweifelt. Oder der Qualitätsingenieur, der Tag für Tag 225 Mails abarbeitet, bis er zusammenklappt. Oder die überehrgeizige Teamleiterin, die sich, zurück aus der Elternzeit, auf dem Abstellgleis findet („Man gibt mir nur noch aussichtslose Projekte") und einen Hörsturz erleidet, der oft einhergeht mit dem Burnout.

So wie bei Mareike .....

Am liebsten wäre Mareike nur noch im Bett geblieben. Schon am frühen Morgen fühlte sie sich müde, erschöpft, ausgebrannt. „Ich hatte keinen Antrieb zu gar nichts, alles war mir zu viel", sagt die junge Frau. Gerade 30 war sie geworden, als sie spürte, ihr High-Potential-Leben gerät aus den Fugen: „Ich war im Paradies, und in mir fühlte ich die Hölle."

Nichts erfreute sie mehr, obwohl alles zum Besten schien: glückliche Ehe, der Mann gut verdienender Akademiker wie sie, aufregender Job in einem Dax-Konzern. Immer wenn dort Pioniergeist gefragt ist, meldet sie sich. So geht es Projekt für Projekt nach oben. Zwei Dutzend Leute hat sie rasch in ihrem Team und den Zwang, jede Aufgabe perfekt zu erledigen: „Ich brauchte die Anerkennung, bekam mich nicht mehr runtergeregelt." Nur im Ausnahmefall verbringt die Jungmanagerin weniger als 14 Stunden in der Firma, den Takt aus der Arbeit hält sie auch abends. „Wenn ich mich in der Kneipe verabredet habe, dann mit drei Bekannten nacheinander."

„Ich habe nur noch geschrien"

Der Stress nimmt zu, private Sorgen ziehen auf: Warum klappt es nicht mit der Schwangerschaft? Und falls das Baby kommt, wie geht's dann weiter mit der Karriere? Der Körper sendet erste Alarmsignale. „Ich konnte nicht mehr richtig schlafen, bin von einem Arzt zum Nächsten gerannt."

Als sie an einen Mediziner gerät, der sie brutal mit der Wahrheit konfrontiert („Ihr Akku ist völlig leer"), bricht sie in der Praxis zusammen: „Ich hatte eine Stunde lang einen Weinkrampf." Fünf Wochen Auszeit werden ihr verordnet. Danach geht es weiter wie zuvor. Bis zum nächsten Zusammenbruch, „doppelt so heftig, ich habe nur noch geschrien". Schließlich wird Mareike in eine Klinik eingewiesen. Diagnose: „Schwerer Burnout".

So weit muss es nicht kommen ... Deshalb liest du ja dieses Buch und bekommst jede Menge nützlicher Tipps!

09 Typische Fallen
How to … burn out!

Um was es geht:

★ Burnout entsteht, wenn …
★ Stimmen deine Ziele?
★ Befindest du dich auch in der Sackgasse?
★ Wer ist denn der Troubleshooter?
★ Bist du ein Steher-Typ?
★ Persönlichkeitsfaktoren, die einen Burnout begünstigen

Burnout entsteht, wenn Betroffene nicht mit dem Termin- und Leistungsdruck zurechtkommen, sei es, weil sie sich selbst für ihre Tätigkeiten und Termine zu enge zeitliche Rahmen setzen, weil von "oben" Druck gemacht wird oder Kunden und Klienten sie ständig fordern. Sie fühlen sich von anderen gehetzt und gestresst und tun sich schwer, den Anforderungen gerecht zu werden.

Dadurch haben Betroffene mehr und mehr den Eindruck, in ihrer Arbeit fremdbestimmt zu sein, d.h., sie haben das Gefühl, keine Kontrolle mehr über das zu haben, was sie tun und wann sie es tun. Sie fühlen sich wie eine Marionette, an deren Fäden andere ständig ziehen und zerren. Unzufriedenheit macht sich breit, gleichzeitig aber sehen die Betroffenen keine Möglichkeit, etwas an ihrer Situation zu ändern.

Sie fühlen sich anderen und den vermeintlichen oder tatsächlichen Zwängen ausgeliefert.

Aber nicht alle Burnout-Patienten verzweifeln an der Karriereleiter. Für manche ist der schiere Alltag Grund genug ...

Diese typischen Fallen begünstigen ein Burnout ...

Burnout-Falle Nr. 1: Falsche/unrealistische Ziele
Burnout-Krisen bauen sich meist über Jahre hinweg auf. Die betroffenen Menschen sind extrem hartnäckig in der Verfolgung ihres (nicht realistisch gesetzten) Zieles, das ihnen aber so wichtig erscheint, dass sie nicht aufhören können.

Zum Beispiel das Verfolgen von Zielen anderer:

- Ein Student, der sportliche oder Ausbildungsziele mit enormer Vehemenz verfolgt und immer wieder scheitert. Sieht man genauer hin, sind das nicht selten die nicht erfüllten Träume und Erwartungen der Eltern.
- Ein Manager eines großen Unternehmens wäre viel lieber Musiker geworden. Aber damit könne man ja eine Familie nicht ernähren …
- Die Supermutter/der moderne Mann – Frauen und Männer lernen, dass es wichtig ist und geradezu gesellschaftlich erwartet wird, alles zu wollen: Kinder, Karriere, Beziehung, soziale und materielle Werte … und dieses alles auch zu jeweils 100% zu erfüllen. Das ist eine Eintrittskarte erster Klasse in den Burnout.

Burnout-Falle Nr. 2: Sackgasse

Eine andere Möglichkeit, in die Burnout-Falle zu geraten, ist, dass man sich in einer subjektiv schwer auszuhaltenden Situation befindet. Zu einem früheren Zeitpunkt wurde einmal der Versuch einer Veränderung unternommen, dieser scheiterte jedoch. Nun findet man nicht mehr die Kraft, es noch einmal zu versuchen, und verharrt in dieser Situation:

- Eine 56-jährige Frau ist seit Jahrzehnten mit einem Mann verheiratet, mit dem sie nicht glücklich ist. Sie hatte früher einmal versucht, sich von ihm zu trennen, aber es war finanziell zu schwierig, weil sie ja keine Berufserfahrung hatte (nachdem sie ihre Kinder großgezogen hatte und ihr Leben lang Hausfrau war). Daher setzte sie die Ehe mit diesem Mann fort.
- Ein Student wollte sich seinen Traum erfüllen und Testfahrer werden. Seine Versuche, eine derartige Stelle zu bekommen, scheiterten. Nun macht er eine Ausbildung, die ihm nur zum Teil behagt, und er ist meilenweit davon entfernt, Testfahrer zu werden. Er macht auch keinen Versuch mehr, weil er der Ansicht ist: »Wenn ich etwas anfange, dann mache ich es auch fertig.«

Burnout-Falle Nr. 3: Modell Troubleshooter

In den meisten Unternehmen gibt es solche Personen. Das sind die, die man ruft, wenn nichts anderes mehr geht. Zugegeben, es ist schon eine sehr wichtige und bedeutungsvolle Fähigkeit, immer wieder schwierige Situationen zu meistern. Die Burnout-Gefahr besteht erst dann, wenn diejenige Person nicht mehr anders arbeiten kann, sich ihren Selbstwert allein aus dem Bestehen von Extremsituationen holt.

Burnout-Falle Nr. 4: Die »SteherTypen«

»Steher« gibt es Weibliche wie Männliche. Jene Felsen in der Brandung, die alles ertragen, immer einsatzbereit sind, denen alles zumutbar ist. Der Typ fürs

Schwierige. Typisch dafür ist, dass die Betroffenen lange Zeit ihren Zustand leugnen. „Wenn ich mich als Fels in der Brandung sehe, kann ich keine Schwäche zeigen (haben). Auf mich bauen alle ihre gesamte Hoffnung. Auf meinen Schultern lastet alle Verantwortung für die Firma, das Projekt, die Familie, die Pflege von den Eltern …". Meist wird die Krise erst dann zur Kenntnis genommen, wenn so massive körperliche bzw. gesundheitliche Probleme auftreten, dass es zu einem Zusammenbruch kommt.

Die Entwicklung des Burnouts wird auch durch Persönlichkeitsfaktoren begünstigt und verstärkt. Die **5 häufigsten Persönlichkeitsfaktoren**, die einen Burnout begünstigen, sind:

Perfektionismus

Menschen, die sehr hohe Anforderungen an sich stellen, alles perfekt machen wollen und sich (übertrieben) hohe Ziele setzen, egal ob im Beruf, im Privaten, im Hobby oder in der Liebe. Sie wollen die Welt umkrempeln, Märtyrer spielen und stellen unrealistisch hohe Anforderungen an sich und ihr Umfeld. Sie wollen stets Höchstleistungen vollbringen und erlauben sich nicht, Fehler machen zu dürfen.

Wenn sie bemerken, dass von anderen keine Anerkennung zurückkommt oder dass sie ihre Ziele nicht immer und überall erreichen können, sind sie (von sich) enttäuscht, strengen sich vielleicht noch mehr an und ihr Akku läuft langsam leer. Je mehr ihr Akku leerläuft, umso mehr strengen sie sich an und umso wahrscheinlicher kommt es zu einer Überbelastung und einem Burnout.

Irgendwann ist der Leistungswille noch da, aber Körper und Geist verweigern die Mitarbeit.

Ehrgeiz

Menschen mit sehr großem Ehrgeiz sind insbesondere dann gefährdet an Burnout zu erkranken, wenn der Motor für ihren Ehrgeiz das Gefühl ist, nicht gut genug zu sein, d.h., sie unter einem geringen Selbstwertgefühl leiden. Sie müssen sich und anderen durch ihre Leistung immer wieder aufs Neue beweisen, dass sie "wer" sind und können keine Rücksicht nehmen auf ihren Körper.

Da aber kein noch so großer Erfolg ihr Selbstwertgefühl auf Dauer ernähren kann, hetzen sie von einer Herausforderung zur Nächsten, kommen nicht zur Ruhe, fühlen sich ständig gehetzt und sind voller Unruhe.

Helfersyndrom

Menschen mit einem ausgeprägten Helfersyndrom verschleißen sich, da sie für alle und jeden ein offenes Ohr haben, für andere immer da sind und so sich mehr zumuten, als es ihre Kräfte erlauben. Menschen mit einem Helfersyndrom findet man oft in sozialen Bereichen und im Gesundheitswesen. Ihre scheinbare Aufopferung rührt daher, dass sie durch ihr Helfen ihr Selbstwertgefühl nähren wollen. Wenn sie anderen helfen, fühlen sie sich wichtig und gebraucht.

Nicht Nein sagen können

Menschen, die sich schwertun, anderen etwas abzuschlagen, denen es am Selbstbewusstsein mangelt, Grenzen zu setzen, die es allen immer recht machen wollen, die Angst haben vor Konflikten, sind burnout-gefährdet. Sie erleben sich als Spielball ihrer Mitmenschen und fühlen sich oft ausgenutzt. Und sie fühlen sich leicht überfordert, da sie es allen recht machen wollen, was ihnen natürlich nicht gelingt.

Frauen sind besonders gefährdet, weil sie - mehr als Männer - dazu neigen, nach Harmonie zu streben und sich deshalb schwertun, Nein zu sagen und Grenzen zu setzen.

Mangelnde Stressbewältigungsstrategien

Druck aushalten kann nur, wer innerlich stark ist und über entsprechende Strategien verfügt, mit dem Leistungsdruck umzugehen. Hierzu gehören z.B.

- eine gute Organisationsfähigkeit,
- ein gutes Zeitmanagement,
- die Fähigkeit, delegieren zu können,
- die Fähigkeit, zwischendurch und am Abend abschalten und loslassen zu können,
- die Fähigkeit, nicht alles persönlich zu nehmen,
- das Gefühl, selbstbestimmt zu arbeiten, d.h., das Gefühl, die Kontrolle über das zu haben, was man tut.

In hohem Maße gefährdet, an Burnout zu erkranken, sind Angestellte, die das Gefühl haben, für die Vorgesetzten nur noch Spielball zu sein, die den Eindruck haben, der Arbeit ausgeliefert zu sein und sich wie ein Hamster im Rad zu drehen, ohne daran etwas ändern zu können.

Weitere Burnout-Fallen finden sich in diesen Bereichen:

Zeit

Wenn die Spanne eines Tages nicht ausreicht, um alle Aufgaben zu erledigen, ist es egal, ob es sich um Dinge handelt, die der Chef angeordnet hat oder um solche, die man sich selbst auf die Tagesordnung setzt. Wenn man anfängt, die Nächte durchzuarbeiten, wenn der Blick auf die Uhr zur Qual wird, wenn die Sekunden anfangen, die Stunden zu jagen und wenn der eigene Rhythmus total aus den Fugen gerät – dann kann dieses Verhalten sehr schnell zu einem Burnout führen.

Kontrolle

Es ist menschlich, übergeordnete Ziele zu haben, an deren Verwirklichung man hartnäckig arbeitet. Ein gesunder Verstand hält durch stetige Reflexion ein ständiges Gleichgewicht zwischen Realität und Möglichkeit. Wenn die potentielle

Zukunft heller strahlt als die Gegenwart, verliert man leicht die Kontrolle über das Hier und Jetzt. Wenn das Erreichen der persönlichen oder übergeordneten Ziele zum kräftezehrenden Wahn wird, der die Kontrolle übernimmt, ist der Burnout nicht mehr weit.

Kraft

Kinder verfügen über eine bemerkenswerte Fähigkeit, die vielen Erwachsenen der modernen Zivilisation abhandenkommt. Sie schlafen, wenn sie müde sind. Sie essen, wenn sie Hunger haben. Sie rennen, so viel sie können – und keinen Schritt weiter. Viele Menschen neigen dazu, ihre Kraft zu überschätzen. Schneller, weiter, höher – das sind die Maximen unserer Zeit. Das ist, was wir durch die Medien vorgelebt bekommen, was unsere Chefs von uns erwarten und was die Nachbarn so selbstverständlich hinzukriegen scheinen.

Wer sich ständig verausgabt, wird mit großer Wahrscheinlichkeit von seinem eigenen Organismus zur Ruhe gezwungen – durch ein Burnout.

Akzeptanz

Narzissmus ist ein schlimmes Wort, da es doch tatsächlich ausdrückt, dass ein Mensch sich selbst liebt und auf sich achtet. Opportunisten sind nicht gern gesehen, weil man sich bei ihnen sicher sein kann, dass sie immer dem eigenen Vorteil entsprechend handeln. Wenn man sich aber selbst nicht so akzeptiert, wie man ist, mit Schwächen, mit Fehlern, mit Grenzen, dann kann das der erste verhängnisvolle Schritt auf dem Weg in den Burnout sein.

Wahrnehmung

Es ist ein soziologisch erwiesenes Phänomen: In einer Gruppe werden höhere Leistungen erzielt als alleine. Kritik an der Konkurrenz stärkt die Verbindung innerhalb der Gruppe. Allerdings sind soziale Gruppen heute eher fließende Gebilde und ihre einzelnen Mitglieder so austauschbar wie im Ausland gefertigte Billigjeans, die nach einer Saison sowieso nicht mehr angesagt sind. Niemand möchte von seiner Gruppe ausgeschlossen werden oder den Anschluss verlieren. Niemand will selbst zum Ziel der Kritik werden.

Wenn die Angst vor dem Gerede der Mitmenschen die Geborgenheit in einer Gruppe ersetzt, dann kann sich das geplagte Mitglied womöglich bald einer neuen Gruppe anschließen, nämlich der der Ausgebrannten.

Fazit

„Wer später bremst, fährt länger schnell". Dieser und ähnlich humoristisch gemeinte Sinnsprüche unserer Zeit sind kennzeichnend für die zunehmende Tendenz, rücksichtslos im Umgang mit sich selbst gegen die sprichwörtliche Wand zu donnern.

Die eigentliche Ursache von Burnout liegt in Erwartungen, die zu hoch gesteckt werden und in Träumen, die die Realität grau und unzureichend erscheinen lassen.

Die Gefahr, die eigene Kraft zu überschätzen, den Halt zu verlieren, die Meinung der Gruppe über das eigene Selbstbild herrschen zu lassen und schließlich daran zu zerbrechen, ist ein Merkmal der heutigen westlichen Welt. Und wirklich sicher ist vor ihr eigentlich niemand.

10

Erste-Hilfe-Koffer
Woran erkenne ich,
ob ich ein Burnout habe?

Um was es geht:

★ Signale, die auf ein aufkommendes Burnout hindeuten
★ Werkzeuge für dein Wohlergehen
★ Wie eine Auszeit gegen Burnout hilft

Aufträge und Projekte fordern deine ganze Aufmerksamkeit, aber du bist zunehmend erschöpft und müde? Die Zeit läuft dir davon - und um alles zu bewältigen, müsste dein Tag eigentlich 48 Stunden haben? Deine Kunden sind zufrieden, aber du hast das Gefühl, deine Leistungsfähigkeit sinkt zunehmend und geht zu Lasten deiner Gesundheit? Es ist 5 vor 12! Zeit und Energiereserven sind keine unendlichen Ressourcen!

Damit du gar nicht erst in die Erschöpfungs-Spirale gerätst, solltest du diese stärksten Burnout-Signale erkennen und wissen, wie du ihnen am besten entgegensteuern kannst:

1. Du bist erschöpft, extrem müde, aber kannst nicht schlafen

Geistige Arbeit kann körperliche Erschöpfung verursachen. Vor allem, wenn du sehr viel arbeitest und die To-Do-Liste nie kürzer wird. Wie du weißt, führt Stress dazu, dass in deinem Nervensystem der Sympathikus dominiert, der seit Urzeiten alle "Kampf oder Flucht"-Reaktionen auslöst. Dafür werden im Körper unter anderem die Hormone Adrenalin und Cortisol ausgeschüttet, die deinen Körper in Alarmbereitschaft versetzen. Idealerweise steht der Sympathikus mit seinem Gegenspieler, dem für "Ruhe und Reparatur" zuständigen Parasympathikus, im Gleichgewicht.

Um Schlaflosigkeit zu vermeiden, solltest du künftig ab 14 Uhr keinen Kaffee mehr trinken und abends keinen anstrengenden, sondern nur leichten Sport treiben. Sanfte Bewegung wie ein Spaziergang oder Yoga baut Adrenalin ab. Intensiver Sport dagegen ist letztlich Stress für den Körper und kurbelt die Adrenalin-Produktion wieder an.

2. Du bist ängstlicher als sonst

Eigentlich bist du kein ängstlicher Typ, aber in letzter Zeit häufen sich Symptome wie Herzrasen und sogar Panikattacken? Achtung, dann bist du auf dem Highway zum Burnout. Und es wird höchste Zeit, entspannende Maßnahmen wie Massagen, Yoga und Meditation fest in deinen Alltag einzubauen.

SOS-Hilfe bei Panikattacken sind ein paar tiefe, bewusste Atemzüge. Nichts kann den Körperzellen mehr Sicherheit vermitteln als das Atmen. Mit kurzem, flachem Atem signalisieren wir dem Körper, dass unser Leben in Gefahr ist. Tiefe, langsame Atemzüge, die das Zwerchfell einbeziehen, teilen dem Körper das Gegenteil mit, dass alles gerade absolut sicher ist.

3. Du kannst dich nicht konzentrieren

Wenn deine Aufmerksamkeit wie ein Eichhörnchen von Gedanke zu Gedanke springt, wirst du zwangsläufig Fehler machen oder wichtige Dinge vergessen – was deinen Stresslevel weiter in die Höhe treibt.

Nimm dir mal einen ganzen Tag Auszeit. Klinke dich 24 Stunden komplett aus deinem Alltag aus. Nicht, um liegen gebliebene Dinge zu erledigen. Sondern um dich ganz auf dich zu konzentrieren. Die richtige Zeit, um zu meditieren, einen langen Spaziergang zu machen und dich nur um dich selbst zu kümmern!

4. Du bist niedergeschlagen

Die Pandemie, Ereignisse im Büro oder Zuhause drücken dich nieder? Deine Stimmung ist schlechter als üblich bei Stimmungsschwankungen und hält auch länger an? Dann könnte es sein, dass du auf eine Depression im klinischen Sinne zusteuerst.

Ob deine Niedergeschlagenheit die Begleiterscheinung eines Burnouts ist oder sich eine Depression ankündigt, kann ein Psychologe am besten klären. Warte nicht zu lange, sondern suche dir Hilfe. Psychologen können am besten entscheiden, ob ein paar Tage Auszeit reichen, um wieder eine positivere Lebenseinstellung zu bekommen.

5. Du wirst schnell wütend

Fast jeder hat mal einen Wutausbruch oder lässt sich unter Druck zu einer Überreaktion hinreißen. Wenn dein täglicher Umgangston jedoch immer aggressiver wird, ist es höchste Zeit, die Notbremse zu ziehen. Denke daran: Wer psychisch angespannt ist, verkrampft auch körperlich. Ohne ein Ventil dafür zu finden, stauen sich die Emotionen – und entladen sich nicht selten in verbaler Aggression.

Tipp: Lass dich massieren. Denn Massagen können dazu beitragen, sowohl die muskulären als auch psychischen Spannungen zu lockern. Auch ein heißes Bad entspannt die Muskeln. Ganz falsch wäre jetzt ein anstrengendes Workout, das deinen Körper wieder unter Stress setzt. Man profitiert jetzt von allen Bewegungsarten, die langsam durchgeführt werden und bei denen man auf den Atem achtet. Tai-Chi, Qigong und Yoga sind ideale Sportarten unter Stress.

6. Du fängst dir jeden Infekt ein

Auch ständige Erkältungen und andere körperliche Wehwehchen, die einfach nicht verschwinden wollen, sind eindeutige Zeichen dafür, dass dein Körper den Preis für einen erschöpften Geist zahlt.

Zieh die Reißleine. Überdenke deine Ernährung und sorge für ausreichend tiefen Schlaf, um dem Körper Futter und Zeit für Reparaturprozesse zu geben.

7. Du trinkst viel Kaffee und wirst immer unkonzentrierter

Du denkst, mit einem Kaffee nach dem anderen bekommst du mehr Power in deinen hektischen Alltag? Ganz falsch. Nach ein paar Tassen Kaffee wird selbst der gelassenste, perfekt geerdete Mensch innerlich zappelig. Statt wacher zu werden, verstärkt Kaffee den Stress und fördert den Weg ins Burnout. Mach doch einfach mal 'ne Kaffeepause.

Kaffee informiert die Hypophyse, dass sie die Nebenniere zur Adrenalin-Ausschüttung auffordern soll. Adrenalin wird frei, Blutdruck und Puls schießen in die Höhe und die Muskeln spannen sich an, um reaktionsbereit zu sein. Das alles ist Stress für deinen Körper! Steige auf grünen Tee oder Kräutertee um. Du wirst sehen, wenn du deinen Körper nicht ständig mit Adrenalin flutest, gewinnst du an Energie und Gelassenheit.

Wie hilft eine Auszeit gegen den Burnout?

Wenn dir die oben genannten Symptome bekannt vorkommen, solltest du dir dringend einen Tag Auszeit nehmen. Das hat nichts mit "Blaumachen" zu tun. Aus der Urlaubsforschung wissen wir, dass ein Kurzurlaub für die psychische Erholung mehr bringt als ein langer Urlaub. Wichtig ist, dass man diesen Tag nicht nur als Auszeit von der Arbeit, sondern auch von den privaten Pflichten nutzt.

Schlafe dich richtig aus, gehe spazieren, mach eine geführte Meditation oder koche dir etwas Gesundes. Betrachte dich einmal in Ruhe aus der Vogelperspektive, um zu erkennen, was sich in deinem Leben dringend ändern muss.

Dein Körper gibt dir viele Warnhinweise auf ein drohendes Burnout. Nimm sie ernst und dir selbst Zeit, die richtigen Gegenmaßnahmen einzuleiten.

11 Anleitung: Todsichere Tipps
Schnell und sicher ins Burnout!

Um was es geht:

★ wie du es nicht machen solltest!

Hier habe ich dir ein paar »todsichere« Tipps, um schnell alt, krank und unglücklich zu werden. Du hast sicher schon erkannt: Sie sind nicht ganz ernst gemeint. Oder doch? Denn beim genaueren Hinschauen kannst du erkennen: mach genau das Gegenteil und es geht dir gut!

Also hier gleich der schnellste und sicherste Weg zum Burnout

- Hohe Arbeitsbelastung und Stress, auch bis zur Erschöpfung
- Übertriebene Genauigkeit und Ehrgeiz
- Perfektionismus
- Helfersyndrom
- Idealismus
- Immer „Ja" - sagen
- Fehlende Wertschätzung
- Stressbewältigungsstrategien vermeiden
- Streng mit sich selbst und anderen sein
- Immer alles richtig machen und gefallen wollen
- Viel Wert auf die Meinung anderer legen
- Schwarz-Weiß-Denken
- Flache und niederfrequente Atmung
- „Nur das noch schnell erledigen" - Einstellung
- Sich selbst zu viel zumuten
- Zu hohe und unklare Erwartungen an sich selbst und andere stellen

Für Zukunftsorientierte: erfordert monate- oder jahrelangen Einsatz

- Konfliktsituationen und klärende Gespräche vermeiden
- Körperliche Abhängigkeiten
- Emotionale Abhängigkeiten
- Wunsch nach Erfolg und Anerkennung

- Lange Aufenthalte in dunklen Räumen
- stark wechselnde Arbeitszeiten, Schichtdienst
- Bewegungsmangel
- Wenig Schlaf
- Sorgen und Grübeln
- Trauer abwehren
- Gefühl, immer stark sein zu müssen

Unsichere Strategie, nur erfolgreich mit großem Aufwand

- möglichst wenig körperliche Nähe
- Schmerzen und Krankheit
- Mangelnde Flexibilität
- Vernachlässigung der Körperpflege
- Regelmäßige Überstunden und am Wochenende ins Büro

Absolut ungeeignete Burnout-Strategie, funktioniert nie

- Mit sich selbst und anderen nachsichtig sein
- Gefühle jeder Art zulassen
- Entspannung in den Alltag bringen
- Progressive Muskelentspannung oder autogenes Training
- Sich Zeit für sich nehmen
- Wahrnehmung für eigene Bedürfnisse entwickeln und dafür einstehen
- Resilienztraining
- Verantwortung für eigene Wünsche und Ziele übernehmen
- Bewegung, frische Luft und Sonnenlicht
- Neugierige und offene Einstellung dem Leben gegenüber
- Schöne Kleinigkeiten wahrnehmen
- Auch mal „nein" sagen
- Sich selbst mögen
- Auf die Sprache des Herzes hören
- Sich selbst erlauben, auch mal traurig zu sein
- Regelmäßig Energiereserven auffüllen
- Konflikte konstruktiv lösen
- Soziale Kontakte stärken

Teil III

Die Schlüssel für
dauerhafte
Höchstleistungen

01 Mach die Amy zu deinem Freund
Prävention auf drei Feldern

Um was es geht:

★ Was normalerweise bei Stress im Gehirn passiert

★ Welche Aufgaben Amy, Hippo und Korti haben

★ Warum Leistung so extrem wichtig ist für unsere Kultur

Belastungen am Arbeitsplatz, Spannungen in der Familie, finanzielle oder gesundheitliche Probleme – jeder Mensch erlebt in seinem Leben stressige Phasen. Stress ist an sich nichts Negatives. Er hilft uns dabei, belastende Situationen zu bewältigen und uns an Veränderungen anzupassen. Heutzutage wird Stress jedoch oft zum ständigen Begleiter.

Die Entwicklungen der heutigen Lebens- und Arbeitsformen verwischen immer mehr die Grenzen zwischen Privat- und Berufsleben. Schier unerschöpfliche Informations- und Interaktionsangebote, ständige Erreich- und Verfügbarkeit, Ortsunabhängigkeit und Flexibilisierung beruflicher Tätigkeiten sind üblich geworden und werden auch eingefordert. Die Abkehr von starren Arbeitszeiten wird abgelöst durch harte Zielvorgaben und mangelnde Anerkennung der Arbeitskraft als solcher. Die (scheinbar) erweiterte subjektive Gestaltungskraft gibt der Tätigkeit Einzelner unternehmerische Züge, führt aber auch dazu, dass freiwillig mehr und in der Freizeit gearbeitet wird.

Es gibt keine Rückzugsmöglichkeit mehr, vieles wird dem Job untergeordnet oder zumindest mit ihm verknüpft, sei dies bei Arbeitsessen, Betriebssport oder Gesundheitsseminaren. Gleichzeitig werden berufliche Perspektiven für Einzelne unsicherer und der Zugang zu grundlegenden Ressourcen erschwert.

Die damit verbundenen Stressbelastungen weisen im Vergleich zu früher neue Merkmale auf. Körperliche Belastungen haben eher ab-, zwischenmenschliche Stressoren, also Mensch-Mensch-Beziehungsprobleme, stark zugenommen. Probleme sind meistens langanhaltend, komplex, sich wiederholend und stark mit Arbeitsfaktoren und psychosozialen Konflikten verknüpft. Kein Zweifel: Psychische Belastungen und chronische Stressreaktionen am Arbeitsplatz werden immer häufiger. Das hat nicht in erster Linie persönliche Gründe, sondern steht in Zusammenhang mit psychosozialen Problemen, mangelnder Handlungs- und Entscheidungsfreiheit, Unerreichbarkeit selbst gesteckter Ziele, Frustration von

Wünschen und Bedürfnissen, Mangel oder Überschuss an Informationen und mangelnder Anerkennung für Arbeit.

Und plötzlich gerät der Alltag aus den Fugen, nichts geht mehr. Viel zu lange hat man alles gegeben, um den Ansprüchen gerecht zu werden, hat alle Warnsignale seines Körpers überhört und missachtet. Und dann kommt der Punkt, an dem Schluss ist. Körper und Seele sind so erschöpft, dass es unmöglich ist, weiterzumachen, zu funktionieren. Die Symptome sind von Fall zu Fall unterschiedlich, sie reichen von körperlichen Erscheinungen wie Müdigkeit und Kopfschmerzen bis hin zu Angstzuständen und völliger Antriebslosigkeit.

Wenn Stress über lange Zeit oder sehr häufig auftritt, gerät unser Körper aus seinem natürlichen Gleichgewicht.

Was Stress mit deinem Gehirn macht? Das verrate ich dir jetzt.

Eine sehr wichtige Hirnregion für unser Stresserleben ist die Amygdala. Hier ist das Angstzentrum unseres Gehirns. Sie spielt eine große Rolle bei der Verarbeitung von Emotionen. Hier ist vor allem die Entstehung von Wut und Angstgefühlen verankert. Die Amygdala wird aktiv, sobald unser Gehirn eine Situation als neu oder potenziell gefährlich interpretiert. Wenn du also mal wieder Lampenfieber vor deiner nächsten Präsentation hast, dann ist die liebe Amy wieder aktiv. Als Folge wird das Stresshormon Cortisol freigesetzt. Unser Körper wird in Alarmbereitschaft versetzt. Der Blutdruck steigt, die Atmung wird schneller und die Muskeln spannen sich an. Unser Körper ist bereit zu handeln. So können wir schneller auf potenzielle Gefahren reagieren. Wir sind aufmerksamer und leistungsfähiger. Sobald die Situation vorbei ist, entspannt sich unser Körper wieder. Diese Erholungsphase ist wichtig, um gesund zu bleiben. Der Körper kann sich regenerieren und neue Kraft schöpfen. Das kennst du nun ja schon – denk an den Neandertaler und den Säbelzahntiger.

Unser Körper ist also darauf eingerichtet, im Notfall mühelos auf (Angriffs-) Reize zu reagieren. Doch heute müssen wir nicht mehr gegen wilde Tiere kämpfen. Und unseren Energieüberschuss können wir auch nicht mehr so leicht durch Flucht oder Angriff ausgleichen. Unsere "Feinde" sind Termin- und Leistungsdruck, Informationsüberflutung, Dauerlärm, Hightechgeräte und zunehmende Mobilität. Aber wer tritt schon dem Chef gegen das Schienbein oder zertrümmert den Computer? Stattdessen sitzen wir wie Kaninchen vor der Schlange - bewegungsunfähig und von Stresshormonen überflutet.

Was bei zu viel Stress im Gehirn passiert

Wenn also diese Erholungsphasen ausbleiben und Stress über eine lange Zeit bestehen bleibt, hat dies Auswirkungen auf unser körperliches und psychisches

Wohlbefinden. Langfristig kann chronische Belastung sogar zu Veränderungen des Gehirns führen.

1. Stress macht uns ängstlich

Anhaltender Stress führt dazu, dass sich bestimmte Zellen in der Amygdala stärker vermehren und die neuronalen Verbindungen zu anderen Hirnregionen gestärkt werden. Die Amy wird dann schneller überstimuliert. Wir fühlen uns überfordert und hilflos, werden nervös und reizbar. Immer mehr Erinnerungen werden so mit Angst und Gefahr verbunden. Dadurch bleibt der Cortisolspiegel konstant hoch. Wenn der Körper dauerhaft auf Gefahr eingestellt ist, hemmt das Gehirn Funktionen, die bei akuter Gefahr nicht notwendig sind. Die Folgen können Herz-Kreislauf-Probleme, Schlafstörungen, Appetitverlust und Verdauungsprobleme sein.

2. Stress macht uns vergesslich

Wenn die Amygdala durch dauerhaften Stress überstimuliert wird, beeinträchtigt das auch die Funktion anderer Bereiche im Gehirn. Zum Beispiel deinen Arbeitsspeicher im Gehirn, den Hippocampus. Der Hippo ist die Schaltstelle zwischen dem Kurz- und dem Langzeitgedächtnis und einer der wenigen Bereiche im Gehirn, in dem ein Leben lang neue Nervenzellen gebildet werden können. Wenn also die Amy überstimuliert ist, werden dadurch im Hippocampus, der unter anderem für Lernen und Erinnern zuständig ist, weniger Gehirnzellen produziert. Das wirkt sich negativ auf unser Gedächtnis aus. Das Resultat: Wir werden vergesslich und haben Schwierigkeiten neue Dinge zu lernen.

3. Stress beeinflusst unser Verhalten

Die Amygdala ist auch mit dem präfrontalen Kortex eng verbunden. Der präfrontale Kortex (Korti) führt exekutive Aufgaben aus und ist entscheidend am Arbeitsgedächtnis beteiligt

Dein Korti ist wichtig für die Kontrolle von Emotionen und beeinflusst unser Verhalten. Dauerstress führt dazu, dass hier Nervenverbindungen verloren gehen. Unser Urteilsvermögen ist beeinträchtigt und durch die Überaktivierung der Amygdala werden Situationen emotionaler bewertet als üblich. Wenn der präfrontale Kortex schrumpft, tun wir uns schwer in Stresssituationen angemessene Entscheidungen zu treffen.

Was bedeutet Stress nun für uns?

Langanhaltender Stress bringt also unsere Festplatte (unser neuronales Netzwerk) aus dem Gleichgewicht und kann zu dauerhaften Veränderungen in unserer EDV (Hirnstruktur) führen. Die Amy wird größer, der Hippo und der Korti schrumpfen. Das ebnet den Weg für eine Reihe an körperlichen und psychischen Beschwerden. Wir fühlen uns erschöpft, gereizt und überfordert. Wir schlafen schlecht und werden vergesslich. Manchmal kann chronischer Stress sogar zur Entstehung oder Verschlimmerung von Depressionen und Angsterkrankungen beitragen.

Was kannst du jetzt gegen Stress tun?

Es gibt eine Reihe von unterschiedlichen Maßnahmen, die getroffen werden können, um Erschöpfung, Stress und dem Burnout-Syndrom vorzubeugen. Sie lassen sich in drei unterschiedliche strategische Ebenen einteilen.

- **Gesellschaftliche Ebene:** Die möglichen Maßnahmen weisen darauf hin, welche Veränderungen in der Gesellschaft herbeigeführt werden müssten, um Erschöpfung und Burnout zu vermeiden.
- **Individuelle / persönliche Ebene:** Diese Maßnahmen zielen auf den allgemeinen Umgang mit dir selbst und mit Stresssituationen.
- **Strukturelle / Organisationsebene:** Diese Maßnahmen richten sich an Arbeitgeber und Vorgesetzte. Sie sollen helfen, die Arbeitsbedingungen ihrer Mitarbeiter hinsichtlich der Gefahr der psychischen Belastungen zu verbessern.

In diesem Buch widme ich mich nun der individuellen, persönlichen Ebene. Und gleich vorab die gute Nachricht: Die schädlichen Wirkungen von Stress auf unseren Körper und Geist scheinen weitgehend umkehrbar zu sein. Körperliche Aktivität, ausreichend Schlaf, eine ausgewogene Lebensweise und gezielte Entspannung bringen deinen Hippo wieder in Schwung.

Viele machen gute Erfahrungen mit Sport, der zivilisierten Version der Fight-or-Flight-Reaktion. Nach einem Dauerlauf ist die überschüssige Energie, die der Organismus als Reaktion auf die täglichen Anforderungen produziert, abgebaut und wir fühlen uns entspannt und ausgeglichen. Andere erlernen klassische Entspannungsmethoden, wie autogenes Training oder progressive Muskelrelaxation. Doch Vorsicht: Mit Gewalt entspannen geht nicht. OM-Singen und Auf-der-Matte-Liegen sind dann erst recht Stress. Deshalb entwickeln wieder andere eigene Abwehrstrategien wie Abendspaziergänge oder Klavierspielen.

Und noch etwas ist an dieser Stelle wichtig: Menschen, die den ganzen Tag im Büro sitzen und geistig aktiv sind, sollten sich zum Ausgleich nicht wieder ruhig verhalten und mental weiterarbeiten. Sie brauchen ein Kontrastprogramm, um zu entspannen. Und oft erst einmal eine richtige Dosis Anspannung, um dann loslassen zu können.

Gut ist es, die richtige Mischung von geistiger und körperlicher Herausforderung, Ruhe und Aktion zu finden. Bewegung ist wunderbar, um Stresshormone abzubauen. Wem es aber an positiven sozialen Kontakten fehlt, der macht besser Sport in der Gruppe, statt allein zu joggen. Und wer sich in einem Routinejob langweilt oder den Grübelkreisel im Kopf kaum stoppen kann, den entspannt wahrscheinlich eine kreative Beschäftigung oder ein Gehirntraining eher als die Konzentration auf ein Meditationsmantra. Auch eine Abenteuersportart kann den nötigen Kick zum Abschalten geben. Entspannung ist etwas ganz Individuelles. Sie lässt sich nicht nur aus Yoga-Asanas und Atemübungen gewinnen.

Doch für einen entspannten Umgang mit Stress ist noch etwas anderes entscheidend: Nicht dauernd darüber reden. Das setzt jedoch ein Umdenken voraus und Mut zum Imagewandel. Denn wahrscheinlich geht es bei den Klagen über unsere Dauerbelastung gar nicht so sehr um die Beschreibung körperlicher und mentaler Befindlichkeiten. Stress ist heute ein Statussymbol. Wer seinen Alltag ohne Hektik meistert, kommt schnell in den Verdacht, nicht engagiert genug zu sein.

Leistung ist extrem wichtig in unserer Kultur. Die meisten von uns leben, um zu arbeiten, nicht umgekehrt. Daraus speisen wir unser Selbstverständnis. Denn tief in uns ist die Überzeugung verankert: Nur wer sich auspowert, verdient Beachtung. Und da es für uns das Schlimmste ist, nicht beachtet zu werden, wollen wir unbedingt im großen (Stress-) Strom mitschwimmen. Dabei wünschen wir uns insgeheim oft genau das Gegenteil: Entspannung. Endlich in Ruhe Zeitung lesen oder auch mal gar nichts tun.

Ob wir entspannter wären, wenn Telefon, E-Mails, und IPhone nie erfunden worden wären? Wenn wir uns nur nach unserem eigenen Rhythmus richten müssten? Schöne Vorstellung. Ich werde es einfach ausprobieren. Öfter mal gegen den Strom schwimmen, mich Stress-Gesprächen entziehen und dem äußeren Druck innere Gelassenheit und Stärke entgegensetzen. Vor allem werde ich nicht länger nur von Entspannung träumen, sondern endlich versuchen, entspannt zu leben.

Teil III des Buches liefert dir dazu in den folgenden Kapiteln viele Anregungen, Impulse und bewährte Methoden. Es handelt sich um sogenannte Quick-wins, schnell und einfach umsetzbare Tipps, leicht in den Alltag integrierbar, ohne weiter to-do's auf deiner eh schon vollen Liste.

Unterstützung findest du dabei auch in meinem »Stress-lass-nach«-Kurs. Hier lernst du verschiedene Strategien kennen, wie du im Alltag besser mit Stress und seinen Folgen umgehen kannst. Mach mit – deine Amygdala wird es dir danken.

02 So coachen sich die Besten
Die Schlüssel für Höchstleistungen und Erfolg

> **Um was es geht:**
>
> ★ Wie du dauerhafte Höchstleistungen erbringen kannst
> ★ Die Voraussetzungen für Höchstleistungen
> ★ Möglichkeiten für deine persönliche Strategie
> ★ Wie du belastende Anforderungen abbauen, sie verändern, verringern oder ganz vermeiden kannst
> ★ Wie du eigene Einstellungen und Bewertungen überprüfen und verändern kannst

Wir alle wollen ein Leben voller Erfüllung, ausgewogen mit viel Zeit für uns selbst, in Zufriedenheit und Glück. Das Ziel besteht jedoch nicht darin, ein Leben zu erschaffen, wo man möglichst jede Anstrengung vermeidet, sich gewissermaßen auf einer energetischen Nulllinie durch das Leben schont. Ideal ist vielmehr ein gesunder Umgang mit von außen gesetzten und mit selbst gestellten Anforderungen. Es geht um den richtigen Einsatz deiner Energie, um deine Gesundheit und dein Wohlbefinden zu fördern, trotz aller Belastungen im Alltag.

Was sind denn nun die Schlüssel für Höchstleistungen und Erfolge?

Zunächst mal brauchst du eine ausgewogene Balance von Anspannung und Entspannung. Doch blöd ist nun: Unser inneres Stressprogramm, mit dem uns die Natur ausgestattet hat, stammt aus der Zeit des Neandertalers. Und das ist schon das Problem, wie ich im Kapitel über den Säbelzahntiger dargestellt habe. Die kurzfristige Anspannung wurde in Urzeiten durch sofort folgende Entspannung bzw. Erholung wieder neutralisiert. Und auf diesem Prinzip basiert die Reaktion des menschlichen Körpers auf Stresssituationen - heute noch wie vor Tausenden von Jahren. Es werden alle Kräfte und Stressfunktionen mobilisiert - aber die Entspannung oder ein Abreagieren folgt nicht mehr. Es baut sich etwas auf, das keinen Ausgang mehr findet.

Unter Dauerstress stößt der Organismus immer wieder neue Mobilisierungsprozesse an, bleibt aber durch den Bewegungsmangel im Büro oder am Arbeitsplatz körperlich blockiert. Dies kann zu einer Vielzahl von körperlichen und psychischen Symptomen und bei längerem Andauern auch zu ernsthaften gesundheitlichen Schäden führen.

Für ein gesundes Stresserleben geht es also um den Ausgleich zwischen Phasen der Anspannung, des Einsatzes und Engagements einerseits, und Phasen der Entspannung, der Erholung und der Distanzierung von den Anforderungen andererseits.

Je länger und je stärker ich mich für eine Sache einsetze und anstrenge, umso länger und intensiver muss auch die nachfolgende Zeit für Entspannung und Erholung sein.

Leider gibt's da für den richtigen Mix und die Art des Spannungsabbaus keine Patentrezepte. Nein, die gibt es nicht wirklich. Denn wir haben an anderer Stelle schon festgestellt: Stress ist individuell - das ist dein eigener und ganz persönlicher Stress. Und das bedeutet natürlich auch in der Folge, dass die Strategien zur Bewältigung individuell sein müssen. Eine Strategie für alle möglichen Menschen und Personen gibt es nicht.

So wie die Entstehung von Stress individuell ist, so muss auch eine erfolgversprechende Strategie individuell und maßgeschneidert sein. Ich werde dir im weiteren Verlauf unterschiedliche Wege aufzeigen. Deine Aufgabe wird es sein, dass herauszunehmen, was für die Bewältigung deiner ganz persönlichen Anforderungen im Beruf und Alltag wirksam und sinnvoll ist.

Lass uns nun versuchen, die unterschiedlichen Strategien für das Managen deiner alltäglichen Anforderungen zu sortieren und in eine Ordnung zu bringen. Dabei kann uns das dreiteilige Stressmodell, der Stress-Hocker, eine Hilfe sein.

Mit diesem Bild im Hinterkopf können wir drei Hauptansatzpunkte und drei Hauptfelder für deine individuelle Kompetenz unterscheiden.

- da geht's zum einen um die **Stressoren** - also das, was dich stresst. Um die Anreize, die dich herausfordern und die von außen oder vielleicht auch von innen auf dich einprasseln
- da geht's zum anderen um die **Stressreaktion** - nämlich wie du auf einen Stressor reagierst - um körperliche, sichtbare oder unsichtbare Reaktionen
- und es geht um die **persönlichen Stressverstärker** - nämlich um unser Inneres, unser Mindset, unsere Motive, Einstellungen und Glaubenssätze, die letztendlich darüber entscheiden, ob es zu einer Stressreaktion kommt, und wie stark die ausfällt.

Dieses Modell nutzen wir jetzt, um auch deine persönliche Strategie aufzubauen. Denn die gute Nachricht lautet: Du bist dem bunten Treiben nicht hilflos ausgeliefert, auf allen drei Feldern kannst du Einfluss nehmen und ansetzen.

So - und im Detail sieht es wie folgt aus:

Erstes Feld: Die Erde (persönliche Kompetenzen)

Das Ziel im ersten Feld besteht darin, mit der Entwicklung deiner persönlichen Kompetenzen Stress erst gar nicht entstehen zu lassen. Das können wir zum einen erreichen, indem wir auf die äußeren Anforderungen, also die Herausforderungen im beruflichen und privaten Bereich, Einfluss nehmen, sie verändern und, soweit möglich, verringern oder ganz abbauen. Zum anderen können wir der Entstehung von Stress auch dadurch vorbeugen, dass wir unsere eigenen fachlichen und sozialen Kompetenzen zur Bewältigung der Anforderungen entwickeln.

Dieser Ansatz kann re-aktiv auf konkrete, aktuelle Belastungssituationen hin erfolgen und auch pro-aktiv auf die Verringerung oder Ausschaltung zukünftiger Belastungen ausgerichtet sein. Das Management der alltäglichen Anforderungen erfordert bei diesem Ansatz eine ausreichende Sachkompetenz. Insofern stellt die fachliche Qualifizierung eine wichtige Strategie zur Stressbewältigung dar.

Sachkompetenz allein reicht oftmals allerdings nicht aus. Natürlich lassen sich nicht alle Belastungen auf diese Weise abbauen. Es ist deshalb erforderlich, darüber hinaus sozial-kommunikative Kompetenzen und Selbstmanagement-Kompetenzen als Fähigkeit zu einem eigengesteuerten und zielgerichteten Handeln auszubauen und weiterzuentwickeln.

Ich nenne dieses Feld der persönlichen Kompetenzen: **ERDE**

Zweites Feld: Hölle (Mindset)

Beim Ansatz im zweiten Feld, den persönlichen Stressverstärkern, deinen Brandbeschleunigern oder Antreibern, geht es darum, dir selbstkritisch deinen eigenen Einstellungen, Bewertungen und gedanklichen Mustern zu einer Anforderung bewusst zu werden, diese allmählich zu verändern und durch förderliche Gedanken und Einstellungen zu ersetzen.

Unser Problem: Gedankliche Stellungnahmen zu belastenden Ereignissen laufen häufig fast automatisch ab und sind uns so in Fleisch und Blut übergegangen, dass sie uns als einzig mögliche selbstverständliche Wahrheit erscheinen.

Dieses Feld des Selbst-Managements zielt nun auf eine Änderung der stresserzeugenden oder stressverschärfenden persönlichen Motive, Einstellungen und Bewertungen ab. Die müssen bewusst gemacht, kritisch reflektiert und anschließend in förderliche Einstellungen und Bewertungen gewandelt werden.

Die Einsicht, dass unsere eigene Bewertung nur eine - dazu noch subjektive - Möglichkeit unter mehreren ist, wie die Dinge betrachtet werden können, fällt nicht leicht. Denn diese Einsicht bedeutet auch, dass du unter Umständen Abschied nehmen musst von liebgewonnenen Lebensmaximen, von klaren Schuldzuweisungen und gewohnheitsmäßigen bequemen Denkmustern.

Verwirf diese Möglichkeiten aber nicht vorschnell. Oft sind es weniger objektive, unveränderbare Sachverhalte als vielmehr eigene Einstellungen über dich und andere, die einem Abbau von Belastungen entgegenstehen.

- Wer sich selbst für unentbehrlich hält, wird natürlich Schwierigkeiten haben, Aufgaben zu delegieren.
- Wer immer alles zu 150 % machen möchte, wird kaum eindeutig Prioritäten setzen können.
- Wer es immer allen recht machen, niemand enttäuschen möchte, der wird kaum einmal Nein sagen können.

Konkret geht's bei diesem Ansatz, wie ich schon erwähnt habe, darum,

- die perfektionistischen Leistungsansprüche, die irgendwo in uns schlummern, kritisch zu überprüfen und vor allem auch eigene Leistungsgrenzen zu akzeptieren,
- Schwierigkeiten nicht als Bedrohung anzusehen, sondern als Herausforderung, als Chance, als Möglichkeit, um die Komfortzone zu verlassen, um selbst zu wachsen und sich weiterzuentwickeln
- sich eben nicht im alltäglichen Kleinkrieg zu verlieren, sondern den Blick für das Wesentliche zu bewahren, den Blick dafür, was einem wirklich wichtig ist und das auch durch seine Tagesplanung und durch das Setzen von Prioritäten zum Ausdruck zu bringen.

Und dann geht's natürlich darum, sich auf ein positives Mindset einzuschwören, also sich beispielsweise an Dingen, die gut gelaufen sind, zu freuen und darüber Dankbarkeit zu empfinden.

Der erste Schritt dazu ist, dass man das auch wahrnimmt. Ganz wichtig in diesem Zusammenhang ist, dass man sich von vergangenen Dingen, die einen verletzt haben, die einen geärgert haben, oder die einem wirklich das Leben schwer gemacht haben, dass man diese Dinge loslässt. Konkret: Dass man lernt, zu vergeben. Je mehr Energie wir an vergangene Dinge hängen, umso mehr Energie verschwenden wir und geben denjenigen, die uns möglicherweise diese Verletzung zugefügt haben, zusätzliche Energie. Das heißt, wir machen diese Dinge immer wieder größer, und zwar unnötig und umsonst.

Der zweite Schritt besteht darin, die Erwartungen, die man an andere hat, nicht zu hoch anzusetzen, sondern etwas mehr Flexibilität an den Tag zu legen. Du kannst ja den anderen nicht zwingen, so zu handeln, wie du dir das vorstellst. Es geht bei diesem Ansatz darum, die Realität zu akzeptieren: Ich bin, wie ich bin, und andere sind eben, wie sie sind. Frustration entsteht immer aus enttäuschten Erwartungen.

Und schließlich hilft auch, das Ganze auch mal mit einem Augenzwinkern und einem Schuss Humor zu betrachten.

Wir sprechen bei diesem zweiten Feld von deinem Mindset, deinen Glaubenssätzen und inneren Blockaden. Ich nenne das Feld: **HÖLLE**.

Drittes Feld: Himmel (Regeneration)

Körperliche und seelische Stressreaktionen werden sich niemals ganz vermeiden lassen. Dass das auch gar nicht sinnvoll und erstrebenswert wäre, habe ich in den vorangehenden Kapiteln bereits betont.

Zu einem erfolgreichen Management gehören daher auch immer Strategien, um bestehende körperliche Anspannung zu lösen und innere Unruhe und Nervosität zu dämpfen, um langfristig negative Folgen zu lindern. Es geht darum, Strategien zu lernen, die dazu dienen, die eigene Widerstandskraft gegenüber Belastungen zu erhalten und neue Energien aufzubauen.

Das dritte Feld beinhaltet deshalb auch das regelmäßige Praktizieren einer Entspannungstechnik. Ich denke, so etwas sollte auch in deinem Repertoire enthalten sein. Ein einfaches Tool, das du auf Knopfdruck aktivieren kannst, möglicherweise in Form von einer Meditation auf deinem Handy oder auch eine Atemtechnik, etwas, was schnell wirkt und was jederzeit abrufbar ist, in jeder Situation.

Zu deinem künftigen Werkzeugkasten mit nützlichen Tools gehört auch regelmäßige Bewegung. Das kann z.B. Sport sein. Ich zeige dir aber auch andere Möglichkeiten der Bewegung, die du einfach in deinen Alltag ohne zusätzlichen Aufwand einbauen kannst.

Zu den Techniken und Methoden des dritten Feldes gehören zudem eine gesunde und abwechslungsreiche Ernährung und kreative Freizeitaktivitäten. Es geht aber auch darum, die kleinen Dinge des Alltags zu genießen, mit mehr Achtsamkeit durchs Leben zu gehen, die Schönheiten am Rande des Weges zu entdecken. Viele sind inzwischen Experten darin, sämtliche Gebirgszüge in den Alpen mit Vornamen aufzusagen, aber sie wissen selten, von wem das Wegkreuz ist, das in unmittelbarer Nachbarschaft am Wegesrand steht. Und ich zeige dir, wie du dich im Schlaf erholst und dich wieder fit für neue Aufgaben machst. Ein hervorragendes Mittel für die Regeneration.

Es geht also um Entspannung und Erholung. Ich bezeichne dieses Feld als **HIMMEL**.

Was zeichnet nun ein langfristig erfolgreiches Management der alltäglichen Anforderungen aus? Wie gelingt es dir nun, dein Leistungsvermögen zur richtigen Zeit abzurufen und parat zu haben?

Wie gesagt: Patentrezepte oder eine allgemeingültige Antwort gibt es nicht. Da Stress individuell ist, kommt es darauf an, dass du deinen eigenen, ganz persönlichen Weg findest.

Wie kann das gelingen?

Von großer Bedeutung ist hier zunächst, unterscheiden zu können zwischen solchen Stresssituationen, deren Auftreten und Verlauf man selbst beeinflussen kann, also ob du etwas ändern kannst, und solchen Stresssituationen, auf die du selbst keinen direkten Einfluss hast.

Erfolgreiches Management beruht zu einem großen Teil darauf, wie man in der Lage ist, flexibel und situationsangemessen zu reagieren. Das befreit uns aus der passiven Opferrolle und öffnet uns innere Freiräume.

Und diese innere Freiheit beinhaltet auch die Freiheit selbst zu entscheiden, ob, wann und wie wir eine Situation, auf die wir Einfluss nehmen können, tatsächlich ändern. Nicht jede kontrollierbare Situation müssen wir zwangsläufig ändern. Wir können uns auch dazu entscheiden, die Situation so anzunehmen, wie sie ist, und unsere Haltung zu ihr verändern.

Ob es uns die Sache wert ist, liegt in unserer freien Entscheidung.

Auch in Situationen, wo wir das Eintreten und den Verlauf durch unser eigenes Verhalten nicht beeinflussen können, sind wir nicht bloß hilfloses Opfer.

Unsere Freiheit liegt hier in der Wahl der eigenen Einstellung zu der jeweiligen Situation und darin, aktiv im Sinne der Regeneration zu werden, um negative Stressfolgen zu begrenzen oder ganz zu verhindern. Spontan fällt mir da immer dieser Satz ein: Zwischen Reiz und Reaktion hat der Mensch die Freiheit, zu wählen. Ich wiederhole zwischen Reiz und Reaktion hat der Mensch die Freiheit, zu wählen. Großartiger Satz!!

Wenn allerdings diese innere Freiheit nicht nur eine theoretische Möglichkeit bleiben soll, sondern wir in einer belastenden Situation tatsächlich frei und flexibel unseren jeweiligen Umgang mit der Situation wählen wollen, dann setzt dies voraus, dass wir auch über die nötigen Kompetenzen dazu verfügen.

Ein effektives Management der täglichen Herausforderungen beruht somit auf einem möglichst breit gefächerten Repertoire an Managementkompetenzen, das alle drei beschriebenen Felder umfasst: Es beinhaltet persönliche Kompetenzen (ERDE) ebenso wie ein positives Mindset (HÖLLE) und regenerative Strategien (HIMMEL).

Wichtig ist, Einseitigkeiten zu vermeiden und ein ausgewogenes Gleichgewicht zwischen den drei Feldern zu erreichen. Ein zu viel des Guten schlägt auch hier letztlich ins Negative um.

Um zu einseitige Ausprägungen zu vermeiden und deine Handlungsspielräume zu erweitern, solltest du also nicht nach dem "mehr vom Gleichen - Prinzip" verfahren, sondern solche Strategien erproben und integrieren, die du bisher nicht oder nur selten praktizierst.

In den weiteren Kapiteln erhältst du Anregungen zu allen drei Feldern für das Managen deiner alltäglichen Anforderungen. Suche dir das heraus, was im Hinblick auf die Erweiterung deiner persönlichen Kompetenz den größten Nutzen verspricht.

Feld 1:

ERDE

Lust auf Leistung
Aufbruch durch
Erfolgserlebnisse

So geht´s
Wie du die Macht über dich
und dein Leben (wieder) gewinnst

In den vorherigen Kapiteln habe ich dich mit den Schlüsseln für dauerhafte Höchstleistungen und Erfolg bekannt gemacht. Du hast gesehen, dass wir den alltäglichen Anforderungen nicht ausgeliefert sind und gemäß dem Stress-Hocker-Modell auf drei Feldern Ansatzpunkte für den gesunden Abruf unseres Leistungsvermögens und dauerhaften Erfolgs haben.

Jetzt zeige ich dir, wie die drei Felder – Himmel, Erde, Hölle (H2E-Strategie) – als Türöffner wirken und dir den Blick darauf erlauben, worauf du achten musst, wie du dich verhalten solltest und was du zu tun hast, um so leben zu können, wie es deinen Bedürfnissen und Vorstellungen entspricht.

Zunächst lohnt es sich, einen Moment innezuhalten und deine letzten Gedanken Revue passieren zu lassen. Deine Überlegungen und deine Analyse der Veränderungen und Herausforderungen im beruflichen und privaten Umfeld haben dir gezeigt, wo du anzusetzen hast, wenn du so leben möchtest, wie es deinen Wünschen, Vorstellungen und Bedürfnissen entspricht.

Lass uns also die wichtigsten Einsichten kurz nochmals zusammenfassen:

1. Die erste Erkenntnis lautet, dass die Zuständigkeit und Verantwortung für die Förderung und Sicherung deines Lebenserfolges bei dir selbst liegt und dass insbesondere auch nur du selbst über die dafür erforderlichen Mittel verfügst.
2. Die zweite Erkenntnis ist, dass es einen zentralen Faktor gibt, der letztlich bestimmt, wie weit du dabei kommst. Dieser Schlüsselfaktor ist der Grad deines Selbstmanagements, mit dem du imstande bist, mit dir selbst, mit deinem Leben und mit dem, was in deinem Leben geschieht, umzugehen.
3. Damit hast du drittens auch die Lösungsformel und die Kardinalstrategie gefunden, um die es in der Summe geht. Es wird dir dann gelingen, dein Leben auf umfassende und sinnvolle Weise zu nutzen und deine Lebensvorstellungen zu verwirklichen, wenn du in Bezug auf dein Selbstmanagement die höchste Stufe der Kompetenz erreichst und wenn du dich zu einem wirklichen Experten und Könner auf diesem Feld entwickelst.

So, wie wirkt sich das nun auf unsere Vorgehensweise aus?

Schauen wir uns mal das erste Feld an – die Erde: deine persönlichen Kompetenzen, Fertigkeiten und Skills.

Bestimmte Menschen sind ein Phänomen. Sie starten mit ihren Plänen und Projekten an der gleichen Stelle wie alle anderen, sie finden die gleichen Bedingungen vor, sie sehen sich den gleichen Hindernissen gegenüber und sie müssen mit den gleichen Ressourcen auskommen – und doch erzielen sie Ergebnisse, die völlig anders und weit besser sind als die des Durchschnitts.

Aber nicht nur das. Sie kommen nicht nur schneller und weiter voran, sondern gleichzeitig auch auf eine andere Art und Weise. So groß die Anstrengungen objektiv auch sein mögen, irgendwie gelingt es ihnen, sich mit einer gewissen Leichtigkeit zu bewegen und sich ihre Freude und ihren Enthusiasmus an der entsprechenden Aufgabe zu erhalten.

Während die einen also, bildlich gesprochen, noch auf dem Parkplatz am Fuße des Berges stehen und über die Wetterbedingungen klagen oder die anderen nach drei Vierteln des Weges beschließen, besser umzukehren, können diese Menschen bereits den Ausblick von der Almhütte genießen. Und während die Mehrzahl der Rückkehrer erst einmal erschöpft zu Boden sinkt, halten sie sich kraftvoll auf beiden Beinen und sind mit ihren Gedanken schon bei der Lösung der nächsten Herausforderung.

Natürlich ist dieses Idealbild überpointiert. Die Botschaft ist aber eine ganz sachliche. Es gibt Menschen, die eine besondere Eigenschaft und Befähigung entwickelt haben und für sich nutzen können.

Was ist damit gemeint?

Deutlich wird dies im Berufsleben. Hier geht es beim Können immer um ein fachspezifisches Können, also um die Erfahrungen, Kenntnisse und Fähigkeiten, über die ein Mensch in Bezug auf seine einzelnen Tätigkeitsbereiche und die damit verbundenen Funktionen und Rollen verfügt.

Hier in diesem Buch geht es aber nicht um eine auf einen Einzelbereich ausgerichtete oder eine begrenzte Spezialqualifikation, sondern um die Befähigung zum »erfolgreich-sein-können« an sich, also um die Kenntnis davon, wie man grundsätzlich zu denken, zu entscheiden und zu handeln hat, um

- die eigenen Erfolgsaussichten zu erweitern,
- das eigene Erfolgspotenzial auszuschöpfen
- und bei seinem Vorhaben so schnell und so weit wie möglich voranzukommen.

Erfolgreiche Menschen verbinden Konzept und Ausführung:

Erfolgreiche Menschen fertigen für sich einen Lebensentwurf an, der die eigene Persönlichkeit und die eigenen Lebensvorstellungen angemessen widerspiegelt.

Sie durchdenken, hinterfragen und aktualisieren diesen Entwurf über die Zeit hinweg auch immer wieder, um mit ihm auf der Höhe der Zeit zu bleiben und ihn an die Bedürfnisse und Gegebenheiten der jeweiligen Lebensepoche anzupassen.

Und sie besitzen die Fähigkeit, diesen grundlegenden Visionen, Plänen und Skizzen auch Taten folgen zu lassen. Sie versehen diese Gedanken umso stärker mit festen Konturen und feinen Linien, je näher sie vor der Realisierung stehen, um sie schließlich auch auf die gewünschte Weise in den Alltag zu übersetzen.

Das Stärken der persönlichen Kompetenzen bedeutet deshalb immer die Bereitschaft, sich auf etwas Neues und Unbekanntes einzulassen, sich von den Dingen überraschen zu lassen und dabei auch die Möglichkeit des eigenen Scheiterns auf einem bestimmten Gebiet oder bei einem bestimmten Projekt in Kauf zu nehmen.

Das Stärken der persönlichen Kompetenzen heißt auch, sein Leben auf kluge und gekonnte Weise zu gestalten und zu führen.

Worin zeigt sich nun aber die eigene Kompetenz? Wovon hängt sie im Lebensalltag ab und wie kommt sie ganz konkret zum Ausdruck?

Wollte man es in einem Satz formulieren, dann könnte man sagen, dass die eigene Lebensgestaltung und Lebensführung festlegen, wie man lebt und wofür man lebt. Lebensgestaltung und Lebensführung bedeuten, die Kriterien festzulegen, von denen man sich dabei leiten lässt.

Bei der persönlichen Kompetenz geht es also unter anderem um

- die Beachtung und die Einbeziehung von Werten,
- die Gewinnung von grundlegenden Einsichten und Überzeugungen (und deren regelmäßige Überprüfung),
- die Schaffung eines persönlichen Weltbildes,
- die Entwicklung von Lebensprinzipien
- und die Formulierung von Handlungsleitlinien.

Wer also diese Aufgabenstellung mit Nachlässigkeit behandelt, wer glaubt, sie nebenbei zu erledigen oder gar ausklammern zu können, der öffnet nicht nur der Beliebigkeit Tür und Tor, sondern er verhindert ein bewusstes Leben an sich.

Das Stärken der persönlichen Kompetenzen ist das Verfassen der eigenen Biografie

All das zeigt, dass es noch einen ganz anderen Ansatz gibt, um zu beschreiben, was persönliche Kompetenz bedeutet und ermöglicht. Persönliche Kompetenz (und hier insbesondere Lebensgestaltung und Lebensführung), so könnte man sagen, liefert die Anleitung und die Befähigung, seine eigene Biografie zu verfassen, und zwar nicht erst im Rückblick, sondern in Echtzeit, mit der Gegenwart als Ausgangspunkt und der Zukunft als offenen Gestaltungsraum.

Und wenn man sich diese Biografie nun im übertragenen Sinne tatsächlich als ein persönliches Buch vom Leben vorstellt, dann zeigt persönliche Kompetenz zum einen,

- dass keineswegs jede Zeile in Schönschrift gestaltet sein muss,
- dass einzelne Seiten auch eingerissen oder umgeknickt sein können,
- dass der Text auch Lücken haben darf,
- dass die Eintragungen nicht immer zueinander passen müssen
- und dass darin sicher so manches enthalten sein wird, was man, sobald die Tinte trocken ist, am liebsten sofort wieder streichen und neu formulieren würde.

Was aber wichtig ist, und genau dafür sorgt die Ausbildung und das Training dieses ersten Feldes zum anderen, ist,

- dass der Text mit klarem und wachem Verstand geschrieben wird,
- dass an jeder Stelle ausreichender Raum für Neues, Unerwartetes und Mögliches gelassen wird,
- dass ein roter Faden eingebaut wird, an dem man sich orientieren kann,
- dass ein Sinn erkennbar wird, der die unterschiedlichen Absätze und Kapitel miteinander verbindet,
- und dass sich in der Gesamtschau alles zu einem Werk fügt, in dem man den Verfasser wiedererkennen kann und bei dem man den Eindruck hat, dass es ihm und seiner Persönlichkeit von der Form und dem Inhalt her würdig und angemessen ist.

Wie kannst du nun deinen eigenen Alltag so gestalten, dass es im besten Fall erst gar nicht zu unnötigem Stress kommt?

Natürlich lassen sich nicht alle Anforderungen ausschalten. Das wäre ja auch gar nicht sinnvoll und wünschenswert. Aber wir können, wie aufgezeigt, zumindest in einem gewissen Grad selbst Einfluss darauf nehmen, welchen Anforderungen wir uns stellen wollen und welchen nicht.

Und wir können an uns selbst arbeiten, unsere Kompetenzen erweitern, um aktuellen und zukünftigen Anforderungen leichter und mit weniger Stress gerecht werden zu können.

Es kommt also darauf an, den eigenen Handlungsspielraum zu erkennen und soweit als irgend möglich auszuschöpfen.

Das Training im Feld ERDE besteht im Wesentlichen aus vier Bausteinen:

1. Sach- und Fachkompetenzen, um Leistungsanforderungen bewältigen zu können

2. soziale Kompetenzen, zum Aufbau und zur Pflege eines sozialen Netzwerkes

3. die Kompetenz zur Selbstbehauptung, um Eigeninteressen angemessen zu vertreten und Grenzen zu setzen sowie

4. Selbstmanagementkompetenz, um dein Leben nach selbst definierten Zielen eigenständig zu steuern.

Also, lass uns nun gemeinsam aufbrechen, um die nächsten Schritte in deiner Biografie zu gestalten.

A

Lust auf Lernen

01 Eine Aufgabe für das ganze Leben
Wieso - Weshalb - Warum:
Wer nicht fragt, bleibt dumm!

Um was es geht:

★ Warum du deine Säge schärfen solltest
★ Wie du dich vor Überforderung und Verschleiß schützt
★ Vier Impulse als Startschuss

"Wer, wie, was - wieso, weshalb, warum - wer nicht fragt, bleibt dumm!"
Lied aus der Sesamstraße

Was ist die Steigerung von Intimpiercing? Nenn mich altmodisch, aber bislang hielt ich die Anzahl der Löcher am menschlichen Körper für ziemlich ausreichend. Und dann stolperte ich über Dr. Bart Huges. Dieser Revolutionär des Bewusstseins wirbt massiv dafür, Löcher nicht mehr nur in den Körper zu stanzen, sondern gleich direkt in den Kopf. Trepanation nennt man das. Freiheit fürs Hirn. Die gesteigerte Sauerstoffzufuhr soll angeblich die Durchblutung optimal erhöhen und damit die Konzentration und Lernfähigkeit.

Warum schreib ich das?

Vielleicht erinnerst du dich noch an den Spruch, den Eltern früher so gerne gesagt haben? „Du lernst nicht für die Schule, sondern für dein Leben". Sobald der Schulabschluss in der Tasche war, dachten viele, dass das Lernen endlich ein Ende hätte – merkten aber schnell, dass dem nicht so ist.

Die Welt dreht sich irgendwie immer schneller (wenn das mal der Kopernikus erfährt) und die Halbwertszeit von Wissen wird immer kürzer. Unser Schulwissen reicht schon lange nicht mehr aus und die Anforderungen im beruflichen Alltag werden größer. Denk nur mal an den Umgang mit modernen Kommunikationstechniken oder den sozialen Medien.

Die Folge ist: Wir müssen ständig hinzulernen, um up-to-date zu bleiben und um keinen Kompetenzverlust zu erleiden. Wir müssen uns weiterentwickeln, um uns vor Überforderung und Verschleiß zu schützen. Also perforiert die Schädeldecke und lasst den Sauerstoff direkt rein.

An dieser Stelle erzähle ich immer gerne die Geschichte vom Waldarbeiter, die du vielleicht kennst:

Dieser Waldarbeiter fällt mit einer Säge voller Elan einen Baum. Anfangs kommt er gut voran. Doch mit der Zeit nimmt seine Leistung ab, was den Mann veranlasst, noch härter zu arbeiten. Doch so sehr er sich auch anstrengt, sein Tempo nimmt noch mehr ab. Schwitzend und murrend arbeitet er vor sich hin, ohne seinem Ziel wesentlich näher zu kommen. Da kommt ein Spaziergänger vorbei, und, nachdem er dem Arbeiter eine Weile zugesehen hat, fragt er ihn: »Guter Mann, wäre es nicht sinnvoller, wenn Sie zuerst die Säge schärfen?« Darauf antwortet der Arbeiter ärgerlich: „Nein, dafür habe ich nun wirklich keine Zeit. Ich muss sägen, sägen, sägen …« (Quelle: unbekannt)

Geht's dir manchmal auch so? Hast du auch versäumt, deine Werkzeuge fürs Business regelmäßig zu schärfen?

Erinnere dich: Immer, wenn wir mit Anforderungen konfrontiert werden, bei denen wir unsicher sind, ob unsere Fähigkeiten ausreichen, haben wir Stress! Je größer die Herausforderung und je wichtiger es für uns ist, dass wir sie auch bewältigen, desto mehr Stress haben wir. Die Befürchtung, den Erwartungen nicht gerecht werden zu können, dem Konkurrenzdruck nicht mehr gewachsen zu sein, oder andere könnten gar meine Unsicherheit bemerken und ggf. gegen mich verwenden: All das löst Stress in uns aus.

Fakt ist: Nur wer regelmäßig seine Säge schärft, wird langfristig erfolgreich sein! Je früher du beginnst, desto geringer wird der Aufwand sein.

Überlegung
Anregung zur Selbstreflexion
Ist deine Säge noch scharf?

Wenn du unter einer hohen Stressbelastung im Alltag leidest, dann solltest du dir vielleicht überlegen bzw. ernsthaft die Frage stellen, ob dein Stresserleben, deine Unruhe oder deine Ängste vielleicht zu einem Teil die Ursache darin haben könnten, dass du mit Herausforderungen konfrontiert bist, wofür du nicht oder nur unzureichend ausgebildet bist. Wirst du mit Anforderungen konfrontiert, wo du möglicherweise nicht die erforderlichen Qualifikationen hast? Nutze dazu gerne meine Fragen zur Selbstreflexion und prüfe, ob deine Säge noch scharf ist:

- Was sind die wesentlichen fachlichen Anforderungen, die du auf deiner jetzigen beruflichen (bzw. auf einer von dir angestrebten) Position erfüllen musst?
- Wo siehst du deine fachlichen Stärken und Kompetenzen?
- Wo besteht Entwicklungsbedarf? Was möchtest du lernen?

Mach dir dazu Notizen. Und zur Umsetzung habe ich dir vier Impulse, die dir helfen können, den Startschuss zu geben.

1 Nimm dir Zeit für deine Fort- und Weiterbildung:

Dafür habe ich keine Zeit! So denken viele Menschen und es ist die häufigste Antwort, die ich in meinen Seminaren und Vorträgen zu hören bekomme.

Klar, so argumentiert auch der Waldarbeiter. Und Fortbildung kostet eben Zeit (und Geld), muss verteidigt werden gegen Störungen oder andere Termine im Kalender und dazu braucht es dann klare Prioritäten und gutes Zeitmanagement. Da braucht man Initiative und Engagement. Da braucht man ggf. auch die Unterstützung des Vorgesetzten oder Arbeitgebers

Doch glaub mir, der Lohn ist dir gewiss. Du bekommst nicht nur mehr Know How, bleibst up-to-date, entwickelst dich Schritt für Schritt zu einem Experten in deinem Gebiet. Du förderst deine Innovationskraft, bleibst leistungsfähig und steigerst deine Zufriedenheit. Als Führungskraft hast du bessere Chancen auf dem Arbeitsmarkt und in Gehaltsverhandlungen. Und es stärkt ganz ungemein dein Selbstbewusstsein.

2 Halt dich auf dem Laufenden

Hier geht's darum, dich zu informieren über Neuerungen und aktuelle Trends. Das kann in Netzwerken geschehen, in der Fachliteratur, auf Messen... Wichtig ist die Regelmäßigkeit. Und denk daran: Fortbildung sollte nicht nur reaktiv, sondern vor allem pro-aktiv erfolgen!

3 Angebote nutzen

»Was soll ich denn da nutzen? Bei mir gibt es ja keine Angebote...« Kennst du das? Doch das ist ein fataler Irrtum und deiner Trägheit geschuldet!

Denn die Möglichkeiten sind vielfältig. Es gibt auch in deinem Bereich Fachzeitschriften, Fachtagungen, Seminare, Trainings oder Workshops. Es gibt berufsbegleitende Weiterbildungs-Studiengänge, wissenschaftliche Zertifikatskurse und IHK-Kurse. Auch das Internet bietet eine Fülle von Informationen. Zahlreiche Info-Portale, Newsletter und Foren sind sicher auch für deinen Bereich abrufbar. Coaching hilft beispielsweise, dein erworbenes Wissen in den Alltag zu transformieren und evtl. Schwierigkeiten zu überwinden.

4 Von anderen lernen

Dies ist eine Möglichkeit, die häufig übersehen wird. Die Möglichkeiten dazu sind im Alltag vielfältig:

- Pflege den Austausch mit Kollegen, Kunden, Konkurrenten und aktualisiere dein Wissen.
- Hab keine Scheu, Fragen zu stellen.
- Stell nicht in erster Linie deine Kompetenz in den Vordergrund, versteh dich als Lernender und weniger als Wissender.
- Bleib neugierig, gib zu, etwas nicht zu wissen, höre zu!

02 Schlüsselfaktor Bildung
Warum lebenslanges Lernen für die Karriere so wichtig ist

Um was es geht:

★ Um eine Einladung zum Lernen
★ Wie Lernen wieder Spaß macht
★ Warum du dir lebenslanges Lernen als Prinzip aneignen solltest

Wer kennt es nicht? Als Erwachsener macht es oft viel mehr Spaß, für etwas zu lernen, als es noch zu Schulzeiten war.

Meine Tochter zum Beispiel konnte nicht schnell genug die Schule ver- und das ABI sausen lassen und in eine Ausbildung starten. Das blöde Lernen war ihr zuwider. Sie hat nach erfolgter Ausbildung auch sehr schnell in ihrem Job Fuß gefasst und eine Leitungsfunktion übernommen. Aber urplötzlich hat sie der Hafer gepackt: Sie wollte auf ihren erfolgreichen Job noch ein Studium draufsetzen, um sich danach selbstständig zu machen.

Doch wieso ist das so? Lebenslanges Lernen ist nicht ohne Grund ein viel diskutiertes Thema – schließlich macht es uns nicht nur glücklich, sondern steigert auch unsere Chancen für den beruflichen Erfolg und fördert die geistige Gesundheit. Zudem profitieren wir von diversen Vorteilen im Alter.

Wie Lernen wieder Spaß macht

Inzwischen können Wissenschaftler immer tiefer in unser Gehirn schauen, wobei sich immer aufregendere Neuigkeiten ergeben. Das menschliche Gehirn ist permanent aktiv und kann bis ins hohe Alter geformt beziehungsweise verändert werden. Das bedeutet, dass jeder Mensch sein ganzes Leben lang neues Wissen erlangen und somit stets hinzulernen kann - Amy, Hippo und Korti sei Dank! Dem Lernen wird dabei eine Schlüsselfunktion eingeräumt, die sich als besonders interessant erweist. Lernt der Mensch etwas Neues, dann springt ein körpereigenes Belohnungssystem an, das Prozesse in Gang setzt und Substanzen ausschüttet, die uns glücklich machen. Lernen kann also in der Tat glücklich machen. Das setzt jedoch voraus, dass der Lösungsweg selbständig entwickelt und ausprobiert wird, um damit letztendlich auch Erfolg zu haben. Das Gehirn belohnt sich dann selbst, indem es den Botenstoff Dopamin ausschüttet. Dieser Stoff ruft das positive Gefühl des Aha-Erlebnisses hervor. Die Folge: Wir fühlen uns fröhlich, beschwingt und glücklich.

Das erfolgreiche Lernen macht zudem süchtig. Wer sich einmal mit diesem mentalen Aha-Erlebnis konfrontiert hat, erfährt sofort die Motivation, weiterzumachen. Wird dieser Mechanismus dann oft betätigt, kommt es grundsätzlich zu einer hohen Leistungs- und Lernbereitschaft. Die Lust aufs Lernen bleibt bestehen und wir werden geradezu süchtig, uns mit neuen Aha-Erlebnissen zu konfrontieren. Sobald der Groschen gefallen ist, bildet sich im Gehirn eine kognitive Struktur, die stabil abgespeichert wird. So ein Aha-Erlebnis führt dazu, dass wir die Welt mit anderen Augen sehen. Unbekannte und neue Reize können dabei immer wieder aufs Neue in die neu angelegten Kategorien eingeordnet werden.

Doch warum ist dieses lebenslange Lernen so wichtig geworden?

Durch Automatisierung und künstliche Intelligenz erwartet uns ein enormer Skill-Shift, eine Verschiebung von benötigten Fähigkeiten in einem Wandel. Und wir sind mittendrin im Strukturwandel. Aber haben wir auch schon realisiert, was das bedeutet?

Alles was wir jetzt während der Coronakrise über IT gelernt haben, wird in 18 Monaten schon wieder veraltet sein. So ist in etwa die Halbwertszeit von Wissen im IT-Umfeld, um nur ein Segment herauszugreifen. Und diese Schätzung ist noch großzügig. Bereits 2002 schätzte das Fraunhofer-Institut die Halbwertszeit auf ein Jahr und drängte Unternehmen dazu, statt auf Anwerbung ausländischer Fachkräfte, in die kontinuierliche Weiterbildung ihrer Mitarbeitenden zu investieren.

Dasselbe Paradigma gilt heute so sehr wie damals auch schon. Und doch fehlt es allerorts noch häufig am Bewusstsein. Aber das ist der wichtigste Schritt dazu. Du solltest dir klar machen, dass du mit den Kompetenzen, die du heute hast, nicht durch die ganze Karriere segeln kannst.

Strukturwandel auf dem Arbeitsmarkt begünstigt Hochqualifizierte

Etwas drastischer formuliert fand ich es in einem Artikel der NZZ: «Ob Arbeitnehmer Angst vor Jobverlust haben müssen, wird davon abhängen, inwiefern Bildung und Weiterbildung sie dazu befähigen, sich an die verändernden Rahmenbedingungen anzupassen.» Denn mit steigender Berufsbildung sinkt die Wahrscheinlichkeit, dass das eigene Tätigkeitsfeld automatisierbar ist.

Aber sehen wir uns den Strukturwandel und die künftig gefragten Kompetenzen etwas genauer an: Eine Studie von Deloitte schätzt, dass die Hälfte aller heutigen Jobs grundsätzlich automatisierbar ist. Das ist aber kein Grund pessimistisch in die Zukunft zu blicken. Denn in einem sind sich fast alle Experten einig: Technologie verdrängt die Arbeit grundsätzlich nicht, sie verschiebt aber die Tätigkeitsfelder und damit die benötigten Fähigkeiten in diesem Wandel (Skill Shift).

Future Skills: Was müssen wir für die Zukunft lernen?

Immer mehr bestätigt sich das Bild der Verlagerung innerhalb wie außerhalb der Unternehmen. Nicht mehr wettbewerbsfähige Unternehmen machen Platz für Neue. Viele Jobs verschwinden, gleichzeitig werden neue Tätigkeitsfelder geschaffen. Medienhäuser beschäftigen beispielsweise schon längst keine Sekretärinnen mehr, die Texte abtippen. Dafür haben neben Journalisten nun auch Datenanalytiker und Videospezialisten ihre Schreibtische bezogen.

In einem Diskussionspapier von 2018 hat das McKinsey Global Institute aufgezeigt, wie Automatisierung und künstliche Intelligenz die Nachfrage nach Mitarbeiterkompetenzen verändern wird und gibt uns damit eine erste Antwort auf die Frage, was wir lernen und wissen müssen, um für die Zukunft gut aufgestellt zu sein.

- Der Bedarf an technologischen Fähigkeiten wird mit 55 Prozent am stärksten wachsen. Dabei werden sowohl mehr grundlegende digitale Fertigkeiten als auch fortgeschrittene technologische Kompetenzen nachgefragt werden. Bis 2030 sollen Sie 17 Prozent der geleisteten Arbeit ausmachen.
- Auch der Bedarf an sozialen und emotionalen Fähigkeiten, wie Führung und Management anderer Mitarbeiter, wird um 24 Prozent auf 22 Prozent der geleisteten Arbeit steigen. Die Nachfrage nach höheren kognitiven Fähigkeiten wird insgesamt moderat zunehmen, wobei bestimmte Kompetenzen, insbesondere die Kreativität einen rasanten Aufstieg erleben.
- Dagegen wird der Bedarf an grundlegenden kognitiven Fähigkeiten, wie Dateneingabe und -verarbeitung, um 15 Prozent zurückgehen und von 18 Prozent auf 14 Prozent der geleisteten Arbeitsstunden sinken.
- Auch die Nachfrage nach körperlichen und manuellen Fertigkeiten ist rückgängig, wird aber bis 2030 in vielen Ländern mit einem Anteil von 25 Prozent die größte Kategorie von Arbeitnehmerqualifikationen bleiben.

Schlüsselrolle des lebenslangen Lernens

Vor dem Hintergrund der durch Automatisierung und künstlicher Intelligenz erwartenden Kompetenzverschiebung kommt das Diskussionspapier deshalb zu dem Schluss, dass Unternehmen, die den Wandel meistern und wettbewerbsfähig bleiben wollen, in das kontinuierliche Lernen der Mitarbeitenden investieren müssen.

Für Arbeitnehmer heißt das: Der Wettbewerb um hochqualifizierte Arbeitskräfte wird zunehmen, während sich die Verdrängung vor allem auf gering qualifizierte Arbeitskräfte konzentrieren wird. Laut McKinsey gibt die große Mehrzahl der Unternehmen an, dass sie am ehesten hochqualifizierte Arbeitskräfte einstellen und umschulen werden, und diese auch von höheren Gehältern profitieren können.

Weiterbildung und lebenslangem Lernen kommt deshalb in Zukunft eine Schlüsselrolle zu. Doch diese hat natürlich erst mal ihren Preis. Sowohl für jeden Einzelnen als auch für die Unternehmen. Denn wer wettbewerbsfähig bleiben will, muss in die ständige Weiterbildung investieren. Oder wie es einst John F. Kennedy formuliert hat: «Es gibt nur eins, was auf Dauer teurer ist als Bildung: Keine Bildung.»

B

Soziale Beziehungen als Kern deiner Erfolgsstrategie

01 Kein Kontakt wegen Corona
Kommt jetzt die Pandemie der Einsamkeit

Um was es geht:

★ Warum soziale Kontakte wichtig sind
★ Zwischenmenschliche Kontakte: Quelle für Stress oder wichtige Ressource?

Stell dir einfach einmal vor, du hättest keine Freunde, keine Bekannten, wärst in keinem Verein, gingst auf keine Partys, du hättest keine Verwandten und nicht einmal ein Haustier. Wie lange würdest du das aushalten? Wie lange würdest du es aushalten und dich dabei noch wohl fühlen?

Die Antworten liegen in meinen Seminaren oft weit auseinander. Manche halten es einen Monat aus, andere kaum einen Tag. Aber die meisten von uns wissen ganz genau, wann der Punkt gekommen ist, an dem sie sich unwohl fühlen, wo ihnen etwas fehlt.

Es ist Fakt, dass der Mensch soziale Kontakte braucht, damit es ihm gut geht. Beraubt man ihn dieser Kontakte, so wird er mit Sicherheit krank und stirbt letztlich sogar daran. Die Corona-Pandemie hat die sozialen Kontakte nochmals drastisch eingeschränkt. Die Auswirkungen sind schon spürbar, die Praxen der Psychotherapeuten sind randvoll und es stellt sich die Frage: Kommt jetzt die Epidemie der Einsamkeit?

Zwischenmenschliche Kontakte sind nicht nur häufig Quelle für Stress, sondern auch eine ganz wichtige Ressource im Umgang mit Belastungen. Kontakte zu anderen Menschen können die Bewältigung von Belastungen erleichtern, Gefühle von Einsamkeit und Überforderung verringern, Schmerzen vergessen und Ärger verrauchen lassen.

Wer sich in einem Freundeskreis gut eingebettet fühlt, für den ist die Gefahr, in Belastungssituationen zu erkranken, relativ gering. Dagegen leiden Menschen, die wenig oder gar keine Freundschaften pflegen, überdurchschnittlich häufig an Depressionen, psychosomatischen Erkrankungen und einer geschwächten Immunkompetenz.

Gemeinsame Erlebnisse von körperlicher und emotionaler Nähe, gegenseitige Akzeptanz und Vertrauen, gemeinsames Lachen und Weinen bilden einen regelrechten Schutzmantel. Nicht umsonst sagt der Schwabe: Geteiltes Leid ist halbes Leid – geteilte Freude ist doppelte Freude! Körperkontakt, Zärtlichkeit und Sexualität senken den Pegel der Stresshormone zusätzlich und erzeugen ein tiefes Gefühl von Entspannung und Wohlbehagen.

Doch auch die Arbeitswelt fordert ihren Tribut. Viele meiner Coaching-Teilnehmer klagen:

- „Meine alten Freunde sagen mir immer öfter: Dich brauchen wir ja gar nicht mehr anzurufen, wenn wir etwas unternehmen wollen. Du kannst sowieso nie."
- „Wenn es hart auf hart kommt, und der Stress bei der Arbeit mal wieder überhand nimmt, sind private Termine meist die Ersten, die gestrichen oder verschoben werden."
- „Man kann Freunde nicht endlos vertrösten, wenn mal wieder etwas dazwischengekommen ist. Irgendwann schläft selbst die beste Freundschaft ein"

Sollen wir diesen „Preis der Arbeit" schulterzuckend bezahlen? NEIN! An dieser Stelle ist unser modernes Leben aus der Balance geraten. Meine Coachingklienten und Seminarteilnehmer sagen es oftmals ganz deutlich:

- „Es fehlt etwas, wenn ich mein Leben nicht mit guten Freunden teilen kann."
- „Ich habe das Gefühl, das Leben wird ärmer."
- „Was nützt mir der Erfolg im Beruf, wenn ich keinem davon erzählen kann."
- „In meiner alten Clique fühle ich mich inzwischen außen vor."

Meist spüren wir erst, wie weh das tun kann, wenn Stress und Hektik bei der Arbeit sich gelegt haben, wenn es etwas ruhiger geworden ist und man dann plötzlich feststellt, dass die Kontakte eingeschlafen sind und im Grunde das Leben nur noch aus Arbeit und eventuell (?) Familie besteht.

Dein Quick-Win:
Praktischer Tipp
So erfährst du Trost und Ermunterung

Auch im Arbeitsleben spielen soziale Unterstützung und gute soziale Kontakte zu Kollegen und Vorgesetzten eine entscheidende Rolle für die Arbeitszufriedenheit, die Leistungsfähigkeit und Leistungsbereitschaft. Sie dienen vor allem als wirksamer Schutz vor dem Ausbrennen.

Durch den Austausch mit anderen können wir wichtige Informationen und Hinweise zur Lösung von Problemen erhalten. Die Aussprache mit anderen über die eigenen Belastungen, bspw. wenn einem die Arbeit über den Kopf wächst, kann Erleichterung verschaffen und neuen Mut machen. Wir können Trost und Ermutigung erfahren.

02 Wer gehört dazu?
Analyse des sozialen Netzes

> ### Um was es geht:
>
> ★ Wer gehört zu deinem sozialen Netz?
> ★ Welche und wieviel soziale Kontakte du benötigst
> ★ Energiesauger erkennen

"Soziale Kontakte sind wie Rasenmäher:
Wenn wir sie nicht warten und pflegen, springen sie irgendwann nicht mehr
an!"

Analyse deines sozialen Netzes: Wer gehört dazu?

Was kannst du tun?

Ich empfehle zuallererst eine Analyse deines sozialen Netzes. Zum sozialen Netz gehören alle Personen, zu denen du eine Beziehung hast, welche auch immer. In der Regel sind das Familie, Freunde und Arbeitskollegen. Dabei ist es wichtig, dass du die Vielfalt der unterschiedlichen Beziehungen wahrnimmst. Mit dem einen alberst du gern herum, mit dem anderen kannst du tiefe Gespräche führen und mit der Dritten lässt sich gut zusammenarbeiten. Der Partner ist nicht der Kollege, der Nachbar ist nicht der Freund, die Kollegin ist nicht der Nachbar und doch hat jeder eine wichtige Bedeutung.

Die folgende Übung will dich dazu anregen, einmal über dein soziales Netz nachzudenken.

Impuls:
Beobachten und Reflektieren
Dein soziales Netz

Schreibe deinen Namen oder »ICH« in einen Kreis auf die Mitte eines möglichst großen Blattes. Teile das Blatt in verschiedene Bereiche, die deinen Lebensbereichen entsprechen: Familie/Verwandtschaft, Arbeit, Nachbarschaft, Freizeit/Freunde und so weiter.

Zeichne dann für jede Person in deinem sozialen Umfeld einen Kreis mit den Anfangsbuchstaben oder dem Vornamen der Person. Durch die Entfernung vom ICH-Kreis kannst du die Intensität deiner Beziehung zu dieser Person darstellen: Je dichter der Kreis der Person am ICH-Kreis, desto intensiver die Beziehung. Unterschiedliche Gruppen von Personen kannst du auch durch unterschiedlich farbige Kreise darstellen, also z.b. Familienangehörige mit gelben Kreisen, Verwandte mit blauen Kreisen, Freunde und Bekannte mit roten Kreisen, Nachbarn mit grünen Kreisen und so weiter.

Schau dir dein soziales Netz in Ruhe an und achte besonders auf die Beziehungen, die du als positiv, unterstützend oder wertschätzend erlebst, bei denen du dich wohlfühlst. Kennzeichne diese positiven Beziehungen mit einem Ausrufezeichen neben dem Kreis der jeweiligen Person. Je dicker das Ausrufezeichen, desto positiver die Beziehung.

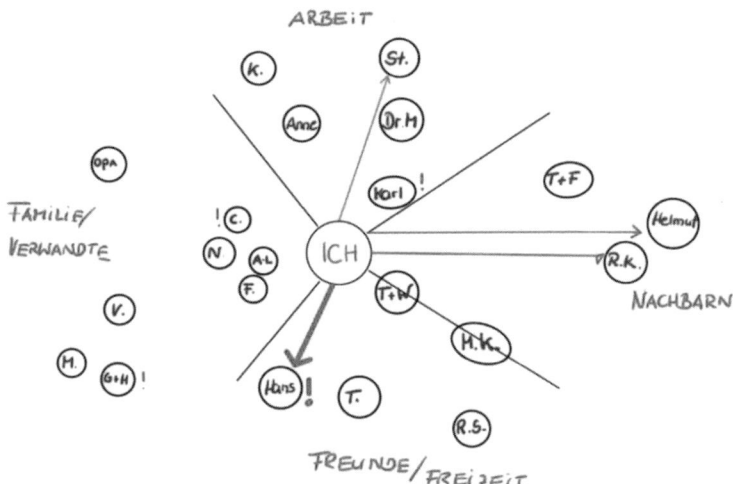

Energiesauger erkennen und sich von ihnen lösen

Das durchschnittliche Beziehungsnetz eines deutschen Erwachsenen umfasst ca. 25 Personen. Letztlich kommt es aber nicht auf die Anzahl an, sondern auf die Qualität.

Eine Erkenntnis ist dabei besonders wichtig: Es kommt nicht nur darauf an, dass du dich mit Menschen umgibst, sondern darauf, dass dir diese Menschen guttun. Menschen, die beispielsweise schlechte Laune verbreiten, Probleme gerne bei anderen abladen, ständig über andere reden, dafür aber nicht bereit sind, dir und deinen Gedanken zuzuhören, rufen negative Emotionen und letztlich auch Reaktionen hervor.

Schütze dich vor diesen „Energiesaugern" und gehe am besten deine sozialen Kontakte in deinem Schaubild in Gedanken einmal mit folgenden Fragen durch:

- Fühlst du dich mit den betreffenden Personen geborgen, verstanden, glücklich, gut, entspannt und motiviert oder eher gestresst, angespannt, genervt, verärgert, frustriert oder demotiviert? Dabei geht es keinesfalls um einzelne Phasen, denn jede Freundschaft hat ihre Höhen und Tiefen. Auch ein freundschaftliches, tiefgründiges Gespräch kann erschöpfend sein und nachdenklich machen – man braucht vielleicht erstmal Zeit für sich, um alles zu verdauen. Vielmehr geht es um die individuelle Persönlichkeit eines Menschen.
- Welche Kontakte empfindest du als bereichernd, welche als neutral und welche als belastend? Löse dich unbedingt von Letzteren, denn diese rauben dir Kraft. Investier deine Energie lieber in Menschen, die dein Leben und dein Wohlbefinden bereichern. Sollte sich das im Einzelfall aus familiären Gründen schwierig gestalten, versuche wenigstens, den Kontakt auf ein erforderliches Minimum zu begrenzen. Auch das kann bereits als eine persönliche Erleichterung wirken und das Wohlbefinden stärken.

03 So geht's!
Das soziale Netz pflegen

Um was es geht:

★ Wie man soziale Netze pflegt

★ Ein besonders wirksames Mittel zur Pflege deines sozialen Netzes

★ Wie du Horoskope mit Breitbandformulierungen geschickt einsetzen kannst

Wer seine Netze nicht pflegt, braucht sich über mangelnden Ertrag nicht zu wundern
(alte Fischer-Weisheit)

Im nächsten Schritt geht es darum, wie du dein soziales Netz pflegen kannst. Das ist wichtig, denn in unserer offenen Gesellschaft sind soziale Netze brüchig geworden. Die in der modernen Berufswelt verlangte Mobilität erfordert, dass man ggf. sein soziales Netz mehrfach wieder neu aufbauen oder über weite Strecken pflegen muss. Doch soziale Netze entwickeln sich in den seltensten Fällen von allein. Ihr Aufbau und ihre Pflege kosten in der Regel viel Mühe und Anstrengungen. Das führt gelegentlich zu Enttäuschungen und erfordert ein hohes Maß an sozialer Kompetenz. Es kommt darauf an, wie gut es dir gelingt, mit anderen Menschen in Kontakt zu kommen und positive Beziehungen einzugehen. Hilfestellung geben dir meine

Praktischen Tipps zur
Pflege deines sozialen Netzes

- Du kannst jemandem Grüße ausrichten, den du schon lange nicht mehr gesehen hast.
- Erkundige dich nach jemandem, z.B. einer kranken Kollegin oder einem ehemaligen Studienfreund.
- Frag andere um Rat. „Was meinst du denn dazu...?"

- Bitte jemanden um einen kleinen Gefallen: „Kannst du mir vielleicht beim Einkaufen Brot mitbringen...?"
- Erzähle etwas von dir, lass andere teilhaben an deinem Leben. Glaub mir, das interessiert andere mehr als du glaubst! Zeige auch Schwächen.
- Halte dich für andere erreichbar, z.B. für einen Fahrdienst oder als Anlaufstelle bei einem Notfall.
- Führe Routinen ein und bau dir eine Regelmäßigkeit auf, z.B. jeden dritten Mittwoch im Monat mit Lisa die Mittagspause verbringen, jeden Samstag gemeinsam mit Freunden kochen.
- Denke an Geburtstage, Jubiläen und ähnliches und lass dich dazu von deinem Terminer oder Smartphone erinnern. Mach dir immer sofort Notizen, wenn du bei einem Gespräch entsprechende Hinweise auf ein Ereignis erfährst.
- Anlässe für Kontaktaufnahmen merken und suchen, zum Jahrestag im neuen Haus, zum Hochzeitstag, zum Glückwunsch zur neuen Stelle oder Beförderung.
- Stell dich gegenüber fremden Personen vor. Zum Beispiel bei einer Party oder Geburtstagsfeier: „Guten Tag, ich bin Franz Beckenbauer. Welche Beziehung haben Sie denn zu unserem Jubilar?"
- Hab immer ansprechende Visitenkarten dabei und verteile sie großzügig mit einem freundlichen Lächeln. Und notiere dir Notizen zu deinem Gesprächspartner auf Visitenkarten, die du erhältst.
- Geh in die Offensive und sprich jemanden direkt an, sei offen und neugierig.
- Drücke Lob und Wertschätzung aus, aber übertreib nicht.
- Mach Komplimente.
- Bedanke dich für das freundliche Gespräch, für einen Tipp, eine Geste...
- Schick Freunden oder Bekannten einfach mal eine E-Mail/Postkarte/SMS schicken (ohne Anlass).
- Nutze soziale Netzwerke im Internet (Facebook und so weiter).
- Teile angenehme Nachrichten. Die Menschen lieben Geschichten!
- Biete deine Hilfe an, z.B. im Verein oder einer anderen Organisation, einem Kollegen oder Nachbarn.
- Zeig Interesse an anderen, frage nach.
- Höre zu.
- Zeig die Bereitschaft, dass du dich auch mit den Problemen der anderen auseinanderzusetzen bereit bist.
- Nimm dir Zeit für Freunde und Familie, für andere.
- …

Ein ganz besonders wirksames Mittel ist auch folgender

Quick-Win:
Mach doch das Gegenteil

- Beziehungen pflegen, statt Kontaktadressen sammeln.
- Interesse für andere zeigen, statt an eigene Vorteile denken.
- Welchen Nutzen kann ich bieten, statt welchen Nutzen hab ich davon.
- Sich selbst öffnen, auch Schwächen zugeben, statt als Besserwisser oder „Gscheitle" (schwäbisch für: einer, der alles besser weiß) aufzutrumpfen.
- Um Hilfe bitten können, statt alles allein zu machen.
- Bereitschaft, sich auch mit den Problemen der anderen auseinanderzusetzen, statt oberflächlich und gleichgültig über Kommentare hinweggehen.
- Sich Zeit nehmen für Freunde und Familie, statt als Serienjunkie auf der Couch zu verenden.
- Lächeln wir jemanden mit unserem Gesicht an, nicht mit unserer Tastatur.
- Investiere Zeit und Geld in einen guten Zweck, spende etwas, anstatt dir selbst alle materiellen Wünsche zu erfüllen.
- Schenken wir unsere Aufmerksamkeit dem Kind, statt dem Bildschirm.

Und noch etwas ist mir aufgefallen:

Horoskope eignen sich immer für einen Gesprächseinstieg, denn Menschen reden gerne über sich und ihre Eigenschaften. Sie berichten sogar über die Negativen, für die sie ja nichts können, weil es ihnen der Kosmos aufgedrückt hat. Mein Tipp: Streue selbst zwischendurch ruhig ein paar „Breitbandformulierungen" ein: „Das wird ein sehr gutes Jahr für dich, ich spüre das, in dir steckt noch viel." So etwas hört jeder gerne.

In einem genialen psychologischen Experiment wurden einmal Studenten gebeten, Horoskope zu beurteilen, die ein Computer extra für sie erstellt hatte. Die Allermeisten gaben an, sich gut bis sehr gut von dem Text getroffen zu fühlen. Was die Studenten erst hinterher erfuhren und was keiner wahrhaben wollte: Alle hatten den exakt gleichen Text bekommen. Jeder fühlte sich ganz persönlich charakterisiert durch „Breitband-Formulierungen", wie „In dir steckt mehr, als du im Moment nach außen hin zeigst" oder „Von deinen Zweifeln bekommen Menschen in deiner Umgebung gar nicht alles mit". Es ist immer etwas Passendes dabei. Das erinnert mich gerne ein bisschen an erfolgreiche Politiker, von denen sich auch jeder angesprochen fühlt, weil sie nicht wirklich etwas sagen.

Was lernt man aus alledem?

Es gibt nichts, was Menschen mehr bewegt, als andere Menschen und ihre Seele besser kennenzulernen. Wenn mehr als die Hälfte der deutschen Horoskope liest, zeigt das, wie wir alle in der sehr menschlichen Mischung aus Hoffnung und Eitelkeit, aus Selbstzweifel und Überschätzung unserer Bedeutung im Universum unterwegs sind. Deshalb mein pragmatischer Tipp und dein

Quick-Win:
Horoskope sind die ultimative Geheimwaffe

Lies so lange Horoskope, bis dir eines richtig gut gefällt und lern es auswendig. Und streu es in Gesprächen ein. Erklär das dann für das laufende Jahr als gültig – egal, für welches Jahr und für welches Tierkreiszeichen es eigentlich geschrieben wurde. Da muss man nicht so pingelig sein!

04

Dein größter Schatz
Echte Freunde sind immer da –
und andere Brandbeschleuniger

Um was es geht:

★ Welche inneren Blockaden dich ausbrennen lassen

★ Wie du Freundschaft richtig verstehst

★ Wie du deine eigenen Muster erkennst und auflöst

★ 7 Tipps, um mit falschen Erwartungen aufzuräumen

★ Wie du „eingeschlafene" Beziehungen wieder aufleben lässt

"Eigenartigerweise kann ein Mann immer sagen, wie viele Schafe er besitzt, aber er kann nicht sagen, wie viele Freunde er hat, so gering ist der Wert, den wir ihnen beimessen."
Sokrates.

Eben war man noch auf Facebook und hat dort nicht nur lustig-drollige Kurzvideos gesehen, in denen zwar keine Schafe vorkamen, dafür gab es mit herzigen Hündchen und süßen Kätzchen die eigentlichen Hauptattraktionen und Mehrzwecke aus dem www zu bestaunen. Vor allem, wenn diese gemeinsam lieb spielen oder vielleicht sogar kuscheln, sich also jedenfalls nicht so aufführen wie unsere tierischen Comic-Freunde Tom und Jerry oder Itchy & Scratchy während eines gewaltigen Blutrauschs. Dann herrscht ja kollektives Entzücken - und die herzförmigen Likes haben Hochkonjunktur.

Man biegt dann besser nicht mit dem Argument um die Ecke, dass Tom und Jerry den Realitäten tief im Innersten des finsteren deutschen Waldes oder irgendwo draußen bei den Tüpfelhyänen in der Serengeti wesentlich näherkommen, als das etwa die zerrupft-niedliche Promenadenmischung vom Dings beim Pfotegeben auf seinem Profilfoto je könnte - einmal ganz abgesehen von den Verhältnissen in einer durchschnittlichen Karpfenzucht, einer Schlangengrube oder einem Seitenarm des Amazons voller Piranhas.

Putzigkeit ist gut und tut gut, vor allem, wenn der Alltag zwischen Alltag und globaler Nachrichtenlage wieder einmal nahelegt, dass Gottes schöne Erde eher ein Haifischbecken ist. Endlich einmal Harmonie! Peace & Tierbabys. One love!

Cat-Content bevorzugende Facebook-User können Sokrates jetzt außerdem entgegnen: Natürlich weiß ich, wie viele Freunde ich habe. 867, nein, Moment, 866, der ********** Max, der *****, hat mich anscheinend gelöscht! Die ***!! (Einatmen, ausatmen.)

Wobei man auch schon bei Aristoteles wäre. Der hat in seiner Nikomachischen Ethik eine Unterscheidung getroffen. Demnach ist von einer Freundschaft um a) des Wesens, b) des Nutzens und c) der Lust willen zu sprechen. Erstere die wahre und wahrhaftige Freundschaft, zweitere in diversen Steigerungen bis hin zur Formel "Feind, Todfeind, Parteifreund" auch heute noch bekannt - und die Drittgenannte ohnehin ein Phänomen unserer Zeit. Oh! My! God! Aristoteles hat die Friends with benefits miterfunden!

Also alles Friede, Freude, Eierkuchen?

Das reale Leben sieht – wen wundert´s - leider anders aus. Von den sozialen Netzen geprägte falsche Vorstellungen und überhöhte Erwartungen an Freundschaften stellen oft ein Hindernis beim Aufbau sozialer Beziehungen dar: „Gute Nachbarn helfen immer", „Ein echter Freund versteht alles", „Gute Freundinnen treffen sich mehrmals pro Woche". Bei solchen unangemessenen Vorstellungen sind Enttäuschungen geradezu vorprogrammiert

Auch vielfältige Befürchtungen können ein Hindernis sein. Neben der Angst vor Ablehnung, vor Absagen und Enttäuschungen spielt vor allem die Furcht vor Abhängigkeit von anderen Menschen eine Rolle. Man befürchtet, sich zu etwas zu verpflichten, sich dankbar zeigen oder sich anpassen zu müssen.

Manche Menschen gehen mit verallgemeinerten Bildern über ihre Mitmenschen durch den Alltag. „Die anderen verstehen mich sowieso nicht, haben kein Interesse an mir, lehnen mich ab, denken doch nur an sich ..." Das ist dann wie ein sich selbst erfüllende Prophezeiung. Und sie dienen dazu, sich selbst zu schützen. Wer Angst vor Ablehnung hat, kann sich davor auch dadurch schützen, indem er behauptet, die anderen seien ohnehin nicht attraktiv.

Diese unrealistischen Erwartungen, Befürchtungen und negativen Bilder sind keine bloßen Hirngespinste. Sie beruhen auf realen früheren, häufig sehr frühen Beziehungserfahrungen – Erfahrungen von Ablehnung, Einsamkeit, Enttäuschung und Abhängigkeit. Das Problem ist, dass diese Erfahrungen zu stark verallgemeinert, ungeprüft und unbewusst auf aktuelle Beziehungen übertragen werden. Dies führt dann dazu, dass die früheren negativen Beziehungserfahrungen aktuell immer wiederholt werden. Sie werden zur regelrechten Brandbeschleunigern. Man gibt sich selbst keine Chance, neue positivere Erfahrungen mit anderen Menschen zu machen.

TIPP: Hinterfrage deine Handlung, überprüfe deine Reaktion (Wieso handle ich so wie ich handle? Will ich das?) und handle dann bewusst!

Der Entweder-oder-Irrtum

Viele Menschen glauben, dass sich Erfolg im Beruf und ein intakter und aktiver Freundeskreis gegenseitig ausschließen, dass man entweder Erfolg im Beruf haben könne oder ein erfülltes soziales Leben. Die soziale Verarmung sei halt der Preis, den man in unserer modernen Leistungsgesellschaft dafür zahlen müsse. Die Wahl lautet also: Karriere oder Freunde.

Doch diese Wahl stellt sich nicht! Im Leben und in der Natur gibt es nur sehr selten ein Entweder-oder. Man kann sehr wohl zehn Stunden arbeiten und daneben auch einen Freundeskreis pflegen.

TIPP: Nimm Abschied von der künstlichen Trennung „entweder Beruf oder Freundeskreis" und denke sowohl – als auch! Notier dir gleich einen Termin in deinem Kalender, wo du dich mit Freunden verabredest.

Kein unbegrenztes Verständnis

Vielleicht glaubst du ja, dass deine Freunde ein unbegrenztes Verständnis aufbringen müssten für deine berufliche und familiäre Situation. So nach dem Motto: „Ich pflege sie nicht, aber sie sollten trotzdem meine Freunde bleiben!" Das ist allerdings eine recht naive Erwartung. Was würdest du denn von einem Freund halten, der sich monate- oder gar jahrelang nicht meldet? Der nicht einmal zehn Minuten Zeit findet, sich telefonisch zu melden oder einmal kurz anzurufen?

Wäge ab: Wenn du nicht einmal die Zeit für eine Mail oder ein kurzes Telefonat erübrigen kannst, dann ist dir diese Freundschaft offenbar nicht viel wert, dann kannst du sie auch getrost vergessen. Verspürst du jedoch beim Gedanken daran ein Unbehagen, ist dies ein klares Zeichen für eine Balancestörung.

TIPP: Nimm dir also die paar Minuten Zeit für eine Mail, eine Karte oder einen Anruf, damit das Gleichgewicht an dieser Stelle wieder in Ordnung kommt.

Du siehst, du musst nicht dein ganzes Leben umkrempeln, und Großaktionen sind ebenfalls nicht nötig. Viel wirkungsvoller sind kleine Aktivitäten. Nicht die Arbeit stört unsere sozialen Kontakte, sondern unsere falsche Vorstellung von Freundschaft!

Gute Freundschaften halten nicht ewig

Manche glauben, dass eine gute Freundschaft ewig halten müsse. Das ist leider ein Irrtum. Freundschaften bedeuten nun mal in der Regel Arbeit und Aufwand. Sie sind kein Geschenk oder eine Selbstverständlichkeit, sondern eine Aufgabe.

Wenn du dir diesen Aufwand mit bestimmten Freundschaften nicht machen möchtest, dann solltest du diese ganz bewusst einschlafen lassen. Eine bewusste, sanfte Beendigung ist etwas ganz anderes, als die Freundschaft unbemerkt einschlafen zu lassen. Das stört in der Regel deine Balance, weil du die Freundschaft eigentlich nicht missen möchtest. Eine Freundschaft jedoch bewusst einschlafen zu lassen, stärkt die Balance dagegen, weil die Freundschaft bislang offensichtlich Mühe und Zeit gekostet hat und du zu wenig zurückbekommen hast.

TIPP: Welche Freundschaft möchtest du weiterhin pflegen, welche bewusst und sanft beenden?

Der Ganz-oder-gar-nicht-Irrtum

Viele Menschen denken, dass sich Freundschaften eben nicht so nebenher pflegen lassen. Sie lassen es daher lieber ganz bleiben und verzichten. Eine zwar verständliche Sichtweise, aber leider nicht der Ausdruck dessen, was eine Freundschaft tatsächlich braucht, sondern eher Ausdruck eines übersteigerten Perfektionismus.

Dieser Perfektionismus kommt teuer: Wenn du mangels Zeit deine Kontakte überhaupt nicht pflegst, hast du schnell gar nichts mehr, das du pflegen könntest, wenn wieder mehr Zeit zur Verfügung steht. Soziale Kontakte brauchen viel weniger Pflege, als Perfektionisten annehmen.

TIPP: Wenn du keine Zeit hast, für Freunde zu kochen, dann geh wenigstens mal wieder mit ihnen essen.

Der Jetzt-erst-mal-Karriere-Irrtum

„Ich muss jetzt erst einmal an meinen Beruf denken, der Rest kommt dann später." Vor allem junge Menschen denken oft so. Dann ist man beruflich etabliert, hat ein Haus gebaut, einen Baum gepflanzt und zwei Kinder, und die alten Freunde sind verschwunden. Für neue fühlt man sich zu alt und hat dann nur noch Beruf und Familie. Das treibt nicht wenige mit den Jahren in einen Lebensfrust. Viele wissen dann nicht einmal, warum sie unzufrieden sind, sie merken nur, es fehlt etwas. Nämlich die sozialen Kontakte, die guten Freunde. Diese Rechnung geht also nicht auf.

TIPP: Schieb deine Kontaktpflege nicht hinaus auf „wenn ich erstmal, dann …". Es kommt immer etwas dazwischen und am Ende klappt es nie. Erstelle dir ein Ritual nach dem Motto: Immer samstags nach dem Frühstück rufe ich einen Freund / Freundin an, immer wenn ich den Garten richte, lade ich Freunde zum Grillen ein. Bau dir Routinen, also regelmäßig wiederkehrende Ereignisse ein. Zum Beispiel wenn du deinen Tag im Büro abschließt und bewertest mit der Frage: Wen könnte ich morgen anrufen, wem könnte ich heute noch Gutes tun …

Der Tunnelblick

Gerade junge Führungskräfte haben oft derart viel um die Ohren, dass sie ihre sozialen Kontakte einfach aus dem Blickfeld verlieren. Deswegen sollte man sich keine Vorwürfe machen. Das ist ganz normal. Mach jedoch folgendes:

TIPP: Nimm dein Schaubild aus dem letzten Kapitel mit deinem sozialen Netz. Schneide es aus und kleb es über den Schreibtisch, an den PC oder an eine andere Stelle, an der du es ständig sehen kannst. Du erinnerst dich? Das Schaubild, wo du deine Kontakte in vier (oder mehr) Lebensbereiche eingeteilt hast und mit der Entfernung zur Mitte den Grad der Intensität deiner Beziehung gekennzeichnet hast.

Diese Erinnerungsstütze reicht oft aus, um dein Gleichgewicht nicht ganz aus den Augen zu verlieren. Siehst du das Schaubild, erinnerst du dich schnell daran, was dir fehlt, und holst es dir! Siehst du es nicht täglich, merkst du oft erst, was dir fehlt, wenn die Disbalance schon fortgeschritten ist.

Wie sieht's nun mit deinem sozialen Netz aus?

Läuft alles rund oder rutschen dein Führungsjob und die anderen Lebensbereiche immer wieder in Disbalance? Dann habe ich zum Abschluss noch eine sehr wirksame Übung für dich:

Quick-Win:
Reflektieren
Dein soziales Netz pflegen

Betrachte einmal in Ruhe das Blatt mit deinem sozialen Netz aus dem letzten Kapitel und überlege dir, zu welchen Personen in deinem sozialen Netz du den Kontakt gerne wieder auffrischen oder verstärken möchtest. Verbinde die Kreise mit den Namen dieser Personen mit dem ICH-Kreis in der Mitte mit einem Pfeil. Je stärker und inniger der Wunsch, desto dicker (stärker) der Pfeil. Das ist zugleich deine Priorität.

Wenn du dir nun deine eigenen Muster von Erwartungen, Befürchtungen und Bildern bewusst wirst, dann verlieren diese Muster zumindest einen Teil ihrer Macht. Du bist nicht mehr gänzlich ausgeliefert und es eröffnen sich neue Spielräume.

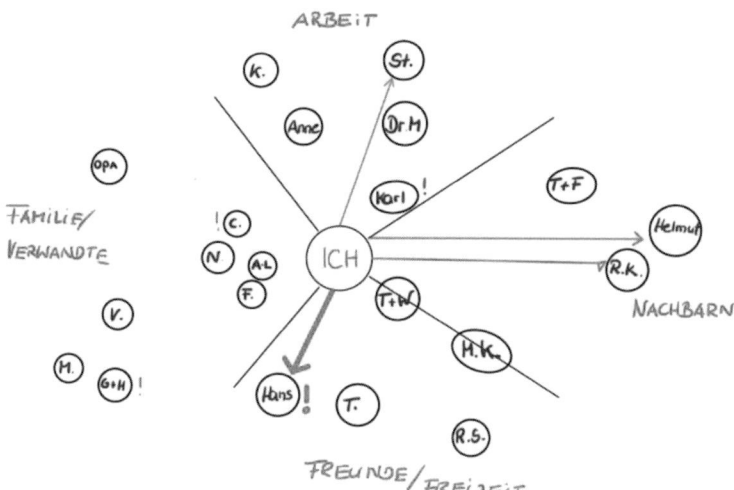

ARBEIT

FAMILIE/
VERWANDTE

NACHBARN

FREUNDE / FREIZEIT

111

C

Selbstbehauptung

01 Meine Grenzen erweitern
Die eigenen Interessen angemessen vertreten

> ## Um was es geht:
>
> ★ Sich selbst zu behaupten
> ★ Die eigenen Grenzen Interessen und Bedürfnisse angemessen zu wahren und gegenüber anderen vertreten
> ★ Wie du dich vor Überforderung und Stress bewahrst
> ★ Selbstbehauptung lernen: So kann es klappen
> ★ Praxistipp

Schlaflose und Frühaufsteher haben es gut, zumindest im Frühjahr. Kaum dämmert es, schon hebt das Gratiskonzert vor der Haustür an. Erst Drossel, Rotkehlchen und Amsel, dann Blaumeise und Buchfink: Jeder Singvogel kennt seinen Einsatz in der morgendlichen Sinfonie. Schön, wenn die ersten Gedanken des Tages dem Frühling gelten. Welcome to Zwitscherland!

Der gleichnamige Film von Marc Tschudin sieht es nüchterner, bei aller Liebe zu unseren gefiederten Nachbarn in Gärten und auf noch nicht gründlich isolierten Dächern. Nicht Kunst um der Kunst willen sei das Gezwitscher, sondern vor allem Selbstbehauptung, Verteidigung des Reviers. Hinter diesem Zaun, trällert die Amsel, bin ich König. Das vielstimmige Vogelkonzert ist freilich nur das Präludium. Bald schon stimmen die Hausbesitzer ein mit ihren Rasenmähern. Ebenfalls schön nacheinander; je lauter, desto besser. Und insgeheim hofft man - bevor Bob mit dem Laub-Bläser um die Ecke kommt: Wer erfindet einen, der so gut singt wie die Lerche?

Was bedeutet es nun, sich zu behaupten?

Selbstbehauptung wird im Sprachgebrauch häufig als Synonym für das Durchsetzungsvermögen eines Menschen verwendet. In der Tat ist dies ein wichtiger Aspekt, wenn du dich selbst behaupten willst. Du musst deine Meinung nicht nur äußern können, sondern auch zu dieser stehen – gerade bei Gegenwind von anderen. Deshalb folgt auf einen Rasenmäher immer auch ein Laubbläser. Wer einknickt, sobald er auf eine andere Ansicht trifft und sofort die eigene

Meinung anpasst, zeigt keine Selbstbehauptung, sondern verhält sich wie ein Fähnchen im Wind.

Das ist jedoch nur eine Facette der Selbstbehauptung. Selbstbehauptung zeigt sich auch im Einstehen für eigene Rechte und die Aufrechterhaltung deiner persönlichen Grenzen. Soll heißen: Wenn du Selbstbehauptung lernen willst, musst du Nein sagen können. Soll heißen: Äußert sich jemand dir gegenüber respektlos, macht Späße auf deine Kosten, nutzt dich aus oder übergeht dich bewusst bei Dingen, die dich sehr wohl etwas angehen, behauptest du dich selbst, wenn du einschreitest und dir nicht einfach alles gefallen lässt.

Darum solltest du mehr Selbstbehauptung lernen

Wenn du Probleme damit hast, für dich selbst einzustehen, erinnerst du dich vermutlich noch an die ein oder andere negative Erfahrung, bei der dir die fehlende Selbstbehauptung zum Verhängnis wurde. Die denkbaren Szenarien sind dabei sehr umfangreich.

Möglicherweise war es der Chef oder auch ein Kollege, der dir einen riesigen Berg an zusätzlichen Aufgaben übertragen hat, die er eigentlich selbst hätte erledigen sollen. Oder dein durchdachter Einwand wurde im Meeting schlichtweg beiseite gewischt und übergangen, als hättest du nichts gesagt. Oder du wirst bei der Planung für ein Projekt überhaupt nicht miteinbezogen. Oder du lachst verlegen mit, obwohl der Witz auf deine Kosten ging.

Kommt dir das bekannt vor und du erkennst dich selbst in dem Verhalten wieder? Dann wird es höchste Zeit, dass du mehr Selbstbehauptung lernst. Wobei es gleich mehrere gute Gründe gibt, die dafür sprechen:

Du schützt dich selbst

Wenn du nicht für deine eigenen Interessen eintrittst, wird es voraussichtlich auch niemand anders für dich übernehmen. Ganz im Gegenteil. Mangelnde Selbstbehauptung führt regelmäßig zu Ausnutzung, ungerechtem Verhalten und offener Respektlosigkeit, weil der andere es sich ja ohnehin gefallen lässt. Über einen längeren Zeitraum damit klarzukommen, ist schwer bis unmöglich. Wenn du die Selbstbehauptung lernst, baust du damit eine Art Schutzschild um dich herum auf. Du lernst, Paroli zu bieten und dich eben nicht immer nur zu verbiegen, sondern standhaft zu bleiben und deinem Gegenüber zu zeigen, dass er mit dir nicht umspringen kann, wie es ihm gerade passt.

Du arbeitest an deiner Zufriedenheit

Selbstbehauptung lernen, heißt immer auch die eigene Zufriedenheit in den Vordergrund zu stellen. Du konzentrierst dich darauf, deine eigenen Ansichten und

Werte zu vertreten, die entsprechend oft auch beachtet, von anderen respektiert und bei Entscheidungen in die Wahl miteinbezogen werden. Anstatt dich also nur mit dem abfinden zu müssen, was ohne dein Zutun geschieht, kannst du durch eine größere Selbstbehauptung mehr Dinge in die Hand nehmen und mitgestalten. Deine Zufriedenheit wird es dir danken.

Du entwickelst ein größeres Selbstwertgefühl

Neben der Zufriedenheit stärkst du auch dein Selbstwertgefühl. Du beginnst zu erkennen, dass du durchaus viele Stärken, gute Ideen und fundierte Ansichten hast, für die es sich lohnt, zu kämpfen. Gleichzeitig erkennst du zunehmend, dass du dich nicht kleinmachen musst oder unterhalb von anderen stehst, sondern diesen problemlos auf Augenhöhe begegnen kannst. Daraus resultieren dann auch bessere Beziehungen.

Selbstbehauptung lernen: Warum klappt es bisher nicht mit der Selbstbehauptung?

Trotz der Vorteile und dem unguten Gefühl, das zurückbleibt, wenn es mit der Selbstbehauptung wieder einmal nicht geklappt hat, haben viele Menschen Probleme damit, sich gegenüber anderen behaupten zu können. Selbst gute Vorsätze halten meist nur so lange, bis die Situation eintritt – und dann treten wieder alte Denk- und Verhaltensmuster zutage. Nur warum ist das eigentlich so und was macht die Selbstbehauptung so schwierig?

In der Regel liegen die Ursachen für fehlende Selbstbehauptung in der Person selbst und nicht im Umfeld, wie vielleicht vermutet werden könnte. Vielmehr sind es Gesprächspartner und soziale Kontakte, die auf den Mangel an Selbstbehauptung entsprechend reagieren. Selbstbehauptung muss – wie der Begriff selbst schon zeigt – von dir selbst kommen und so sind auch dort die Ursachen für deren Abwesenheit zu suchen.

Ein häufiger Grund ist dabei ein zu geringes Selbstbewusstsein. Wer sich selbst nicht genug zutraut, unter Selbstzweifeln leidet oder dem Glauben unterliegt, seine Meinung oder seine ganze Person seien nicht wichtig genug, wird es auch nicht schaffen, sich anderen gegenüber zu behaupten.

Ebenso liegt die Ursache oft im Wunsch nach sozialer Zugehörigkeit. Selbstbehauptung kann zu Konflikten führen, wenn du klare Grenzen aufzeigst oder deine Meinung gegen eine andere Ansicht verteidigst. Dabei fürchten viele Menschen, dass ein soziales Gefüge zerbrechen könnte, wenn sie nicht zurückstecken und den anderen ihren Willen lassen.

Quick-Win:
So kann es klappen
Selbstbehauptung lernen

Manchen Menschen fällt die Selbstbehauptung scheinbar kinderleicht. Für viele ist es hingegen ein schwieriges Unterfangen, das sich aber lernen lässt. Ich habe einige Tipps gesammelt, mit denen du Selbstbehauptung lernen kannst, um dich häufiger durchzusetzen, für deine Interessen einzustehen und Grenzen zu setzen:

Reflektiere deine eigenen Ziele

Um Selbstbehauptung lernen zu können, musst du dich zunächst einmal selbst kennen. Was ist dir wichtig? Welche Grenzen willst du nicht überschreiten? Und ganz wichtig: Welche Ziele verfolgst du, wenn du dich beispielsweise im Job behaupten willst? Je klarer deine Vorstellung von dem ist, was du willst, desto leichter wird dir die Selbstbehauptung fallen, da du weißt, wofür du es tust und dass es notwendig ist, um zu erreichen, was du dir vorgenommen hast.

Beginne langsam

Gerade am Anfang bereitet Selbstbehauptung große Probleme, wenn du es noch nicht gewohnt bist, offen für dich selbst einzustehen. Deshalb gilt: Du musst nicht gleich ins kalte Wasser springen. Lass es lieber etwas langsamer angehen, um dich daran zu gewöhnen, anstatt dich selbst in Panik zu versetzen. Natürlich kann es auch funktionieren, gleich dem Chef gegenüber mit der Selbstbehauptung zu beginnen. Leichter ist der Einstieg jedoch, wenn du im Freundes- oder Familienkreis und bei kleineren Dingen anfängst (siehe Praxistipp unten).

Sprich aus, was du denkst

Ein effektiver, aber auch schwieriger Weg zu mehr Selbstbehauptung: Bring deine Gedanken, Worte und Taten in Einklang. Behalte deine Gedanken also nicht für dich und sage gleichzeitig etwas anderes, um es deinem Gesprächspartner recht zu machen. Wenn du glaubst, dass etwas falsch ist oder wenn du dir etwas nicht gefallen lassen willst, dann denke dies nicht nur, sondern sprich es offen aus. Das erfordert einigen Mut, wird dir aber helfen.

Arbeite an deinem Selbstbewusstsein

Sinnvoll ist es immer auch an den Ursachen anzusetzen. Soll heißen: Wenn dir ein zu geringes Selbstbewusstsein im Weg steht, versuche dieses zu stärken, um dich in der Folge besser behaupten zu können. Konzentriere dich beispielsweise auf Dinge, in denen du wirklich gut bist und mach dir klar, dass du viele Fähigkeiten und Stärken hast.

Quick-Win:
Reflektieren
Wo möchtest du gerne "Nein" sagen

Überleg dir mal, in welchen Situationen du z.B. gerne einmal „nein" sagen oder jemand anderen um etwas bitten möchtest. Spiel die Situation vorher in Gedanken durch. Leg dir die Worte zurecht, die du benutzen möchtest. Mal dir die Reaktion der anderen aus und überleg dir, wie du darauf antworten wirst. Setzt bei nächster Gelegenheit dein „nein" oder deine „Bitte" oder dein „ich will" in die Tat um. Such dir für den Anfang einfache Situationen mit solchen Personen aus, zu denen der Kontakt nicht so eng ist, evtl. sogar fremde Personen, z.B. im Restaurant, in der Kantine, im Zugabteil, an der Kaufhauskasse.

Wenn dich einmal der Mut verlässt, dann mach dir klar: Selbstbehauptung bedeutet nicht Rücksichtslosigkeit gegenüber anderen. Gemeint ist vielmehr, die eigenen Wünsche, Bedürfnisse und Gefühle klar und eindeutig zu äußern, sodass sie von anderen angenommen und verstanden werden können.

02 Zu nett für diese Welt?
Wer NEIN sagt, hat mehr vom Leben

Um was es geht:

★ Grenzen setzen: sich selbst und anderen
★ Steckst du in der "Gefälligkeitsfalle"?
★ Nein sagen: Tipps und über 30 Formulierungen
★ Warum du nicht Nein sagen kannst

Nette, hilfsbereite Kollegen, die niemals Nein sagen – die mag jeder. Denn sie machen das Leben leichter. Das Eigene vor allem. Wer anderen seine Hilfe nur allzu bereitwillig zukommen lässt und nicht Nein sagen kann, zahlt dafür aber einen hohen Preis: Überlastung, Verzetteln und eine höhere Fehlerquote sind noch die kleinsten Folgen. Zusätzlich werden die Ja-Sager und billigen Gehilfen sogar noch weniger respektiert. Es ist das Gesetz von Angebot und Nachfrage: Was leicht zu haben ist, hat automatisch weniger Wert. Umso wichtiger, dass du ablehnen kannst. Ich zeige dir, wie du das Neinsagen lernst und öfter mal „Ja" zum „Nein" sagst…

Nein sagen: Vorsicht Gefälligkeitsfalle!

Das „Nein" entwickelt sich im Beruf zunehmend zu einem Tabu-Wort. Wer einer Aufforderung nicht nachkommt, muss befürchten, als faul abgestempelt zu werden, weil er nicht bereit ist, ein wenig mehr zu tun. Oder als unkollegial oder gar egoistisch zu gelten, weil er oder sie die Büronachbarn im Stich lässt, die doch dringend eine helfende Hand benötigen. Ebenfalls wird Nein-Sagern gerne unterstellt, sie seien überhaupt nicht fähig und kompetent genug und scheinbar schon mit den eigenen Aufgaben gänzlich überfordert.

Aus dieser Erwartungshaltung heraus entwickelt sich bei vielen eine regelrechte Angst, „Nein" zu sagen. Also wird fleißig „Ja" und „Amen" gesagt. Zu allem und zu jedem. Auch dann noch, wenn die eigenen Kapazitäten längst an ihre Grenzen stoßen. Ein Fehler, mit dem du dir einige neue Probleme schaffst.

Wer verlernt hat, „Nein" zu sagen, …

- wird immer mehr ausgenutzt.
- kann sich nicht durchsetzen.
- versucht es allen recht zu machen.
- wird abhängig von der Meinung anderer.
- überlastet sich systematisch selbst.

Das Phänomen, im Beruf eine Bitte nicht ausschlagen zu können, hat längst einen einschlägigen Namen in der Literatur. Der Fachausdruck für das nicht Nein sagen können: „Gefälligkeitsfalle". Einmal darin gefangen, wird aus kleinen Gefälligkeiten schnell das Aufgabenpensum eines veritablen Nebenjobs.

7 Ursachen, warum du nicht Nein sagen kannst

Das Bestreben, niemals andere zu enttäuschen und es immer allen recht zu machen ist unser größter Hemmschuh auf dem Weg, auch mal Nein zu sagen und sich selbst zu schützen. Wenn jemand nicht Nein sagen kann, hat das oft tiefere psychologische Gründe. Zu den häufigsten Ursachen gehören Ängste. Aber auch andere Gründe, wie zum Beispiel…

Wer nicht Nein sagen kann, fühlt sich geschmeichelt
Allein schon die Tatsache, dass man dich fragt, imponiert dir. Du fühlst dich aufgewertet, wichtig, zentral. Kurz: Du mutierst zum Helfer, Retter und Ratgeber. Ein kurzer Anflug von Macht umweht dein Ego. Du liebst dieses Gefühl und sagst deshalb immer „Ja". Womöglich war das aber der hinterlistige Plan des Bittstellers. „Der Schmeichelei gehen auch die Klügsten auf den Leim", wusste schon der französische Dramatiker Molière.

Wer nicht Nein sagen kann, leidet am Helfer-Syndrom
Solche Menschen streben ständig nach dem Gefühl, gebraucht zu werden. Entweder soll die eigene Unersetzbarkeit demonstriert werden oder es ist der Versuch, Minderwertigkeitsgefühle zu kompensieren. Das Helfersyndrom führt aber nur zu massivem Stress oder gar totaler Erschöpfung und Burnout. Die kurzfristige Anerkennung führt in eine Abwärtsspirale: Mehr Gefälligkeiten, weniger Zeit, schlechtere Leistungen, sinkende Anerkennung.

Wer nicht Nein sagen kann, hat Angst vor Ablehnung
Nicht wenige Menschen plagt die Sorge, dass es die Beziehung nachhaltig belastet, wenn sie eine Bitte ablehnen. Womöglich quält sie dabei auch ein schlechtes Gewissen, weil sie früher einmal gelernt haben, dass man Hilfe nicht verweigern darf. Wer es dennoch tut, gilt in ihren Augen als egoistisch oder herzlos. Die Frage ist aber: Wer ist egoistischer: Derjenige, der eine Bitte ausschlägt? Oder

derjenige, der seine Sympathien davon abhängig macht, wer nach seiner Pfeife tanzt?

Wer nicht Nein sagen kann, hat Angst, etwas zu verpassen

Mit den Kollegen einen Kaffee trinken, obwohl dringend noch drei Anrufe erledigt werden müssten. Die Einladung zum Feierabendbier nicht absagen, obwohl der Körper längst bedrohlichen Schlafmangel signalisiert. Bloß immer dabei sein und nichts verpassen – auch wenn es noch viele Gelegenheiten zum Kaffee geben wird. Du sollst dich nicht immer absondern, doch ein gelegentliches Nein ist völlig in Ordnung.

Wer nicht Nein sagen kann, fürchtet die Konsequenzen

Insbesondere wenn hinter der Bitte der Chef steht. In vielen Fällen ist es tatsächlich nicht ratsam, dessen Wünsche auszuschlagen. Enttäuschte Chefs befördern nicht. Aber auch Vorgesetzte müssen lernen, wann Schluss ist. Die Angst vor Ablehnung oder generell vor der Enttäuschung und der Reaktion der anderen ist zwar verständlich, es ist aber enorm wichtig, damit umgehen zu können. Sonst wirst du angreifbar für egoistische Schmarotzer.

Wer nicht Nein sagen kann, fühlt sich verantwortlich

Und zwar für die Bürostimmung im Allgemeinen und das Bedürfnis des Kollegen nach Entlastung und persönlichem Glück im Besonderen. Du denkst: „Der Arme: Schon seit fünf Wochen sitzt er an dem Projekt, heute Nachmittag muss er es präsentieren – und was er hat, ist alles andere als spruchreif." Es ist zwar nobel, dem Tropf jetzt unter die Arme zu greifen, doch ist es nicht deine Verantwortung. Entscheidend sollte sein, ob du Zeit und Energie hast – oder selbst unter der Hilfe leiden würdest.

Wer nicht Nein sagen kann, vergleicht sich

Jeder Mensch hat ein anderes Arbeitspensum. Wer sich jedoch mit anderen dauerhaft vergleicht, erliegt bald der Illusion, Gleiches schaffen zu müssen. Du sollst und willst das Beste aus dir herausholen – soweit, so gut. Aber bitte nicht auch noch das Beste des Kollegen dazu. Nichts versetzt Menschen mehr unter Druck, als der Versuch, ständig den Ansprüchen anderer zu genügen.

Darum musst du Nein sagen können

Mach dir klar, dass du nicht allein für die Erfüllung aller Wünsche und Anforderungen anderer verantwortlich bist. Der wichtigste Schlüssel, um künftig besser Nein sagen zu können, ist ein gesundes Selbstwertgefühl. Indem du dein Selbstbewusstsein stärkst, stärkst du auch deine Abwehrkräfte gegenüber allzu großer Unverschämtheit.

Wer sich selbst annimmt (und damit über genug Selbstliebe und Selbstachtung verfügt), dem fällt es auch leichter, Nein zu sagen. Auch auf die Gefahr hin, dass andere dich dann ablehnen oder darauf beleidigt und verschnupft reagieren.

Nur weil du eine Bitte ausschlägst, bist du aber nicht weniger liebenswert. Das ist ein Irrglaube! Richtig ist vielmehr: Wer Nein sagen lernt, gewinnt größere Freiheit und offenbart mentale Stärke. Alleine dafür lohnt es sich, häufiger Nein zu sagen.

Tipp
So macht man es in den USA

In den USA ist es üblich, das erste Angebot mit einem „Nein" abzulehnen. Denn das erste Angebot ist selten das Beste. Indem jede Verhandlung mit einem „Nein" beginnt, entsteht tatsächlich ein Gespräch auf Augenhöhe und der gegenseitige Respekt wächst.

Du hast ein Recht auf ein NEIN! Du darfst anderen gegenüber klare Grenzen setzen.

Das setzt natürlich voraus, dass du deine eigenen Grenzen überhaupt spürst und auch akzeptierst, dass deine Leistungsfähigkeit Grenzen hat. Das fällt vor allem engagierten, leistungsorientierten und hilfsbereiten Menschen besonders schwer. Gerade das ist aber besonders wichtig, um einem schleichenden Leistungsabfall und Burnout wirksam vorzubeugen.

Hier ein paar Beispiele aus meinen Seminaren, wie so eine Grenzziehung praktisch aussehen könnte:

- Telefon umleiten (Anrufbeantworter, Anrufweiterschaltung)
- Schild „Bitte nicht stören" anbringen
- Feste Sprechzeiten einrichten
- Zeitliches Limit für Besprechungen setzen und einhalten
- Papierkorb nutzen
- E-Mail-Flut begrenzen: deshalb Emails nur zu bestimmten Zeiten checken - und auch beantworten / erledigen
- Smartphone zu festen Zeiten aus- bzw. einschalten
- Zeiten für private / familiäre Dinge blockieren

Quick-Win:
So schaffst du es, Nein zu sagen

Die gute Nachricht: Nein sagen lässt sich lernen. Es wird dir nicht von Anfang an leichtfallen, doch mit einigen Tipps wirst du immer besser darin und schaffst es, häufiger Nein zu sagen:

Antworte nicht sofort

Bevor du antwortest, denke nach, ob du wirklich Ja sagen willst. Nimm dir die Zeit, um zu überlegen, ob du der Bitte nachkommen oder lieber Nein sagen willst. Es ist völlig legitim, wenn du nicht sofort eine endgültige Antwort gibst, dich erst nach einiger Bedenkzeit äußerst.

Hinterfrage deine Motivation

Warum willst du Ja sagen? Willst du wirklich helfen – und kannst du das auch – oder stehen dahinter die oben genannten Ursachen und Ängste? Wenn du deine Motivation selbstkritisch hinterfragst, erkennst du leichter, wann du Nein sagen solltest.

Kläre deine persönlichen Konsequenzen

Dein Gegenüber freut sich über deine Zustimmung, aber welche Konsequenzen hat es für dich, wenn du nicht Nein sagst? Vielleicht musst du länger arbeiten, bist völlig erschöpft vom zusätzlichen Pensum, hast Stress oder musst sogar selbst Termine absagen oder umlegen. Wenn der Aufwand zu groß ist, solltest du Nein sagen.

Mach dir keine Schuldgefühle

Ein Nein ist nichts, für das du dich schämen müsstest und auch kein Grund für Schuldgefühle. Du bist nicht verpflichtet, sofort zur Hilfe zu eilen, eigene Grenzen zu überschreiten und um jeden Preis Ja zu sagen. Will dein Gegenüber dir ein schlechtes Gewissen machen, ist dies umso mehr ein Grund, um Nein zu sagen.

Nein sagen lernen: Formulierungen und Beispiele

Du willst ablehnen, dann stellt sich gleich die nächste Frage: Wie kann ich Nein sagen? Gerade im Job bei Kollegen, Kunden oder dem Chef ein schwieriges Thema. Für alle gilt: Bring ihnen die Abfuhr schonend und auf die sanfte Art bei. Du solltest nicht um den heißen Brei herumreden. Mit einer Wischiwaschi-Abfuhr tust du dir keinen Gefallen. Verletzend und respektlos werden solltest du aber auch nicht. Um dir zu helfen, habe ich zahlreiche Beispiele und Formulierungen zusammengestellt, wie du Nein sagen kannst.

Tipp:
Niemals!
"Ja, aber ..."

Sag NIE „Ja, aber…". Während „Ja" das Herz des Gegenübers öffnet, schließt es das „aber" wieder. Versuche stattdessen Euphemismen für das ABER zu finden, zum Beispiel „gleichzeitig": „Ja, natürlich können wir deinen Weg gehen. Gleichzeitig gibt es noch diese Alternative…"

Wie sagt man dem Chef nein?

Dem Boss einen Korb zu geben, ist heikles Terrain. Erst recht, wenn der gerade schlecht auf einen zu sprechen ist, miese Laune hat oder Entlassungen drohen. Ein achtungsvoller Ton, gepaart mit einer subtilen Ausweichstrategie ist hier essenziell für diese Mission. Oder anders formuliert: Die richtige Antwort gegenüber dem Chef beginnt im Kern immer mit der Phrase: „Ja, aber…"

Bleib zu jedem Zeitpunkt höflich, auch wenn der Antrag noch so unverschämt war. Heb niemals die Stimme (wirkt aggressiv) und spiele auch nicht beleidigt (wirkt infantil). Zudem empfiehlt sich eine knappe Begründung. Chefs wollen nicht nur abserviert, sondern informiert werden. Ein absolutes NoGo: Niemals solltest du deinen Vorgesetzten anlügen, wenn du dein „Nein" begründest! Früher oder später kommt so etwas heraus, und dann ist deine Reputation flöten. Mögliche Strategien, wenn du dem Chef Nein sagst, sind:

Alternativen anbieten
- „Ich habe leider nicht die Zeit, später bei der Präsentation dabei zu sein. Aber ich könnte helfen, die Folien nachher noch aufzubereiten."
- „Ich muss unbedingt vorher noch diese Sache für den Kunden fertig machen. Aber morgen könnte ich mich dann darum kümmern. Falls es eilig ist, vielleicht hat Klaus ja gerade etwas Zeit…"
- „Leider schaffe ich das heute nicht mehr. Wenn das Projekt abgeschlossen ist, könnte ich mich sofort im Anschluss daran machen."

Folgen verdeutlichen
- „Danke, dass Sie mir so viel Vertrauen entgegenbringen. Aber ich habe bereits mehrere laufende Projekte, um die ich mich kümmern muss. Wenn ich diese Aufgabe zusätzlich übernehme, wird sich der Abgabetermin von Projekt X zwangsläufig nach hinten verschieben."

- „Ich kann das gerne machen, Sie wissen aber, dass ich dafür nicht die qualifizierteste Person im Team bin?!"

Dramatisieren

- „Ich bin zurzeit enorm eingespannt, so dass ich diesem Projekt nicht die Aufmerksamkeit widmen könnte, die es verdient hätte. Das würde dem Ergebnis schaden."
- „Ich fühle mich bei dieser Sache sehr unwohl."
- „Ich kann das mit meinem Gewissen nicht vereinbaren."

An Abmachungen erinnern

- „Wir hatten seinerzeit verabredet, dass das andere Projekt unbedingt Vorrang hat. Können Sie mir kurz erklären, wieso dies jetzt anders ist?"
- „Sie hatten mir für heute Nachmittag frei gegeben. Inzwischen habe ich dort eine paar wichtige Termine, die ich auch nicht mehr absagen kann."
- „Beim letzten Mal haben wir darüber gesprochen, dass ich einen solch großen zusätzlichen Arbeitsaufwand zeitlich nicht schaffe."

Um Mithilfe bitten

- „Sie wissen, ich arbeite gerade auch an X und Y. Um alles gut erledigen zu können, bräuchte ich noch Unterstützung, sonst wird das nichts."
- „Natürlich helfe ich gerne, doch alleine ist es in der Zeit kaum zu schaffen."

Wie kann man zu Kunden nein sagen?

Ein ähnliches Vorgehen empfiehlt sich Kunden gegenüber. Das Problem: Die haben zuweilen die Angewohnheit, deutlich verständnisloser und unbarmherziger zu sein. Zumal, wenn sie sich wie Könige fühlen, weil sie einen Großteil deines Umsatzes beisteuern. Bei solchen Typen lässt sich ein „Ja" manchmal partout nicht vermeiden. Du könntest aber wenigstens versuchen, künftige Anfragen vorsorglich zu kanalisieren, indem du …

Gemeinsam vorplanen

- „Ich verstehe Ihr Anliegen. Damit es nicht zu weiteren Engpässen kommt, sollten wir eine frühzeitige Lösung finden."
- „Wie können wir unsere Zusammenarbeit denn verbessern um künftig auszuschließen, dass so etwas wieder passiert?"

Eine Frist vorgeben

- „Ich kümmere mich sehr gerne darum. Dann müssen Sie mir aber auch bis Ende der Woche dafür Zeit geben."

- „Ich erledige das sofort, aber nur, wenn es nicht länger als eine Stunde dauert. Dann habe ich einen anderen wichtigen Termin."
- „Wenn es keine Alternative gibt, werde ich das in die Wege leiten. Es wird allerdings einige Zeit dauern – rechnen Sie daher frühestens am Freitag mit einem Ergebnis."

Einen Gefallen einfordern

- „Ich werde versuchen, was sich machen lässt. Aber dann schulden Sie mir auch etwas, wenn wir vielleicht einmal in Bedrängnis geraten."
- „Ich hoffe auf Ihr Entgegenkommen, wenn ich mich darum kümmere."

Wie sagt man Kollegen nein?

Bei Kollegen sieht die Sache etwas anders aus. Befüllen die deinen Schreibtisch zum wiederholten Mal mit zusätzlicher Arbeit, hast du etwas mehr Reaktionsspielraum. Auch hier solltest du deinem Ärger nicht ungebremst Luft machen und lospoltern. Prüfe etwaige Anfragen genau. Im Zweifel sagst du, dass du dich überrumpelt oder geschmeichelt fühlst und erbittest dir, wie in den obigen Tipps beschrieben, etwas Bedenkzeit.

Begründe deine Ablehnung ruhig mit den negativen Konsequenzen – auch wenn du keine Rechtfertigung schuldig bist, wenn du Nein sagst. Das macht es dem anderen aber leichter, deine Absage zu akzeptieren. Folgende Beispiele können ebenfalls helfen:

Um Verständnis werben

- „Ich verstehe deine schwierige Lage, aber ich kann gerade keine Minute entbehren. Leider stecke ich selbst tief in meinen Projekten fest."
- „Das wird Sie zwar enttäuschen, aber ich kann das dieses Mal leider nicht übernehmen. Ich hoffe, Sie verstehen, dass ich gerade keine Kapazitäten frei habe."
- „Ich finde das Angebot sehr schmeichelhaft, aber ich habe offen gestanden andere Pläne."

Konsequent bleiben

- „Ich fühle mich geschmeichelt, aber die Wochenenden gehören meiner Familie."
- „Ich habe vorhin schon jemand anderem meine Hilfe zugesagt. Deshalb kann ich nicht noch mehr übernehmen."
- „Ich helfe dir gerne – aber nicht bei diesem Projekt."
- „Es tut mir leid, aber ich verleihe grundsätzlich kein Geld."

Verantwortung betonen

- „Ich kann verstehen, dass du dich bei der Aufgabe unsicher fühlst. Aber ich bin davon überzeugt, dass du das schaffst. Versuch es doch erst einmal selbst, helfen kann ich später immer noch."
- „Ich kann dir da wirklich nicht helfen. Der Chef hat dir die Aufgabe und Verantwortung übertragen. Er hat sich sicher etwas dabei gedacht."
- „Die Verantwortung dafür liegt bei dir. Wenn ich das jetzt übernehme, kommen wir beide in Schwierigkeiten."

Unverschämtheit offenbaren

- „Mir macht diese Arbeit auch keinen Spaß – aber es ist deine Aufgabe!"
- „Ich verstehe, dass es eine lästige Aufgabe ist, aber dieses Mal bist du dran und musst sie übernehmen."

Wie kann man höflich Nein sagen?

Gerade im Job willst du möglichst höflich und professionell Nein sagen. Die oben Beispiele und Formulierungen sind dazu durchaus geeignet. Wenn du aber doch Angst hast, deinem Gegenüber auf die Füße zu treten, hilft vor allem eins: Verzichte auf lange Ausführungen und fasse dich kurz. Etwa so:

Fass dich kurz

- „Nein".
- „Das geht leider nicht."
- „Leider muss ich ablehnen."
- „Da bist du dieses Mal auf dich allein gestellt."

Nein sagen: Rede Klartext

- Eines ist bei allem wichtig: Wer Nein sagt, sollte Klartext reden. Verzichte unbedingt auf beschwichtigende Einschränkungen wie…
- „Bitte nicht böse sein…"
- „Tut mir echt leid, aber…"
- „Möglicherweise…"
- „Vielleicht könnte…"

Diese Formulierungen entstehen meist aus dem Wunsch heraus, den anderen nicht zu verletzen oder zu hoffen, das Problem würde sich von allein lösen. Sie untergraben aber zugleich deine Entscheidung und lassen sie weniger souverän wirken. Aus demselben Grund verbieten sich natürlich auch Verlegenheits- und Notlügen vom Typ: „Das geht nicht, ich habe schon das und das vor…" Wenn du wirklich etwas anderes Wichtiges vorhast – gut. Aber bitte nicht lügen. Falls das rauskommt, hast du nicht nur deine Souveränität verspielt, sondern auch deine Glaubwürdigkeit und das Vertrauen in dich.

Quick-Win:
Beobachten und reflektieren
Nein denken und Ja sagen

Denkst du auch manchmal nein und sagst dann doch ja?

Um sichtbar zu machen, wie oft dir das im Alltag passiert, probier doch mal folgende Methode: Gib morgens ganz viele 1-Cent-Münzen in deine linke Tasche. Immer wenn du jetzt im Laufe des Tages am Arbeitsplatz oder zu Hause ja sagst, obwohl du nein meinst, dann gib eine Münze in die andere Tasche. Wenn du dann abends nachsiehst, wieviel Münzen in die andere Tasche gewandert sind, frag dich selbstkritisch: In welchen Situationen hätte ich ohne wirklich gravierende Nachteile tatsächlich Nein sagen können?

03 Geheimwaffe Delegation
Unterstützung suchen und Aufgaben abgeben

Um was es geht:

★ Warum es Führungskräften so schwer fällt, loszulassen

★ Richtig delegieren

★ Die "Lassen Sie mich mal machen"-Versuchung

★ Sechs grundlegende Fragen, vier Praxistipps und fünf Stufen der Delegation

Ein weiterer wichtiger Punkt zu einer gesunden Selbstbehauptung ist die Suche nach Unterstützung. Warum fällt das vielen so schwer? Ein Fallbeispiel ...

Der Abteilungsleiter für Entwicklung erstickt in Arbeit. Gerade kommt er aus dem Führungs-Jour-fixe. Eigentlich würde er das jetzt gern nacharbeiten und noch einmal das Gespräch mit dem Einkaufsleiter suchen. Doch das Paper für das neue Feature, das er der Produktion versprochen hat, liegt noch unerledigt auf seinem Schreibtisch. Und die Werkstoffanalyse, die er Anfang der Woche angeschoben hat, kostet ihn auch eine Unmenge an Zeit. Wenn er doch jemanden hätte, der ihm unter die Arme greift, der ihm etwas abnimmt. Martens könnte vielleicht die Analyse... Nein, besser nicht, unterbricht er sich selbst. Zu riskant. Und seine Assistentin hat so ein Paper auch noch nie gemacht. Bis er ihr das erklärt hat, hat er es doch längst selbst gemacht. Es ist hoffnungslos.

Ja, es gibt ein Qualitätsproblem

So wie unserem Entwicklungsleiter geht es vielen Führungskräften. Sie kommen nicht zu ihren eigentlichen Führungsaufgaben. Sie kommen nicht dazu, zu reflektieren, neue Wege aufzuzeigen und Gespräche zu führen. Und das deshalb, weil sie im Tagesgeschäft festhängen. Sie wollen das operative Geschäft wie früher weiterführen, haben aber eine ordentliche Portion Führungsaufgaben oben draufbekommen. Und genau die bleibt in der Regel auf der Strecke.

Warum fällt es vielen Führungskräften so schwer, loszulassen und Aufgaben abzugeben?

Ganz einfach, weil sie diese Aufgaben am besten erledigen können. Ja, es stimmt. Sie haben das Angebot oder auch die Analyse schon x-Mal gemacht. Da macht ihnen keiner was vor. Und genau hier liegt das Problem.

Wenn die Führungskraft diese Aufgabe jetzt an einen Mitarbeiter übergibt, dann wird die Qualität in den allermeisten Fällen abnehmen. Das sei nur logisch, meinen Experten. Schließlich habe der Vorgesetzte diese Aufgabe schon jahrelang gemacht und sich dadurch eine hohe Fertigkeit angeeignet. Damit könne naturgemäß kein Mitarbeiter mithalten. Noch nicht.

Delegieren braucht Investition

Wenn die Führungskraft jetzt nicht handelt, bleibt das auch so. Aus Angst laufen Vorgesetzte Gefahr, Mikromanagement zu betreiben. Sie arbeiten dermaßen vor, dass dem Mitarbeiter nur die reine Umsetzung bleibt. Das ist für alle Beteiligten Käse. Der Vorgesetzte spart nicht eine Sekunde seiner wertvollen Zeit. Im Gegenteil. Er braucht noch zusätzliche Kapazitäten, um die Aufgabe dem Mitarbeiter haarklein zu übergeben. Der Mitarbeiter wird an dieser Aufgabe nicht wachsen können. Fehler, an denen er lernen könnte, werden ausgeschlossen. Eigene Erfahrungen finden nicht statt. Und die Arbeitsfreude bleibt auch noch auf der Strecke. Schließlich ist keiner gern Erfüllungsgehilfe.

Klar, echtes Delegieren ist Arbeit. Und braucht Geduld. Führungskräfte müssen es aushalten, dass die Qualität am Anfang nicht den eigenen Standards entspricht. Sie dürften ihren Mitarbeitern helfen, ihnen jedoch nicht alles vorgeben. Die Aufgabe der Führungskraft ist es, durch Fragen und Impulse den Mitarbeiter derart zu qualifizieren, dass er zunehmend in die Lage versetzt wird, die Aufgabe eigenverantwortlich zu übernehmen.

Aber wie finden Chefs das richtige Maß? Was können sie dem Mitarbeiter zutrauen, ohne dass der Kahn untergeht?

Richtig delegieren: Eine Kunst, die man lernen kann

Richtig delegieren, bedeutet für eine Führungskraft nicht nur Zeit zu sparen. Gute Delegation ist vielmehr der Schlüssel für gute Führung. Wer gut delegiert, bietet seinen Mitarbeitern Motivation, Identifikation, Sinn, Entwicklungsperspektiven und fördert sie nachhaltig.

Führungskompetenz besteht in einem hohen Maße darin, Aufgaben sinnvoll weiterzugeben. Andere Menschen zu befähigen, Aufgaben erfolgreich zu übernehmen, erfordert Vertrauen in die Fähigkeiten des anderen und auch eine Menge Selbstdisziplin.

Warum delegieren?

Es gibt viele gute Gründe, warum du so viele Aufgaben wie möglich an deine Mitarbeiter delegieren solltest.

- Du kannst dich auf deine Kernaufgaben konzentrieren und erhältst mehr Spielraum für strategische Überlegungen.
- Dein Team erzielt bessere Ergebnisse, da du die Potenziale der Teammitglieder besser ausschöpfst.
- Du hilfst deinen Mitarbeitern, ihre Fähigkeiten weiterzuentwickeln.
- Durch erfolgreiches Delegieren erhältst du die Möglichkeit, deine Mitarbeiter zu loben und zu motivieren.
- Du förderst die Kreativität und das Selbstvertrauen deiner Mitarbeiter und leistest so einen wesentlichen Beitrag zur Zufriedenheit und Selbstverwirklichung.

Was kann man delegieren?

Im Prinzip kann man fast alles delegieren. Besonders gut geeignet sind Routine-, Verwaltungs-, Recherche- und fachspezifische Aufgaben. Es können aber auch Teilaufgaben bzw. Zuarbeiten für deine Kernaufgaben sein.

Was du nicht delegieren solltest, sind Führungsaufgaben wie Mitarbeiterführung, Planung, Geschäftsaufbau und Kontrolle. Auch solltest du keine Aufgaben delegieren, die vertrauliche Informationen erfordern, oder bei denen du dir selbst nicht im Klaren bist und dir erst einen Überblick verschaffen musst.

Was, wenn delegieren schiefläuft?

Wie wichtig erfolgreiches Delegieren ist, wird klar, wenn man sich Beispiele für gescheitertes Delegieren vor Augen hält. Wenn Delegation scheitert, hat dies Auswirkungen auf beiden Seiten:

Die Führungskraft ist unzufrieden. Sie hat mehr Stress, da sie die Aufgabe nun korrigieren oder selbst erledigen muss. Gleichzeitig schwindet das Vertrauen in den Mitarbeiter. „Alles muss man hier selber machen!" Hinter dieser Haltung stecken viel Ärger und Frust.

Umgekehrt ist eine gescheitere Delegation auch für den Mitarbeiter sehr frustrierend. Sein Selbstbewusstsein sinkt. Der Mitarbeiter hat Angst, Fehler zu machen. Gleichzeitig schwindet sehr schnell die Freude, selbst Verantwortung zu übernehmen. Der Eindruck „Ich kann es ihm/ihr ohnehin nicht recht machen" führt zu Mitarbeitern, die „Dienst nach Vorschrift" machen.

Wenn also Delegation mehrfach misslingt, tangiert dies nicht nur die fachliche Zusammenarbeit zwischen der Führungskraft und ihrem Mitarbeiter. Mindestens genauso schwerwiegend ist die langfristige Beeinträchtigung der Beziehungsebene.

Der größte Feind beim Delegieren: Die „Lassen Sie mich mal machen"-Versuchung

Gerade wenn du als Führungskraft über die fachliche Schiene Karriere gemacht hast, kennst du vermutlich die Situation: Du schaust einem Mitarbeiter über die Schultern und stellst fest, dass du diese Aufgabe schneller und besser erledigen könntest. Es ist verlockend, einfach zu sagen: „Lassen Sie mich das schnell machen". Schließlich bist du darin ein echter Profi.

Viele Fachkräfte haben Ihre Führungsposition gerade deshalb bekommen, weil sie bestimmte Aufgaben besonders gut und gerne gemacht haben. Es ist also sehr gut nachvollziehbar, dass sie diese Arbeit immer noch gerne selbst erledigen, anstatt den Mitarbeitern nach und nach beizubringen, wie sie mit der Zeit die gleiche Perfektion entwickeln können.

Dennoch musst du als Führungskraft genau dieser Versuchung widerstehen, wenn du die Kosten und Probleme, die durch diese Verhaltensweise entstehen, vermeiden willst.

6 grundlegende Fragen fürs richtige Delegieren

Um Aufgaben einfach und richtig zu delegieren, sind daher zunächst die folgenden Fragen zu beantworten:

1. Wer soll es machen?

Die Überlegung lautet: An wen delegiere ich die Aufgabe, sodass ich das beste Ergebnis erhalte? Die Entscheidung hängt davon ab, wie schnell die Aufgabe erledigt sein muss. Wenn Eile geboten ist, wirst du deine erfahrenen Leistungsträger beauftragen, die aber oft schon viele andere Dinge um die Ohren haben. Langfristig ist es daher sinnvoll, über Alternativen nachzudenken und auch andere Mitarbeiter langsam für bestimmte Aufgaben aufzubauen. Du wirst zunächst vielleicht mehr Zeit und Korrekturläufe brauchen, bis du das gewünschte Ergebnis erhältst, aber auf Dauer wird sich der Einsatz lohnen.

2. Was ist zu tun und wie soll das Ergebnis aussehen?

Je genauer du die Aufgabe definierst, umso besser wird das Ergebnis. Mal kurz eine Aufgabe „herüberzuschieben", bringt selten das gewünschte Ergebnis und frustriert die Mitarbeiter auf Dauer nur.

Der Mitarbeiter, der die Aufgaben erledigen soll, muss vor allem wissen, welches Ziel erreicht werden soll. Die genaue Vorgabe des erwarteten Ergebnisses ist entscheidend, weniger der Weg, der zu dem Ergebnis führt. So hat der

Mitarbeiter die Chance, mitzudenken und kreativ zu arbeiten. Auch unangenehme oder eilige Aufgaben kann er dann leichter akzeptieren.

Bei komplexen Aufgaben ist ein Feedback des Mitarbeiters sinnvoll. Lass ihn die Aufgabe mit eigenen Worten wiederholen, um zu überprüfen, ob deine Botschaften verstanden wurden.

3. Warum ist diese Aufgabe wichtig?

Erklärt die Führungskraft den Hintergrund einer Aufgabe, fördert sie nicht nur die Motivation der Mitarbeiter, sondern erhöht auch die Attraktivität einer Aufgabe. Wenn der Mitarbeiter weiß, wofür der Aufwand betrieben wird, wirkt sich das positiv auf die Mitarbeiterzufriedenheit aus.

Zudem lassen sich Fehler und Rückfragen vermeiden, wenn der Mitarbeiter den Sinn und Zweck der Aufgabe versteht.

4. Bis wann soll die Aufgabe erledigt sein?

Die Angabe eines Zeitrahmens gehört zwingend zur Delegation. Dadurch kann sich der Mitarbeiter seine Arbeitszeit frei einteilen. Wenn der Mitarbeiter eine Teilaufgabe für dich erledigt und du einen festen Abgabetermin hast, solltest du zusätzlich einen zeitlichen Puffer einbauen.

5. Wo soll das gemacht werden?

Bei bestimmten Aufgaben kann auch der Ort der Erfüllung eine Rolle spielen. An welchem Standort ist das zu erledigen? Beim Kunden oder im Unternehmen?

6. Wieviel Anleitung braucht der Mitarbeiter?

Mit dem Delegieren der Aufgabe gibst du Verantwortung ab und räumst dem Mitarbeiter Freiräume in der Ausgestaltung der Aufgabe ein. Je nach Situation und Erfahrungsschatz des Mitarbeiters wirst du jedoch das Maß an Verantwortung und die Spielräume variieren müssen.

Unerfahrene Mitarbeiter werden mehr Anleitung brauchen. Dann ist es sinnvoll, Zwischenziele zu vereinbaren und sich in kleinen Schritten dem Ziel zu nähern. Denke immer daran: Die Zeit, die du jetzt investierst, wird sich bald rechnen!

Erfahrene Mitarbeiter dagegen brauchen keine schrittweise Anleitung, weil sie selbst genau im Kopf haben, wie sie vorgehen wollen. Sie wollen die Verantwortung übernehmen und den Weg zum Ziel selbst finden. Mit zu vielen Vorgaben und Kontrollen setzt du ein falsches Signal, nämlich dass du ihnen diese Aufgabe nicht zutraust. Lass also los und übertrage Verantwortung!

Praxistipp:
Einfach umzusetzen
Richtig Delegieren

1. Lass Dir die Anweisungen wiederholen

Nachdem du deinem Mitarbeiter die Aufgabe delegiert hast, kannst du dir die wesentlichen Sachverhalte der Aufgabe wiederholen lassen. Dadurch können frühzeitig Fehler vermieden werden. In diesem Zusammenhang ist es sinnvoll, die Mitarbeiter von Anfang an darauf hinzuweisen, Notizwerkzeug (egal ob in Papierform oder digital) zu einem Gespräch mit dir mitzubringen.

2. Kontrolliere die Ergebnisse zeitnah

Besonders bei größeren Aufgaben solltest du Meilensteine festlegen, um die Ergebnisse zu kontrollieren. So kannst du, wenn die Entwicklung nicht deinen Vorstellungen entspricht, frühzeitig eingreifen und die Bearbeitung der Aufgabe in die richtige Richtung lenken.

3. Reflektiere die Delegation

Da in der richtigen Delegation der Schlüssel zu guter Führung liegt, ist es ratsam, nach jeder Delegation zu reflektieren, wie es gelaufen ist. War der Mitarbeiter unterfordert oder überfordert? Woran lag es, wenn Dinge nicht perfekt gelaufen sind? Was ist für die Zukunft zu beachten?

4. Gib Feedback

Denke daran, dem Mitarbeiter ein ehrliches und konstruktives Feedback zu geben. Lob ihn für besondere Leistungen, für Fortschritte, die er gemacht hat, und für außergewöhnliches Engagement. Sag ihm auch, wo es noch Raum für Verbesserung gibt.

Praxistipp:
Fünf Stufen der Delegation
So bereitest du deine Mitarbeiter
optimal vor

Um das richtige Maß zu finden, empfiehlt sich ein Delegationsaufbau in fünf Stufen.

1. Setze um

Hier gibt der Chef alles genau vor. Der Mitarbeiter hat sich exakt an die Vorgaben zu halten. Der Chef hat bereits alles recherchiert, abgewogen und entschieden.

2. Arbeite dich ein.

In der nächsthöheren Stufe hat der Mitarbeiter schon mehr Freiheitsgrade. Er arbeitet sich in das Thema ein, entwickelt Optionen und setzt nach Rücksprache mit dem Vorgesetzten um.

3. Erarbeite Vorschlag.

In dieser Stufe wird vom Mitarbeiter erwartet, dass er sich ganz detailliert in ein Thema einarbeitet. Er entwickelt Alternativen und arbeitet auf dieser Basis selbstständig einen konkreten Vorschlag aus. Er schildert dem Chef, wie er gedenkt, im Projekt weiterzumachen. Der Chef entscheidet dann, ob er so vorgehen soll oder nicht.

4. Entscheide mit Rückmeldung.

In dieser Stufe trifft der Mitarbeiter die Entscheidung, berichtet dem Vorgesetzten jedoch später, was und warum er so entschieden hat. Ein Sicherheitsmechanismus, bei dem der Chef bei Bedarf noch eingreifen könnte.

5. Entscheide ohne Rückmeldung.

Ziel der gemeinsamen Investition ist Stufe Nummer 5, die Königsstufe der Delegation. Hier trifft der Mitarbeiter Entscheidungen, die er für die Besten hält und die Führungskraft hat so viel Vertrauen, dass sie keine Rückmeldung mehr braucht. Wenn alles gut läuft, ist am Ende der Mitarbeiter besser als der Chef. Und das macht dann richtig Spaß.

Doch auch im privaten Umfeld sammeln sich Aufgaben, Gefälligkeiten, Ehrenämter und weiteres kontinuierlich an. Da ist es wieder, das Problem mit dem Nein sagen. Doch auch hier kannst du auf einfache Weise Abhilfe und Verbesserung schaffen.

Es geht hier nicht um Bittstellerei, sondern darum, selbstbewusst Wünsche zu äußern, eigene Forderungen zu stellen und wo möglich, auch Aufgaben abzugeben. Das fällt schwer, weil viele dabei immer Angst vor Ablehnung oder Verpflichtung und das Gefühl, dass dies einem Eingeständnis von Schwäche gleichkommt, haben.

Gehörst du auch zu den Menschen, die lieber anderen helfen, als sich selbst helfen zu lassen? Dann gib deinen Mitmenschen doch die Chance, dir zu helfen. Das bringt Entlastung.

Impuls:
Zum Weiterdenken
Gib anderen eine Chance

Du musst nicht alles selber machen. Überleg mal, für welche Aufgaben du die Unterstützung durch Personen in deiner Umgebung (Nachbarn, Freunde, Verwandte, Kollegen, Vorstandskollegen im Verein usw.) gewinnen könntest oder ob du Aufgaben an diese Personen delegieren kannst. Vielleicht gibt es Menschen in deinem Umfeld, die regelrecht darauf warten, von dir eine Chance zu bekommen. Und für diejenigen, an die du Aufgaben abgibst oder die du um Unterstützung bittest, bedeutet das oft auch Motivation, Vertrauensbeweis und die Chance, sich weiterzuentwickeln.

Wer fällt dir spontan ein? Wann sprichst du mit ihm/ihr? Schreib es auf…

04 Ärger angemessen ausdrücken
So macht Schimpfen wieder Spaß

Um was es geht:

★ Wie man mit Ärger richtig umgeht

★ Wutmails erstmal "zwischenparken"

★ Wie du deine Wut in positive Energie umwandelst

Steigt das Stressempfinden, dann ist bei vielen die Zündschnur kürzer als sonst und sie explodieren schon bei geringem Anlass. Doch was ist besser: Dampf ablassen, sich nach Herzenslust ärgern oder beherrscht bleiben?

Digitale Medien bringen mitunter viel Ärger in Umlauf. Mit wütenden Kurzschlussreaktionen darauf zu reagieren, ist nicht empfehlenswert. Zu schnell ist etwas abgeschickt, das man später bedauert. Es gibt aber eine Art virtuelle Bremse.

Nicht erst seit Donald Trump wird aus dem Weißen Haus heraus kräftig und deftig geschimpft. Schon Abraham Lincoln verschaffte seinem Ärger gern in schriftlicher Form Ausdruck, wenn auch nicht per Twitter, sondern in Form von handgeschriebenen Schimpftiraden.

Die ließ der 16. Präsident der USA jedoch, anders als sein Nachfolger Trump, erst einmal so lange auf seinem Schreibtisch liegen, bis die übergekochten Emotionen etwas abgekühlt waren, um erst danach zu entscheiden, ob er sein garstiges Gewüte tatsächlich abschicken wollte.

Wutmails erstmal „zwischenparken"

„Hot-Letter" nannte Lincoln seine vorbildliche Selbstkontrolle, aus dem ein gewisser Julius Bertram nun eine Online-Plattform entwickelt hat, auf der man seine Wutmails zwischenparken kann, bevor sie endgültig abgeschickt werden. Hot-letter nimmt also unsere aufbrausenden Gefühle wie eine fürsorgliche Mutter an die Leine.

Eine geniale Idee, denn so kann man sich quasi kontrolliert gehen lassen und dabei auch noch richtig kreativ werden. Wozu sich das Schimpfen hervorragend eignet. Schimpfwörter sind ein wichtiges Kulturgut, sagt z.B. die Gießener Künstlerin Ingke Günther, die seit vielen Jahren Schimpfwörter mit rosarotem Garn auf Büttenpapier stickt. Weit mehr als zweitausend Begriffe enthält ihre Sammlung inzwischen, darunter Klassiker wie Pissnelke und Pantoffelheld, aber auch Neukreationen wie Achselhippie oder Begeisterungstaliban.

Meckern und Motzen ist erleichternd

Hat sie schlechte Laune, fabriziert die Wutstickerin ein Schimpfwort und schon geht's ihr besser – denn das Meckern und Motzen dient ganz klar der emotionalen Erleichterung. Schon Sigmund Freud erklärte: „Derjenige, der zum ersten Mal anstelle eines Speers ein Schimpfwort benutzte, war der Begründer der Zivilisation."

Wissenschaftlich wird die kulturelle Bedeutung des Grantelns in der „Malediktologie" erforscht. Schon Kinder spielen, sobald sie die Sprache entdecken, mit „bösen" Wörtern und freuen sich, wenn man den Faden aufgreift und weiterspinnt. Sich zu necken, gilt als Vorform der ausgewachsenen Beleidigung und hat in vielen Kulturen eine regulierende Funktion.

Schmähreden und Schimpfwettstreite weltweit

Der Stamm der Mbuti in Zaire zum Beispiel nutzt bewusst Spötteleien, um Auseinandersetzungen die Spitze zu nehmen, und der Niederländer Johan Huizinga widmet in seinem Werk „Homo Ludens" den sogenannten „Schimpfturnieren" ein eigenes Kapitel und berichtet von Schimpfwettstreiten, Schmähreden und frechen Spottliedern von China über Altarabien bis zu den Germanen.

„Nur zu einem Handgemenge sollte es dabei, bitteschön, nie kommen. Denn es ist ja nur ein Spiel", schreibt der Kulturhistoriker. Schön schimpfen kann und soll Spaß machen und tut gut. Dank „Hot-Letter" haben wir jetzt alle eine Art digitalen Erziehungsberechtigten, der dafür sorgt, dass wir uns genüsslich und möglichst einfallsreich ausschimpfen können, ohne dass es uns nachher leidtun muss.

Grundsätzlich ist Ärger ein gesundes Gefühl. Ärger entsteht, wenn jemand über meine Grenzen geht oder nicht zulässt, dass ich meine eigenen Grenzen erweitere. Ärger lässt sich gut nutzen, um zu erkennen, was falsch läuft. Man spürt Energien, um etwas zu verändern.

Wer die Wut nie rauslässt, dem drohen Depressionen

Unterdrückter Ärger steigert die innere Erregung und körperliche Anspannung. Wird der Ärger aufgestaut, kommt es irgendwann zur Explosion. Dazu braucht es meistens nur einen kleinen, unbedeutenden Anlass, der das Fass zum Überlaufen bringt. Ein solcher Ärgerausbruch ist für die Mitmenschen dann meistens kaum verständlich, war es doch eine Nichtigkeit, die dafür sorgte. Und schon hast du neue Probleme.

Frisst man den Unmut ständig in sich hinein und unterdrückt ihn, werden Stresshormone und Neurotransmitter ausgeschüttet, die nicht gleich wieder abgebaut werden. Die Folge ist eine anhaltende Aktivität im limbischen System im Gehirn, speziell in der Amygdala (du erinnerst dich an Amy: dort wohnt dein Angstzentrum), wo es die meisten Rezeptoren für Stresshormone gibt. Dies kann wiederum zu chronischen Veränderungen auf Hirn- und Verhaltensebenen führen. Depressionen und andere psychische Erkrankungen drohen.

Doch Vorsicht: Lässt man seinem Verdruss allerdings freien Lauf, ist es auch nicht gesund. Dann passiert es häufig, dass man sich regelrecht in den Ärger hineinsteigert. Statt Entlastung zu spüren, wird der Ärger und die Anspannung zunächst noch stärker. Die damit verbundene körperliche Stressreaktion lässt den Blutdruck und die Pulsfrequenz hochschnellen. Die körperliche Antwort auf eine Notfallsituation hat durchaus einen Sinn, wenn es ums Überleben geht und alle physiologischen Ressourcen für einen Kampf oder eine Flucht mobilisiert werden. Aber: Geht es immer nur um kleinere Ärgernisse, in die wir uns hineinsteigern, wie schmutzige Kaffeetassen der Kollegen in der Spüle der Büroküche, kann dies das Risiko von Herzkreislaufproblemen steigern.

Aber Vorsicht mit den Kaffeetassen: Kaffee ist keinesfalls ein süchtig machender Muntermacher. Laut Umfrage eines Kaffeekapsel-Herstellers handelt es sich vielmehr um ein verbindendes Element. 38 Prozent gaben dort an, dass Kaffee die Gemeinschaft fördere. Darauf hoch die Tassen und Milchschaum drauf!

Das allerdings deutet auf einen Widerspruch hin, der wohl nur durch Kaffeesatzleserei richtig gedeutet werden kann: Denn die innigste Verbindung scheint oft zwischen Morgenmuffel und Kaffeetasse zu bestehen, und die restlichen Mitglieder der Gemeinschaft ernten dabei Blicke, die besagen: „Sprich mich nicht an." Was wiederum erklärt, weshalb die Tasse nur in der Spüle steht und den Weg in die Spülmaschine nicht findet.

Sobald der Mensch aber innerlich bereit ist, sich mit seinesgleichen am Kaffeeautomaten des Büros zu treffen oder nach einem Rendezvous noch auf einen Kaffee hochzukommen, geht es dann doch nur selten um das Getränk.

Manchmal ist es halt klüger, den Ärger zunächst „in sich" zu verarbeiten, ihn nicht einfach runterzuschlucken, sondern bewusst loszulassen und dem anderen zu vergeben. Das Gute daran ist, dass du dadurch ein Stück innere Freiheit gewinnst. Du bist nicht länger Opfer deiner Ärgergefühle, sondern du hast die Entscheidung, worüber du dich ärgerst oder eben nicht.

Doch nicht das Ärgergefühl an sich ist das Problem, sondern der Umgang damit. Dazu hat Georg Eifert eine Akzeptanz- und Commitment-Therapie entwickelt. Sein Rat: Die Empörung nicht unterdrücken, sondern zulassen und nichts tun, außer die eigenen negativen Bewertungen zu beobachten - und somit eine gewisse innere Distanz zu ihnen aufbauen. Der bewertende Gedanke, der den Ärger auslöst, gehört zwar zu mir. Ich muss aber nicht mit ihm verschmelzen.

Leichter gesagt als getan, wenn das rumstehende Dreck-Geschirr der Kollegen einem einfach immer wieder ein Dorn im Auge ist. Doch was könnte hinter dem Ärger über das ungespülte Geschirr stecken. Vielleicht sagt mir die Kaffeetasse, dass ich mich im Team nicht wertgeschätzt fühle und nur den Dreck für andere wegräume. Der Ärger ist hier durchaus ein Hinweisgeber für die eigenen Bedürfnisse, die man dann konstruktiv angehen kann.

Die eigene Position nicht zu schnell aufgeben

Für einen gesunden Umgang mit Ärgergefühlen ist es deshalb wichtig, alltäglichen Ärger über auch scheinbare Kleinigkeiten anzunehmen und möglichst frühzeitig zu äußern, vielleicht sogar bei einer Tasse Kaffee. Der andere kann den Ärger dann leichter annehmen, ohne dass es zu einer nachhaltigen Verstimmung kommt. Nimm also deinen Ärger ernst und gib den anderen eine Chance, deinen Ärger zu verstehen.

Wenn es tatsächlich um die schmutzige Tasse geht, kann ein nicht-aggressives Feedback, sprich ermahnende Worte an den Kollegen, seine Tasse zu spülen, hilfreich sein. Formuliert man seinen Unmut anderen gegenüber, sollte man sich nicht beschwichtigen lassen nach dem Motto "So schlimm ist es doch gar nicht". Zu schnell sollte man seine eigene Position nicht verlassen. Wir haben ein Recht auf eigene Emotionen und Wahrnehmungen. Aber: "Ein klärendes Gewitter kann auch mal gut sein". Jedoch: Wenn es uns gelingt, den Ärger menschlich zu formulieren, dann haben wir die größte Chance, dass man miteinander ins Gespräch kommt und nicht den Eindruck bekommt, man würde sich am liebsten duellieren.

Wer schnell innerlich die Messer wetzt, kann versuchen, seine Aufregung zu mindern, indem er sich der Motive des Gegenübers bewusst wird. Ist er oder sie gerade in einer kreativen Ideenfindungsphase und vergisst deshalb die Kaffeetassen um sich herum? Wer weiß, dass dies eine vorübergehende Phase der Person ist, kann nachsichtiger sein und der Ärger verfliegt schneller wieder. Sobald wir aber annehmen, dass der andere aus böser Absicht handelt, ist der Groll intensiver. Und so unterstellen wir manchmal auch vorzeitig andern etwas, ohne zu überlegen, ob es vielleicht noch ganz andere Motive gibt.

Quick-Win:
Zum Ausprobieren
So verwandelst du deine
Wut in positive Energie

Führe dir immer vor Augen, dass deine Wut die Welt nicht ändern wird. Nur weil du dich aufregst, bedeutet das nicht, dass Autofahrer rücksichtsvoller fahren, dein Partner pünktlicher nach Hause kommt, der Kollege die Kaffeetasse spült oder dein Kind zukünftig ordentlicher sein wird. Diese Möglichkeiten können deine Wut in positive Energie umwandeln, gerne auch mit einem Augenzwinkern:

- Singe doch einmal deine wütenden Gedanken oder spreche sie mit einer Mickey Mouse Stimme aus.
- Treib Sport oder komm mit anderer körperlicher Betätigung wie Putzen (nicht Kaffeetassen spülen) runter, da körperliche Anspannung durch Bewegung abgebaut wird.
- Kontrolliere deinen Atemrhythmus, indem du tief in den Bauchraum hinunteratmest, den Atem wieder ausströmst und dann die Luft anhältst, während du von 1006 bis 1001 zählst, um dann wieder ein und auszuatmen.
- Schreibe die Vorwürfe und wütende Gedanken auf ein Blatt Papier oder in einer digitalen Nachricht. Das Niederschreiben hilft oft dabei, den Ärger loszulassen. Parke die Nachricht 24 Stunden in "Hot-Letter".
- Baue Körperspannung auf, indem du dich gerade hinstellst und die Arme in die Höhe streckst. Bleibe für zwei bis drei Minuten in dieser Haltung und baue so bis zu 40 Prozent deines Cortisol-Spiegels ab.
- Auch Kopfkino kann dabei helfen, mit deiner Wut umzugehen. Schließe also die Augen und denke an deinen Lieblingsort, dort wo du dich am wohlsten fühlst.

Wut hängt auch oft mit geringem Selbstvertrauen zusammen. Je mehr du dich selbst annimmst, umso weniger fühlst du dich von anderen angegriffen und verletzt. Dies führt wiederum dazu, dass du dich weniger ärgerst und unnötig wütend wirst.

D

Die Quelle für
Höchstleistungen:
Selbst- und
Zeitmanagement

01 Selbstmanagement
Vergeude keine Krise

> **Um was es geht:**
>
> ★ die eine und wichtigste Erkenntnis!
> ★ bessere Entscheidungen treffen
> ★ den eigenen Arbeitsalltag bewusst in die Hand nehmen

Das Leben kann nur in der Schau nach rückwärts verstanden, aber nur in der Schau nach vorne zu geliebt werden.
Sören Kierkegaard, dänischer Philosoph

Wer will das nicht – ein besserer Mensch werden?

Doch mit dem Wollen ist das so eine Sache. Man will ja so vieles: früher aufstehen, sich gesünder ernähren, mehr Sport treiben, eine Fremdsprache lernen, eine Familie gründen, die Karriereleiter erklimmen, den Müll rausbringen …

Doch da ist dieser innere Sesselpupser, der gern in Polstermöbeln versinkt, an schokobestückten Keksen knabbert, sich an Kaffeetassen wärmt und in Magazinen blättert. Wie kann man diesem Schlaffi bloß Unternehmergeist einbläuen?

Auf die Frage gibt es nur eine ultimative Antwort: Mit SELBSTMANAGEMENT! Denn Selbstmanagement ist der erste Schritt zur Selbstoptimierung! Folglich gilt es, den faulen Sack vom Sofa zu stoßen, die Muskeln zu spannen und einen Ablaufplan fürs neue Leben zu skizzieren.

Und so starte ich von nun an jeden Morgen um 5 Uhr mit 30 Minuten Poweryoga in den Tag, frühstücke ein Schälchen Magerquark mit Frischobststückchen, dusche mich eiskalt und setze mich dann für 45 Minuten zum Chinesischlernen an den Schreibtisch, bevor ich mit dem Rad zur Arbeit aufbreche.

So sieht mein Start in den Tag aus – zumindest laut Plan.

In der Realität entwickeln sich des Öfteren unerklärliche Verzögerungen, die meist bereits damit beginnen, dass der Wecker zu leise klingelt, weshalb ich erst um sieben Uhr erwache, erschrocken aus dem Bett stürze, mir meine Klamotten überstreife, zum Bahnhof hetze und im Zug verschwitzt im Sitz klebe, während ich bei einem Coffee-to-go meine Tages-To-do-Liste leicht umstrukturiere.

Am Feierabend eile ich indes voller Tatendrang nach Hause, wo diverse Tagespunkte abgearbeitet werden wollen.

Bevor ich jedoch an meinem Englischwortschatz werkel, das Bad schrubbe und die Joggingschuhe überstreife, gönne ich mir fünf mickrige Minütchen Entspannung auf dem Sofa … auf dem so gemüüüüütlichen Sofa, in dem man so herrlich versinkt …

Und während mir die Augenlider zuklappen, sinniere ich darüber, was das eigentlich ist – ein besserer Mensch. Vielleicht ist das ja einer, denke ich, einer, der …

…. der nicht überlastet, gestresst und am Ende seiner Kräfte ist.

Genau so beschreiben viele Menschen ihren Arbeitsalltag: Ein Berg an Aufgaben, Aufträgen und Abrechnungen stapelt sich auf dem Schreibtisch und die Zeit rennt nur so dahin. Die Folge: Überstunden, Überlastung und die Arbeit kommt mit nach Hause. Was da hilft? Besseres Zeitmanagement heißt es dann oft. Falsch! Selbstmanagement wäre die richtige Antwort. Denn Zeit lässt sich nicht managen. Du dich selbst aber schon…

Selbstmanagement – klingt gut. Aber was bedeutet das? Letztlich geht es darum, den eigenen Arbeitsalltag bewusst in die Hand zu nehmen. Dazu zählen:

- Planung
- Organisation
- Motivation
- Zielsetzung

Konkret umfasst Selbstmanagement die folgenden Punkte:

- sich selbst besser zu organisieren,
- sich schon morgens (noch besser am Abend davor) einen Überblick über den Tag zu verschaffen,
- seine Aufgaben zu planen,
- zu priorisieren
- und natürlich über den Tag motiviert zu bleiben

Im Kern geht es darum, dass du bessere Entscheidungen triffst. Das allerdings ist harte Arbeit. Rund 20.000 Entscheidungen treffen wir täglich, die meisten davon binnen Sekunden. Das macht diese erstens nicht gerade leichter und zweitens tückisch.

Insbesondere im Job geraten wir immer wieder in Situationen, in denen wir blitzschnell reagieren müssen. Dort stehen wir mit einer Wahrscheinlichkeit von etwa 60 Prozent unter Zeitdruck, hat einmal das Deutsche Institut für Wirtschaftsforschung in Berlin ermittelt. Keine guten Voraussetzungen. Wer viel entscheiden muss, büßt dabei einen Gutteil seiner geistigen Kapazitäten ein.

Natürlich sind ausreichende fachliche und gute soziale Kompetenzen für einen gelassenen und sicheren Umgang mit Belastungen im Beruf und Alltag wichtig. Noch größere Bedeutung hat aber, wie gesagt, das Selbstmanagement. Das ist gewissermaßen die Königsdisziplin. Es geht um die Fähigkeit, das eigene Leben nach eigenen beruflichen persönlichen Zielen auszurichten und in Balance zu halten.

Selbstmanagement beinhaltet wesentlich die Fähigkeit, sich entscheiden zu können und den Mut, Prioritäten zu setzen. Beides ist unerlässlich, um in der Fülle der Möglichkeiten, die die moderne Multifunktionsgesellschaft für uns bereithält, nicht unterzugehen und um uns vor (Selbst–) Überforderung, ständigem Zeitdruck und letztlich dem Ausbrennen zu bewahren. Selbstmanagement heißt auch: Agieren statt reagieren, dem eigenen Kompass folgen, statt immer nur auf äußere Anforderungen und Zwänge zu antworten.

Selbstmanagement beginnt mit der einfachen Erkenntnis: Alles geht nicht! – Zumindest nicht auf einmal. Diese Erkenntnis fordert uns auf, innezuhalten, um die eigene Lebensperspektiven zu überdenken und die eigenen Werte und Ziele zu klären. Was ist mir wirklich wichtig? Wozu mache ich das alles? Wo will ich hin?

Das sind die Fragen, die wir uns selbst vorlegen und auf die wir unsere ganz persönlichen Antworten finden müssen. Die Beschäftigung mit diesen grundlegenden Fragen ist natürlich keine einmalige Sache. Gefundene Antworten sind in seltensten Fällen für alle Zeiten gültig. Auch haben unterschiedliche Lebensphasen unterschiedliche Ziele und Prioritäten. Es geht also um einen Prozess der Selbstklärung, um einen Weg, auf den man sich – immer wieder – begibt und in dessen Verlauf sich der eigene Kompass allmählich herausbildet. Fernab vom Sofa ...

02

Meister deines Lebens
Was wirklich zählt –
Werte und Ziele klären

Um was es geht:

★ auch TOP-Führungskräfte haben Ängste und Zweifel - und eine Lösung!

★ was persönliche Werte und Ziele bewirken

★ was wirklich zählt!

Wer ein Wozu zu leben hat, erträgt fast jedes Wie.
Friedrich Nietzsche, Philosoph

Mitten im Supermarkt bricht Nicole in Tränen aus. Weil das Leben nie wieder so sein wird wie früher, als ihre Kinder noch zu Hause waren. Weil es Dinge gibt, die ihr Ehemann Joachim ihr auch nach sechsundzwanzig Jahren nicht verziehen hat. Und weil sie fast fünfzig Jahre alt ist und nichts vorweisen kann außer ein paar von ihr illustrierten Bilderbüchern. Urplötzlich drängt sich ihr die Frage auf: Hat sie richtig entschieden, als sie zu Joachim zurückgekehrt ist, damals, nach der Sache mit Andreas? Wäre ihr Leben sonst anders verlaufen? Wäre sie heute eine andere? War das schon alles, was das Leben zu bieten hat…?

Manchmal haut uns das Leben alles um die Ohren, was uns zuvor Halt und Sicherheit gegeben hat. Der Boden unter unseren Füßen schwankt, und es ist kein Weg mehr zu sehen. Dann stellt sich die Frage, worum es tatsächlich geht, worauf es ankommt – was wirklich zählt.

Auf diese Frage gibt es keine einheitliche Antwort und auch keine, die uns einfach so einfallen würde. Wir müssen sie suchen – in den verschiedenen Herausforderungen, vor die das Leben uns stellt.

Was wirklich zählt? Vielleicht würden wir spontan sagen: Gesundheit, ein sicherer Job, Menschen, die mit uns gehen… Vielleicht würden wir sagen: Heimat, Geborgenheit und ein Sinn im Leben…

Vielleicht gehören noch ganz andere Dinge zu dem, was wirklich zählt.

Ich stelle in meinem Alltag immer wieder fest, dass viele Menschen mit dieser Frage schlicht überfordert sind, sich noch nie darüber Gedanken gemacht haben.

Sie stehen an der Spitze, sind erfolgreich und fühlen sich trotzdem ohnmächtig, überfordert, unzufrieden und einsam – das kommt häufiger vor als manche glauben. Warum?

Um Erfolg und Erfüllung verbinden zu können, benötigen wir den richtigen Platz, der unseren Stärken und Talenten entspricht. Ähnlich wie Pflanzen verkümmern wir, wenn die Rahmenbedingungen uns nicht entsprechen. Wenn wir dagegen unser (Berufs-) Leben im Einklang mit unserer inneren Überzeugung gestalten, können wir Leistung mit Leidenschaft und Leichtigkeit verbinden.

Auch Top-Führungskräfte und große Unternehmenslenker haben Ängste, Zweifel und Hoffnungen. Sie sind dennoch ihren persönlichen Weg zu Erfolg und Erfüllung gegangen. Mach du dich jetzt auch auf den Weg. Du findest dazu in diesem Buch viele Praxis-Tipps und Übungen.

Und ich verspreche dir: Wer wirklich überzeugt ist, von dem was er tut, hat immer Erfolg – und Spaß daran.

Es liegt nämlich auf der Hand: Persönliche Werte und Ziele verleihen dem eigenen Leben Sinn. Die Überzeugung und das Gefühl von der Sinnhaftigkeit des eigenen Lebens stellen zudem einen bedeutsamen gesundheitliches Schutzfaktor dar, denn sie helfen Belastungen aktiv zu bewältigen oder leichter zu ertragen.

Durch die Auseinandersetzung mit deinen persönlichen Zielen trittst du gewissermaßen einen Schritt von den Alltagsbelastungen der Gegenwart zurück und entwickelst eine über den Alltag hinausgehende Perspektive. Das ist besonders dann hilfreich, wenn du das Gefühl hast, aufgrund der Menge an täglichen Anforderungen in deinem Alltag zu versinken. Mit Zielen vor Augen erhöhen sich deine Stresstoleranz und die Bereitschaft, dich mit unangenehmen Situationen zu konfrontieren.

Mit meinem Impuls gebe ich dir nun ein paar Anregungen für deine persönliche Beschäftigung mit der Frage, was dir wirklich wichtig ist:

Impuls:
Anregung zur Selbstreflexion
Was mir wirklich wichtig ist

Gute Antworten findest du weniger durch angestrengtes Nachdenken als vielmehr durch Besinnung, bei der du aufmerksam in dich hineinhorchst.

Die gute Fee:
Stell dir vor, es kommt über Nacht eine gute Fee zu dir. Und du erhältst die einmalige Chance, dass diese Fee dir drei Wünsche erfüllt.

- Welche drei Wünsche nennst du der Zauberfee?
- Wie würde es konkret aussehen, wenn deine Wünsche erfüllt werden?

Die eine-Million-Euro-Frage:
Stell dir vor, du hättest den Hauptgewinn von einer Million Euro gewonnen.

- Was würdest du mit dem Geld anfangen?
- Würdest du dein Leben ändern? Wie?

Nachruf:
Stell dir vor, einige Jahre nach deinem Tod verfasst deine Lieblings-Enkel (oder ein guter ehemaliger Kollege oder ein Freund...) einen Nachruf auf dich.

- Welche drei wichtigsten Dinge (Eigenschaften, Leistungen, Taten...) über dich und über dein Leben sollten in diesem Nachruf stehen?

Jugendträume:
Versetzt dich zurück in deine Jugendzeit.

- Welche Ziele und Ideale hast du als Jugendlicher gehabt?
- Welche dieser Ziele und Ideale haben heute noch für dich Gültigkeit?

Vorbilder:
- Welche maximal drei Personen aus deinem privaten oder beruflichen Umfeld oder aus dem öffentlichen Leben stellen für dich Vorbilder dar?
- Welche Werte, die du selbst in deinem Leben auch gerne verwirklichen würdest, verkörpern diese Personen für dich?

Meilensteine:
- Welche Meilensteine kennzeichnen deinen bisherigen Lebensweg?
- Welche wichtigen Entscheidungen hast du bereits getroffen?
- Welche Werte waren dafür ausschlaggebend?
- Welche bisherigen Taten oder Erfolge erfüllen dich mit Stolz?

03 So geht Zukunft
Wie du erkennst, was kommt, und weißt, was zu tun ist!

Um was es geht:

★ Was ist der Treibstoff für dein Gedankenkarussell
★ Eine positive Zukunftsvision entwickeln
★ Vision - Mission - Positionierung: wozu?
★ Wie du herausfindest, was du wirklich willst!

Wer nicht weiß, wohin er segeln will, für den ist kein Wind der richtige.
Seneca, römischer Dichter und Philosoph

Seit Menschengedenken suchen wir in der Stille der Nacht nach dem Sinn in uns und über uns. Dabei nach den fernen Sternen zu greifen ist naheliegend. Sie sind so schön verlässlich, unerreichbar und: sie lügen nicht, wie die Astrologen sagen.

"Weißt du wie viel Sternlein stehen?", habe ich als Kind immer gesungen, und weiter: "Gott der He-he-herr hat sie gezäh-hä-let, dass ihm a-auch keines fe-he-let...". Forscher zählen nicht so genau, sie können nur schätzen, dass es mehr Sterne am Himmel gibt als Sandkörner in allen Wüsten und Stränden der Erde. Aus dieser unvorstellbaren Zahl haben zu babylonischen Zeiten Menschen 150 Sandkörner ausgesucht und sich im nach Prinzip des Brigitte-Schnittmusters lustige Bilder und vor allem Erklärungen dazu ausgedacht. Diese waren dann "sinngebend" und beschrieben das Schicksal des Betreffenden.

Heute macht man das etwas anders...... Heute setzt man sich - immer noch in der Stille - in eine ruhige Ecke oder sucht sich einen Gesprächspartner und reflektiert über das eigene Leben. Das ist manchmal mehr und manchmal weniger lustig. Auslöser sind meistens Fragen wie: „Ich weiß nicht, was ich will! Was macht mich eigentlich glücklich? Was fange ich mit meinem Leben an?"

Kommen dir diese Gedanken bekannt vor? Wenn ja – keine Sorge: vielen anderen Menschen geht es ähnlich! Der „Treibstoff" für dieses Gedankenkarussell kann,

- ein Mangel an erfüllenden Aufgaben sein,
- sein, dass wieder einmal alles mal auf einmal kommt,

- fehlende Anerkennung sein,
- oder das Gefühl, nicht gebraucht zu werden.

Wir hetzen dann mit einem „Tunnelblick" durch unseren Alltag, immer mit der nächsten Anforderung vor Augen. Wir bekommen nicht mehr mit, was links oder rechts von uns passiert. Es geschieht dann leicht, dass wir die Richtung verlieren und von unserem Weg abkommen, ohne dass wir dies bemerken. Wir verlieren unser Ziel aus den Augen und können "günstige Winde" als Chancen, die sich zur Verwirklichung unserer Wünsche und Träume bieten, nicht mehr erkennen. Wir reagieren nur noch, statt aktiv zu gestalten.

Um also im stressreichen Alltag nicht die Orientierung zu verlieren, ist es notwendig, sich von Zeit zu Zeit mit Fragen zu beschäftigen wie: Wo will ich eigentlich hin? Oder: Wozu mache ich das alles? Diese Fragen regen uns dazu an, eine möglichst deutliche und eine möglichst positive Vision für die Zukunft zu entwickeln.

Zunächst mal: was ist denn überhaupt eine Zukunftsvision?

Wer Visionen hat, der sollte zum Arzt gehen!
Helmut Schmidt, ehemaliger Bundeskanzler

Unter Zukunftsvision versteht man eine motivierende, konkrete Vorstellung von einem Zustand bzw. Status, den du im Leben erreichen willst. Die Vision beschreibt also etwas, was in Zukunft sein soll. Sie stellt einen Idealzustand, bzw. einen idealen Soll-Zustand dar. Damit ist sie richtungsweisend. Als Bild könnte man es so formulieren: Es ist die Karotte vor deiner Nase, die so attraktiv für dich ist, dass du dich auf den Weg machst.

Das Zitat von Antoine de Saint-Exupéry bringt die Motivation, die durch eine Vision entsteht, gut auf den Punkt:

„Wenn du ein Schiff bauen willst, so trommle nicht Leute zusammen, um Holz zu beschaffen, Werkzeuge vorzubereiten und die Arbeit einzuteilen, sondern wecke in ihnen die Sehnsucht nach dem endlosen, weiten Meer."

Auf dieses gedankliche Fundament können dann Lebensziele aufgebaut werden. Aus einer Vision wird ein Ziel, wenn du festlegst, was genau UND bis wann du es erreichen willst. Ein vereinfachtes Beispiel, um den Unterschied zu verdeutlichen:

- Vision: Ich werde reich.
- Ziel: Ich habe bis zum ... (Datum) einen Betrag von mind. ... € auf meinem Konto.

Vision – Mission – Positionierung

Die Begriffe Vision, Mission und Positionierung werden oftmals verwechselt. Daher findest du hier noch einmal einen ganz kurzen Überblick:

- **Vision**: Es geht ums „Was". Die Vision ist die Vorstellung davon, wo du als Person in Zukunft stehen möchtest. Was willst du erreichen, wo willst du in 10 – 30 Jahren stehen?
- **Mission**: Es geht ums „Warum?" Die Mission definiert das „Warum" von dir als Person. Hier findest du den Sinn. Warum tue ich, was ich tue, was ist die innere/intrinsische Motivation, der Motor, etwas zu tun?
- **Positionierung**: Es geht ums „auf den Punkt gebracht". In der Positionierung wird über das Marketing ein Konzentrat gebildet aus allem was du zu bieten hast.

Im Ergebnis kannst du mit einem Satz formulieren: „Was leistest DU für WEN (Zielgruppe) mit welchem Nutzen."

Doch zurück zu Zukunftsvision und Lebenszielen. Eine solche Zukunftsvision kann eine unterschiedlich lange zeitliche Perspektive befassen, sollte aber möglichst eine zeitliche Zone in der Zukunft betreffen, die man selbst noch als überschaubaren und inhaltlich sinnvollen Abschnitt des eigenen Lebens erlebt.

Als Kriterium für die Definition eines solchen individuellen Zukunftsraumes können zum Beispiel runde Geburtstage, Jubiläen, das Ende einer Ausbildung, die letzte Rate des Kredits und anderes herangezogen werden. Es sollte sich um eine Zukunftsperspektive handeln, die einerseits deutlich über den gegenwärtigen Alltag hinausweist, andererseits aber nicht zu weit gefasst ist, sodass die Entwicklung einer lebendigen Zukunftsvorstellung möglich ist. Die meisten Menschen wählen zum Start einen Zeitraum zwischen ein und fünf Jahren.

Doch wozu das alles? Zukunftsvision und Lebensziele sind Wegweiser und dienen der Orientierung im Leben. Sie stellen quasi den Leuchtturm dar, der dir den Weg zeigt.

Wenn du eine Zukunftsvision und Lebensziele hast,

- kennst du die Richtung, die es einzuschlagen gilt,
- fallen dir Entscheidungen leichter,
- agierst du, anstatt ständig zu reagieren,
- erkennst du den Sinn in deinem Sein und Tun,
- findest du erfüllende Aufgaben im Leben,
- erreichst du ein nachhaltig gutes Gefühl.

Wenn du deine persönliche Zukunftsvision entwickelst, dann denke dabei auch an deine unterschiedlichen Lebensbereiche. Gerade wenn in deinem gegenwärtigen Leben einzelne Lebensbereiche über- und andere unterbetont sind, dann kann es in deiner Zukunftsvision auch darum gehen, eine neue Balance der Lebensbereiche zu finden. Die Unterscheidung der folgenden vier Lebensbereiche ist für die meisten Menschen sinnvoll:

- **Arbeit & Leistung:** Aufgaben, Projekte, Karriere, Geld, Einfluss, Sicherheit, Wohlstand, Erfolg, Hausbau …
- **Familie & Kontakt:** Freunde, Partnerschaft, Kinder, Familienalltag, Eltern, Geschwister, Zuneigung, Anerkennung, Freundschaften, Zugehörigkeit zu einer Gruppe, Vereinsmitgliedschaft, Ehrenamt …
- **Sinn & Kultur:** Selbstverwirklichung, Erfüllung, Liebe, Philosophie, Zukunftsfragen, Religion, was ich persönlich erleben, lernen, entwickeln möchte …
- **Körper & Gesundheit:** Hobbys, Sport, Gesundheit, Ernährung, Erholung, Entspannung, Fitness, Lebenserwartung …

Die Formulierung der Vision ist keinerlei formalen Regeln unterworfen. Sie muss nicht in gängiger Sprache gehalten sein, sondern kann durchaus zum Beispiel nach Science-Fiction oder einer Szene in einem Spielfilm klingen. Wichtig ist, dass im Mittelpunkt dieses Szenarios du als Person stehst. Sobald eine klare Vorstellung der Vision existiert, am besten in einfachen Sätzen formuliert – zu empfehlen ist eine Länge von ungefähr einer A4-Seite –, beginnt die Umsetzung.

Aus der jeweiligen Zukunftsvision erfolgt eine konkrete Zielsetzung. Daraus werden dann die erforderlichen Maßnahmen abgeleitet und umgesetzt.

Wenn Zukunftsvision und Lebensziele fehlen, kann das in Orientierungslosigkeit münden. Die Frage nach dem Sinn des eigenen Lebens und das Fehlen von Antworten führen dann oft zu einer Sinnkrise. Der innere Antrieb und die Lebensfreude gehen verloren.

Aber es ist nie zu spät für einen lebensverändernden Entschluss oder dazu, sich einem sinnerfüllenden Aufgabenbereich zuzuwenden.

Herausfinden, was man will: Der erste Schritt

Der erste Schritt besteht darin, herauszufinden, was du wirklich willst und in welche Richtung es gehen soll. Hierzu gibt es mehrere bewährte Möglichkeiten. Vor vielen Jahren bin ich auf eine Frage gekommen, mit der du sehr schnell eine Vision entwickeln kannst. Am Anfang war ich baff erstaunt, dass diese einfache Frage so schnell zu Klarheit und einem eindeutigen Ergebnis kommt.

Nutze selbst diese Frage, wenn du vor einer schwierigen Entscheidung stehst, oder auch um deine Vision zu „enthüllen":

„Wenn du könntest, wie du wolltest, und du wüsstest, es würde gelingen, was würdest du dann tun?"

Bitte denke nicht lange nach, sondern achte darauf, was dir spontan in den Sinn kommt. Dein Unterbewusstsein weiß meistens sehr genau, was du wirklich willst.

Eine andere Möglichkeit zur Entwicklung deiner Vision stelle ich dir am Ende des Kapitels vor.

Mit kleinen Taten Bedeutungsvolles schaffen

Die Lebensvision und die Lebensziele müssen nichts Außergewöhnliches sein. Oft sind es die kleinen Taten, die unser eigenes Leben und das unserer Mitmenschen so sehr bereichern. Eine erfüllende Lebensvision kann auch darin bestehen, wesentlich dazu beizutragen, dass es lieben Menschen in deinem Umfeld besser geht. Wenn dein Sein und Tun für andere von Bedeutung ist, kann das ungemein befriedigend sein. Selbst dann, wenn dies nur in Bezug auf ein einziges Lebewesen der Fall sein sollte.

Hierzu eine kurze Geschichte:

Seesterne retten

Es tobte ein furchtbarer Orkan, der das Meer aufwühlte. Riesige Wellen brachen sich ohrenbetäubend laut am Strand. Als der Sturm langsam nachließ, klarte der Himmel wieder auf. Am Strand lagen unzählige Seesterne, die die Brandung herangespült hatte. Ein kleiner Junge lief am Strand entlang, nahm vorsichtig Seestern für Seestern in die Hand und warf sie zurück ins Meer. Da kam ein Mann vorbei und sagte:

„Du dummer Junge! Was du da machst, ist vollkommen sinnlos. Siehst du nicht, dass der ganze Strand voll von Seesternen ist? Die kannst du nie alle zurück ins Meer werfen! Was du da tust, ändert nicht das Geringste!"

Der Junge schaute den Mann überrascht an. Dann ging er zu dem nächsten Seestern, hob ihn behutsam auf und warf ihn zurück ins Meer. Den Mann ließ er wissen: „Für diesen hier wird es etwas ändern!"

Der nächste Schritt:

Wenn Du deine Vision gefunden hast, wirst du feststellen, dass ein großer Druck von dir abfällt und du stattdessen mit innerer Ruhe die nächsten Schritte planst. Stellt sich diese innere Ruhe noch nicht ein, kannst du sicher sein, dass du DEINE Vision noch nicht ganz gefunden hast.

Die Vision ist das große Ganze – das Bild, das Orientierung gibt. Aber nun muss sie noch greifbar gemacht und manifestiert werden. Das machen wir in den nächsten Kapiteln.

Fazit:

Mit einer Vision kannst du ungeahnte Kräfte freisetzen. Dieser ideale Soll-Zustand der Zukunft beschreibt, wo es für dich hingehen soll. Du kannst dich auf den Weg machen und zwischenzeitliche Misserfolge werden dich weniger daran hindern, deine Vision weiter zu verfolgen. Eine gute Vision begeistert und treibt an. Eine Vision ist dann gut, wenn der Gedanke daran im Bauch kribbelt, wenn du aufgeregt wirst und loslegen möchtest. Eine Vision gibt Orientierung und bietet Sinn.

Der nachfolgende Impuls kann dir einige Anregungen für die Entwicklung deiner persönlichen Zukunftsvision geben:

Impuls:
Anregung zur Selbstreflexion
Blick in die Zukunft

Diese Anleitung soll dir einige Anregungen für die Entwicklung deiner persönlichen Zukunftsvision vermitteln. Such dir einen ruhigen Platz. Setz dich bequem hin. Atme ein paar Mal kräftig ein und aus und lass mit dem Ausatmen Spannung aus deinem Körper entweichen. Stell dir vor, wie du eine Zeitmaschine betrittst. Du begibst dich auf eine Zeitreise, eine Reise in die Zukunft, in deine Zukunft. Die Reise führt dich genau in die Zeit, in der du deinen nächsten Zukunftsschritt verwirklicht hast. Und du siehst dort, wie dein Leben jetzt aussieht, wenn alles so gelaufen ist, wie du es dir wünschst.

Schau dich um, in dieser Zeit, in deiner Zukunft. Schau mal, was es da zu entdecken gibt. Schau in Ruhe. Und schau in alle Richtungen…

Auf deine Arbeit:
Was machst du jetzt beruflich? Schau mal, was da ist... Worin besteht deine tägliche Arbeit? Welche Leistungen erbringst du? Worauf bist du stolz? Wie ist dein beruflicher Status? Welchen Stellenwert haben Beruf und Arbeit in deinem Leben?

Auf dein Zuhause ...
... und auf die Menschen, die dort sind. Schau mal, was da ist und wer da ist... Lebst du in einer Partnerschaft? Wie gestaltest du deine familiären Beziehungen: Zu deinem Partner, zu Kindern, zu den Eltern und zu anderen Familienangehörigen? Welchen Stellenwert hat die Familie, die häusliche Gemeinschaft in deinem Leben?

Auf dein soziales Umfeld:
Wo gehörst du dazu? Welche Freundschaften oder Bekanntschaften pflegst du? Welchen Stellenwert haben Freunde und Bekannte in deinem Leben?

Auf Dich selbst:

Was ist mit dir persönlich? Wie hast du dich entwickelt? Welchen persönlichen Interessen gehst du nach? Wie sieht es mit deinen Hobbys aus? Wie steht es um deine Selbstverwirklichung? Was tust du nur für dich? Welche neuen Erfahrungen hast du gemacht? Was hast du gelernt, erfahren, erlebt, dass dich bereichert und persönlich erfüllt?

Betrachte abschließend dein Leben nach deinem nächsten Zukunftsschritt noch einmal als Ganzes. Präge dir die Bilder gut ein. Vielleicht möchtest du im Geist noch einige Fotos schießen...

Bitte nimm dir nach deinem Blick in die Zukunft Zeit, um die Ideen und Bilder, die dabei in dir aufgetaucht sind, festzuhalten. Schreibe sie auf oder male, wie deine positive Vision deines nächsten Zukunftsschrittes aussieht.

Ein sehr gutes Beispiel einer klaren Vorstellung (Vision) wir in der Zukunft vielleicht leben, findest du in dem Artikel "Schöne neue Welt: Wie wir 2050 leben". Er kann dir zusätzliche Inspiration für deine Vision geben. Du kannst ihn unter folgendem Link abrufen. https://www.sanitas.com/de/magazin/entwickeln-fuer-morgen/zukunftsvision-leben-in-30-jahren.html

04 Was lässt dich morgens aufstehen?
Von der Vision zum Ziel

Um was es geht:

★ Ziele richtig formulieren

★ Wie du die "Snooze-Taste" besiegst

★ Um Ziele voller Leidenschaft und Motivation, und wie du sie für dich findest

★ Warum SMART & Co nicht wirklich weiterhelfen und was du stattdessen tun kannst

★ Neun Tipps, um mit deinen Zielen ins Ziel zu kommen

Weißt du noch, was du dir für dieses Jahr an guten Vorsätzen vorgenommen hast? Nicht? Du bist in guter Gesellschaft. Alkohol bewirkt in unserem Hirn dasselbe wie ein Absturz beim Computer: Die letzten Änderungen werden nicht gespeichert. Deshalb können sich die wenigsten am 2. Januar überhaupt erinnern, was sie sich vor dem Feiern für ab sofort ganz ernsthaft vorgenommen haben.

Nun gut, da ist ja auch noch der innere Schweinehund. Morgens zum Beispiel, wenn ich aufstehen will, zwingt er mich, noch etwas liegen zu bleiben. Und er hat zudem einen Verbündeten in der Weckerindustrie: Die Snooze-Taste. Sie ist die perfekte Art, sich den Start in den Tag zu versauen. Du drückst dich vor dem Aufstehen, indem du diese Taste drückst. Und nach fünf Minuten - Zack. Nochmal draufhauen.

Echte Schweinehund-Experten stellen sich den Wecker dreißig Minuten vor dem eigentlich geplanten Aufstehen, das entspricht sechsmal Snoozen!

Doch was so schmusig nach mehr Lebensqualität klingt, ist in Wirklichkeit der sichere Weg, den ganzen Tag genau diesen verdösten Minuten hinterherzuhetzen. Wer beim Weckerklingeln liegen bleibt, beginnt den Tag mit einer Niederlage. Der Tag entscheidet sich an der Bettkante!

Was also lässt dich aufstehen?
Wenn du eine klare positive Vision von deinem nächsten Zukunftsschritt in dir entwickelt hast, dann hast du damit bereits eine wichtige innere Ressource, auf die du im Alltag zurückgreifen kannst und die dir besonders auch in stressigen Zeiten Orientierung und Halt geben kann.

Damit die Vision aber nicht Vision bleibt, sondern möglichst auch Wirklichkeit wird, ist es hilfreich, die Vision in Ziele zu übersetzen, die du dir selbst stellst. Ziele formulieren - verbindlicher als eine Vision – das, was du dir vornimmst zu tun, um der Vision näher zu kommen.

Ich erlebe manchmal, dass Menschen vor diesem Schritt zurückschrecken, weil sie befürchten, dass Ziele sie nur noch weiter unter Stress bringen würden. Dies trifft aber in der Regel nur auf schlecht formulierte Ziele zu, die zum Beispiel zu vage, zu unrealistisch oder einfach nur „fromme Wünsche" sind.

Neun Tipps: So formulierst du deine Ziele richtig

Unzählige Motivationspsychologen haben sich intensiv mit der Frage beschäftigt, wie Ziele richtig formuliert sein sollten, damit sie möglichst motivierend wirken und eine hohe Wahrscheinlichkeit der Realisierung besitzen. Was aber heißt „richtig formuliert"? Dazu gibt es sehr unterschiedliche Ansätze. SMART, PURE oder CLEAR sind drei gängige Eselsbrücken:

1. SMART
- spezifisch
- messbar
- anspruchsvoll (auch „akzeptiert" oder „attraktiv")
- realistisch
- terminiert

2. PURE
- ohne das Wörtchen nicht formuliert (positively)
- von den Mitarbeitern verstanden (understood)
- realistisch (realistic)
- ethisch korrekt (ethical)

3. CLEAR
- herausfordernd (challenging)
- rechtmäßig (legal)
- aufregend (exciting)
- einverstanden (agreed)
- festgehalten (recorded)

Diese drei Eselsbrücken sind zur Formulierung von Unternehmenszielen entwickelt worden. Das Sachliche steht dabei im Vordergrund. Für unsere persönlichen Ziele passt das allerdings nicht so recht. Bei denen geht es doch eher um emotionale Aspekte:

nämlich um Wünsche, Träume, Sehnsucht, Begeisterung, Leidenschaft, Magic Moments …

In den persönlichen Zielen steckt Motivation pur – und aus diesem Grund ist es so wichtig, dass du sie emotional und leidenschaftlich formulierst, anstatt sie nur sachlich korrekt wiederzugeben. Deshalb helfen die folgenden neun Empfehlungen hier deutlich weiter als die oben genannten Richtlinien:

1. Beschreibe das „Zielfoto in Worten"

Stell dir vor, du hast dein Ziel erreicht. Beschreibe sehr bildhaft und in möglichst emotionalen Worten, was du vor deinem inneren Auge siehst:

- Was ist eingetreten, wenn du am Ziel bist?
- Was hat sich dadurch, dass du das Ziel erreicht hast, bei dir persönlich verändert?
- Was hat sich in deinem Umfeld verändert?
- Kann man anhand von sichtbaren Veränderungen erkennen, dass du das Ziel erreicht hast – zum Beispiel an der Umsatzlage deines Unternehmens, an besseren Zeiten auf deiner Standard-Joggingstrecke oder an baulichen Veränderungen an deinem Wohnhaus?
- Werden bestimmte Personen dich auf deinen Erfolg ansprechen oder darauf reagieren – etwa dein Hausarzt, der begeistert ist von deinen neuen Blutwerten, dein Kunde, der dich für seinen eigenen Erfolg mit verantwortlich macht, oder dein Sohn, der dich umarmt, weil du endlich den vierwöchigen Urlaub zu zweit möglich gemacht hast?
- Welche nicht sichtbaren Veränderungen gibt es – beispielsweise eine bessere körperliche Verfassung, eine positivere Atmosphäre im Team, weniger Stimmungsschwankungen oder der persönliche Stolz, dieses Ziel erreicht zu haben.

Übrigens: Wenn du das Zielfoto exakt beschreibst, dann wird dein Ziel auch spezifisch und messbar.

2. Formuliere leidenschaftlich und emotional

Es kommt bei deiner Zielbeschreibung nicht auf Kürze und treffende Begriffe an, sondern auf Emotionalität. Du solltest also das Zielfoto voller Leidenschaft in Worte fassen. Wenn du deine Beschreibung durchliest, dann solltest du brennen vor Lust, sie umzusetzen. Das ist dann ein sogenanntes C-Ziel.

Ich arbeite bei meinen Kunden gerne mit ABC-Zielen. Das kannst du dir ungefähr so vorstellen:

A-Ziele: Das sind Ziele oder Aufgaben, bei denen du weißt, dass du es kannst (du hast die Fähigkeiten dazu) und du hast es schon x-mal erfolgreich gemacht. Da musst du nicht mehr nachdenken, es gibt Routineabläufe, es läuft quasi automatisch, wie von selbst. Beispiele sind Zähneputzen, PC hochfahren, einkaufen, Buchhaltung machen… Ziemlich langweilig, oder? Dafür kriegst du mich morgens nicht aus dem Bett - ich snooze weiter. Und du?

B-Ziele: Die sind schon etwas spannender. Du hast es noch nie erreicht oder gemacht, aber du weißt, dass du die Fähigkeiten dazu hast und mit der Erfahrung aus anderen Zielen und Projekten wird es dir auch hier gelingen. Verursacht schon etwas mehr Aufregung, letztlich ist es aber nur ein Tropfen auf den heißen Stein. OK, der Snooze bleibt wahrscheinlich aus. Beispiel könnte sein: Du hast schon oft ein Auto gekauft bei deinem Lieblingshändler und einen guten Preis herausgehandelt. Nun aber wechselst du die Marke und du weißt nicht, ob du beim neuen Händler auch so einen guten Rabatt bekommst. Der kennt dich ja noch nicht. Aber du bist zuversichtlich, dass du es mit deinem Verhandlungsgeschick schon hinbringen wirst.

C-Ziele: Die sind der richtige Hammer, der Burner! Dafür brauche ich keinen Wecker. Da werde ich von alleine wach und springe schon vor der eigentlichen Zeit aus dem Bett. Von Müdigkeit keine Spur. Viele kennen das, wenn es ab in den Urlaub geht und der Flieger um 8 Uhr erreicht werden soll. Da geht's jetzt um Ziele und Herausforderungen, wo du nicht weißt, ob du sie erreichst, ob deine Fähigkeiten, Kompetenzen und Talente ausreichen. Und du hast es auch noch nie geschafft, es gibt keine Referenz. Du weißt aber, dass du es unbedingt erreichen willst. Und gleichzeitig ist das Ziel nicht so unerreichbar, dass es wieder unmöglich und damit reizlos wird. Jetzt beginnt das Kribbeln im Bauch, flattern die Schmetterlinge - und du willst es jetzt wirklich wissen. Nichts hält dich, und du kannst es kaum erwarten, loszulegen. Das sind die Ziele, die wir brauchen.

Durch die emotionale Darstellung wirst du das Ziel leichter akzeptieren, es wird attraktiv, aufregend und reizvoll. Somit erfüllst du automatisch weitere Punkte der anfangs genannten Zielformulierungs-Regeln. Sollte das Ziel für dich ethisch nicht korrekt sein, wirst du das nun schnell merken. Dann sind deine Gefühle nicht positiv, wenn du an das Ziel denkst. Ein emotional beschriebenes Zielfoto lässt sich nicht in einer Zeile festhalten. Das kann durchaus mal ein längerer Text werden.

Wie du bei deiner Jahresplanung trotzdem den Überblick über deine diversen Ziele behältst? Fasse alle deine – zuvor ausführlich beschriebenen – Ziele auf einer Liste in Kurzform zusammen.

Pro Ziel:

- einige wenige Stichworte,
- die jeweilige Priorität,
- der geplante Termin und
- eine Zielnummer

Diese Liste gibt dir Orientierung im Alltag und hilft dir bei deiner Monatszielplanung oder Tagesstrukturierung. Aber Motivation pur erhältst du von der umfassenden, emotionalen Zielbeschreibung.

3. Vermeide das Wörtchen „nicht"

Wie erstellt man ein positiv formuliertes Ziel? In erster Linie, indem man das Wörtchen „nicht" vermeidet. Denk doch mal nicht an den Pariser Eiffelturm. Und wenn du schon dabei bist, dann denke auch nicht an das frisch gebackene Croissant und den lecker duftenden Café au Lait, den du an einem wunderschönen Sonntagmorgen in einem Pariser Straßencafé genießt.

Was hast du vor Augen? Wahrscheinlich doch den Eiffelturm, leckeres Essen oder einfach nur die französische Lebensart. Kein Wunder: Unser Kopf liebt Bilder, denkt in Bildern und weiß daher mit dem Wort „nicht" wenig anzufangen. Berücksichtige das bei deiner Zielformulierung.

Beispiel: Du willst nicht mehr so viel wiegen? Dann drücke es positiv aus:

„Ich habe innerhalb eines Jahres 15 Kilo abgenommen. Ich fühle mich leicht und frei. Ich bin stolz auf mich und meine Leistung. Meine Frau hat mich schon mehrfach angesprochen, wie gut ich aussehe, und auch meinen Arbeitskollegen ist es aufgefallen, dass meine neuen Anzüge deutlich schmaler geschnitten sind. Mir fällt es spürbar leichter, Sport zu treiben. Daher habe ich einen Termin bei einem Fotografen vereinbart, denn ich fühle mich aktuell so rundum wohl in meiner Haut – und das will ich im Bild festhalten."

4. Schreibe aktiv und in der Vergangenheitsform

Das „Zielfoto in Worten", also die Beschreibung des Zustandes, nachdem du das Ziel erreicht hast, kennst du jetzt bereits. Aus diesem Grund solltest du folgende oder ähnliche Worte vermeiden:

- „ich werde"
- „ich möchte"
- „ich sollte"
- „ich müsste"

Schreibe lieber: „Ich habe … erreicht" beziehungsweise „Ich habe erreicht, dass …".

Oder wie es dein Deutschlehrer gesagt hätte: Kein Futur, kein Präsens, sondern Perfekt – und bitte kein Konjunktiv. Stell dein Ziel nicht als Möglichkeit dar, sondern als Realität. Dies ist ein kleiner Trick, mit dem du dich selbst verpflichtest und auf dein Ziel programmierst.

Wichtig also für „starke" Zielformulierungen: Beschreibe deine Ziele stets so, als ob du diese schon erreicht hättest, bringe Leidenschaft und Motivation in deine Zielbilder, lasse dabei das Wörtchen „nicht" weg und nimm dich selbst in die Pflicht.

5. Lege Etappenziele fest

Ein großes Ziel kann demotivieren. Wenn du es hingegen in Etappenziele herunterbrichst, wirkt es wesentlich erreichbarer und das Dranbleiben fällt leichter. Unterteile also den Weg in Richtung Ziel in Zwischenetappen.

6. Teile dein Ziel anderen mit

Damit ist gemeint, dass du anderen von deinem Ziel erzählen solltest. Aber nur Personen, von denen du weißt, dass sie dich unterstützen und motivieren.

Beispiel: Teile deinen Freunden mit, dass du bis [TT.MM.JJJJ] 5 kg abnehmen und nur noch 72 kg wiegen willst. Mit dem Kundtun des Zieles setzt du dich unter sanften Druck (falls dein Schweinehund mal wieder auf "snooze" gedrückt hat). Du willst schließlich zeigen, dass du das schaffst, was du angekündigt hast.

7. Suche „Mitstreiter"

Es gibt Ziele, für die man sich selbst nicht (permanent) ausreichend motivieren kann. Gemeinsam fällt vieles leichter und so manches Motivationstief lässt sich dadurch überwinden! Deshalb: Suche dir einen Partner, der das gleiche oder ein ähnliches Ziel verfolgt. Dann könnt ihr euch gegenseitig motivieren und zum Ziel pushen.

8. Leg los!

Stellen dir täglich morgens beim Aufwachen die Frage: Was kann ich heute zur Erreichung meines anvisierten Zieles beitragen? Ob du einen Riesenschritt oder Ameisenschritte angehst, bleibt dir überlassen. Denn auch mit Ameisenschritten wirst du das Ziel schließlich erreichen.

9. Feier Erfolge

Lege für jedes größere Etappenziel eine Belohnung fest. Belohnungen fördern die Motivation. Feier deine (Teil-)Erfolge!

Impuls:
Aufgabe
Meine Ziele bis …. (Jahr)

Bitte formuliere zunächst maximal drei Ziele, die dich der Verwirklichung deiner positiven Zukunftsvisionen näherbringen. Denke dabei an die verschiedenen Lebensbereiche und beachte die neun Empfehlungen und Kriterien guter Zielformulierungen.

05 Shit happens
Warum du deine Ziele nicht erreichst!

Um was es geht:

★ Wie du es nicht machen sollst
★ 11 Fallen auf dem Weg zur Zielerreichung

11 Gründe, warum du deine Ziele nicht erreichst

Nehmen wir an, du hast dir ein konkretes Ziel gesetzt. Du hast also definiert, was genau du bis wann erreichen willst. Folgende Gründe können ausschlaggebend sein, warum du dein Ziel nicht erreichst:

1. Es ist nicht DEIN Ziel

Du hast dir zwar ein Ziel gesetzt, aber es ist nicht dein persönliches Ziel. Vielmehr wurde es an dich herangetragen. Das kann die geforderte Umsatzsteigerung der Geschäftsleitung sein oder der Wunsch deines Partners, dass du etwas an Gewicht abnimmst. Es handelt sich also um ein „fremdes" Ziel. Ein persönliches Ziel kennzeichnet sich dadurch, dass es aus deinem persönlichen Wunsch gewachsen ist. Fehlt dieser Wunsch, fehlt meist auch die Motivation und Leidenschaft, das Ziel zu erreichen.

2. Das Ziel weicht von deinen persönlichen Werten ab

Jeder Mensch hat sein eigenes Wertesystem, dass sich im Laufe seiner Entwicklung herangebildet hat. So legt der eine beispielsweise großen Wert auf Karriere und/oder materielle Werte, der andere kann damit überhaupt nichts anfangen. Wenn du dir nun ein Ziel setzt, das von deinem eigenen Wertesystem abweicht, ist es weitaus schwieriger zu erreichen, als wenn es mit deinen Werten konform geht.

3. Das Ziel ist unrealistisch

Ich plädiere dafür, dass man sich durchaus auch große Ziele im Leben setzt. Aber diese sollten natürlich realistisch sein, im Sinne von möglich. Wenn ich mir als Ziel setze, ein Instrument zu lernen, um dann innerhalb der nächsten zwei Jahre bei den Wiener Philharmonikern aufgenommen zu werden, dann ist das mit ziemlicher Sicherheit unmöglich, auch wenn ich noch so ein großes Talent wäre. Oft stellt sich allerdings erst im Nachhinein heraus, dass ein gesetztes Ziel unrealistisch war, weil wir es selbst nicht besser beurteilen konnten.

4. Das Ziel ist zu groß

Ein großes Ziel stellt für viele eine erhebliche Herausforderung dar, die schließlich zum Scheitern führen kann. Denn ein großes Ziel birgt die Gefahr, dass wir den Überblick und damit die Motivation verlieren. Wenn du hingegen das große Ziel auf viele kleine Ziele, auf Meilensteine herunterbrichst, so verliert es seinen „Schrecken".

5. Du kannst deine Stärken nicht nutzen

Das wird häufig unterschätzt: Je mehr wir auf dem Weg zum Ziel die eigenen Stärken und Talente einsetzen können, desto leichter fällt die Zielerreichung.

Als Beispiel: Zwei Freunde, die bisher mit Sport wenig am Hut hatten, haben sich als Ziel gesetzt, beim nächsten Berlin-Marathon im kommenden Jahr teilzunehmen. Der eine ist in guter körperlicher Verfassung und hat eine ausgezeichnete Grundkondition, zweiterer kann beides nicht vorweisen. Wer wird sich aller Wahrscheinlichkeit leichter tun, das gesetzte Ziel zu erreichen? Eben.

6. Du gibst zu früh auf

Meiner Meinung nach ist das der häufigste Grund, warum ein Ziel nicht erreicht wird: Frühzeitiges Kapitulieren. Natürlich macht es auch keinen Sinn, einem Ziel hinterherzurennen, wenn es offensichtlich zum Scheitern verurteilt ist. Dennoch verlieren viele schon beim geringsten Widerstand das Ziel aus den Augen, oder auch dann, wenn sich der Erfolg nicht zum erwartenden Zeitpunkt einstellt.

7. Du kannst Rückschläge nicht akzeptieren

Dieser Punkt überschneidet sich mit dem vorhergehenden. Denn genau solche Rückschläge sind es, die häufig zum frühzeitigen Aufgeben verleiten. Solltest du auch dazu tendieren, mach dir bewusst, dass kaum ein Ziel ohne Überwindung von Rückschlägen erreicht wird.

Wir lassen uns von dem Erfolg anderer auch gerne blenden. Sicher kennst du die eine oder andere bewundernswerte Person – bewundernswert auch deshalb, weil du dir vor Augen führst, was dieser Mensch bereits erreicht hat.

Wir sehen also den Status quo. Was aber alles dahintersteckt, die Beschwerden, die Rückschläge, dass diese Person auf dem Weg zum Erfolg schon öfter auf die Schnauze gefallen ist, der Aufwand und die Mühe, die schließlich zu dem geführt haben, was wir so bewundern – das sehen wir in der Regel nicht bzw. können wir gar nicht sehen.

8. Dir fehlt die Zeit

Jedes Ziel bedarf Zeit – das wird gerne übersehen. Ein Ziel ist schnell gesetzt, aber der Aufwand für die Umsetzung der einzelnen erforderlichen Schritte wird erstmal außer Acht gelassen. Die Hektik des (Arbeits-)Alltages lässt dann aber kaum Luft und das Ziel bleibt bei einem Vorhaben.

9. Fehlende Selbstdisziplin

Nun gibt es Ziele, in denen steckt eine Menge an Leidenschaft. Diese gehen wir dann mit großer Motivation und Elan an, sodass wir förmlich ins Ziel getragen werden. Solche Ziele sind aber eher die Ausnahme. Fehlen diese Leidenschaft und die Motivation, ist eine gehörige Portion Selbstdisziplin und eiserner Wille gefragt. Ohne lässt sich das Ziel nur schwer erreichen. Übrigens: Auch Selbstdisziplin ist erlernbar.

10. Fehlendes strukturiertes Vorgehen

Ein Ziel wird erreicht, indem du auf dem Weg einen Schritt nach dem anderen setzt. Auch wenn das vielleicht logisch klingen mag, so tut sich in der Praxis doch so mancher schwer mit dieser strukturierten Vorgehensweise. Dieses planvolle Vorgehen erweist sich umso schwieriger, je mehr einzelne Schritte bis zum Ziel erforderlich sind. Verlierst du den Überblick über die folgenden erforderlichen Schritte bzw. Maßnahmen, entfernst du dich immer mehr von deinem Ziel. Damit das strukturierte Vorgehen leichter gelingt – hier Grund Nummer 11:

11. Du suchst keine Unterstützung

Jedes Vorhaben lässt sich mit Unterstützung leichter umsetzen. Das gilt natürlich auch für Ziele. Es kann zwar auch eine Form der Motivation sein, wenn du es unbedingt alleine schaffen, es den anderen oder dir selbst beweisen willst, aber einfacher wird es dadurch sicherlich nicht. Diesen falschen Stolz kenne ich von mir selbst. Ich habe das Ziel dann zwar erreicht, aber es wäre mit Sicherheit viel einfacher und weniger aufwendig gewesen, hätte ich Unterstützung gesucht und angenommen.

06 Bucket-List
Erlebnisse für ein glückliches Leben

Um was es geht:

★ Warum du eine Bucket-List haben solltest
★ So wird dein Leben abwechslungsreich und entspannt
★ Tipps, Ideen, Vorschläge & Anleitung

BUCKET-LISTE: Warum Du eine haben solltest!

Jeder von uns hat Wünsche und Sehnsüchte. Wünsche, die in unserem Leben sehr präsent sind, aber auch solche, die mehr oder weniger in unserem Unterbewusstsein schlummern. Wünsche machen uns deutlich, was oder wohin wir wollen. Kurzum: Sie können uns Orientierung bieten. Hierzu müssen wir uns zuerst unserer Wünsche bewusst werden, und genau deshalb solltest du eine sogenannte Bucket-Liste erstellen.

Der Begriff „Bucket List" (oder „Bucketlist") stammt vom Englischen „kick the bucket". Das bedeutet auf Deutsch so viel wie „den Löffel abgeben". Daher wird die Bucket-Liste auf Deutsch auch „Löffelliste" genannt. Sie enthält entsprechend alle wichtigen Dinge oder Ziele, die man vor seinem Tod noch erreichen möchte. Behandelt wird die Bucket List dabei wie eine To-Do-Liste: Lebensziele aufschreiben, realisieren und abhaken. Die Idee: Je mehr du ankreuzen oder abhaken konntest, desto zufriedener bist du am Lebensende. Bevor du stirbst.

Warum es sich lohnt, noch heute eine Bucket List aufzustellen:

- Du wirst dir über deine Lebensziele klar.
- Du lernst dich und deine Wünsche besser kennen.
- Du findest einen persönlichen Lebenssinn.
- Die Löffelliste erinnert und motiviert dich, deine Ziele zu erreichen.
- Du wirst zufriedener mit jedem Punkt, den du abhaken kannst.
- Das Lesen der Liste (und Haken) macht dankbar und glücklich.

Abhängig von deinen Präferenzen kannst du deine Bucket-Liste auf verschiedene Weise anlegen:

- handschriftlich (z. B. in einem schönen Notizbuch)
- „zeichnerisch" (z. B. mittels Mindmap)

- digital (z. B. mittels Software, App)

Eine Bucket-Liste basiert stets auf diesem Kernaspekt: **„Was du im Leben noch machen/erleben möchtest."**

Bucket-Liste anlegen: 6 Tipps

Für eine Bucket-Liste, die dir Freude und Motivation schenkt, solltest du diese Punkte berücksichtigen:

1. Fang einfach an!

Es geht nicht darum, dass du sofort eine umfangreiche oder fertige Wunschsammlung zusammenstellst. Nein! Denn deine Bucket-Liste lebt, sie gedeiht und wird sich im Laufe der Zeit verändern: Es werden neue Wünsche hinzukommen oder einige wegfallen – weil sie bereits erreicht wurden oder sie dir einfach nicht mehr wichtig sind.

Deshalb: Fang einfach jetzt damit an, auch wenn es nur wenige Wünsche sind, die dir spontan in den Sinn kommen. Und es müssen überhaupt keine außergewöhnlichen sein. Auch die Erfüllung kleiner Wünsche kann eine großartige neue Erfahrung und Lebensbereicherung sein.

Die Beantwortung der folgenden Fragen kann dir dabei helfen, deine Wünsche vom Unterbewusstsein ins Bewusstsein zu holen:

- Wenn du nur noch wenige Stunden zu leben hättest, was würdest du in dieser Zeit noch machen?
- Wenn Geld keine Rolle spielen würde, dann …
- Mit welchem Menschen würdest du gerne wieder Kontakt aufnehmen?
- An welchem Ort möchtest du einmal gewesen sein, was möchtest du noch sehen?
- Was wolltest du schon als Kind erreichen, also ein Kindheitstraum?
- Wofür und für wen gibst du am liebsten Geld aus?
- Was macht dich so richtig zufrieden und/oder glücklich?
- Was würdest du gerne wem sagen, dass du dich bisher nicht getraut hast?
- Was würdest du gerne machen, wozu dir bisher der Mut gefehlt hat?
- Was würdest du gerne lernen/beherrschen?

2. Nutze einen Zwischenspeicher

Hast du einmal eine Bucket-Liste angelegt, wirst du immer wieder und oft auch an ungewöhnlichen Orten Impulse erhalten und es werden dir dazu Wünsche einfallen.

Wenn du ein digitales Bucket-Tool (z. B. Trello, Evernote) nutzt, dann hast du in der Regel ohnehin deine Wunschliste am Smartphone stets dabei und kannst sie jederzeit ergänzen und bearbeiten.

Solltest du hingegen ein Notizbuch oder eine Mindmap verwenden, hast du nicht jederzeit darauf Zugriff. Dann bietet sich ein Zwischenspeicher an. Das kann beispielsweise die Aufnahme- oder Notizfunktion deines Smartphones sein, mit der du eine Idee oder einen Wunsch unterwegs festhältst. Wenn du später Zeit und Muße hast, kannst du (zuhause) deine Wunsch-Mindmap oder die Auflistung im Notizbuch ergänzen.

3. Gemeinsam eine Bucket-Liste führen

Zusätzlich zu deiner persönlichen (geheimen) Bucket-Liste kannst du eine gemeinsam mit einem lieben Menschen (PartnerIn, Familie, Freund/Freundin) anlegen. Darin trägst du sämtliche Vorhaben und Wünsche ein, die ihr noch zusammen erleben und umsetzen möchtet. Das gemeinsame Anlegen einer solchen Bucket-Liste kann große Freude bereiten und die Beziehung stärken.

4. Nutze die Wirkung von Bildern

„Ein Bild sagt mehr als tausend Worte" – auch wenn dieses Sprichwort schon etwas abgedroschen klingen mag, bringt es die mögliche Wirkung von Bildern auf den Punkt. Insbesondere wenn du dich zu den visuellen Menschen zählst, solltest du deine Bucket-Liste mit Bildern ergänzen oder ein eigenes Wunsch-Album anlegen, in dem du deine Wünsche in Bildern darstellt.

5. Kategorisiere deine Wünsche

Um Struktur und Übersicht in deine Liste zu bekommen, kannst du die Wünsche jeweils einer Kategorie zuordnen. So kannst du Lebensbereiche oder beliebige andere Überbegriffe als Kategorien wählen. Allerdings nicht zu viele (Richtwert: max. 5), um nicht die Übersicht einzuschränken und den Pflegeaufwand zu erhöhen.

Beispiele für Wunsch-Kategorien:

- Gute Beziehung(en) (oder Liebe)
- Wohlfühl-Heim
- Finanzielle Freiheit/Unbeschwertheit
- Orte, die ich noch sehen will
- Bücher, die ich lesen werde

6. Lass deine Bucket-Liste aus den Augen!

Es geht nicht darum, dass du jeden Tag einen Blick auf deine Wünsche und Vorhaben wirfst. Das erzeugt nur Druck und demotiviert. Hol deine Liste einfach hervor, wenn dir danach ist. Das kann auch erst nach einem längeren Zeitraum sein. Freue dich dann, wenn du etwas auf der Liste abhaken oder durchstreichen kannst oder neue Wünsche ergänzen.

Im Folgenden habe ich einige Beispiele zusammengestellt, die dir zur Inspiration dienen sollen und die du natürlich auch übernehmen kannst, sollten sie für dich passen:

- mit der Familie unter freiem Sternenhimmel übernachten
- Jonglieren lernen
- einen Sommer auf einer Alm verbringen
- in einer einsamen Bucht schnorcheln
- ein Konzert von [Interpret einsetzen] besuchen
- ein Baumhaus bauen
- ein Wochenendtrip nach [Ziel]
- einen Tandem-Fallschirmsprung machen
- mit meiner Frau eine Nacht um die Häuser ziehen
- Holz hacken
- regelmäßig Blut spenden
- ein Reitausflug
- ein Wochenende an einem „Schweigeort" verbringen
- gegen 5 Uhr morgens durch die Altstadt spazieren
- auf einem Markt viele Köstlichkeiten kaufen, die ich noch nie probiert habe
- einem alleinstehenden Menschen ein schönes Weihnachtserlebnis schenken
- ein Seminar halten
- einem Bettler etwas Gutes kaufen/schenken
- eine Heißluftballonfahrt machen
- …

Quick-Win: Für den schnellen Leser
Bucket-List erstellen
Schritt-für-Schritt-Anleitung

Wenn dir die Bucket-Liste als Orientierung gefällt, gehst du zum Anlegen am besten so vor:

1. Entscheide dich für eine Form (handschriftlich, zeichnerisch, digital) und das entsprechende „Werkzeug".
2. Wähle einen Namen, der dich anspricht und der dich positiv stimmt und motiviert. Ob du dich für „Bucket-Liste" entscheidest oder einen ganz anderen Namen, bleibt dir überlassen. Beispiele: Wunsch-Liste, „Was ich im Leben noch vorhabe/erreiche", ...
3. Ziehe dich an einen Ort zurück, an dem du dich wohlfühlst und ungestört bist.
4. Richte nun deine Gedanken auf deine Wünsche und Vorhaben. Nutze die oben angeführten Reflexionsfragen, um dir deiner Wünsche bewusst zu werden.
5. Während dieses Brainstormings kannst du auch erst einmal nur Stichworte notieren.
6. Schreibe dann deine Wünsche nieder.
7. Bei Bedarf kategorisiere deine Wünsche und Vorhaben.
8. Lege dann deine Bucket-Liste weg.
9. Fällt dir zu einem späteren Zeitpunkt noch etwas ein, ergänzen deine Liste.

07 Pathologie der Prioritäten
Warum es so schwer ist, die Welt zu retten

Um was es geht:

★ Priorisierung ist eine Notwendigkeit
★ Die Bedeutung von Prioritäten im Leben
★ Prioritäten setzen: die besten Methoden
★ Wie setze ich die richtigen Prioritäten?

Neben der edlen Kunst, Dinge zu verrichten, gibt es die edle Kunst, Dinge unverrichtet zu lassen.
Asiatisches Sprichwort

Prioritäten ordnen Aufgaben, Wünsche oder Optionen hierarchisch. Sie geben den einzelnen Positionen eine Bedeutung und bringen sie in eine sinnvolle Reihenfolge. Indem wir Prioritäten setzen, bündeln wir nicht nur Ressourcen und Energie – wir helfen uns selbst dabei, besser zu entscheiden sowie eigene Ziele zu finden und zu erreichen. Die Fähigkeit, Prioritäten setzen zu können, ist ein wesentlicher Erfolgsfaktor und Schlüssel zum Glück. Im Beruf wie im Privatleben. Wer keine Prioritäten setzen kann, wird sich immer wieder verzetteln, Zeitrahmen und Deadlines sprengen oder falsche Entscheidungen treffen.

Priorisierung ist eine Notwendigkeit

Priorisierung ist nicht nur eine Form der Ordnung, sondern eine Notwendigkeit. Weil Ressourcen wie Zeit, Geld oder Arbeitskraft knapp sind, müssen wir uns täglich entscheiden, wie und wofür wir sie einsetzen. „Prioritäten setzen" ist daher ein Kernthema im Zeitmanagement beziehungsweise Selbstmanagement.

Dahinter stecken Werturteile: Was uns (oder anderen) wichtig und dringlich erscheint, steigt in der Priorität nach oben, was weniger wichtig oder wertvoll ist, wird hinten angestellt. In den meisten Fällen setzen wir solche Prioritäten intuitiv, ohne langes, bewusstes Abwägen. Es gibt aber Entscheidungen, die deutlich mehr Gewicht, Tragweite oder Komplexität haben. Hierbei tun sich viele Menschen schwer, die Optionen in eine „richtige" Reihenfolge zu bringen oder Unwichtiges herauszufiltern.

Die Bedeutung von Prioritäten im Leben

Prioritäten begegnen uns im Leben immer da, wo wir mehr als eine Option zur Wahl haben. Dann müssen wir auswählen, uns entscheiden. Wesentlich daran ist, dass sich Prioritäten im Laufe des Lebens verlagern und verschieben können. Was uns heute wichtig und wertvoll ist, ist morgen etwas ganz anderes. Wie wir unsere Prioritäten setzen, ist daher auch ein Spiegel unserer Lebensziele und Seele, unserer aktuellen Sichtweisen und Werte und wofür unser Herz (gerade) schlägt – und wie sich das womöglich verändert hat. Meist verlieren materielle Ziele mit dem Alter an Wichtigkeit, bewahrende Werte rücken dagegen in den Fokus.

Das Setzen von Prioritäten ist also die wichtigste Regel, um Zeitsouveränität und damit die Möglichkeit zu erlangen, der Verwirklichung eigener Ziele näher zu kommen. Dabei hat sich die Unterscheidung zwischen Wichtigkeit und Dringlichkeit von Aufgaben bewährt.

Die Wichtigkeit einer Aufgabe ergibt sich aus ihrer Bedeutung für eigene Ziele. Wichtig sind Dinge, die dazu beitragen, die eigenen Ziele zu erreichen. Wie wichtig bestimmte Dinge sind, wird also von dir selbst definiert.

Die Dringlichkeit eine Aufgabe bezieht sich auf den Zeitraum, in dem die Aufgabe zu erledigen ist. Dringlichkeit wird oft von anderen definiert. Dringliche Aufgaben sind oft wichtig für andere, nicht unbedingt für dich. Selbstverständlich können wichtige Aufgaben dringlich werden, zum Beispiel, wenn eine bestimmte Terminvorgabe näher rückt.

Zwischen Wichtigkeit und Dringlichkeit einer Aufgabe unterscheiden zu können, ist von großer Bedeutung für das Setzen von Prioritäten. Menschen, die unter Stress und Zeitdruck stehen, haben oft das Gefühl, dass alle ihre Aufgaben gleichermaßen wichtig und dringlich sind. Sie stehen und der „Tyrannei des Dringlichen". Bei näherem Hinsehen zeigt sich dann aber doch meist, dass nicht alle dringlichen Aufgaben gleichzeitig auch wichtig sind.

Wichtig ist eine Aufgabe dann, wenn etwas „auf dem Spiel steht". Dringend ist eine Aufgabe mit kurzfristigem Erledigungstermin. Um meine Aufgaben nach Wichtigkeit zu unterscheiden, habe ich mir Fragestellungen überlegt.

Im geschäftlichen Bereich hilft mir bei der Betrachtung meiner Aufgabenliste folgende Fragestellung zur Ermittlung der Prioritäten: »Wo steht am meisten Geld auf dem Spiel (für mein Unternehmen), sei es Gewinn oder Verlust?«. Diese Frage habe ich mir anfangs immer mit einem Post-it auf meinem Bildschirm platziert, bis mir das „Denken in Prioritäten" in Fleisch und Blut übergegangen ist.

Eine Seminarteilnehmerin hat sich für folgende Prioritäten-Frage entschlossen: »Was könnte mir Probleme machen, wenn ich es nicht morgen erledige?«

Im Privatbereich nutze ich für meine Vorhaben folgende Fragestellung: »Bringt mich diese Aufgabe bzw. dieses Vorhaben meinen persönlichen Zielen näher?«

Wichtig ist, dass du deine persönliche(n) Frage(n) findest, um Aufgaben nach Prioritäten zu werten.

Unterscheidet man jeweils zwischen niedriger und hoher Wichtigkeit beziehungsweise Dringlichkeit, kommt man zu der vier–Felder–Tafel, dem so genannten Eisenhower-Prinzip. Mit diesem Diagramm kannst du all deine beruflichen und privaten Aufgaben in vier Prioritätsstufen einteilen.

A–Priorität: Die höchste Priorität haben die Aufgaben des ersten Quadranten, die sowohl wichtig als auch dringlich sind. Das können zum Beispiel Krisen, plötzlich aufgetretene Probleme oder Aufgaben mit einem kurz bevorstehenden Abgabetermin sein. Hier musst du sofort handeln.

B–Priorität: Hierzu zählen die Aufgaben des zweiten Quadranten, die wichtigen, aber nicht oder noch nicht dringlichen Aufgaben, zum Beispiel neue Projekte, Fortbildungsmaßnahmen, planerische Aufgaben. Diese Aufgaben müssen nicht sofort erledigt werden und werden deshalb gern auf die lange Bank geschoben, so lange, bis sie dann selbst wieder dringlich werden. Hier kommt es darauf an, sich regelmäßig Zeit zu nehmen für die Bearbeitung dieser B–Aufgaben, denn es sind ja genau diese B-Aufgaben, die langfristig deinen Erfolg bringen und dich deinen Zielen näherbringen.

C–Priorität: Hier geht es um die dringlichen, aber nicht oder weniger wichtigen Dinge im typischen Tagesgeschäft (Dritter Quadrant), wie zum Beispiel manche Post, E-Mails, Anrufe, Besprechungen, Unterbrechungen, Anfragen durch andere und so weiter. Wie kann man sich vor dem Diktat der Dringlichkeit schützen? Entscheidend ist, die Kraft und den Mut für klare Grenzsetzungen aufzubringen, gegebenenfalls ein freundliches, bestimmtes „nein" oder „jetzt nicht" zu sagen und womöglich Aufgaben zu delegieren. Nur so schützt du die Zeit für deine wichtigen B-Aufgaben, die sonst untergehen.

D–Priorität: Die geringste Priorität haben die Aufgaben, die weder wichtig noch dringlich sind (vierter Quadrant). Von diesen Dingen sollte man sich getrost und ohne große Umschweife freihalten. Hierfür gibt es den Papierkorb (auch den elektronischen!), sowie die Möglichkeit, wenn es um die Wahrnehmung von Terminen zu bestimmten Aufgaben geht, abzusagen, beziehungsweise zu delegieren. Das heißt, es entsteht kein Schaden, wenn diese Aufgaben nicht erledigt werden.

Nun noch eine andere Methode der Prioritätensetzung: ABC-Prioritäten. Hierbei vergibt man den Aufgaben die Priorität hoch, mittel oder niedrig:

- A-Aufgaben (Priorität hoch): Was muss (Zeitrahmen z. B. heute, diese Woche) erledigt werden?
- B-Aufgaben (Priorität mittel): Was soll erledigt werden?
- C-Aufgaben (Priorität niedrig): Was kann erledigt werden?

Ich habe diese Methode etwas abgewandelt. Ich bezeichne die Aufgaben nicht als A-, B- oder C-Aufgaben, sondern als Muss-, Soll- und Kann-Aufgaben. Wenn ich also einen Blick auf meine Aufgabenliste werfe und dabei die Aufgaben mit der vorher erwähnten Fragestellung („wo steht am meisten auf dem Spiel?") durchgehe, fällt mir die Unterscheidung in Muss-, Soll- und Kann-Aufgaben leicht. Ich werfe also einen Blick auf meine Liste und stelle mir folgende drei Fragen:

1. Welche Aufgaben MUSS ich morgen (bei Wochenplanung: nächste Woche) erledigen?
2. Welche SOLLTE ich morgen erledigen?
3. Welche KÖNNTE ich morgen erledigen, wenn noch Zeit übrigbleibt?

Beispielsweise sind drei Aufgaben die Antwort auf die erste Frage – also drei Muss-Aufgaben. Weitere zwei Aufgaben sollte ich morgen erledigen. Diese Soll-Aufgaben werden dann abgearbeitet, wenn sich nach den Muss-Aufgaben noch Zeit findet. Und sollte ich diese wider Erwarten auch noch leicht schaffen, dann sind die Kann-Aufgaben an der Reihe.

Du kannst diese Methode noch erweitern.

1. Notiere dir auf einem Blatt die drei wichtigsten Aufgaben für den nächsten Tag – das sind quasi die Muss-Aufgaben.
2. Mach nun unter diesen drei Aufgaben einen Querstrich und ergänze darunter 2-3 weitere Aufgaben, die nicht unbedingt morgen in Angriff genommen werden müssen – Soll-Aufgaben.
3. Unter einem weiteren Querstrich notierst du drei weitere Aufgaben, die du dann machen kannst, sollte noch etwas Zeit übrig bleiben – das sind die Kann-Aufgaben.

Vielleicht fragst du dich nun, warum du nicht einfach die Muss-, Kann- und Soll-Aufgaben nacheinander auflisten und entsprechend durchnummerieren sollst. Das hat folgenden Grund:

Durch die beschriebene Vorgehensweise siehst du stets mit einem Blick auf deine Liste, welche die wichtigsten Aufgaben sind. Die Querstriche trennen die wichtigen von den weniger wichtigen. So behältst du die Prioritäten im Fokus. Würdest du alle Aufgaben ohne Trennung auflisten und durchnummerieren, wirkt die große Anzahl der Aufgaben demotivierend. Mit der erweiterten Prioritätensetzungs-Methode ist stets der Anreiz gegeben, die drei wichtigsten

Aufgaben zu erledigen, um dann noch weitere Aufgaben unter dem Querstrich anzugehen.

Werden Prioritäten richtig gesetzt, dann steuerst du deinen Tagesablauf aktiv. Du entkommst der „Tyrannei des Dringlichen" und befasst dich mit den wirklich wichtigen Dingen. Du wirst dich weniger verzetteln. Du wirst zwar nicht alle Dinge erledigen, dafür aber die wichtigen Aufgaben, und daher am Ende des Tages letztlich zufriedener sein.

Aber Achtung: Wenn du "Sollte- oder Könnte-Aufgaben" zu lange vor dir herschiebst, können sich deren Prioritäten ändern. So kann eine Sollte-Aufgabe schließlich zu einer Muss-Aufgabe werden.

Prioritäten werden oft vorgegeben

Nun werden die meisten von uns in der Arbeit mehr oder weniger fremdbestimmt – abhängig von dem individuellen Arbeitsbereich, der Position im Unternehmen etc. Und entsprechend werden Prioritäten oft vorgegeben, sei es durch Vorgesetzten oder Termine, Deadlines etc. Aber auch, wenn diese von außen bestimmt werden, können wir oft noch selbst entscheiden, wann wir welche Aufgabe und in welcher Reihenfolge abarbeiten.

Wenn das Haus in Flammen steht, hat wohl das Löschen die höchste Priorität …

Praxis-Übung
Der Rest meines Lebens
Den Fokus für Prioritäten schärfen

Ein Vorfall kann dazu führen, dass von heute auf morgen plötzlich nichts mehr so ist, wie es war, oder dass man sein bisheriges Leben hinterfragt und auf den Kopf stellt, weil sich durch den Vorfall die wahren Prioritäten im Leben herauskristallisieren. So ein Vorfall kann beispielsweise eine schreckliche Diagnose sein.

Dazu eine kleine Übung:

Prioritäten im Berufsalltag

Nimm ein Blatt Papier und einen Stift zur Hand. Nun gehst du in Gedanken einen üblichen Arbeitstag durch. Beantworte jetzt für dich folgende Fragen:

- Wenn ich nur noch die Hälfte meiner Arbeitszeit zur Verfügung hätte, was würde ich weiterhin tun?
- Was würde ich einschränken?
- Was würde ich nicht mehr machen bzw. delegieren?

Das ist ein Stück weit das Prinzip des letzten Arbeitstages vor dem Urlaub. Immer wieder berichten mir meine Coaching-Teilnehmer, was sie da noch alles schaffen...

Prioritäten im Leben

Diese Reflexionsfragen helfen nicht nur, die Prioritäten im Arbeitsalltag zu erkennen. Sie können dir auch hilfreich sein, sich dessen bewusst(er) zu werden, was dir im Leben wirklich wichtig ist. Hierzu einfach die Fragestellungen von oben etwas umformulieren:

- Wenn ich wüsste, dass ich noch genau ein halbes Jahr zu leben hätte, was würde ich auf alle Fälle noch tun?
- Was würde ich unterlassen?
- Was würde ich noch machen, wenn ich in diesem halben Jahr kaum Geld zur Verfügung hätte?

Insbesondere die letzte Reflexionsfrage kann dem ein oder anderen noch die Augen öffnen und zu unbewussten Aha-Erkenntnissen führen.

08 Tatort Zeitmanagement
Mehr Fokus, mehr Klarheit

Um was es geht:

- ★ Zeit richtig planen
- ★ Warum du bei Entscheidungen zu Selbstbetrug neigst
- ★ Wie du ein ge-fülltes in ein er-fülltes Leben wandelst
- ★ Vorteile einer guten Zeitplanung

Die meiste Zeit wird vergeudet bei dem Versuch, Zeit zu sparen!
(Manager Weisheit)

Der alte Paulchen Panther war wahrlich ein Philosoph. Fragen wie „Wer hat an der Uhr gedreht? Ist es wirklich schon so spät?" zeugen von seinem Ringen um die Beantwortung existenzieller Fragen. Mit dem Phänomen der relativen Zeit ist schließlich nicht nur der gute Albert Einstein vertraut. Legionen von Schülern und Studenten untersuchen es seit Jahrhunderten: Erst ist der Prüfungstermin gefühlte Äonen entfernt, plötzlich ist er da. Männer machen seit Jahrtausenden leidvolle Erfahrungen mit dem Scharfrichter Zeit: Gerade ist man noch ein vor Vitalität strotzender Junggeselle - schon wird das Haar dünn und der Bauch dick. Und die armen Eltern erst: Eben waren die Kinder noch klein, schutzbedürftig und unschuldig. Plötzlich heißt es nur noch: "Her mit der Kohle! Und: Braucht ihr das große Haus wirklich noch?" Der Zahn der Zeit dreht sich unerbittlich und meist unbemerkt.

Zweimal im Jahr aber schafft es die EU, uns daran zu erinnern. Wenn es nämlich heißt, morgen kommt die Zeitumstellung. In diesem Fall heißt das, Sonntag werden die Uhren eine Stunde zurückgestellt.

Dabei sollte das Zeigerdrehen in der EU schon längst Geschichte sein. Ob sie dauerhaft Sommer- oder Winterzeit wollen, haben die 27 EU-Mitgliedstaaten bislang aber nicht klären können.

Den Eurokraten geht es vielleicht genauso wie uns Normalsterblichen im täglichen Ringen mit der Zeit: Erst gerade eben hat man diese tausendfach zu überdenkende Entscheidung erneut erfolgreich verschoben, schon steht sie wieder an. Zeit ist eben nicht nur relativ, sie ist auch hartnäckig - bis wir erneut mit den klugen Fragen von Paulchen Panther konfrontiert werden.

Zeitmanagement ist nun die Kunst, seine Zeit - ob Sommer- oder Winterzeit - optimal zu nutzen. Sagen die einen. Zeitmanagement ist definitorischer Quatsch, sagen die anderen. Denn Zeit kann man nicht managen. Sie vergeht immer gleich schnell – unabhängig davon, was wir damit anstellen. Jeder Tag hat für jeden Menschen 24 Stunden, egal, ob wir ihn managen oder nicht. Das ist einerseits höchst gerecht, andererseits lässt sich auch nicht verleugnen, dass das einigen Menschen mehr Probleme bereitet als anderen.

Der Begriff Zeitmanagement trifft also nicht den Kern des Problems. Denn es geht nicht darum Zeit zu managen, sondern die eigene Arbeitsweise. Wer seinen Arbeitsalltag besser in den Griff bekommen will, sollte sich deswegen Gedanken über sein Selbstmanagement machen.

Wie wir im vergangenen Kapitel gesehen haben, helfen klare Prioritäten, die Zeit effektiv zu nutzen, das heißt die Zeit für die richtigen Dinge zu verwenden. Die richtige Zeitplanung kann dabei helfen, dies effizient zu tun, das heißt mit einem möglichst optimalen Einsatz von eigener Zeit und Energie.

Das Ziel dabei ist nicht ein möglichst **ge-fülltes**, sondern ein möglichst **er-fülltes** Leben, indem eine ausgewogene Balance zwischen Zeit für Arbeit und freier Zeit, zwischen Zeit für dich und Zeit für andere herrscht. Es geht darum, ein möglichst hohes Maß an Zeitsouveränität zu gewinnen und den Gebrauch der Zeit möglichst an den eigenen beruflichen, familiären und persönlichen Zielen auszurichten.

Zeitplanung ist somit kein Selbstzweck. Es geht nicht darum, "Zeit zu sparen", um den eigenen Terminkalender noch voller packen zu können. Richtig betriebene Zeitplanung kann dir helfen, deine begrenzte Zeit für das zu gebrauchen, was dir wirklich wichtig ist (B-Aufgaben/C-Ziele) und nötige Freiräume für Regeneration zu schaffen.

Eine vernünftige Zeitplanung bringt viele Vorteile:

- Planen bringt mehr Zeit und erspart doppelte Arbeit.
- Planen erlaubt bei der Sache zu sein und entlastet das Gehirn.
- Planen erlaubt Abschalten nach getaner Arbeit und verhilft zu Gelassenheit.
- Planen erlaubt Erfolgskontrolle.
- Planen ermöglicht Freiheit und ist die Voraussetzung für Flexibilität (statt Chaos).

Folgende Praxistipps sind dabei hilfreich:

Schriftlich und mit System planen:
Je nach persönliche Lebenssituation reicht die Palette hier von der einfachen To-Do-Liste bis hin zum komplexen Zeitplanbuch.

First things first!
Wenn du deinen Tages-oder Wochenplan erstellst, dann plane als erstes die Zeiten für die Aufgaben mit hoher Priorität: Die wichtigen Dinge zuerst.

Persönliche Leistungskurve beachten:
Im Tagesverlauf jedes Menschen gibt es eine charakteristische Abfolge von Hochs und Tiefs. Manche Menschen erleben ihre höchste Leistungsfähigkeit am Morgen, andere kommen erst am Nachmittag so richtig auf Touren und wieder andere haben zwei Hochs, eines am Morgen und ein zweites am späteren Nachmittag mit einem ausgedehnten Tief über die Mittagszeit.

Zu welcher Tageszeit hast du die meiste Energie? Wann kommen dir die besten Ideen? Wenn du deinen persönlichen Tagesrhythmus kennst, dann kannst du dieses Wissen nutzen, um den Tagesablauf optimal zu gestalten. A- und B-Aufgaben terminierst du für Zeiten, in denen deine Leistungsfähigkeit am höchsten ist, die sogenannte Primetime. Routineaufgaben und Aufgaben von geringer Priorität legst du in Zeiten vor einem Hoch, in denen dein Energiepegel allmählich ansteigt (sogenannte "Up-Phasen"). Die Zeiten nach einem Hoch (die sogenannten "Down-Phasen"), in denen die Energie sinkt, nutzt du für Erholung und Entspannung.

Regelmäßige Pausen einplanen:
Regelmäßige Ruhephasen sind nicht unnütze Zeitvergeudung, sondern wichtig für eine sinnvolle und effektive Zeitgestaltung, gerade auch in Zeiten hoher Anforderungen, wenn der Druck steigt. Von der Kunst, richtig zu pausieren, wird in diesem Buch noch genauer die Rede sein.

Pufferzeiten einplanen:
Zeitmanagementexperten empfehlen zwischen 30 und 40% der Zeit für unerwartete und spontane Aktivitäten oder für Störungen freizuhalten. Wenn du deine Zeit zu eng planst, dann ist die Wahrscheinlichkeit sehr groß, dass dein Zeitplan durch unvorhersehbare Dinge umgeworfen wird und du in Hektik und Zeitnot gerätst. Deshalb lieber von vornherein etwas mehr Luft einplanen! Das spart Nerven und letztlich auch Zeit.

Zeitbedarf realistisch einschätzen:
Dies bedeutet zum einen, dass du für einzelne Tätigkeiten einen ausreichend großen Zeitraum einplanst, zum anderen aber auch, dass du für diese Tätigkeit

eine zeitliche Obergrenze definierst. Das hilft, eigene Perfektionsansprüche im Zaum zu halten.

Nachkontrolle:

Nimm dir am Ende des Tages (bzw. einer Woche) ein paar Minuten Zeit, um zu überprüfen, inwieweit du deinen Plan eingehalten hast. Damit verschaffst du dir Erfolgserlebnisse, wenn du Erledigtes streichen kannst, und die Möglichkeit, Unerledigtes zu übertragen. Durch eine systematische Nachkontrolle kannst du aus Erfahrungen lernen, um deine Zeitplanung nach und nach immer besser auf die Anforderungen und auf deinen persönlichen Tagesrhythmus abzustimmen.

Impuls
Beobachten und reflektieren
Kennst du deine tägliche Leistungskurve?

Wie sieht deine Leistungskurve an einem durchschnittlichen Tag aus? Beobachte deinen Energielevel an mehreren Tagen und beurteile, wie energiegeladen, konzentrationsfähig und kraftvoll du dich zu verschiedenen Tageszeiten fühlst. Wann hast du deine Leistungshochs, wann die Tiefs? Trage dir deine persönliche Leistungskurve in ein Diagramm ein, indem du über die verschiedenen Tageszeiten deine Energie auf einer Skala von 0 = "ohne Energie" bis 6 = "maximale Energie" einschätzt.

09 Survival Guide
Best of Selbstmanagement

> **Um was es geht:**
>
> ★ Meine besten Tipps und Methoden - kompakt und übersichtlich

Jeder Zeitmanagement-Trainer hat seine eigenen Zeitmanagement-Tipps auf Lager, die sich meist ähneln – das liegt in der Natur der Sache. Wenn du mehrere Fitness-Trainer um Tipps zur Ausdauersteigerung fragst, erhältst du hierzu auch zahlreiche gleiche oder zumindest ähnliche Tipps.

Ob Fitness- oder Zeitmanagement-Trainer – die Herausforderung liegt primär darin, durch gezielte Fragen die genauen individuellen Anforderungen und Präferenzen zu ermitteln, um der jeweiligen Person die für sie passenden Tipps und Methoden an die Hand zu geben. Dennoch gibt es Tipps, mit deren Umsetzung den meisten ein besserer Umgang mit ihrer begrenzt zur Verfügung stehenden (Arbeits-)Zeit gelingt. Und genau dazu zählen die folgenden Impulse.

1. Mach dir Notizen

Wer schreibt, der bleibt. Sicher schwirren dir des Öfteren unerledigte Aufgaben, Ideen und Informationen im Kopf herum, die du nicht vergessen darfst. Diese Gedanken erzeugen Stress – auch unbewusst. Halte dich an das bekannte Sprichwort „Wer schreibt, der bleibt". Ob du die Notizen auf Papier bringst und dadurch deinen Kopf entlastest oder sie digital erfasst, bleibt ganz dir überlassen. Hauptsache, du machst Notizen, und das am besten strukturiert und an zentraler Stelle.

2. Setze dir Ziele

Ziele schaffen Fokus. Im geschäftlichen Bereich sind sie ohnehin meist vorgegeben. Aber auch private Ziele sind sinnvoll. Was Ziele mit Zeitmanagement zu tun haben? Mit klaren Zielen weißt du genau, was du bis wann erreicht haben willst/sollst. Dadurch fallen dir Entscheidungen und die Prioritätensetzung wesentlich leichter.

Halte deine Ziele schriftlich fest!

3. Setze Prioritäten

Priorisiere Aufgaben. Prioritäten sind im Grunde nichts anderes als Entscheidungen. Wenn du weißt, wie wichtig oder wie dringend anstehende Aufgaben sind, kannst du Prioritäten und damit die Abarbeitungsreihenfolge festlegen. Inwieweit du diese Entscheidungen selbst triffst, hängt davon ab, in welchem Umfang du in deiner Arbeit selbstbestimmt agieren kannst. Je selbstbestimmter deine Tätigkeit, desto größer deine Entscheidungsfreiheit, wann du was erledigst.

Mit Prioritäten entscheidest du dich für eine Abarbeitungsreihenfolge der anstehenden Aufgaben.

4. Treffe schnelle Entscheidungen

Dieser Tipp ist im Grunde eine Ergänzung zum vorhergehenden. Schnelle (und trotzdem wohlüberlegte) Entscheidungen sind gefragt, um Zeitdruck vorzubeugen. Denn werden Entscheidungen ständig hinausgezögert, kommt es zu einem Aufschub der damit verbundenen Aufgaben. Die Folge: Zeitdruck. Ergo: Entscheide möglichst schnell!

Auch bei einer größeren Auswahl gilt: Möglichst schnell entscheiden

5. Zerteile große Aufgaben

Teile große Aufgaben in kleinere, leichter bewältigbare auf. Eine ganze Salami versucht man auch nicht in einem Stück hinunterzuschlingen, sondern schneidet davon Scheiben ab. Dadurch ist sie besser verdaulich. Manche Aufgaben wirken allein aufgrund ihrer Größe, als ob sie nicht zu schaffen wären. Das trägt nicht sonderlich zur Motivation bei.

Breche große, unüberschaubare Aufgaben auf mehrere kleinere Teilaufgaben herunter. Das erleichtert dir das strukturierte Vorgehen. Zudem lässt sich dadurch der Fortschritt der großen Aufgabe besser nachverfolgen. Bei Bedarf kannst du rechtzeitig gegensteuern – z.B., wenn ein Fälligkeitstermin nicht eingehalten werden kann.

Salamitechnik: große Aufgaben in „Scheiben zerschneiden"

6. Schotte dich ab

Gib Zeitdieben keine Chance. Also sämtliche Ablenkungen und jede Art von Zeitfressern für eine bestimmte Zeit auf ein Minimum reduzieren. Kurzum: Alle Unterbrechungen soweit wie möglich einschränken. Nur wenn es dir gelingt, dir regelmäßig Phasen freizuschaufeln, in denen du ungestört an wichtigen Aufgaben arbeitest, wirst du überzeugende Fortschritte erzielen.

Zeit für konzentriertes Arbeiten einplanen

7. Betreibe Monotasking

In unserer schnelllebigen Zeit wurde Multitasking zu einem geflügelten Begriff. Dabei werden Tätigkeiten parallel verrichtet. Und genau dieser Umstand ist eine maßgebliche Ursache für Stress und Fehler. Deshalb: Widme dich konzentriert einer Tätigkeit nach der anderen.

Auch wenn das im hektischen Arbeitsalltag oft schwierig erscheint, solltest du Monotasking so oft wie möglich durchziehen.

8. Vermeide die lange Bank

Manche Aufgaben müssen auf später verlegt werden. Das ist klar. Etwa, weil gewisse Informationen oder Erfordernisse für die Erledigung (noch) nicht vorhanden sind oder andere Aufgaben eine höhere Priorität haben. Allerdings werden häufig Aufgaben auf die lange Bank geschoben, weil sie schlicht und einfach unangenehm sind. Und dann gilt: Was man heute kann verschieben, bleibt auch morgen wieder liegen.

Jede aufgeschobene Angelegenheit bleibt im Hinterkopf präsent und führt zu zusätzlichen Belastungen und Stress. Vor allem unangenehme Aufgaben landen auf der langen Bank.

9. Schiebe auf

Schiebe Aufgaben auf. Ja, ich weiß – das Gegenteil von dem vorhergehenden Tipp. So paradox es vielleicht klingen mag, aber wenn du das Gefühl hast, unterzugehen – und nur dann! –, versuche, für einige Aufgaben und Termine einen Aufschub zu erwirken. Das heißt aber nicht, Aufgaben generell aufzuschieben. Meiner eigenen Erfahrung nach ist das meistens problemlos möglich. Oft reicht nur ein freundlicher Anruf bei dem Auftraggeber oder der zuständigen Person. Und schon hat man wieder etwas Luft.

10. Sage Nein

Nein – das Zauberwort für weniger Stress. Mit einem Nein – natürlich nur dann, wenn es angebracht ist – bewirkst du mehr Entlastung und Zeitautonomie. Denn je mehr Aufgaben und Verpflichtungen du dir aufhalsen lässt, desto größer wird dein Zeitproblem.

Sag nicht zu allem Ja und Amen.

11. Informiere dich gezielt

Schaffe Licht im Informationsdickicht. Lass dich nicht von der Masse an Informationen überschwemmen. Nutze Kanäle, die für dich relevante Informationen schnell, qualifiziert und kompakt liefern – sei es über Social Media, Newsportale oder andere Informationsquellen.

Mit System Licht ins Informationsdickicht bringen.

12. Sei unperfekt

Perfektionismus bremst und lähmt. Unter Perfektionismus verstehe ich den Drang, mehr zu machen, als verlangt wird bzw. nötig ist. Das Feilen an unnötigen Details. Perfektionismus kostet Zeit – deine Zeit! Viele Tätigkeiten verlangen Perfektion – keine Frage (z. B. im medizinischen Bereich, wo kleinste Ungenauigkeiten weitreichende Folgen haben können). Aber bei den meisten Tätigkeiten reicht ein „gut" vollkommen aus.

Erledige Aufgaben so gut wie nötig, aber nicht perfekt!

13. Arbeite in Blöcken

Erledige Aufgaben blockweise. Leg hierzu gleichartige Tätigkeiten zusammen und arbeite diese – falls möglich – in einem Zug ab. Beispiel: nacheinander fünf anstehende Telefonate. Das ist wesentlich effizienter als über den Tag verteilt. So kannst du z.B. täglich einen Block für Telefonate, für Routineaufgaben (Postbearbeitung, E-Mail-Bearbeitung, …), für wichtige Aufgaben, … vorsehen.

14. Gib ab, was sich abgeben lässt

Delegiere, hol dir Unterstützung. Das kann zu einer enormen Entlastung führen. Natürlich hat nicht jeder die Möglichkeit, Aufgaben zu delegieren. Aber meiner Erfahrung nach wird das Abgeben von Aufgaben auch von jenen kaum genutzt, die diese Möglichkeit haben.

Schaff dir ein Umfeld, an das du Aufgaben vertrauensvoll abgeben kannst – mit der Gewissheit, dass sie zu deiner Zufriedenheit erledigt werden. Auch das Delegieren will gelernt sein

15. Teste und optimiere

Probiere gelegentlich Neues aus: Tools, Planungshilfen, Utensilien, Methoden … Es findet sich immer wieder etwas, das die tägliche Arbeit einfacher gestaltet. Ebenso birgt jeder Arbeitsprozess in der Regel Verbesserungspotenzial.

Nimm nichts als gegeben hin.

16. Trenne dich von suboptimalen Geräten

Sorge für funktionierende Geräte und Utensilien. Ein Drucker, der immer wieder Probleme macht, ein langsamer Computer, eine ineffiziente Ablage – die Unterbrechungen oder Verzögerungen scheinen vielleicht vernachlässigbar. Aber in Summe und über einen längeren Zeitraum betrachtet, würde der daraus resultierende Zeitverlust wohl so manchem die Haare zu Berge stehen lassen. Gute Zeitmanager arbeiten mit gutem Werkzeug.

Ineffizientes „Werkzeug" kostet Zeit und Nerven

17. Plane deine (knappe) Zeit

Nicht einfach planlos drauflos arbeiten, sondern führe eine Zeitplanung durch. Ein Zeitplan bietet Orientierung, sodass du auch in der Hektik nicht so schnell den

Überblick verlierst. Ob du dich für einen Wochen- oder Tagesplan entscheidest, ist von deinen beruflichen Anforderungen und Präferenzen abhängig.

In Phasen, in denen ich an Projekten arbeite, die nicht von besonderer Dringlichkeit gekennzeichnet sind, mache ich „nur" eine Wochenplanung. Arbeite ich parallel an mehreren Projekten und stehen kurzfristige Fälligkeitstermine an, führe ich eine Tagesplanung durch.

18. Gönne dir regelmäßige Pausen

Pausen halten die Leistungsfähigkeit aufrecht. Nur durch eine Balance von Ruhe- und Arbeitsphasen wirst du langfristig leistungsfähig und vor allem gesund bleiben. Sorge für eine Ausgewogenheit zwischen An- und Entspannung.

19. Bleib locker – Die „Was soll's"-Liste

Ein abschließender Tipp: Einfach mal was von der To-do-Liste auf die „Was soll's"-Liste setzen. Ich plädiere für Zeitmanagement und in diesem Zusammenhang für eine To-do-Liste – wäre ja auch etwas kurios, wenn ich das als Stressmanagement-Trainer nicht würde. Dennoch finde ich es wichtig, das eine oder andere etwas lockerer anzugehen und nicht in den Selbstoptimierungsdrang zu verfallen.

10 Ein neuer Beginn ist immer möglich
Der Weg zum erfolgreichen Arbeitsalltag

Um was es geht:

★ Wie du die Selbstmanagement-Methoden in deinen Alltag integrieren kannst

★ Wie du deine Motivation aufrecht halten kannst

★ Was du tun kannst, wenn dir der Chef immer mehr Arbeit auflädt

Nun haben wir dem Thema Selbstmanagement ganz schön viel Raum gewidmet. Es ist ja auch die Methode, die dir am schnellsten hilft, weil du das alleine beeinflussen kannst und auf niemanden angewiesen bist. Doch nun geht's um die Frage, wie du all die Kenntnisse und Informationen in den Alltag integrieren kannst.

Hier einige Tipps, die dir dabei helfen können (einige kennst du schon, aber wie sagt der Schwabe: doppelt hält besser):

Notiere alles.

Notiere jede Idee und jede Aufgabe, die du nicht sofort angehen kannst. So kannst du den Gedanken beiseitelegen und dich auf deine aktuelle Aufgabe konzentrieren. Damit diese Strategie funktioniert, musst du diese jedoch mit der zweiten kombinieren.

Wähle deine Tools.

Um deine Notizen, Aufgaben und Termine einfach und effizient zu verwalten, brauchst du die passenden Tools. Entscheidend ist, dass du nicht ständig neue Programme und Gadgets ausprobierst, sondern dich auf erprobte und funktionierende Tools beschränkst. Auch das beste System kann ohne eine stabile Basis nicht funktionieren. Hier musst du deinen vielleicht vorhandenen Spieltrieb im Zaum halten.

Trenne Aufgaben und Termine.

Es gibt Menschen, die ihren Kalender für wirklich alles verwenden. Da finden sich direkt neben Terminen auch die Aufgaben des Tages und Notizen zu Besprechungen. Bei elektronischen Lösungen ist mangelnder Platz zwar kein Problem, doch wenn du alles an einem Ort sammelst, wird es schnell unübersichtlich. Trenne daher Termine und Aufgaben voneinander und verwalte diese mit verschiedenen Tools.

Kombiniere elektronisch und analog.

Mit aktuellen Smartphones und Tablets kannst du deine Organisation zwar vollständig auf Elektronik umstellen, sinnvoll ist das jedoch nicht unbedingt. Bei Terminen und als Archiv für Aufgaben und Notizen bieten Softwarelösungen klare Vorteile. Inhalte lassen sich über verschiedene Geräte hinweg synchronisieren und sichern, doch die Flexibilität von Papier erreicht keine dieser Lösungen. Außerdem fördert das Schreiben von Hand deine Kreativität und erleichtert dir die Ideenfindung.

Arbeite in Zeitblöcken.

Interessanterweise ist diese Strategie den meisten Menschen in der einen oder anderen Form bekannt. Doch leider hapert es in vielen Fällen an der Umsetzung. Dabei kann die Arbeit in Zeitblöcken – richtig genutzt – hocheffizient sein. Ob du dabei auf die Pomodoro-Technik zurückgreifst oder dir generell feste Zeiträume für bestimmte Aufgaben einplanst, ist dabei zweitrangig. Wichtig ist, dass du dir diese Zeit freihältst und Störungen ausschließt.

Nutze die Not-To-Do-Liste.

Das Konzept der To-Do-Liste nutzt du wahrscheinlich täglich, doch führst du auch eine Not-To-Do-Liste? Auf dieser Liste landen all die Dinge, mit denen du dich eben nicht befassen solltest. Warum? Weil diese Aufgaben und Tätigkeiten Zeitverschwendung wären und oft völlig unwichtig sind. In vielen Fällen weißt du intuitiv, welche Aufgaben in diese Kategorie gehören. Verschriftlichst du diese Dinge jedoch, kannst du die Liste als Erinnerung nutzen und unproduktive Gewohnheiten werden bewusst.

Prüfe, bevor du aktiv wirst.

Gehörst du auch zu den Menschen, die neue Aufgaben möglichst schnell bearbeiten? Dann solltest du das ändern. Denn bevor du eine Aufgabe angehst, solltest du grundsätzlich zuerst prüfen, ob sich diese Aufgabe delegieren lässt. In manchen Fällen bist du vielleicht gar nicht der beste Mitarbeiter für die jeweilige Aufgabe und dein Kollege kann diese viel schneller erledigen. Dann sollte er das idealerweise auch tun.

Arbeite intuitiv.

Aufgabenlisten und Planungstools sind wichtig, keine Frage. Doch wenn es um die Priorisierung der Aufgaben geht, solltest du diese weitgehend intuitiv vornehmen. Denn deine Intuition ist eben keine rein emotionale Sache, sondern basiert auf deiner Erfahrung und deiner fachlichen Kompetenz. Natürlich solltest du Aufgaben aktiv planen und vorbereiten, doch die Prioritäten solltest du – falls sich diese nicht aufgrund äußerer Faktoren ergeben – intuitiv festlegen.

Täusche dich nicht selbst.

Vor allem bei unangenehmen Aufgaben neigen viele dazu, diese aufzuschieben und dadurch zu vermeiden. Aufschieben ist jedoch negativ besetzt, daher tendieren manchen Menschen dazu, dieses Aufschieben als Planung zu titulieren, um so das eigene Gewissen zu beruhigen. Vermeide diesen Fehler bitte. Damit sabotierst du dich nur selbst und baust einen immer größeren Berg an aufgeschobenen Aufgaben auf. Stell dir lieber die Frage, warum die Aufgabe für dich unangenehm ist und was du daran ändern könntest.

Plane auch Pausen.

Die Bedeutung von Pausen und Ruhezeiten muss nicht extra betont werden. Daher ist es erstaunlich, wie viele Menschen zwar ihre Aufgaben und Termine planen, dabei Pausen und Ruhezeiten jedoch komplett vergessen. Zu deinem eigenen Wohl solltest du Pausen einplanen und gegen neue Termine verteidigen. Tust du das nicht, bist du irgendwann hervorragend organisiert und dennoch völlig erschöpft. Kein erstrebenswerter Zustand.

Was tun, wenn die Arbeit keinen Spaß mehr macht?

Wenn dir die Arbeit keinen Spaß mehr macht, hast du wahrscheinlich schon oft davon geträumt, einfach zu kündigen. Vielleicht langweilst du dich im Job oder aber du hast so viel zu tun, dass dir alles über den Kopf wächst. So sorgst du für anhaltende Motivation:

Routine aufbrechen.

Es kann vorkommen, dass dir der Spaß im Job durch zu viel Routine und Eintönigkeit verloren geht. Das Gegenmittel ist denkbar einfach: Breche deine Routine immer wieder auf, ändere die Reihenfolge deiner Aufgaben, gehe die Standardprozesse einmal ein wenig anders an, nutze neue Tools und Strategien Große Veränderungen sind oft gar nicht nötig, meist reichen bereits kleine Abweichungen vom gewohnten Vorgehen, um Freude und Spaß zurückzubringen

Ziele bewusst machen.

Wenn es um den Beruf geht, flüchten sich viele ins Deskriptive. Doch was wir arbeiten und wie wir arbeiten, sind nichts weiter als Beschreibungen unseres Berufs. Für den haben wir uns – hoffentlich – einmal aus einem bestimmten Grund entschieden. Deshalb gibt die Frage danach, warum wir unseren Job ausüben, diesem auch erst einen individuellen Sinn. Entscheidend ist daher die Antwort auf die Frage: Warum machst du ausgerechnet diesen Job? Warum das, hier, bis heute und auch morgen noch?

Perspektive suchen.

Selbst wenn dir deine aktuellen Aufgaben so gar keine Freude bereiten, dein Job dich aktuell anödet und von deinen Kollegen keine Motivation zu erwarten ist, kannst du deinen Spaß im Job steigern, wenn du eine Perspektive siehst. Rufe dir dann immer wieder ins Gedächtnis, wie dein Plan und deine Perspektive aussehen, worauf du hinarbeitest und warum das für dich so wichtig ist. Sicher, das kann man auch Verdrängung der aktuellen Situation nennen und wenn du dich nur in den Gedanken an die Zukunft rettest, ist da auch etwas dran. Doch wenn du deine Perspektive als einen von mehreren Bausteinen deiner Motivation nutzt, ist dieser Trick sehr wirkungsvoll.

Gemeinsame Ziele entdecken.

Du verstehst dich gut mit deinen Kollegen? Dann nutze diese Basis, um gemeinsam Motivation und Spaß im Job zu steigern. Dazu setze dich im Team zusammen und definiert idealerweise gemeinsam Ziele, die über die Vorgaben der Geschäftsführung hinaus gehen. Du kannst beispielsweise die vorgegebene Deadline um mehrere Tage unterbieten, dir selbst höhere Qualitätsstandards auferlegen oder interne Prozesse optimieren und dir dadurch die Arbeit leichter und einfacher machen. Solche selbst gesteckten Ziele motivieren meist deutlich stärker als die offiziellen Vorgaben.

Erfolge in Erinnerung rufen.

Kannst du spontan deine letzten zehn Erfolge nennen? Den meisten Menschen dürfte das schwer fallen. Die zehn letzten Fehlschläge kommen da schon deutlich leichter zusammen. Negative Ereignisse und Fehler prägen sich leider deutlich besser ein als positive. Arbeite dieser Tendenz mit einem eigenen Erfolgstagebuch bewusst entgegen und notiere dir jeden Morgen fünf bis zehn Erfolge des Vortages. Damit erinnerst du dich nicht nur an die positiven Ereignisse und machst dir deine Fähigkeiten und Erfolge bewusst, du richtest dich auch gleich zu Tagesbeginn positiv aus.

Was tun, wenn einem der Chef immer mehr Arbeit aufbürdet

Nicht jammern

Jammerer wirken weder souverän, noch eröffnen sie sich mit diesem Verhalten irgendwelche Verhandlungsoptionen. Sieh es von der Warte: Du bist offenbar ein Leistungsträger. Du bist nicht nur bereit, mehr zu leisten, als man von dir erwartet – du beweist auch tagtäglich, dass du mehr kannst, als man laut Arbeitsvertrag eingekauft hat. Durch deine vielen Jobs entwickelst du nicht nur mehr und neue Fähigkeiten, du wirst auch ein Stück unentbehrlicher für deinen Arbeitgeber.

Erinnern

Chefs neigen zu Arbeits-Alzheimer und haben einen natürlichen Erinnerungsdefekt, welche Aufgaben sie schon vergeben haben, Motto: Solange es gut läuft und sich der Mitarbeiter bewährt, bekommt er mehr Arbeit. Deshalb ist es wichtig, das wahre Ausmaß seines Tuns immer wieder in Erinnerung zu bringen. Gewiss, manche empfinden das als prahlen. Falsch! Der Prahlhans will für Dinge gelobt werden, die er nicht geleistet hat, dir aber geht es darum, dass deine wahre Belastung erkannt wird.

Nachverhandeln

Sei es über mehr Gehalt oder aber über weniger Aufgaben. Dein Chef kann kein Interesse daran haben, dass seine Leistungsträger wie eine Supernova verglühen. Zudem ist es ein Zeichen von Professionalität, seine Arbeit organisieren zu können – vor dem Scheitern! Idealerweise zeigst du dabei gleich Alternativen auf: „Gerne übernehme ich auch diese Aufgabe noch. Wegen Projekt X und Y kann ich dann aber nicht die Qualität liefern, die Sie und ich erwarten. Wie also wollen wir das neu priorisieren?"

11 Entscheiden - Das Verständnis: Warum leben Mönche länger?

Um was es geht:

★ Verständnis: Welche Phasen es bei der Entscheidungsfindung gibt
★ Was du gegen Entscheidungsfrust tun kannst
★ Gründe für Entscheidungsschwierigkeiten
★ 10 Hürden: Bist du im Club mit Pinocchio?

Ein Mensch trifft am Tag unzählige Entscheidungen, nämlich rund 20.000.

Das beginnt beim Aufwachen. Soll ich liegenbleiben oder aufstehen? Soll ich arbeiten gehen oder nicht? Und das setzt sich so bis zum Schlafengehen fort. Was soll ich heute anziehen? Was esse ich heute zum Frühstück? Welche Frisur möchte ich heute tragen? Soll ich einen Schirm einpacken? Oder ist die Sonnenbrille die bessere Option?

Mit solch alltäglichen Entscheidungen haben wir in der Regel keine Probleme. Am Tag kommen unzählige solcher Fragen auf, die mit schnellen Entscheidungen einhergehen.

Doch wer zu viele Entscheidungen am Tag zu treffen hat, wird auf Dauer unglücklich. Heutzutage gibt es unzählige Wahlmöglichkeiten. Das Angebot in Einkaufsstraßen und Supermärkten ist endlos. Immer neue Produkte kommen auf den Markt, die noch mehr Entscheidungen mit sich ziehen. Und auch beruflich gibt es immer mehr Optionen. Neue Studiengänge und Berufsfelder machen die Berufswahl immer schwerer. Bei der Partnerwahl lassen sich viele Menschen ebenfalls diverse Optionen offen. Dating-Apps und soziale Medien bieten immer neue Möglichkeiten. Bei so viel Auswahl fällt es schwer, sich auf etwas festzulegen. Das macht Stress!

Und da kommen wir zur entscheidenden Frage: Leben verheiratete Menschen länger, oder kommt es denen nur so vor. Dieser uralte Witz beinhaltet eine der aktuellsten Fragen der Medizin: Warum werden Menschen unterschiedlich alt? Warum leben Frauen länger als Männer? Liegt es an unterschiedlichen Lebensstilen? Anderen Belastungen? Genen und Hormonen?

Forscher suchten nach einer Gruppe von Menschen, in der Frauen und Männer unter nahezu gleichen Bedingungen leben. Sie fanden sie im Kloster. Die Mönche und Nonnen bewiesen: Wer im Kloster lebt, kommt später in den Himmel. Und die größte Sensation: Die Lebenserwartung von Nonnen liegt nur ganz leicht über der ihrer Geschlechtsgenossinnen außerhalb der Klostermauern. Aber: Mönche leben fünf Jahre länger als Männer in anderen Berufen und Berufungen! Also Jungs, damit ist eindeutig widerlegt, dass wir Männer rein genetisch dazu verdammt sind, früher zu sterben! Somit ab ins Kloster, Nahrung verknappen und auf Fortpflanzung verzichten?

Was hat das nun mit unserem Thema »Entscheiden« zu tun?

Ganz einfach: Tagsüber beispielsweise genießen die Mönche viel mehr kooperative Routine als wettbewerbsmäßige Rattenrennen. Was tun Männer draußen nicht alles, um Aufmerksamkeit zu erregen, im ewigen Kampf um die knappe Ressource Frau? Wer Jesus nachfolgt, braucht dazu keinen Porsche. Wer seine größten Karrierechancen sowieso erst nach dem Leben kommen sieht, verbringt weniger Energie mit der Absicherung irdischer Habseligkeiten. Und obwohl die Braukunst in den Klöstern floriert, sind Geistliche weniger anfällig für Rausch und Rauchen, die klassischen Männerkiller.

Und könnte es nicht sogar sein, dass auch die Abwesenheit von unnötigen Entscheidungen das Leben verlängert? Zum Beispiel ist die Frage: »Was ziehe ich heute an?« schnell beantwortet: Die gleiche Kutte wie gestern. Praktisch. Wenn das alle so machen, muss sich dafür keiner schämen. Das spart jeden Tag eine halbe Stunde - bei Nonnen bis zu zwei Stunden.

Oder die Frage: Wann gibt es heute Frühstück? Seit 500 Jahren zur gleichen Zeit! Früh aufstehen klingt zwar hart, aber man geht ja auch früh zu Bett. Außerdem gibt es nicht jeden Abend 250 Veranstaltungen gleichzeitig, zwischen denen man sich entscheiden soll.

Und dann: Was muss ich heute lesen? Ganz einfach. Nur DAS eine Buch! Das liest man schließlich seit 2000 Jahren, ohne dass es langweilig zu werden scheint.

Die Mönche zeigen: Je weniger Entscheidungen man treffen muss, desto länger lebt man. Oder auch: Entscheidungen, die nicht getroffen werden, die man vor sich herschiebt, haben massiv Einfluss auf unser psychisches Wohlbefinden.

Fünf Phasen der Entscheidungsfindung

Die Entscheidungsfindung ist dabei sehr individuell, jeder geht anders damit um. Bei dem einen funktioniert es schneller, bei anderen dauert es deutlich länger bis zu einem Ergebnis. Dennoch verläuft die Entscheidungsfindung fast immer nach dem gleichen Schema. Das sind die fünf Phasen der Entscheidungsfindung:

1. Prioritätensetzung

Jede Entscheidungsfindung beginnt mit der Analyse der eigenen Situation und Prioritäten. Was willst du? Was erwartest du? Dabei können auch die Erwartungen von Freunden oder des Partners eine Rolle spielen. In diesem ersten Schritt wird festgelegt, wonach du in einer Alternative suchst und was diese erfüllen muss, um in Betracht gezogen zu werden.

2. Recherche

Die Recherche ist ein großer Teil der Entscheidungsfindung. Hier suchst du die verschiedenen Optionen raus, die dir zur Verfügung stehen und die deinen Prioritäten entsprechen. Dabei muss nicht jede Alternative gleichermaßen alle Kriterien erfüllen, am Anfang wird etwas weiter gesucht, um die Auswahl danach Schritt für Schritt einzuschränken.

3. Abwägung

Du hast viele verschiedene Alternativen vor dir. Das können drei, fünf oder auch zwanzig sein, abhängig davon, worauf sich deine Entscheidungsfindung bezieht. Nun musst du die einzelnen Vor- und Nachteile gegeneinander abwägen. Was passt am besten? Wovon versprichst du dir den größten Erfolg? Worauf legst du mehr Wert? Worauf kannst du verzichten?

4. Unsicherheit

Am Ende der Abwägung kommst du zu einem Ergebnis. Dies ist allerdings fast nie endgültig, denn es wird von Unsicherheit überschattet. Es sind Selbstzweifel, ob wirklich alles richtig durchdacht wurde. Niemand möchte im Nachhinein feststellen, dass er mit seiner Entscheidung unglücklich wird. So wird die letztliche Wahl hinausgezögert.

5. Entscheidung

Spätestens wenn die Zeit für die endgültige Entscheidung abgelaufen ist, muss eine Wahl getroffen werden. Dies kostet oft eine große Portion Überwindung, da die Unsicherheit weiterhin besteht.

Nicht immer läuft die Entscheidungsfindung dabei geradlinig durch die Phasen. Insbesondere bei Entscheidungen, die große Auswirkungen haben, springen viele noch einmal zu vorherigen Stufen zurück. Gerade die Phase der Unsicherheit kann noch einmal zu einer neuen Recherche führen.

Während also die meisten Entscheidungen eher bedeutungslos sind und unterbewusst getroffen werden, fällt es uns bei anderen Entscheidungen schwerer, die richtige zu finden.

„Ich kann mich nicht entscheiden" – Entscheidungsfrust

Viele Menschen machen sich Druck, die richtige bzw. perfekte Entscheidung fällen zu müssen, schieben die Entscheidung endlos auf und lassen dann doch alles beim Alten, weil sie Angst haben, eine falsche Entscheidung zu treffen - siehe dazu auch das Kapitel: Angst vor Veränderung.

Wer sich für etwas entscheidet, schließt damit andere Optionen aus. Das führt unweigerlich zu der Frage: Was wäre, wenn du dich für eine andere Option entschieden hättest? Der Mensch spürt eher dem Verlust nach, als sich über die getroffene Entscheidung zu freuen. Das führt jedoch häufig zu Fehlentscheidungen, die mit kurzfristigen Belohnungen einhergehen - und damit zu Entscheidungsfrust.

Bei einer großen Auswahl scheint oft das altbewährte die richtige Entscheidung zu sein. Nicht ohne Grund wählen viele Kinder noch immer denselben Beruf wie ihre Eltern. Arztkinder studieren beispielsweise besonders häufig Medizin. Neben der Familie können Faktoren wie die Herkunft, Freunde, Schule, Hormone, Marketing-Tricks und Gefühle unsere Entscheidungen beeinflussen.

Das muss nicht sein. Jeder kann mit den richtigen Methoden und Übungen sofort die richtige Entscheidung treffen und so sich vom Stress und Druck befreien.

Wie du dem Kopfzerbrechen ein Ende bereitest

Doch was sind jetzt die Gründe? Warum schieben wir schwierige Entscheidungen so lange auf die lange Bank?

Diese drei Punkte sind wichtig, wenn du dich entscheiden willst, es aber nicht kannst:

- Punkt 1: Verstehe, wieso es dir so schwerfällt, dich zu entscheiden.
- Punkt 2: Motiviere dich, eine bewusste Entscheidung zu treffen.
- Punkt 3: Wisse, wie du eine gute Entscheidung treffen kannst.

Zuerst kümmern wir uns um Punkt 1. Wieso fällt es dir so schwer, dich zu entscheiden?

Gründe für Entscheidungsschwierigkeiten

Die Gründe für eine Entscheidungsschwäche wurzeln meistens tief und bestimmen das gesamte Leben. Sobald wir mehrere Wahlmöglichkeiten haben, fühlen wir uns schnell überfordert und geraten unter Stress. Unsere Entscheidungsfindung wird dabei von mehreren Faktoren sabotiert. So wird es fast unmöglich, eine Wahl zu treffen. Wenn du aber die Gründe kennst, verlieren sie an Macht.

Impuls
Zum Weiterdenken
Was macht es dir so schwer, dich zu entscheiden?

Was macht es dir so schwer zu entscheiden? Weshalb triffst du die Entscheidung (noch) nicht?

- Vielleicht weißt du es ganz genau und kannst jetzt runterbeten: Erstens, zweitens, drittens.
- Vielleicht gibt es aber auch noch Gründe, die du gar nicht kennst. Einfach, weil uns oft vieles nicht bewusst ist, was unser Handeln steuert.

Wie lautet deine Entscheidungssituation? Vor welcher Entscheidung stehst du aktuell?

Formulier sie für dich mal ganz kurz. Schreib dir doch mal in dein Journal, auf ein Blatt Papier oder hier ins Buch, woran es bei dir bisher gescheitert ist. Was dich persönlich bis heute gehindert hat, diese wichtige Entscheidung schnell zu treffen. Warum du wichtige Entscheidungen häufig auf die lange Bank schiebst. Dann siehst du klarer und kannst von diesem Kapitel noch besser profitieren.

Notizen:

Meine konkrete Situation, wo es mir schwerfällt, zu entscheiden

_____

_____

_____

Kennst du die Hürden für deine Entscheidung, kannst du ihnen die Höhe nehmen. Du entscheidest selbstbestimmt und freier. Deswegen mein Vorschlag: Nimm deine offene Entscheidung von oben und geh die einzelnen Gründe mit mir durch - und frag dich bei jedem Punkt: „Trifft das auf mich zu?"

Falls ja: Stell dir die folgenden kurzen Fragen zu den jeweiligen Hürden. Ändere deine Perspektive und mach ein Entscheidungshindernis nach dem anderen kleiner.

Hürde 1: „Wasch mir den Pelz, aber mach mich nicht nass"

Eine Entscheidung für etwas bedeutet immer auch, sich gegen etwas zu entscheiden. Ist man dazu nicht bereit, entsteht ganz automatisch ein Dilemma: „Ich kann mich nicht entscheiden."

Frag dich: „Was verliere ich, wenn ich mich entscheide?" Und: „Was gewinne ich?"

Hürde 2: „Ich könnte es bereuen"

Bei einer Entscheidung passieren meist auch Sachen, die du nicht gewünscht oder mit denen du nicht gerechnet hast. Trotz sorgfältigster Vorüberlegungen können wir das nie ausschließen. Daher haben viele von uns Angst, etwas zu bereuen.

Frag dich: „Will ich nur aus der Angst heraus, etwas zu bereuen, keine Entscheidung treffen? Was bereue ich womöglich, wenn ich mich jetzt nicht entscheide?"

Hürde 3: die Kritik der anderen

Die Angst, Entscheidungen zu treffen, hat immer etwas mit der Angst vor Kritik, der Angst zu versagen und der Angst vor Ablehnung zu tun. In unserem Kopf kreisen negative Phantasien, was alles schiefgehen könnte. Angst vor Konsequenzen führt zu einer Entscheidungsblockade. Wir haben die Tendenz, uns anzupassen und andere für uns entscheiden zu lassen, weil wir Angst haben, uns zu exponieren und Verantwortung zu tragen – ja nicht anecken, auffallen, sichtbar werden! Wer entscheidet in der Clique, was am Wochenende unternommen wird, wer springt immer voran? Überleg mal …

Die Sorge um die Beurteilung durch andere kann natürlich auch berechtigt sein. Nahestehende Menschen werden über dich urteilen, dich kritisieren und dir das vielleicht auch sagen.

Frag dich: „Wer von den Menschen in meinem engen Umfeld würde meine Entscheidung womöglich kritisieren? Wie wichtig wäre das für mich? Wie schlimm wäre es auf einer Skala von 1 bis 10? Und wieso wäre das eigentlich schlimm?"

Hürde 4: „Ich schaff das nicht"

Traust du dich nicht, dich zu entscheiden? Einfach, weil du Angst hast, dass du den Konsequenzen der Entscheidung nicht gewachsen sein wirst? Der neuen Führungsposition? Deiner Rolle als Mutter oder Vater?

Frag dich: „Welche Konsequenzen befürchte ich? Wieso denke ich, dass ich das nicht schaffe? Was würde meine beste Freundin, mein bester Freund zu diesen Bedenken sagen?"

Hürde 5: Gibt es nur „schlimm" oder „furchtbar"?

Es gibt nur zwei negative Alternativen, zwischen denen wir uns entscheiden können. Sich zu entscheiden zwischen einer positiven und einer negativen Alternative ist eine leichte Übung. Aber was, wenn wir nur zwischen zwei unangenehmen Alternativen wählen können, wie beispielsweise zwischen dem Streit mit unserem Partner oder damit, weiterhin von ihm ausgenutzt zu werden?

Zwei Alternativen, die beide mit negativen Konsequenzen verknüpft sind, können in unserem Kopf unendliche Diskussionsrunden auslösen. Sind wir so weit, uns für eine Alternative zu entscheiden, kommt uns wieder die andere in den Sinn: "Ja, aber ..." Wir kommen so nicht zum Handeln. Wenn deine Entscheidungsoptionen alle schlecht sind, fällt es schwer, eine Entscheidung zu treffen. Klar, wozu auch? Ist ja ohnehin alles abschreckend.

Frag dich: „Welche Optionen gäbe es noch?" Wenn ein Freund oder eine Freundin in deiner Situation wäre: Was würdest du ihnen als Alternative vorschlagen?

Hürde 6: „Ich glaube was, was du nicht siehst"

Manchmal stehen uns sogenannte Glaubenssätze und Brandbeschleuniger im Weg. Das sind Grundannahmen, die uns meist gar nicht so recht bewusst sind. Sie entstehen aufgrund unserer Lebenserfahrungen. Meist waren sie Teil einer guten Lösungsstrategie zu einem Zeitpunkt, an dem wir noch hilfloser und kleiner waren. In unserer Kindheit. Als Erwachsene brauchen wir viele unserer Glaubenssätze nicht mehr. Denn sie stehen uns oftmals im Weg. Du kannst sie mit einem "Blaulichteinsatz" (siehe weiter hinten in diesem Buch) löschen.

Bezogen auf ein Entscheidungsproblem, zum Beispiel:

- „Es ist sicherer, sich nicht zu entscheiden. Wenn ich mich entscheide, hagelt es Kritik. Denn ich kann es nie allen recht machen."
- Oder: „Ich bin zu klein und doof, um gut entscheiden zu können."
- Oder: „Jede Entscheidung muss bis ins Letzte bedacht und abgesichert sein, sonst handle ich verantwortungslos."

- Oder: Wir gestehen uns nicht zu, etwas in unserem Leben zu verändern. "Ich glaube, dafür bin ich schon zu alt, um noch mal eine neue berufliche Herausforderung zu suchen."

Frage dich: „Was sind meine Glaubenssätze in Bezug auf das treffen von Entscheidungen?"

Oftmals erkennen wir unsere Brandbeschleuniger leichter, wenn wir über andere nachdenken oder sprechen. Deswegen kann dir folgende Frage helfen, deinen Glaubenssätzen auf die Spur zu kommen: „Was denke ich über Menschen, die schnell und impulsiv entscheiden?"

Hürde 7: Feuer und Wasser

Du kannst dich nicht entscheiden, weil du einen Werte-Konflikt hast. Was ist ein Werte-Konflikt? In einem Werte-Konflikt sind dir zwei Aspekte wichtig, die aber nicht gut zusammengehen. Wenn du Wasser und Feuer gleichzeitig willst, hast du einen Werte-Konflikt. Ein Werte-Konflikt blockiert deine Entscheidung. Du kommst dann nicht richtig voran. Zum Beispiel:

- Wenn Beständigkeit und Abenteuer für dich wichtige Werte sind. Dann fällt es dir womöglich schwer, dich zwischen einer Konzernkarriere und einer Selbstständigkeit zu entscheiden.
- Wenn dir Unabhängigkeit und Verbundenheit wichtig sind. Dann fällt es dir vielleicht schwer, dich zu entscheiden, ob du mit deinem Partner zusammenziehen oder weiterhin eine Fernbeziehung führen möchtest.
- Oder die junge Frau, die eine gute Mutter sein möchte und ihre Kinder pünktlich in der Kita abholen möchte, gleichzeitig aber als Führungskraft beruflich voll durchstarten will ("dafür habe ich ja schließlich studiert"). Sie wird immer unter Druck stehen, um rechtzeitig das Büro zu verlassen und pünktlich an der Kita zu sein. Da darf keine Besprechung dazwischenkommen oder länger dauern ...

Bei Werte-Konflikten braucht es manchmal etwas Kreativität, um zu guten Entscheidungen zu kommen. In den meisten Fällen lassen sich aber passende Lösungen finden, in denen beide Werte ihren Raum haben. Oder in denen ein Kompromiss nicht zu schmerzhaft ausfällt.

Frag dich: „Stehen bei meiner Entscheidung zwei grundsätzliche Werte im Konflikt miteinander? Welche Lösungen könnte es geben, die beide miteinander vereinbaren? Bei welchem Wert wäre ich am ehesten bereit, einen Kompromiss einzugehen?"

Hürde 8: der Kampf der Giganten

Wer trifft deine Entscheidungen? Zwei Gegenspieler teilen sich das Spielfeld der Entscheidungen. Bei gelungenen Entscheidungen spielen sie jedoch zusammen und es kommt etwas richtig Gutes dabei heraus. Die zwei Gegenspieler sind: dein Kopf und dein Bauch. Du kannst auch sagen: Ratio und Intuition oder Bauchgefühl und Verstand.

Frag dich: „Was sagt mir mein Bauchgefühl? Was sagt mir mein Verstand? Wie sieht eine Entscheidung aus, die beide mit einbezieht?"

Hürde 9: Dr. Oetker hilft dir hier nicht

Wir haben hohe Erwartungen und Ansprüche an uns selbst. Unsere Entscheidung soll die "perfekte Lösung" sein. Doch übertriebener Perfektionismus steht der Entscheidungsfindung im Weg. Oft gibt es nicht die Option, die zu 100 Prozent passt. Die eierlegende Wollmilchsau suchst du unter den Alternativen vergeblich. Wer trotzdem danach sucht, wird nicht fündig und kommt nie zu einer Entscheidung.

Die Gelinggarantie von Dr. Oetker kann dir bei deiner Entscheidung nicht helfen. Denn es gibt kein Rezept, das garantiert dafür sorgt, dass du eine gute Entscheidung triffst. Die gibt's nur bei Pudding. Es gibt Wahrscheinlichkeiten. Diese abzuschätzen hilft bei einer guten Entscheidung.

Frag dich: „Kann ich mich nicht entscheiden, weil ich den Anspruch habe: Diese Entscheidung muss perfekt sein? Gibt es ein Erlebnis in meinem Leben, bei dem es anders gekommen ist als erwartet und es war richtig toll?"

Hürde 10: im Club mit Pinocchio

Pinocchio bekam eine lange Nase, wenn er log. Du leider nicht. Manchmal merkst du vielleicht selbst gar nicht, dass du dich belügst.

Frag dich: „Belüge ich mich bei meiner Entscheidungsfrage selbst? Weiß ich insgeheim ganz genau, was ich will? Traue ich es mich nur nicht zu sagen? Die Trennung? Ein Baby? Kein Baby? Den neuen Job? Die Selbstständigkeit? Zurück in den Angestellten-Job? Wie ehrlich bin ich zu mir selbst?"

Das waren 10 mögliche Hürden für Entscheidungsschwierigkeiten.

Immer wieder begegnen mir in meiner täglichen Arbeit auch folgende Ursachen, die von Gert Kaluza unter dem Schlagwort „Denkfehler" zusammengefasst werden. Hierzu zählen:

1 Schwarz-Weiß-Sicht: Hierbei werden Erfahrungen in gegensätzliche Extreme eingeteilt; eine Abstufung existiert nicht (gut-böse, krank-gesund, reich-arm). Beispiel: Entweder rettet dieses Coaching meine Firma oder ich muss Insolvenz anmelden.

2 Selektive Wahrnehmung/Selektive Abstraktion: Ein einziger negativer Aspekt einer Situation wird überbewertet, die anderen positiven Aspekte der Situation werden vernachlässigt. Beispiel: Dieses Coaching war eine einzige Katastrophe. Zwar habe ich sehr viel gelernt und kann es auch anwenden, aber mit dem Thema Glaubenssätze kann ich gar nichts anfangen.

3 Katastrophisierendes Denken: Für die Zukunft werden nur negative Ereignisse prophezeit. Andere Möglichkeiten werden ausgeschlossen. Beispiel: Diese Fortbildung wird mich überhaupt nicht weiterbringen und dann hab ich viel Geld für nichts ausgegeben.

4 Übergeneralisierung: Ein negativer Aspekt einer Situation wird gleich auf die ganze Person bezogen. Beispiel: Ich habe den Teller fallen lassen. Ich bin einfach ein Idiot und zu dumm fürs Leben.

5 Personalisierung: Ereignisse werden ohne ersichtlichen Grund auf die eigene Person bezogen. Beispiel: Mein Partner hatte einen Unfall, um mich wegen meiner Taten zu bestrafen.

6 Willkürliche Schlussfolgerung: Eine Person zieht aus einer Empfindung bestimmte Schlüsse, ohne dass diese bewiesen, bzw. durch Beweise widerlegt werden können.

Den ersten Punkt für deine leichteren Entscheidungen haben wir nun ausführlich angeschaut. Nämlich: Verstehe, wieso es dir so schwer fällt, dich zu entscheiden.

Hast du herausgefunden, welche Gründe für dein „Ich kann mich nicht entscheiden" verantwortlich sind? Hast du den ein oder anderen Grund vielleicht schon ein wenig aushebeln können?

Den zweiten Punkt betrachten wir im nächsten Kapitel: Entscheiden - die Motivation.

12

Entscheiden - Die Motivation:
Wie du zu einem unschlagbaren Salatdressing kommst

Um was es geht:

★ Warum Friseure Spezialisten für einschneidende Erlebnisse sind
★ Fünf Argumente, die dir helfen, jetzt eine bewusste Entscheidung zu treffen

Geht´s dir auch so oder ähnlich?

- Ein tolles neues Stellenangebot, aber dein alter Job ist auch nicht schlecht. Solltest du den Job wechseln oder lieber nicht?
- Eine größere Investition oder eine teure Fortbildung steht an und du fragst dich: Lohnt sich das, jetzt in CORONA-Zeiten? Soll ich in mich investieren oder mein knappes Geld nicht doch besser zusammenhalten?
- Du schreibst Pro-und-Contra-Listen, hast verschiedene Techniken zur Entscheidungsfindung ausprobiert, wägst ab und versuchst auf unterschiedlichste Weise herauszufinden, welches die bessere Entscheidung wäre.
- Du versuchst weitere Optionen zu finden, aber keine davon bringt dich wirklich voran.
- Du hast bestimmt einiges versucht. Vielleicht mit deinem Partner gesprochen, und sicher richtig gründlich nachgedacht.

„Ich kann mich nicht entscheiden" steht immer wieder am Ende deiner Überlegungen.

Und deswegen liest du gerade dieses Kapitel. Das ist eine gute Entscheidung. Denn am Ende wirst du klüger sein. Deine Chancen, eine gute Entscheidung zu treffen, stehen gut.

Jetzt aber konkret zu deiner offenen Entscheidung aus dem letzten Kapitel! Du stehst vor einer Entscheidung, bei der du wirklich nicht weißt, wie du dich entscheiden sollst.

- Vielleicht willst du, dass sich der Schleier endlich lüftet,
- dass dir der Weg gezeigt wird,
- dass du Gewissheit bekommst, die richtige Entscheidung zu treffen.
- Vielleicht zögerst du, haderst du, quälst dich durch schlaflose Nächte.

Immer wieder scheint der innere Schweinehund einfach mächtiger und größer zu sein als du selbst und verschluckt so all die schönen Ideen und Energiereserven. Und du schiebst die Entscheidung möglichst so lange auf, bis der Lauf der Dinge dir die Wahl schon abgenommen hat.

Solche Erlebnisse hat man ja gerne beim Friseur: Friseure sind Spezialisten für einschneidende Erlebnisse. Vor geraumer Zeit hatte ich, statt aufzupassen, beim Schneiden diese Zeitschriften gelesen, die man sich nie kaufen würde, aber dann doch ganz gerne mal … und zack, da ist es passiert - die neue Frisur. Mürrisch zahlen und dann frisch entstellt auf die Straße.

Schon in der Antike hatte Fortuna eine total entstellte Frisur. Die Haare standen alle nach vorne ab, der Hinterkopf war kahl. Ältere Männer erinnern sich oft an Fortuna und kämmen die letzten verbliebenen Haare von hinten nach vorne, oder von links nach rechts. So richtig glücklich sieht das allerdings nicht aus.

Aus Verlustangst ernähren wir unsere Haarwurzeln besser als den Rest des Körpers. Ich hab mir mal die Liste der Zusatzstoffe in meinem Bio-Kräuter-Kaffee-Shampoo durchgelesen: Nur das Beste und Gesündeste. Seitdem nehme ich es auch immer als Dressing zum Salat. Hat bisher allen gut geschmeckt. Und was es nun alles für Shampoos gibt! Extra für Männer: Bier-Shampoo für mehr Volumen. Ob man dadurch die Haare doppelt sieht?

Shampoo ist also Psychotherapie in Flaschen, für gestresstes Haar, strapaziertes Haar, gespaltenes Haar. Und wie strapaziert mein Haar sein muss - erst letzte Nacht hab ich wieder 6 Stunden darauf gelegen.

Haare zu verlieren tut sowas von weh! Als wär´s ein Stück von dir. Sich von Haaren zu trennen ist noch schmerzhafter als von einer Frau. Irgendwann sagt das Haar: »Ich gehe.« Und wie es da so im Waschbecken liegt, hat es etwas Vorwurfsvolles. Und du weißt: Diese Stelle wird für immer kahl bleiben.

Der einzige Trost, den wir Männer angesichts des Haarausfalls haben: Die Summe der Haare an unserem Körper bleibt das ganze Leben gleich. Alles, was an der dafür vorgesehenen Stelle verloren geht, kommt an anderen Stellen wieder zum Vorschein. Zum Teil an dafür eher ungeeigneten Orten. Da sind die Augenbrauen noch das Harmloseste.

Haare sind also ein gutes Beispiel dafür, wie dir Entscheidungen vom Lauf der Dinge abgenommen werden.

Vielleicht hast du aber auch Angst davor, dass du selbst dein Leben komplett von einem Tag auf den anderen umkrempeln musst, um endlich wieder "zu leben" und dich verwirklichen zu können.

Und das ist natürlich ein ordentlicher Druck, der dich konstant vom ersten Schritt in Richtung Entscheidungsfreude abhält. Verständlich, denn wir wünschen uns im Leben auch Sicherheit und deshalb erscheint jede Veränderung in erster Linie auch als Risiko.

Wie wäre es aber, wenn ich dir sage, dass bereits wenige kleine Einstellungsveränderungen ausreichen, um dein Leben neu zu gestalten und so glücklich und zufrieden zu werden, wie du es schon immer sein wolltest?

Die Motivation:
Fünf gute Argumente, die dir helfen, jetzt eine bewusste Entscheidung zu treffen

Entscheidungen zu treffen, ist schwierig. Aus all den Gründen, die du im vergangenen Kapitel kennen gelernt hast. Daher hilft es, wenn du dich selbst motivieren kannst, eine Entscheidung zu treffen.

Argument 1: Es frisst Energie und Zeit, wenn wir uns nicht entscheiden

Wenn du überzeugter Entscheidungsaufschieber bist, weißt du: Nicht-Entscheiden ist anstrengend. Denn je mehr wir zu verlieren haben, umso mehr geraten wir ins Grübeln. Und wer schon einmal vor einer schwierigen Entscheidung stand, der weiß: Grübeln ist schrecklich belastend, anstrengend, schlaf- und nervenraubend.

→ Es lohnt sich, deine Entscheidung anzugehen und sie zu fällen. Denn dann steigst du aus dem Grübelkreislauf aus.

Argument 2: Wenn wir es selbst nicht entscheiden können oder wollen, entscheidet jemand oder etwas anderes es für uns

Keine Entscheidung ist auch eine Entscheidung. Nämlich die Entscheidung, das Ruder aus der Hand zu geben. Wer zu lange zögert, kriegt keine Konzerttickets mehr, ist auf dem Arbeitsmarkt nicht mehr interessant, weil zu alt, hat den Trend verpasst und wird von anderen überholt.

→ Deswegen überlass deine Entscheidung nicht anderen. Behalte dein Leben in der Hand und entscheide selbstbestimmt.

Argument 3: Wir stecken ständig in der Schwebe

Wer Entscheidungen aufschiebt, der wird immer im Zweifel bleiben. Den quälen „Was wäre geworden, wenn ..."-Gedanken ebenso, wie die ständige Frage, ob es nicht noch bessere Optionen gäbe. Denn wenn wir uns in Gedanken immer wieder mit dem beschäftigen, was gewesen wäre (oder vielleicht auch mit dem, was jetzt gerade besser sein könnte), dann können wir nur schwer das Gefühl aufbringen, irgendwann mal angekommen zu sein. Am richtigen Ort und mit dem richtigen Menschen zusammen zu sein.

→ Entscheide selbst, aus dem Schwebezustand auszusteigen und auf dem Boden zu landen. Auch, wenn es etwas unsanft wird. Hier und jetzt spielt die Musik.

Argument 4: Wir können nichts so richtig genießen
Wenn wir uns nicht vollkommen für etwas entscheiden und andere Optionen loslassen, dann können wir auch nichts so richtig genießen. Wer immer auf der Suche nach etwas Besserem ist, kann nicht das Gute genießen, das er vielleicht schon hat. Und das macht nicht glücklich, sondern unzufrieden und rastlos.

→ Entscheide dich für den Genuss und dafür, dein Leben voll zu leben - und ließ dazu auch das entsprechende Kapitel weiter hinten im Buch.

Argument 5: Mehr abwägen bringt noch lange nicht vollkommene Sicherheit
Ja klar, wir können vergleichen, wir können genau schauen, was das Günstigste/Schnellste/Beste ist. Wir können wöchentlich neue Pro-und-Contra-Listen aufstellen und möglichst viele Risiken analysieren. Das kann uns ja tatsächlich auch ein kleines bisschen mehr Klarheit verschaffen. Aber die 100%ige Sicherheit werden wir nie erreichen. Dafür ist das Leben einfach zu unvorhersehbar. Und dass wir jemals alles Wissen und alle Einflussfaktoren für unsere Entscheidung zusammentragen könnten, ist eine Illusion.

→ Deswegen bringt dich mehr Zeit und Vergleichen bei deiner Entscheidung oft nicht weiter. Triff deine Wahl und nimm den letzten Rest Unsicherheit in Kauf. Denn den wird es immer geben.

Nun kennst du deine Gründe und hast dir bewusst gemacht, wieso es so sinnvoll ist, dich zu entscheiden. Das war Punkt 2: Motiviere dich, eine bewusste Entscheidung zu treffen.

Vielleicht hat sich schon einiges geklärt? Womöglich bist du deiner Entscheidung schon ein wenig nähergekommen? Vielleicht aber auch nicht?

Dafür kommt nun das dritte Kapitel zu diesem Thema. Entscheiden: Die Umsetzung - Wie du eine gute Entscheidung treffen kannst.

13 Entscheiden - Die Umsetzung: Warum Vorsicht angesagt ist bei der Auswahl deiner Eltern

Um was es geht:

★ Wie du eine gute Entscheidung treffen kannst

★ Entscheide aus Leidenschaft und Begeisterung, statt aus Angst

★ Wie du Klarheit über deine Optionen gewinnst

★ Diese vier Extra-Tipps machen deine Entscheidung zum Erfolg

★ Ein cleverer Trick zum Abschluss - damit geht's ganz einfach!

Man kann sich seine Eltern nicht vorsichtig genug aussuchen. Denn hin und wieder sind die wiederum alles andere als vorsichtig, wenn sie die Namen aussuchen, mit denen sie uns durchs Leben schicken. Selten wird da auf Wohlklang geachtet. Im Gegenteil, ich habe da den Verdacht, dass Eltern, die selbst unter einem bescheuerten Namen gelitten haben, das Trauma über Generationen weitergeben. Warum sonst nenne ich, wenn ich mit Familiennamen Diener oder Grube heiße, mein Kind Bernhard oder Claire?

Ein Blick ins Internet zeigt: Das Leben ist brutaler als jeder Komiker-Gag. Sozialpsychologen bestätigen, dass der Name das Selbstbild und das Fremdbild so sehr prägen kann, dass man sich unbewusst entsprechend verhält und verändert. So halten viele eine »Chantal« automatisch für dümmer als eine »Lena«. »Stefan« wird in der Schule anders benotet als »Kevin«. Und welche Chance hat jemand mit einem Nachnamen, der mit »Z« beginnt. Der kommt immer als Letzter dran, liegt immer ganz unten im Stapel. Es gibt deutlich mehr Entscheidungsträger von A-K als von L-Z. Das kann man den Archivleiter der Konrad-Adenauer-Stiftung fragen: Günter Buchstab.

Also aufgepasst bei der wichtigsten Entscheidung für die Zukunft deines Kindes.

Auf dem Weg zu deiner guten Entscheidung helfen dir die folgenden Tipps. Sie sind so etwas wie ein Fahrplan zu einer Entscheidung. Sicher gibt es noch weitaus mehr, das sich zu bedenken lohnt. Aber wenn du diese Tipps berücksichtigst, hast du einen Großteil Arbeit geleistet, um zu einer wirklich guten Entscheidung zu kommen.

Legen wir also los. Hast du dein Entscheidungsproblem fest vor Augen? Nimm deinen Aufschrieb von vorhin. Gehen wir nun die einzelnen Tipps durch und wenden sie auf dein Entscheidungsproblem an.

Tipp 1: Entscheide aus Leidenschaft und Begeisterung statt aus Angst

Wir können Entscheidungen auf zwei sehr unterschiedliche Arten treffen:

- Wir können unsere Entscheidung aus Angst treffen – also z.B. „Ich bleibe in meinem Job, weil ich Angst habe, nichts Neues zu finden." Oder: „Ich bleibe bei meinem Partner, weil ich Angst vor dem Alleinsein habe."
- Oder wir treffen unsere Entscheidungen aus Leidenschaft und Begeisterung: „Ich will mir einen neuen Job suchen, bei dem ich mich mit dem, was ich kann und gerne tue, viel besser einbringen kann." Oder: „Ich bleibe bei meinem Partner, weil er der Mensch ist, mit dem ich mein Leben verbringen will, und das, auch wenn wir es gerade schwer miteinander haben."

Wenn du also selbst gerade vor einer typischen Entscheidung A oder B stehst, dann frag dich doch einmal Folgendes:

- Wenn ich mich für A entscheiden würde, würde ich das eher aus Angst oder aus Leidenschaft und Begeisterung tun? Und falls aus Angst, dann wovor genau?
- Und falls aus Leidenschaft und Begeisterung, was genau liebe ich daran am meisten?
- Und: Wenn ich mich für B entscheiden würde, würde ich das eher aus Angst oder Leidenschaft und Begeisterung tun? Und falls aus Angst, dann wovor genau? Und falls aus Leidenschaft und Begeisterung, was genau liebe ich daran am meisten?

Der entscheidende Unterschied ist dabei folgender: Wenn ich etwas aus der Motivation der Angst heraus entscheide, bin ich im Mangel und in meinen Begrenzungen gefangen. Ich wäge dann ab, wie ich das, was ich fürchte, möglichst vermeiden oder gering halten kann. Ich öffne mich nicht für Neues, sondern wähle das kleinste Übel.

Wenn ich aber aus Leidenschaft und Begeisterung entscheide, öffne ich mich für neue Möglichkeiten. Ich glaube dann daran, dass es Entscheidungsmöglichkeiten gibt, die mich glücklich machen werden, ich entscheide aus einem Überflussgefühl heraus.

→ Entscheide aus Leidenschaft und Begeisterung statt aus Angst. Und entdecke, wie viel mehr doch möglich ist im Raum der Möglichkeiten.

Tipp 2: Schließe Freundschaft mit der Unsicherheit

Du kannst so lange abwägen, überlegen, Expertenmeinungen einholen, wie du willst. Du kannst Wahrscheinlichkeiten abschätzen oder sogar berechnen. Die Unsicherheit bleibt. Es gibt keine Gewissheit, wie die Konsequenzen deiner Entscheidung wirklich ausfallen werden. Und das ist auch gut so. Sehr gut sogar.

Stell dir einen Moment vor, du würdest in deiner selbstgeschaffenen Fantasie-Welt leben. Du könntest dich, dein Umfeld, die Rahmenbedingungen hin und her schieben wie ein Kind seine Spielzeug-Welt.

Wie langweilig wäre das? Ich glaube, manch einer würde vor lauter Langeweile ganz schönen Blödsinn machen, nur um ein wenig Lebendigkeit in sein Leben zu bekommen.

Brauchst du nicht. Denn dein Leben sorgt ganz allein für Überraschungen. Als Kind hat es ja auch meist viel mehr Spaß gemacht, mit anderen zusammen Lego zu spielen. Klar, es gab auch Streit. Aber langweiliger wäre es ohne die anderen eben auch gewesen.

Ja, du darfst planen. Du darfst Wahrscheinlichkeiten einschätzen. Andere um ihre Meinung bitten. Eventualitäten absichern. Aber letztendlich bist du Teil des großen Abenteuers, das wir Leben nennen.

→ Schließe Freundschaft mit der Ungewissheit. Sie macht dein Leben lebendig und überraschend.

Tipp 3: Gewinne Klarheit über deine Optionen

Viele Entscheidungen sind „Entweder-oder"-Entscheidungen. Jedenfalls solange wir innerhalb unserer Scheuklappen denken. Denn bei den meisten „Entweder-oder"-Entscheidungen ist viel mehr drin, als wir auf den ersten Blick sehen. Um mehr Optionen sehen zu können, brauchst du eine einzige zwingende Voraussetzung.

Welche das ist?

Versuch für einen Moment daran zu glauben, dass es noch weitere Alternativen gibt. Dass es vielleicht Möglichkeiten gibt, die du im ersten Moment nicht siehst. Dann bleibst du nicht bei „Trennen oder bleiben?" stehen, sondern kommst auf weitere Möglichkeiten: Coaching buchen, eine Pause einlegen, Investition in dich selbst tätigen, und, und, und. Wichtig ist, dass du deine Scheuklappen absetzt und mehr für möglich hältst, als du bisher gesehen hast.

→ Entscheide dich, mehr für möglich zu halten, und gib dir selbst die Chance, aus dem Entweder-oder-Dilemma auszusteigen.

Tipp 4: Finde die Geister – wer oder was will mitbestimmen?

Die Welt deiner Entscheidungsfindung ist bevölkert von unzähligen Gespenstern. Da schwirren Glaubenssätze herum, die dir einflüstern, was du auf keinen Fall oder auf jeden Fall tun solltest.

- Die Stimmen anderer Menschen, deiner Eltern, deines Partners, der Kollegen, die dir erzählen, was gut und richtig sein wird.
- Deine Werte, die manchmal in entgegengesetzte Richtungen an dir zerren.
- Und deine Bedürfnisse, die zu wenig oder einen überaus starken Einfluss haben können.

Für eine gute Entscheidung hilft es, zu wissen, wer alles an dir herumzerrt und ob du das gut findest oder diesen Geist lieber abschütteln möchtest. Gar nicht so einfach, sie zu identifizieren und dann auch noch zu entscheiden, ob du ihnen vertrauen kannst.

→ Identifiziere deine Geister. Und finde heraus, welche Rolle sie bei deiner Entscheidung spielen. Geh dazu gerne nochmal zurück in den ersten Teil des Buches zum Kapitel über die Brandbeschleuniger und die dazugehörigen Checklisten und Arbeitsblätter.

Tipp 5: Höre auf Kopf UND Bauch

Entscheide mit Kopf und Bauch zusammen. Geh mit Verstand und eingeschaltetem Kopf an deine Entscheidung heran. Und prüfe sie mit dem Bauchgefühl. Oder umgekehrt: Du bist eher ein Bauchmensch. Prüfe deine Entscheidung mit dem Kopf.

Gute Entscheidungen bringen beides unter einen Hut. Für die Kopfentscheidung sammelst du alle wichtigen Fakten und Argumente und wägst diese gegeneinander ab. Für die Bauchentscheidung spürst du in dich hinein: Wie fühlt sich die jeweilige Entscheidung in deinem Körper an? Was entstehen für Empfindungen?

Beides lässt sich übrigens trainieren. Am besten in Alltagsentscheidungen, die gar nicht so maßgeblich für dein Lebensglück sind.

- In welches Restaurant gehe ich?
- Welchen Film schaue ich?
- Treppe oder Aufzug?

Wenn du bei Alltagsentscheidungen dein Bauchgefühl besser kennen lernst, fällt es dir auch bei den großen Lebensentscheidungen leichter, dein Bauchgefühl zu interpretieren. Beide, Kopf und Bauch, haben ihre Berechtigung. Vernachlässigst du eine dieser Instanzen, ist es so, als würdest du einer Expertin den Mund verbieten. Dabei würde ihr Rat dich weder etwas kosten noch dir schaden.

- → Entscheide mit Bauch und Kopf gemeinsam. Das ist die Basis für eine gute Entscheidung.

Tipp 6: Entscheide bewusst, ob es dir um das „Ob" oder das „Wie" geht

Halte bei deiner Entscheidung das „Ob" und das „Wie" gut auseinander.

- Beim „Ob" geht es darum: „Entscheide ich mich überhaupt, etwas zu tun oder alles zu belassen? Entscheide ich mich für diese oder jene Option?" Also z.B. „Ich entscheide mich dafür, mich selbstständig zu machen."
- Beim „Wie" geht es darum: „Was genau mache ich, um diese Entscheidung umzusetzen?" Also z.B. „Ich werde mir einen Coach oder Berater zulegen. Ich besuche entsprechende Netzwerke."

Wenn es bei Entscheidungen hakt, liegt es oft an einer Durchmischung von „Ob" und „Wie". Das klingt dann so:

„Ja, ich will mich selbstständig machen. Ich bin schon lange in meinem Job unglücklich. Ich habe schon viel versucht. Es ist die richtige Entscheidung zu kündigen. Aber ich weiß überhaupt nicht, wie ich das bewerkstelligen soll. Da gibt es ja doch viele Risiken, vor allem jetzt in Corona-Zeiten. Und wenn es nicht klappt? Dann muss ich zum Sozialamt gehen. Ich weiß gar nicht, ob ich das aushalten kann. Ich glaub, ich kann mich doch nicht selbstständig machen. Vielleicht ist es doch die falsche Entscheidung."

Hier vermischt sich „Ob" (Selbstständig machen, ja oder nein?) mit „Wie" (Wie stell ich's an? Wie gehe ich dazu vor?). Der Manager bleibt womöglich in der Angestelltenposition, obwohl er sich eigentlich lieber selbstständig gemacht hätte. Und nur, weil „Ob" und „Wie" nicht klar waren.

Es lohnt sich, bewusst „Ob" und „Wie" zu trennen. Das sieht dann zum Beispiel so aus:

- „Okay, eigentlich möchte ich mich selbstständig machen. (Das „Ob")
- So ganz sicher bin ich mir noch nicht. Ich habe einfach Angst, dass ich damit dann nicht erfolgreich bin und pleite gehe. (Das „Wie")

Also schau ich mir jetzt mal an, wie so eine Umsetzung konkret aussehen könnte. Ich schau jetzt ganz bewusst auf das ‚Wie'. Danach befasse ich mich dann nochmals mit meinem ‚Ob'."

Wichtig: Wenn du deine Entscheidung für das „Ob" getroffen hast, wirst du in den meisten Fällen auch einen Weg finden, das „Wie" hinzubekommen.

Deswegen mein Tipp: Versuch mal das „Ob" losgelöst vom „Wie" zu betrachten. Es ist ja erst einmal ein Gedankenexperiment. Du hast ja noch gar nichts getan.

Aber so kommst du vielleicht zu einer klareren Entscheidung. Einer Entscheidung, für die du im nächsten Schritt schauen darfst, wie du sie umsetzen wirst.

Und genau darum geht es jetzt. Zur Lösung deines Entscheidungs-Dilemmas gehört auch, dass du deine Entscheidung wirklich umsetzt. Und damit deine Entscheidung auch wirklich zum Erfolg wird, bekommst du von mir hier noch vier Extra-Tipps.

Impuls
Umsetzung in der Praxis
Mit diesen vier Extra-Tipps wird deine Entscheidung zum Erfolg

Extra-Tipp 1: Vertrau dir und deiner Entscheidung

Du hast deine Entscheidung aus guten Gründen so getroffen. Vielleicht hast du vorher viele Informationen gesammelt, sie verglichen oder eine Pro-und-Contra-Liste gemacht. Vielleicht hast du aber auch vor allem auf dein Bauchgefühl gehört.

Du hast wahrscheinlich einen ausgiebigen Entscheidungsprozess hinter dir, bei dem du deinen Verstand und dein Herz befragt hast. Damit hast du alles getan, was in deiner Macht stand. Vertrau also auch auf die Antworten, die du bekommen hast. Vertrau deiner Entscheidungsfähigkeit.

→ Vertrau deiner Entscheidung. Du hast alles Notwendige bedacht und getan.

Extra-Tipp 2: Die anderen Entscheidungsoptionen loslassen

Wenn wir uns für eine Option entscheiden, dann entscheiden wir uns gleichzeitig auch gegen die anderen Möglichkeiten. Und ganz plötzlich, mit der Entscheidung, kommen oftmals die Zweifel. Dann denken wir manchmal so etwas wie: „Was wäre gewesen, wenn …?" oder „Hätte ich mal doch …".

Gerade diese Gedanken und Zweifel sorgen dafür, dass du nie wirklich zufrieden mit deiner Entscheidung sein kannst. Das, was wir nicht haben, malen wir uns oft als perfekt aus. Das ist eine vollkommen menschliche Reaktion. Doch wenn wir anfangen, unsere Entscheidung mit einer Fata Morgana zu vergleichen, werden wir unzufrieden mit dem, was wir haben. Deshalb ist es wichtig, dass du lernst, die anderen Entscheidungsoptionen loszulassen.

Mach dir bewusst, dass deine Fantasie dir ganz oft ein positiv verzerrtes Bild liefert. Die anderen Entscheidungsoptionen hätten auch nicht nur Vorteile gehabt – sonst hättest du wohl kaum so entschieden, wie du entschieden hast.

Frag dich in Momenten des Zweifels:

- Warum habe ich mich gerade für diese Option entschieden?
- Welche guten Gründe sprechen für meine Entscheidung?
- Welche Nachteile oder Schwierigkeiten hätten die Alternativen mit sich gebracht?
- Aus welchen Gründen habe ich mich gegen die anderen Alternativen entschieden?

→ Konzentrier dich auf die Entscheidung, die du gefällt hast. Die anderen Optionen sind jetzt nicht mehr wichtig. Es geht jetzt nur noch um das „Wie", nicht mehr um das „Ob" deiner Entscheidung.

Extra-Tipp 3: Tu dein Bestes, damit deine Entscheidung auch wirklich gut wird

Eine Entscheidung stellt manchmal sogar das ganze Leben auf den Kopf. Dabei kann es hilfreich sein, wenn du dir überlegst, was du genau brauchst, damit du dich mit deiner Entscheidung möglichst gut fühlst.

Wenn du dich zum Beispiel entschieden hast, für deinen beruflichen Aufstieg in eine andere Stadt zu ziehen, dann könnte es dir helfen, wenn du dir erstmal eine ganz besonders tolle Wohnung suchst. Einfach, damit du dich gleich wohlfühlst. Und wenn du den Job wechselst, dann könnte es dir helfen, wenn du gleich einen guten Draht zu deinen neuen Kollegen aufbaust.

Frag dich dazu:

- Was muss passieren, damit sich diese Veränderung gut anfühlt?
- Was brauche ich, um glücklich zu sein?
- Welche Faktoren müssen gegeben sein, damit diese Entscheidung gelingt?

→ Sorg dafür, dass du deine Entscheidung unter möglichst guten Bedingungen umsetzen kannst. Sorg gut für dich.

Extra-Tipp 4: Geh in kleinen Schritten vor

Wir Menschen sind Gewohnheitstiere. Je ungewohnter etwas ist, umso mehr Angst haben wir vor großen Veränderungen. Dann können wir einfach nicht abschätzen, was passiert – und das gibt uns oft ein mulmiges Gefühl. Dann kann es helfen, wenn du einen kleinen Schritt nach dem nächsten gehst. Und die Entscheidung nicht gleich radikal umsetzt und dich selbst damit überforderst. Dadurch gewöhnst du dich ganz langsam daran, dass alles ein bisschen anders wird. Dann ist jeder einzelne kleine Schritt gar nicht so schwer.

Deshalb überleg dir, welchen kleinen Schritt du als Erstes (oder als Nächstes) gehen möchtest, um deine Entscheidung ganz langsam umzusetzen. Ein kleiner Schritt wäre zum Beispiel, dass du einen Freund oder eine Freundin in deine Entscheidung einweihst. Oder, dass du einen Termin mit den Menschen vereinbarst, die von deiner Entscheidung direkt betroffen sind.

Ein erster Schritt könnte auch sein, sich eine Liste zu erstellen, mit Dingen, die getan werden müssen. Plan also ganz genau:

- Welche Schritte stehen als Nächstes an?
- Was muss ich tun, damit ich die Entscheidung umsetzen kann?
- Und welches ist der erste ganz kleine Schritt, mit dem ich meine Entscheidung ins Rollen bringe?

→ Nimm den Weg der kleinen Schritte. Du behältst den Überblick, verausgabst dich nicht unnötig und kommst ganz zuverlässig zum Ziel.

So, das war nun dein Fahrplan, um Entscheidungen zu treffen und eine ganze Menge Tipps - Gar nicht so schwer, oder?

Lass uns nochmals zusammenfassen:

- Du verstehst jetzt, wieso es dir manchmal so schwerfällt, dich zu entscheiden.
- Du weißt, wie du dich motivieren kannst, um eine bewusste Entscheidung zu treffen.
- Du weißt, wie du eine gute Entscheidung treffen kannst.

Du kennst nun den ultimativen Weg, Entscheidungen schnell und sicher zu treffen, und zu schaffen, was du erreichen willst.

Und das Beste: Du kannst gleich damit loslegen! Also, worauf wartest du noch? Triff deine Entscheidung! Jetzt!

Quick-Win
Cleverer Trick
Diese eine Frage lässt dich schneller entscheiden

Mit diesem cleveren Trick geht es ganz einfach!

Wenn du dich das nächste Mal mit einer Entscheidung quälst, wende einen simplen Trick an. Der Verhaltenspsychologe Dan Ariely sagt, man müsse sich nur diese Frage stellen: Was würde ich einem Freund raten? Der Effekt: Das hilft, sich mal von seinen eigenen Emotionen zu befreien und das Problem neutraler zu betrachten. Oft kommt man dann ganz schnell auf die richtige Lösung. Klingt plausibel, oder?

14

Mit Münze geht's ganz einfach
Wie Veränderung unser
Stresserleben reduziert

Um was es geht:

★ Wie du eine gute Entscheidung treffen kannst
★ Entscheidungsschwäche
★ Wie eine Münze für ein besseres Lebensgefühl sorgen kann

Der Ökonom Steven Levitt von der University of Chicago hat die Entscheidungsschwäche erforscht. Er vermutet, dass die Konflikte und die Unsicherheit, die man zunächst aushalten muss, wenn man den Job kündigt oder die Beziehung beendet, den Blick darauf verstellen, wie gut es sich später anfühlen kann, etwas grundlegend verändert zu haben. Der Verlust kommt vor dem Gewinn, und das lässt zögern.

In einer Studie testete er jetzt, ob das stimmen könnte. Ob einem also große Veränderungen zwar kurzfristig den Boden unter den Füßen wegziehen, sich aber langfristig richtig anfühlen - oder ob man sie bereut. Dazu ließ er Versuchspersonen, die angaben, sich in einem Dilemma zu befinden, auf seiner Webseite eine virtuelle Münze werfen. Bei Kopf sollten sie die Veränderung, die sie im Kopf hatten, sofort angehen. Bei Zahl sollten sie alles so belassen, wie es war. Levitt fragte seine Probanden auch, um welche Entscheidung es ihnen geht. Die häufigste Antwort: Den Job kündigen oder nicht? Die zweithäufigste: Soll ich meinen Partner verlassen?

Über den Zeitraum von einem Jahr warfen die Probanden 20.000 virtuelle Münzen – und bekamen damit 20.000 willkürliche Entscheidungen geliefert. Nach zwei Monaten und dann noch einmal nach einem halben Jahr hakte der Wissenschaftler bei allen seinen Teilnehmern nach. Dabei fand er zwei Dinge heraus.

Erstens: Ging es um große Lebensentscheidungen, dann fühlten sich jene, die den Job gekündigt oder die Beziehung beendet hatten zu beiden Zeitpunkten besser als jene, die nichts verändert hatten – und zwar unabhängig davon, ob sie die Entscheidung am Ende tatsächlich aufgrund des Münzwurfes getroffen hatten oder doch aus eigenen Stücken. Ging es um weniger lebensentscheidende Fragen wie darum, ob man sich den Bart abrasieren sollte oder lieber nicht, dann war es egal, welche Entscheidung die Probanden getroffen hatten. Beiden Gruppen ging es gleich gut.

Zweitens fand Levitt heraus, dass von jenen, die sich strikt an das gehalten hatten, was die Münze für sie entschieden hatte, ebenfalls jene glücklicher waren, die sich verändert hatten – und jene unglücklicher, bei denen dank des Münzwurfes alles beim Alten blieb.

So sehr Menschen große Veränderungen also scheuen, meist tun sie ihnen gut. Das zu wissen, hilft vielleicht, Lebensentscheidungen mit etwas weniger Angst zu treffen – und stattdessen mit einer großen Portion mehr Zuversicht. Und durch diese Zufriedenheit reduzierst du dein Stresserleben erheblich.

Probier's bei einer Entscheidung aus. Die meisten Menschen werfen die Münze und hoffen insgeheim, dass entweder Kopf oder Zahl kommt. Und schwups, schon hast du deine Entscheidung. Dein Bauchgefühl und dein Unterbewusstsein haben sich gemeldet.

Übrigens: wenn du grad keine Münze parat hast, hier gibt's auch ein Tool. Damit kannst du die Münze virtuell werfen... http://muenzewerfen.com/index.php

15

Souverän urteilen und entscheiden
Wie im Sport Entscheidungen getroffen werden

Um was es geht:

★ Schiedsrichter sind Führungskräfte

★ Wie Schiedsrichter entscheiden

★ Was du daraus hinsichtlich deiner Entscheidungen lernen kannst

Schiedsrichter sind Führungskräfte, unabhängig des Leistungsniveaus, in dem sie sich befinden. Schiedsrichter haben drei Aufgaben: Erstens beobachten und analysieren sie permanent ihr gesamtes Umfeld im Verborgenen. Als zweites begleiten und unterstützen sie die Spieler vor, während und nach dem Spiel. Beide Punkte zeichnen sich durch ein eher zurückhaltendes und defensives Verhalten aus. Demgegenüber greifen sie in dem Moment, in dem sie Entscheidungen treffen, aktiv in den Prozess ein und die gesamte Aufmerksamkeit aller beteiligten Personen gehört ihnen.

Schiedsrichter müssen Entscheidungen in Stress-Situationen in einer Frequenzhöhe treffen wie kein Zweiter! Und jede dieser Entscheidungen kann Einfluss auf das Endergebnis des Spiels nehmen

Schiedsrichter sind die „Anwälte des Spiels"! Dies ist dahingehend herausfordernd, als der Klient von einer Sekunde zur nächsten wechseln kann. Der Schiedsrichter ist immer auf der Seite dessen, der sich an die Regel hält und „verteidigt" ihn in diesem Moment. Dieses Schwarz-Weiß-Denken prägt, ist aber notwendig, um mit vollkommener Klarheit Entscheidungen treffen zu können. Die Tätigkeit als „Anwalt des Spiels" ist dabei abwechslungsreich, emotionsgeladen und lehrreich zugleich.

Ein Schiedsrichter hat niemals die Möglichkeit zum Break. Er kann von sich aus in keiner Situation eine Pause des Spiels herbeiführen, da er immer in seiner Tätigkeit an die Vorgaben des Regelwerks gebunden ist. Die durchschnittliche Entscheidungszeit vom visuellen Erkennen bis zum Pfiff beträgt 0,7 Sekunden. Benötigt er mehr Zeit zur Entscheidungsfindung, wird ihm schnell die Qualität abgesprochen.

Ein Schiedsrichter muss agieren, nicht reagieren. In der Ausbildung der Schiedsrichter ist es wichtig, dass sie Entscheidungen treffen. In der Anfangsphase ist erst einmal zweitrangig, ob sie richtig oder falsch liegen.

Ein gesundes Misstrauen im Umgang mit Spielern und Trainern ist wichtig, da diese in erster Linie auf ihren eigenen Vorteil bedacht sind, wenn es zu der Interaktion mit dem Schiedsrichter kommt. Viele Schiedsrichter laufen während des Spiels Gefahr, sich in Sicherheit zu wiegen. Solange der Schlusspfiff noch nicht ertönte, liegt die volle Konzentration auf dem Hier und Jetzt. Dabei zählt es, getroffene Entscheidungen sofort abzuhaken, damit die nächste unvoreingenommen gefällt werden kann. Man muss lernen, Entscheidungen zu verdrängen. Ansonsten werden schnell Konzessionsentscheidungen getroffen.

Einen guten Entscheider erkennt man daran, wie gut er umstrittene Entscheidungen verkauft. Dabei kommt es neben der Qualität in der Entscheidungsfindung, die durch eine gute Vorbereitung maximiert werden sollte, auch auf die Verpackung an. Der Umgang mit den beteiligten Personen ist beim Entscheiden von elementarer Bedeutung. Nur wer agiert, statt zu reagieren, minimiert seine Fehlerquote!

Welche Erkenntnisse ziehst du daraus für dich?

Notizen:

_____

_____

_____

_____

16 Schneller im Kopf entscheiden
So wirst du zum "König des Spiels"

Um was es geht:

★ Wahrnehmen, entscheiden, umsetzen
★ Was du als Führungskraft mitnehmen kannst
★ Handlungsschnelligkeit für Entscheidungen trainieren
★ Impulse aus der Sportwelt für deinen Alltag

Es gibt fast nichts Fieseres, als jemanden aufzufordern: »Hey, mach dich mal locker, sei einfach spontan«. Ganz egal, was du dann machst - eins ist es auf keinen Fall: locker und spontan. Wir denken dann gerne schlau, handeln aber blöd.

Zum Glück kann man sich Spontaneität und Coolness abgucken, und zwar ganz umsonst. Als Beispiel dient uns da wieder ein Aspekt aus dem Bereich des Sports.

Wahrnehmen, entscheiden, umsetzen:
Der Handlungsschnelle ist 'König' des Spiels!

Die Schnelligkeit des 100-Meter-Läufers gliedert sich in eine schnelle Reaktion, einen explosiven Antritt eine möglichst hohe Grundschnelligkeit sowie eine sehr gute Schnelligkeitsausdauer. Auslöser der Laufbewegung ist der immer wiederkehrende Startschuss zu Beginn. Im Fußball hingegen ist die höhere Laufgeschwindigkeit nicht unbedingt gleichbedeutend mit einem Ballgewinn im Laufduell. Wer kennt nicht den erfahrenen 35-Jährigen, der so manchen Jungspund in der Kreisliga schon richtig alt hat aussehen lassen?

Die Komplexität des Fußballs handlungsschnell beherrschen!

Zur sogenannten Handlungsschnelligkeit gehören eben weitere Fähigkeiten, die im Übrigen wesentlich besser trainierbar sind als die eigentliche Schnelligkeit, die vornehmlich genetisch bedingt ist. Eine gute Antizipation bzw. ein schnelles Erkennen der Spielsituation ist hierfür schon einmal ein wichtiger Faktor. Der 100-Meter-Läufer weiß im Startblock genau, dass in den nächsten Sekundenbruchteilen der Startschuss erfolgt. Welche Situation jedoch im Fußball im nächsten Moment entsteht, ist derweil viel weniger deutlich.

Schließlich kommt es im Fußball auf zahlreiche Komponenten an, die im wahrsten Sinne des Wortes zusammenspielen, die sich gegenseitig bedingen. Das

Gehirn zu trainieren, diese häufig wechselnden Situationen schnell wahrzunehmen und eine schnelle (möglichst richtige) Entscheidung zu treffen, ist von großer Bedeutung. Das immer wiederkehrende Erkennen von Situationen fördert zunehmend das Antizipieren. Das bedeutet: Wenn ein Spieler häufig das Entstehen von bestimmten Situationen miterlebt und diese verinnerlicht, so kann er ähnliche Abläufe nach einer Weile oftmals schon vorausahnen, bevor eine solche Situation eintritt. Er lernt zu antizipieren!

Abläufe beim Treffen taktischer Entscheidungen

Auf etwas mit einer Entscheidung und daraus resultierend mit einer Folgeaktion zu reagieren, löst den zweiten Prozess aus, der den Effekt des Trainings der Handlungsschnelligkeit unterstützt: Der Spieler überprüft den Erfolg oder den Misserfolg seiner Entscheidungen unter den folgenden Kriterien:

- Ich habe die Situation richtig eingeschätzt? – wahr/falsch
- Die Entscheidung, die ich getroffen habe, war... – richtig/falsch.
- Die von mir ausgeführte Aktion hatte... – Erfolg / keinen Erfolg.

Nur, wenn der Spieler alle drei Fragen positiv beantworten kann, hat er die jeweilige Situation bestanden. Konnte er die ersten beiden Fragen positiv beantworten, die gewählte Aktion brachte jedoch trotzdem keinen Erfolg, so gilt es, weitere Ursachenforschung zu betreiben:

- Meine Entscheidung war zwar richtig, nur mein Entscheidungsprozess hat zu lange gedauert.
- Ich habe zwar richtig und schnell entschieden, aber meine Aktion war dennoch nicht gut genug, um die Situation bestmöglich zu lösen.

Die zweite Antwort kann selbstverständlich viele Ursachen haben: Die eigenen technischen Fertigkeiten waren zu schwach, um die geplante Aktion auch richtig in die Tat umsetzen zu können. Vielleicht war auch der Gegner zu stark. Oder aber die Situation war nach allem Abwägen in dieser Konstellation nicht wirklich realistisch lösbar. Beantwortet der Spieler bei der Überprüfung seiner Aktion jedoch Frage 1 mit "ja", so steht für ihn ein gezieltes Training der Handlungsschnelligkeit auf dem Programm.

Anforderungen an das Training

Hierbei gilt es, die Spieler immer wieder mit neuen spielgemäßen Aufgabenstellungen zu konfrontieren, die sie selbstständig lösen müssen. Der Trainer setzt dabei nur den Rahmen und provoziert geeignete Situationen, Hinweise zur Lösung gibt er nicht. Durch das stetige Prüfen ihrer Entscheidungen auf Erfolg oder Misserfolg lernen die Spieler, auch in der Komplexität des Fußballspiels immer wiederkehrende Situationsmuster zu erkennen. Häufiges Wiederholen sichert die Erkenntnisse der Spieler in den verschiedenen Situationen und bringt sie in die Lage, entstehende Situationen bereits im Ansatz zu erkennen.

Diese Fähigkeit, das Antizipieren, ist für die Entwicklung der Handlungsschnelligkeit von großer Bedeutung. Zusätzlich verbessern die Spieler ganz nebenbei mit jeder Wiederholung auch die technisch-taktischen Elemente in den verschiedenen Situationen. Auch dies führt zu einer Beschleunigung in den Aktionen, was ebenfalls die handlungsschnelle Umsetzung geeigneter Aktionen begünstigt.

Doch mit welchen Mitteln kann der Trainer dafür Sorge tragen, dass in den Spielformen im Training stetig wechselnde Situationen entstehen? Mit gezielten Provokationsregeln kann er die Anforderungen im Training gegenüber denen im Spiel sogar noch erhöhen und die Frequenz der zu treffenden Entscheidungen aller Spieler deutlich steigern.

Steuerungskomponenten für das Training der Handlungsschnelligkeit

- Die Spieler unter Zeitdruck setzen (z. B. "Der Abschluss muss innerhalb von 10 Sekunden erfolgen!");
- mehrere (verschiedene) Bälle ins Spiel bringen;
- auf ein Trainerkommando oder als Folge einer bestimmten Aktion (z. B. Tor) die Spielrichtung wechseln;
- stetig wechselnde Über-/Unterzahlsituationen (z. B. durch neutrale Spieler und Wandspieler an den Linien)
- plötzlicher Wechsel des Spielziels (z. B. von Spiel auf Tore zu Spiel auf Ballhalten oder von Spiel auf Großtore auf Spiel auf Minitore);
- plötzliche Veränderung der Raumgröße und -lage (z. B. mit zusätzlichen kleinen 'Innenfeldern' oder mehreren Zonen);
- mit mehreren Teams gleichzeitig spielen;
- Kreieren von Stresssituationen (z. B. durch mehrere nachrückende Gegenspieler);
- usw.

Was davon kannst du für deinen Bereich übernehmen? Wie kannst du dich selbst oder deine Mitarbeiter trainieren?

Welche Erkenntnisse ziehst du daraus für dich?

Notizen:

Feld 2:
HÖLLE

Der Code zu deiner Schatzkammer
Deine EDV: Einstellung - Denken - Verhalten

01 Kann man Hirn düngen?
Deine Reise zu dir selbst

Um was es geht:

★ Das zweite Feld zu optimaler Stressbewältigung: mentales
  Stressmanagement
★ Warum das "ich bin gut"-Mantra nicht dauerhaft erfolgreich ist
★ Was bedeutet Mindset im Alltag?
★ Die zentralen Grundregeln des Erfolges und wie du sie für dich
  nutzen kannst

Die letzte der menschlichen Freiheiten besteht in der Wahl der
Einstellungen zu den Dingen.
Viktor Frankl, österreichischer Psychotherapeut

Grübeln kennt jeder. Die Gedanken kreisen um das immer gleiche Thema, oft
um ein Problem. Unser Geist kommt einfach nicht zur Ruhe. Die Sorgen wachsen,
und eine Lösung will sich partout nicht finden lassen. Auslöser sind anfangs banale
Dinge, in die man sich unbewusst immer weiter reinsteigert:

Wie kommt der Kater in den Muskel? Kann man Hirn düngen? Wieviel Punkte
hat James Bond in Flensburg oder wie hoch ist die Sterblichkeitsrate unter den
Frauen, die mit James Bond geschlafen haben? Aber natürlich auch etwas
ernsthafter: Wie soll ich das bloß alles schaffen? Warum passiert das immer nur
mir? Macht das alles noch Sinn?

Solche Grübeleien sind gefährlich. Wenn die Antworten nicht folgen oder
schlüssig sind und sich das Gedankenkarussell nicht stoppen lässt, schlägt das
irgendwann auf die Psyche. Wir landen in der Grübelfalle und werden unglücklich
und krank.

Früher wurde man mit diesen Fragen allein gelassen. Und dann kommt Verona
Feldbusch. Die Miss Hamburg, Miss Germany, Miss Intercontinental World und
Miss American Dream, die vier Wochen Gattin von Bohlen. Sie trällert einen Satz,
der bleibt: 11880 – da werden sie geholfen. Die Nummer der Telefonauskunft. Sie
hat diese Zahlen ins Deutsche Gedächtnis betoniert: 11 die Fußballmannschaft,
88 die Oma und null Probleme. Hat funktioniert. Manchmal rufen demente

Menschen an, die sich kaum mehr was merken können, aber die 11880 haben sie eingespeichert, im Kopf oder im Telefon. Der Gedanke, dass fünf Ziffern reichen, um zu hören, wie Rex Gildos Frau heißt, oder wie das Wetter morgen wird, weckt das Gefühl einer höheren Wissensinstanz.

Gesteigert wird das nur noch von Google. Denn Google denkt mit. Eine der großen Innovationen des Unternehmens war es, die Frage zu vervollständigen, bevor man sie ausformuliert hat. Warum hat man Schluckauf? Warum hat Kroatien keinen Euro? Warum hat Britney Spears einen Vormund oder - die meist gegoogelte Warum-Frage 2020 - warum Kellogg´s Cornflakes erfunden wurden.

Doch hat all das unsere Grübeleien beendet? Nein! Und Vorsicht! Warum schreibe ich das?

Grübler leben gefährlich! Vor allem wenn das Grübeln zwanghaft wird. Stress entsteht zu einem erheblichen Teil im Kopf. Wie wir Situationen einschätzen und unsere eigenen Kompetenzen bewerten, hat großen Einfluss darauf, ob es zu Stress kommt oder nicht. Dies habe ich im ersten Teil dieses Buches ausführlich erörtert.

Das zweite Feld der Stressbewältigung (Hölle) besteht nun darin, individuelle stressverschärfende Muster und persönliche Stressverstärker achtsam wahrzunehmen, selbstkritisch zu reflektieren und dann förderliche, stressmindernde Gedanken und Einstellungen zu entwickeln. In diesem Feld geht es um solche Möglichkeiten der mentalen Stressbewältigung.

Mentale Stresskompetenz beinhaltet die Fähigkeit, Abstand zu den eigenen, häufig automatisierten stressverschärfenden Gedanken zu gewinnen. Es bedeutet, als selbstverständlich angenommene Bewertungen von Situationen und eigenen Kompetenzen zu hinterfragen, also Bewegung in den Kopf zu bringen, um dadurch Bewertungen und Einstellungen entstehen zu lassen, die aufbauend, konstruktiv, unterstützend und motivierend wirken.

Das ist leichter gesagt als getan. Die Brille, mit der wir Situationen und uns selbst wahrnehmen, ist so sehr ein Teil von uns selbst (geworden), dass uns unsere eigene Sichtweise oft als die einzig richtige, ja die einzig mögliche Sichtweise erscheint. Wer gelernt hat, seine Aufmerksamkeit vor allem auf die bedrohlichen Aspekte einer Situation zu richten, wird irgendwann auch nur noch bedrohlichen Aspekte wahrnehmen. Die eingeschränkte Sichtweise bestätigt sich selbst und verfestigt sich immer mehr. Aber so wie wir nicht bloß hilflose Opfer der äußeren Umstände sind, so sind wir auch nicht nur Opfer unserer eigenen früheren Erfahrungen, unsere Biografie. Wir können uns selbst entwickeln. Und wir können lernen, die Brandbeschleuniger, auch wenn wir sie nicht ganz loswerden, mit einer inneren Distanz zu betrachten und sie allmählich aufzuweichen. Dadurch können wir mit der Zeit einen besseren gedanklichen Umgang mit den Belastungen in Beruf und Alltag entwickeln.

Dabei geht es hier nicht darum, einen naiven Optimismus zu propagieren, wie er von manchen Gurus und Propheten des sogenannten positiven Denkens propagiert wird. Ihre Methoden, sich mit beständig zu wiederholenden Gedanken wie "Ich bin gut", "Mir geht es von Tag zu Tag besser", "Ich schaffe es!" und ähnlichen positiv umzuprogrammieren, nützt kaum jemand wirklich außer denen, die sie verkaufen. Dein Mindset, also die stressverschärfenden Denkmuster und Einstellungen, wird auf diese Weise nicht nachhaltig verändert, allenfalls kurzfristig zurückgedrängt und überdeckt.

Wir können unsere gewohnte Brille nicht einfach absetzen, wir können die Gedanken nicht einfach abschalten und uns vornehmen, "nicht mehr an..." zu denken. Das funktioniert nicht und führt meist nur dazu, dass man sich noch mehr in diese Gedanken verstrickt. Aber wir können unsere Gedanken mit innerem Abstand beobachten und wahrnehmen. Wir können die Herrschaft über unser Fühlen und Handeln wieder zurückerobern und sie als das erkennen, was sie sind, nämlich nur Gedanken und nicht Realität.

Gutes Mindset bedeutet, sich selbst zu gehören:

Also sich das Eigentum an sich selbst und an seinem Leben zu erhalten und es nicht anderen zu übergeben oder zu überlassen. Ein auf Erfolg ausgerichtetes Mindset ist damit die eigentliche Basis der Selbstbestimmung und der Befähigung, das eigene Leben so zu gestalten und zu nutzen, wie man es möchte.

Gutes Mindset bedeutet, sich selbst zu akzeptieren:

Das heißt in keiner Weise, eigene Schwächen einfach hinzunehmen. Im Gegenteil: Es bedeutet, zu sich selbst zu stehen und sich selbst gelten zu lassen - erst das eröffnet die Möglichkeit, das nötige Selbstbewusstsein zu entwickeln, das man braucht.

Gutes Mindset bedeutet, sich selbst zu genügen:

Wer ausschließlich in der Gegenwart anderer existieren kann, wer jede freie Minute mit Aktivität füllen muss, wer ständig äußere Reize und Ablenkung sucht, der ist von der Möglichkeit, jemals zu innerer Ruhe zu finden, weit entfernt. Gleichzeitig ist diese Selbstgenügsamkeit auch als Regulativ für den Umgang mit unseren Zielen und unserem Ehrgeiz von Bedeutung. Es zeigt, dass Perfektionismus nicht immer der beste Ratgeber ist und dass man auch in Bezug auf die eigenen Leistungen bei seinem Anspruchsdenken gewisse Grenzen nicht überschreiten sollte.

Selbstgenügsamkeit heißt an dieser Stelle also unter anderem, nicht mit Gewalt auf allen Gebieten alles erreichen zu wollen, sich nicht permanent zu überfordern und in bestimmten Situationen auch einmal mit einem Ergebnis zufrieden zu sein, dass unterhalb der ursprünglichen Erwartungen liegt.

Gutes Mindset bedeutet, die Kontrolle über sich in den Händen zu behalten:
Um was es sich hier nicht geht: Es geht nicht darum, sich jede Sekunde im Griff haben zu wollen, den eigenen Gefühlen nie freien Lauf zu lassen und immer nur nüchtern, rational und beherrscht zu handeln. Das wäre ein geradezu weltfremder und absurder Anspruch. Es geht vielmehr darum, sich in seinem Denken und Auftreten selbst zu beobachten und zu überprüfen, beispielsweise,

- um die Entwicklung der eigenen Persönlichkeit aktiv und bewusst zu steuern und zu beeinflussen,
- um in keine negative Verhaltens-Routine zu verfallen
- oder um zu vermeiden, dass man erst von seinen Partnern darauf aufmerksam gemacht werden muss, dass man in bestimmter Hinsicht möglicherweise kein allzu großer Gewinn für die Menschheit ist.

Gutes Mindset bedeutet, die Weichen richtig zu stellen:
Nehmen wir hierzu ein Beispiel: Stell dir einmal einen Menschen vor, der mit einem für ihn wichtigen Projekt beschäftigt ist. In einem meiner Seminare wurde von den Teilnehmern dieser Katalog erarbeitet. Er zeigt, wie er in bestimmten Situationen entscheiden und handeln kann:

- Er kann die Aufgabe als Belastung und Bedrohung betrachten oder als Herausforderung und Chance.
- Er kann furchtsam und zögerlich ans Werk gehen oder mutig und kraftvoll.
- Er kann es erst einmal auf gut Glück versuchen oder sich gründlich vorbereiten.
- Er kann sich verzetteln oder ablenken oder mit Konzentration bei der Sache bleiben.
- Er kann Rückschläge als ungerechte Katastrophen empfinden und sich von ihnen lähmen lassen oder sie als Teil der Normalität betrachten und einfach einen neuen Anlauf nehmen.
- Er kann in wichtigen Situationen auf den Zufall und ein gütiges Schicksal hoffen oder am Ball bleiben und das Ruder fest in beide Hände nehmen.
- Er kann als überheblicher Einzelkämpfer auftreten oder als liebenswürdiger Partner, der sich bemüht, die Unterstützung und das Wohlwollen anderer zu gewinnen.
- Er kann seine Ressourcen nach dem Gießkannenprinzip verteilen oder dort einsetzen, wo sie am meisten gebraucht werden und die größte Wirkung entfalten.
- Er kann handeln, wann immer es ihm gerade einfällt, oder steht darauf achten, dass auch das Timing stimmt.

- Er kann bei Entscheidungen und Maßnahmen alles auf eine Karte setzen oder sich Alternativen und Rückzugsmöglichkeiten offenhalten.
- Er kann sich überschätzen und seine Leistungsfähigkeit ruinieren oder Pausen und Regenerationsphasen einplanen, um neue Kräfte zu sammeln.
- Er kann bei Widerständen verbissen und verbohrt immer wieder gegen dieselbe Stelle anrennen oder irgendwann beginnen, nach neuen Wegen und Ansatzpunkten zu suchen.
- Er kann für alle Ziele Einheitsmethoden verwenden oder für jede Teilaufgabe ein spezielles Instrumentarium wählen.
- Er kann also nur darauf blicken, was schiefgelaufen ist und was noch vor ihm liegt, oder gleichzeitig immer auch darauf, was gut gelungen ist und was er bereits geschafft hat.
- Und er kann zulassen, dass ihn das betreffende Projekt völlig auffrisst, oder sich um eine ausreichende innere Distanz bemühen, die es ihm erlaubt, sich parallel auch anderen wichtigen Themen und Bereichen in seinem Leben zu widmen.

Und es gibt viele weitere Möglichkeiten des Handelns oder der Reaktion.

Mindset ist also die Fähigkeit, die zentralen Grundregeln des Erfolges zu erkennen und für sich zu nutzen. Man spricht von der Befähigung, sich so zu entscheiden und zu verhalten,

- dass man das Beste aus einer bestimmten Ausgangslage macht,
- dass man auch unter ungünstigen und schwierigen Bedingungen handlungsbereit und handlungsfähig bleibt
- und dass es einem gelingt, seine Chancen und Gestaltungsmöglichkeiten zu erhöhen und zu nutzen.

Mit einem starken Mindset verfügst du über genügend innere Stärke und Stabilität einerseits und ausreichende Flexibilität und Anpassungsfähigkeit andererseits, um dich nicht von jedem Problem oder als negativ empfundenen Ereignis erschüttern und aus dem Gleichgewicht bringen zu lassen.

Hier im Feld HÖLLE geht es zunächst also nicht darum, negative, grüblerische oder sorgenvolle Gedanken aktiv zu bekämpfen, weil man sie weghaben will, oder sich gar für solche Gedanken zu verurteilen, sondern darum, sich innerlich zu distanzieren und diese Gedanken achtsam wahrzunehmen – und dann getrost vorüberziehen zu lassen.

Eine durchgängig rosarot gefärbte Sicht und der naiv-optimistische Glaube daran, dass sich die Dinge des Lebens schon gut entwickeln werden, mögen sich kurzfristig positiv auf das Befinden auswirken, für einen langfristig erfolgreichen und gesundheitsförderlichen Umgang mit Belastungen ist eine solche Sichtweise jedoch wenig hilfreich.

Unser Ziel ist vielmehr ein kompetenter mentaler Umgang mit Belastungen, der im Wesentlichen die folgenden vier Aspekte umfasst:

1. Die Realität so anzunehmen, wie sie ist (Es ist wie es ist).
2. Herausforderungen nicht als Bedrohung zu sehen, sondern Anforderungen konstruktiv zu bewerten.
3. Die Überzeugung in die eigene Kompetenz zu stärken (Selbstwirksamkeit),
4. persönliche Brandbeschleuniger zu entschärfen.

Nicht jede der mentalen Strategien, die ich dir im Folgenden vorstellen werde, ist für jeden in jeder Situation sinnvoll oder anwendbar. Hier gilt wieder: Such dir das raus, was für dich persönlich hilfreich ist.

02 Chefsache EDV
Jeder künstlichen Intelligenz überlegen

Um was es geht:

★ Deine EDV bestimmt dein Leben in seiner Gesamtheit und im Detail

★ Es gibt eine EDV, die hilft - und eine, die schadet

★ Entwicklung deiner EDV ist "Chefsache"

Wie wir gesehen haben, kann man aktives Stressmanagement auf drei Feldern betreiben: Himmel, Erde und Hölle. Ich nenne es die H2E-Strategie. Es geht um deine Schlüsselfähigkeiten im Bereich

- **Erde**: persönliche Kompetenzen, innere Berufung, Wachstum
- **Hölle**: Mindset, Brandbeschleuniger, Glaubenssätze, mentale Kompetenzen, Einfallsreichtum und Inspiration
- **Himmel**: Wolke 7, Regeneration, ICH steh an erster Stelle (wenn es mir gut geht, geht es allen anderen um mich herum gut), Schöpfergeist und Kreativität

Diese Fähigkeiten bilden eine Einheit und lassen sich kaum voneinander trennen, sie bauen aber auch aufeinander auf. Die Erde ist die Basis, die Hölle macht den Weg frei und der Himmel umfasst und durchdringt beide, bildet einerseits die Klammer und andererseits die Erfüllung und Zufriedenheit

Die positive Weiterentwicklung der eigenen EDV - deine Einstellung, deine Denkweise und dein Verhalten - die Nutzung der Techniken für das Stressmanagement als Lebensphilosophie und Navigationssystem, sowie der Entschluss und Wille, sein Leben selbst zu bestimmen – alle diese Bausteine dienen dazu, sich zu einer eigenständigen und selbstverantwortlichen Persönlichkeit zu entwickeln. Sie liefern dir das geistige Rüstzeug und die praktischen Instrumente, um die Hoheit über dein Leben (wieder) zu gewinnen, um über den Dingen zu stehen und um aus deinen Möglichkeiten das Beste zu machen. Sie sind die Basis und Voraussetzung für alles, was man in seinem Leben verändern und erreichen möchte - eben Life-Exzellenz.

Praxistipp
Anregung zur Selbstreflexion
Hier erzielst du den größten Erfolg

Wenn du also ein Höchstmaß an Life-Exzellenz entwickeln und für dich nutzen möchtest, dann gibt es eine Regel, die vor allen anderen kommt:

Setze dort an, wo es am meisten zählt und am meisten bringt – bei dir selbst. Entwickle und fördere bei dir eine Einstellung, eine Denkweise und ein Verhalten, mit denen du deinen Erfolg sicherst und stärkst, anstatt ihn zu gefährden und zu schwächen.

Wie entscheidend deine eigene Lebenseinstellung und deine persönlichen Denk- und Verhaltensmuster sind, lässt sich aufgrund unserer bisherigen Überlegungen leicht begründen. Erstens haben wir gesehen, dass jeder von uns für die Förderung seines Erfolgs und Glücks selbst verantwortlich ist. Zweitens hat sich gezeigt, dass wir unsere Umwelt und das Geschehen in ihr sehr wohl beeinflussen können. Und drittens beweist auch die direkte Betrachtung, wie sehr unser Erfolg und Glück von unserer EDV abhängen.

Nimm als ein Beispiel die Einstellung und das Verhalten gegenüber anderen Menschen. Wer seinen privaten und beruflichen Partnern mit einer offenen und wohlwollenden Grundeinstellung begegnet, wer ihre Persönlichkeit und Bedürfnisse respektiert, wer nicht nur egoistisch handelt, sondern auch die Interessen anderer bedenkt und wer einen umgänglichen und sympathischen Verhaltensstil an den Tag legt, der wird in seinem Leben eine völlig andere Beziehungsqualität herstellen können als jemand, der genau gegenteilig verfährt. Er wird die Wertschätzung und Unterstützung seiner Umwelt gewinnen und auf diesem Wege seine Freiheit, seine Erfolgschancen und seine Lebensfreude nachhaltig erhöhen.

Was für das Leben im Gesamten gilt, gilt ebenso für den Verlauf und die Beschaffenheit des einzelnen Tages. Auch hier bestimmen die eigene Einstellung und das eigene Denken und Verhalten, was geschieht und wie es geschieht. Seltsamerweise scheint aber gerade dieser Sachverhalt den meisten von uns kaum bewusst zu sein. Im Gegenteil. Viele Menschen sind offensichtlich fest davon überzeugt, dass sowohl das Tagesgeschehen als auch ihr tägliches Befinden größtenteils "fremdgesteuert" sind, also von äußeren Faktoren abhängen, gegen die sie kaum etwas ausrichten können und deren Willkür sie letztlich hilflos ausgeliefert sind.

So wie bei der Deutschen Bahn. Hin und wieder fahre ich auch mal mit dieser großen deutschen Institution. Eines Tages bin ich zum wiederholten Male im ICE gegen diese Glasschiebetür gerannt. Ich dachte, es muss doch technisch möglich sein, dass die sofort aufgeht und nicht immer mit drei Sekunden Verzögerung. Gibt es Elektronik oder Glasschiebetüren mit Beamtenmentalität? Nein, die machen alles genau so, wie sie es machen, um uns die Tugenden von Geduld und Achtsamkeit zu lehren.

Du rennst geistesabwesend gegen die Tür und hast unmittelbar eine Meditationserfahrung: Du bist plötzlich ganz im Moment, spürst nur dich und deinen Schmerz. Dann gleitet die Tür majestätisch zur Seite und gibt dir mit auf den Weg: "Pilger. Weltenbummler. Wüstensohn. Was rennst du offene Türen ein? Erwache! Genieße das Leben - in vollen Zügen!" Das ist die geheime Botschaft der Bahn.

Dieses Erlebnis zeigt mir immer wieder, dass es offenbar zwei Grundrichtungen gibt, in die wir uns mit unserer EDV bewegen können – entweder in eine Richtung, in der sie uns unterstützt und in der sie es uns erleichtert, unsere Lebensvorstellungen zu verwirklichen (Ohmmm!), oder aber in eine Richtung, in der sie uns das Leben erschwert und in der sie uns daran hindert, das zu erreichen, wonach wir eigentlich streben (Grrrrr!).

Über die epochale Bedeutung der eigenen EDV sollte deshalb also eigentlich kein Zweifel bestehen. Das innere Verhältnis, dass man zu den Dingen entwickelt, die Weltanschauung, die man sich aneignet, die Auffassungen und Standpunkte, an denen man sich orientiert, die Art und Weise, in der man das Geschehen um einen herum wahrnimmt und bewertet, die Urteile, die man trifft, die Reaktionen, die man zeigt, und das eigene Auftreten, Handeln und Benehmen – alle diese Faktoren beeinflussen die eigene Persönlichkeit und prägen das eigene Leben in jeder Hinsicht. Nicht nur vor Glasschiebetüren im ICE.

Empfehlung
Anregung zur Selbstreflexion
Mach deine EDV zur Chefsache

Meine grundlegende Empfehlung lautet deshalb: mach dir bewusst, dass es keinen größeren Einflussfaktor auf deinen Erfolg gibt, als die Einstellung, die Denkweise und die Verhaltensmuster, die du dir zu eigen machst. Erkläre die positive Weiterentwicklung deiner EDV deshalb ab heute zu deiner persönlichen Chefsache. Verleihe ihr die oberste Priorität und schenke ihr die größte Aufmerksamkeit. Es gibt kaum eine andere Aufgabe, die von so großer Bedeutung für dich ist und die dir so viel bringt! Wie? Das erfährst du in den nächsten Kapiteln.

A

Es ist wie es ist!

01 Einfach und doch so schwer
Kurswechsel im Kopf

Um was es geht:

★ Welche Möglichkeiten zur Reaktion du in unangenehmen Situationen hast

★ Wie du die Realität annehmen kannst, wie sie ist - und was dir das bringt!

★ Beobachtung: Was bedeutet "Akzeptieren der Realität" für dich?

Das, was ist, das ist, und erst wie ich damit umgehe, ist mein Beitrag zum Leben.
Laotse, legendärer chinesischer Philosoph

Wie wir im vorherigen Kapitel gesehen haben, lässt uns die deutsche Bahn zwei Möglichkeiten der Reaktion: wir können die Realität akzeptieren, wie sie ist - und wieder gegen die Glasschiebetüre rennen bzw. rechtzeitig vorher abstoppen, oder uns tierisch aufregen und in das Unvermeidbare granatenmäßig reinsteigen. Ich empfehle selbstverständlich die erste Variante: das Akzeptieren der Realität.

Akzeptieren – das bedeutet, die Situation so zu akzeptieren, wie sie ist, als Teil meines Jobs, als Teil meines Lebens. Ärger, Vorwürfe und Schuldgefühle helfen ebenso wenig weiter wie Weggucken und Nicht-wahr-haben-wollen.

Akzeptieren der Situation beinhaltet zweierlei: Erstens das möglichst frühzeitige Wahrnehmen von Stresssignalen oder herausfordernden Situationen und zweitens eine klare und bewusste Entscheidung für das Akzeptieren und damit gegen das Grummeln mit der Realität. Genau in dieser Entscheidung liegt unsere Freiheit. Es ist letztlich immer unsere Entscheidung, wie sehr wir uns von einer äußeren Situation ärgern, aufregen oder niederdrücken lassen. Und zugleich liegt in der Entscheidung für das Akzeptieren auch eine Befreiung. Wir werden freier, weil wir unsere Energie nicht mehr im Grummeln und Ärgern, im dagegen Ankämpfen und Verleugnen verbrauchen. Eben: Zwischen Reiz und Reaktion - hat der Mensch die Freiheit zu wählen.

Dabei bezieht sich das Akzeptieren sowohl auf die äußeren Stressoren als auch auf die eigenen körperlichen, emotionalen und gedanklichen

Stressreaktionen. Akzeptieren verändert noch nicht wirklich etwas, verhindert aber, dass man sich noch mehr in die Erregung hineinsteigert und ermöglicht erst eine konstruktive Auseinandersetzung mit den jeweiligen Anforderungen der Situation. Akzeptieren eröffnet uns einen Ausweg aus dem Teufelskreis, der von Stress durch Stress, Ärger über Ärger, Angst vor Angst angetrieben wird.

Dazu folgender Test: Was machst du, wenn eine Münze zweimal durch einen Automaten gerauscht ist, damit sie garantiert beim nächsten Wurf hängen bleibt? Rubbeln? Dann bist du in bester Gesellschaft. Nach extensiven Umfragen kommt Rubbeln vor den Optionen: "Draufspucken", "Gegen den Automaten treten" und "Mit bestem Gewissen schwarzfahren". Ich hasse ja Klischees, weil sie so oft zutreffen. Männer antworten hier signifikant öfter mit: "Ich haue dagegen", "Ich notiere mir die Nummer am Automaten und übergeb das gleich an meinen Anwalt", "Ich hole die Flex von daheim und schaue nach, was da drinnen los ist, ich lass mich doch von so einem Automaten nicht verarschen". Frauen nehmen viel eher eine neue Münze. Und Frauen leben sieben Jahre länger. Gibt es da einen Zusammenhang?

Warum glauben wir so felsenfest daran, dass sich mit irgendeiner Technik etwas ändert?

Weil wir nicht an Statistik glauben, sondern an Einzelschicksale: Gerubbelt – Münze hängt – recht gehabt. Oder: Gerubbelt – Münze fällt trotzdem durch – naja, ich hätte ja auch länger rubbeln können. Selektive Wahrnehmung: Wir sehen, was wir sehen wollen.

Ein intakter Automat hat übrigens eine Fehlerquote von eins zu zehn. Wenn du den seltenen Fall erlebst, dass deine Münze durchfällt, wird die Münze im zweiten Versuch in neun von zehn Fällen hängen bleiben. Und zwar völlig unabhängig davon, was du in der Zwischenzeit getan hast. Du kannst auch einen afrikanischen Regentanz aufführen oder in der Nase bohren – es macht keinen Unterschied. Auch wenn es mir sehr leidtut, dich jetzt so enttäuschen zu müssen!

Die schönste Antwort auf die Frage nach der persönlichen Technik am Automaten kam übrigens von einer Frau. Sie sagte wörtlich: "Ich lasse die Münze einfach langsamer fallen".

Es geht hier um eine Haltung des Nicht-Bewertens, die aber nicht mit einem Billigen oder Gutheißen gleichzusetzen ist. Das ist wichtig. Das Akzeptieren der Realität entspricht nicht einem Gutheißen der Realität. Akzeptieren ist auch nicht gleichbedeutend mit Hinnehmen oder passivem Erdulden der Situation. Im Gegenteil: Oft ist es so, dass wir erst durch das Akzeptieren die Freiheit zurückgewinnen, um konstruktiv zu handeln. Erst wenn wir uns in einer entspannten Grundhaltung der Realität stellen, gelingt es oft, eigene Handlungsmöglichkeiten (wieder) zu entdecken und zu ergreifen.

233

Wie kann dieses Akzeptieren konkret aussehen?

Andere Menschen akzeptieren, wie sie sind

Wenn in unseren Beziehungen (Liebe, Freundschaft, Job etc.) etwas nicht läuft, dann suchen wir die Ursache gerne bei unserem Gegenüber. Doch du wirst niemals einen anderen Menschen dadurch ändern können, dass du gegen ihn ankämpfst. Die Folge ist in der Regel sogar, dass sich die Beziehung noch weiter verschlechtert oder einfriert. Das heißt nicht, dass du alles durchgehen lassen musst. Wenn jemand deine Werte verletzt oder du dich in der Gegenwart dieser Person nicht wohl fühlst, ist es vollkommen akzeptabel, Grenzen zu setzen und zu sagen: "Nein, ich möchte das nicht." Doch da geht es primär erst einmal um dich selbst. Eine Veränderung bei anderen Menschen wirst du nur unterstützen können, wenn sie es selbst wollen. Und auch dann wird es nur aus einem liebevollen, achtsamen Bewusstsein heraus funktionieren. Menschen öffnen sich und entspannen ihr eigenes Ego, wenn sie von dir gesehen werden und spüren, dass du es gut mit ihnen meinst und ihnen hilfst, weil du für sie etwas Gutes tun möchtest und nicht (nur) für dich selbst.

Wenn du merkst, dass du in einer deiner Beziehungen gegen etwas in anderen Personen ankämpfst, dann tritt erst einmal einen Schritt zurück und sage bewusst JA zu dem, was dich nervt, was dich aufregt oder was sonst ein Gefühl in dir auslöst.

Eigene Grenzen erkennen und akzeptieren

Kein Mensch vermag 24 Stunden am Tag über sieben Tage die Woche Dauerleistung bringen. Gerade wenn du perfektionistisch veranlagt bist oder viel Wert auf die Akzeptanz von außen legst, kann das durchaus auch zu Schwierigkeiten führen. Erkenne und akzeptiere deine Grenzen. Es ist nicht möglich, auf Dauer immer viel Energie zu investieren, wenn du nicht die Zeit hast, dich auch um dich selber zu kümmern und deine Akkus wieder aufzuladen. Ein NEIN zu jemand anderem kann ein tiefer Akt der Selbstakzeptanz sein. Es ist oft ein JA zu dir selber. Dabei muss es übrigens nicht immer nur um andere gehen. Auch wenn du dir selber oft hart gegenüber bist, darfst du dir Momente der Entspannung erlauben und sagen: "Das ist halt gerade meine Grenze, an der Stelle geht es nicht weiter – und auch das ist okay so!".

Und noch ein Beispiel:

Stell dir vor, du bist gerade in Innsbruck. Du wärst aber lieber in Salzburg. Du könntest jetzt leugnen, dass du in Innsbruck bist, und so tun, als wärst du in Salzburg. Zum Beispiel, indem du dir eine Mozartkugel kaufst, die Augen schließt und vor deinem inneren Auge den Mirabellgarten visualisierst. Du könntest dich aber auch einfach darüber beschweren, dass du in Innsbruck bist, obwohl du doch viel lieber in Salzburg wärst! So eine Frechheit! Du könntest darüber aber auch traurig werden, dich auf eine Parkbank setzen und weinen – und hoffen, dass dich irgendwer erlöst und nach Salzburg bringt. Du könntest überlegen, wer schuld daran ist, dass du in Innsbruck bist: Das Wetter, dein Karma, die Deutsche Bahn oder die Erdgeschichte (kommt dir das bekannt vor? Genau, da ist sie wieder: Die vertraute Opferrolle). Keine dieser Strategien bringt dich aber letztendlich dorthin, wo du sein willst.

Natürlich würdest du in Wirklichkeit nichts von dem oben Beschriebenen tun, wenn du tatsächlich nur von Innsbruck nach Salzburg willst. Aber das Beispiel zeigt, wie wir uns oft verhalten, wenn wir uns in einer ungeliebten Situation wiederfinden.

Wenn du dich für einige Tage genau beobachtest, wirst du feststellen, dass du viele Male am Tag mit dem haderst, was bereits ist. Es gibt typische Emotionen, an denen dieser Widerstand erkennbar ist: Wut, Ärger, Gereiztheit, Ängstlichkeit, Abwertung, Scham...

Impuls
Beobachten und reflektieren
Was bedeutet "Akzeptieren der Realität" für mich?

Bitte denk einmal an konkrete Stresssituationen aus deinem beruflichen oder persönlichen Alltag der letzten Zeit. Dabei kann es sich um eher leichtere und akute Situationen wie z.B. im Stau stehen, an der Kaufhauskasse oder auf dem Bahnsteig warten müssen (vielleicht bist du ja auch gegen die Glastür im ICE gerannt), etwas verloren haben, vor vielen Leuten einen Vortrag halten und so weiter, oder auch um schwerere und länger andauernde Belastungen wie z.B. dem Ausfall von Maschinen oder Mitarbeitern, Schwierigkeiten mit pubertierenden Kindern, Krankheit und Schmerz bei dir oder Angehörigen und so weiter handeln.

Dann prüfe bitte die folgenden Fragen:

- Was bedeutet "Akzeptieren der Realität" in dieser konkreten Stresssituation?
- Wie kann das Akzeptieren in dieser Situation aussehen?
- Inwieweit stellt das Akzeptieren in dieser Situation den ersten Schritt zu einer konstruktiven Bewältigung dar?

02

Diese Wunderformel hilft
Innerer Frieden und neue Energie durch Akzeptanz

Um was es geht:

★ Wie du etwas verändern kannst, obwohl es ist
★ Wie du der Realität gelassen ins Auge blicken kannst
★ Warum Widerstand den Schmerz verstärkt
★ Wie du Selbsterkenntnis und Selbstvertrauen gewinnst

Viele Menschen glauben: „Wenn ich etwas akzeptiere, dann gebe ich auf, es zu verändern." Das Gegenteil ist der Fall. Erst wenn wir den Status quo zunächst vollständig annehmen, haben wir unser gesamtes Potenzial für eine Veränderung zur Verfügung. Das gilt für alle herausfordernden Situationen, seien sie groß oder klein.

Zeiten wie die der Corona-Pandemie verursachen starke Ängste bis hin zur Panik, die Begleitumstände deprimieren oder machen wütend. Das Gleiche kann uns durch die Diagnose einer gefährlichen Krankheit, die gravierenden Folgen eines Unfalls oder dem Tod eines lieben Menschen passieren. Doch heftige Emotionen - so berechtigt sie auch sein mögen - verhindern, dass wir uns sinnvoll verhalten. Schauen wir uns doch mal an, warum das so ist:

In unserem Gehirn gibt es ein Areal, das für vernünftige Überlegungen zuständig ist, den präfrontalen Kortex. Ja, da ist er wieder, unser lieber Korti, unsere Exekutive. Ist er in Aktion, können wir klar denken, planen und Lösungen finden. Doch dieses großartige Instrument wird ausgeschaltet, sobald uns starke Gefühle überwältigen. Damit will die weise Natur erreichen, dass der Homo sapiens bei drohender Gefahr nicht lange überlegt, sondern spontan reagiert, etwa flüchtet oder kämpft. Auch ohne, dass uns ein Säbelzahntiger bedroht, läuft dieses Programm bis heute in uns ab. Starke Gefühle wie Angst, Hass, Wut oder Trauer schalten unser Denkvermögen aus, wir können keinen klaren Gedanken mehr fassen.

Wenn du es schaffst, die Stärke deiner Gefühle zu reduzieren, hebst du die Blockade auf und kannst darüber nachdenken, was in der jeweiligen Situation am besten zu tun ist. Genau das gelingt dir, indem du die Realität akzeptierst, anstatt dagegen zu rebellieren. Allerdings ist das gar nicht so einfach. Oft haben wir einen massiven Widerstand dagegen, das Geschehen anzunehmen. Es erscheint uns zu schmerzlich.

Und da beißt sich die Katze in den Schwanz: Der emotionale Schmerz entsteht nämlich dadurch, dass wir uns gegen die Realität sperren. Er wird verursacht von Gedanken wie: „Das ist ja furchtbar", „Das halte ich nicht aus", „Vorher war alles so wunderbar...", „Das ist eine Katastrophe!".

Die Realität anzunehmen, heißt in dem Fall, sich in das Unabänderliche zu fügen. Das hat nichts mit Resignation zu tun, sondern bedeutet, den Tatsachen ins Auge zu sehen.

Sage dir einfach: „Es ist nun mal, wie es ist." oder „Ich kann es nicht ändern." Wenn du dich wirklich darum bemühst, wirst du spüren, wie sich die Wogen deiner Emotionen glätten. Dein Kopf wird frei. Jetzt hast du die Möglichkeit, darüber nachzudenken, wie du dir trotz der Umstände das bestmögliche Leben erschaffen kannst. Weil du deine Energie nicht länger mit emotionalem Schmerz vergeudest, steht sie dir für Veränderungen zur Verfügung, die in deiner Hand liegen.

Nicht immer geht es um Leben und Tod. Im Alltag gibt es viele mögliche Situationen, unter denen wir leiden: Dein Partner oder deine Partnerin hat dich verlassen. Du hast die erwartete Beförderung nicht bekommen. Kurz vor dem Urlaub erwischt dich die Grippe. Wahrhaftig kein Grund, Hurra zu schreien. Aber du kannst es schaffen, nicht übermäßig darunter zu leiden. Der meiste Schmerz ist nämlich selbstgemacht. Zwischen Reiz und Reaktion …

Widerstand verstärkt den Schmerz

Feste Urteile und Einstellungen über die Situation bringen uns dazu, dass wir mit unseren Gedanken ständig um das Geschehen kreisen. Wir können es einfach nicht loslassen, weil wir meinen, dass uns erst Genugtuung widerfahren muss. Bis dahin beharren wir darauf, dass die Situation nicht so sein darf, wie sie ist. Hier ist eine kleine Liste typischer Urteile, mit der wir uns selbst das Leben schwermachen:

Das kann ich nicht akzeptieren, denn es ist …

…unfair. „Ich habe das Geschäft mit ihm aufgebaut, und jetzt kommt dieses junge Ding und erntet die Früchte." „Ich habe mich total engagiert, Überstunden gemacht, auf Urlaub verzichtet. Und nun kriegt mein Kollege die Projektleitung." „Die haben mir überhaupt keine Zeit gelassen, zu zeigen, was ich kann."

…gegen meine Werte. „So geht man doch nicht mit anderen Menschen um." „Das ist ganz schlechter Stil." „Einfach ex und hopp, das ist unglaublich." „Die Kultur in den Unternehmen ist inzwischen saumäßig schlecht." „Man kann doch nicht einfach auf meine jahrelange Erfahrung verzichten." „Ich warte noch immer auf ein Dankeschön."

…eine große Enttäuschung. „Ich hatte so darauf gehofft, dass ich den Auftrag bekomme, nach allem, was ich für sie getan habe." „Ich habe fest damit gerechnet, dass ich die Prüfung schaffe." „Und so was nennt sich Freund!" „Ich habe ihm meine besten Jahre geopfert." „Wo ich doch alles für sie getan habe." „Und das hinter meinem Rücken!"

…schlecht. „Die neuen Eigentümer ruinieren alles, was wir aufgebaut haben." „Die ist total egoistisch und denkt nur an ihren eigenen Vorteil." „Der interessiert sich doch nicht die Bohne dafür, was aus mir wird." „Die hat einen richtig miesen Charakter."

Du magst mit deinem Urteil ja sogar Recht haben, doch deine moralische Überlegenheit bringt dich ebenso wenig weiter wie deine unbegründeten Hoffnungen. Beides hält dich im Status quo fest. Erst wenn du akzeptierst, wogegen du dich sträubst, schaffst du die Basis, von der aus du etwas ändern kannst.

Praxistipp
So gelingt es dir, die Realität zu akzeptieren

Es gibt zahlreiche Möglichkeiten, notwendige Akzeptanz zu üben. Zugegeben, dabei geht es ans Eingemachte. Du musst dich intensiv mit dir selbst beschäftigen. Aber dafür gewinnst du eine Menge: Selbsterkenntnis und Selbstvertrauen. Schau doch mal, was dich anspricht und probiere es aus:

Decke deine Illusionen auf. Womit beschwichtigst du dich? Z.B. „Er kommt bestimmt zurück." „Die bereuen sicher bald, dass sie mich entlassen haben." Sage dir stattdessen: Für diese Hoffnung gibt es keinen Anhaltspunkt. Oder: Schön, wenn es passiert, aber darauf will ich nicht warten.

Entdecke, um welche tiefere Erfahrung es dir geht. Im Selbstgespräch kannst du herausfinden, was wirklich hinter deinem Schmerz über die Situation steckt. Beispiel: „Ich will, dass mein Freund zu mir zurückkommt." „Warum?" „Damit ich wieder glücklich werde." „Sonst noch etwas?" „Ich möchte in einer festen Beziehung leben." Du willst also Glück und eine feste Beziehung. Mache dir klar: Dein Ex-Freund ist nur ein Weg, das zu erreichen, es gibt noch zahlreiche andere.

Aktiviere bewährte Strategien. In der Vergangenheit musstest du gewiss schon häufiger eine unangenehme Realität akzeptieren. Wie hast du das geschafft? Vielleicht hast du mit Freunden darüber gesprochen, bist für eine Weile verreist oder hast eine Therapie gemacht. Könntest du etwas davon auch jetzt anwenden?

Kopiere die Natur. Die Bäume verlieren im Herbst ihre Blätter und treiben im Frühjahr neue. Blüten und Früchte fallen ab, im nächsten Jahr wachsen wieder neue. Die Natur befindet sich ganz selbstverständlich in einem ständigen Kreislauf von Werden und Vergehen. Davon kannst du dir etwas abschauen.

Lese Klassiker. Viele weise Leute haben darüber nachgedacht, wie man am besten mit den Widrigkeiten des Lebens fertig wird, allen voran die Stoiker Marc Aurel und Epiktet. Aus ihren Werken erfährst du, wie du deine Seelenruhe bewahren kannst.

Suche dir Vorbilder. Gewiss gibt es auch in deiner Umgebung Menschen, die Schicksalsschläge tapfer angenommen haben. Falls du keine solchen „Helden des Alltags" kennst, geben dir auch die Biografien bedeutender Persönlichkeiten Anregung.

Lerne aus deinen Erfahrungen. Nicht das Leiden als solches macht uns reifer und besser, sondern unsere Erfahrung daraus. Sage dir: „Das werde ich nächstes Mal anders machen."

Sammel Fakten. Wenn du zu wenig weißt, kannst du über die Situation nur spekulieren und liegst damit möglicherweise falsch. Verschaff dir also alle nötigen Informationen. Versetze dich dazu auch in die Lage der übrigen Beteiligten.

Ändere deine Sichtweise. Stelle dir vor, wie du fünf Jahre später auf das Ereignis schaust. Möglicherweise ist es dir dann völlig unwichtig geworden. Oder du bist vielleicht sogar froh, dass es passiert ist. Oft stellen sich Krisen später als Chancen heraus.

Manchmal braucht man starke Worte oder deutliche Botschaften, um klarzumachen, dass einen Halbheiten nicht weiterbringen. Natürlich darfst du in einer schlimmen Situation weinen, schreien, trauern, wüten oder am Boden zerstört sein – aber bleibe nicht darin stecken. Akzeptanz hilft dir, sämtliche Kräfte zu mobilisieren, mit denen du den Status quo verändern kannst, soweit es in deiner Macht liegt.

B

Lust auf Veränderung: Herausforderung statt Bedrohung

01 Erfolgreich beginnt im Kopf
Du bist der Filmemacher

Um was es geht:

★ Wie du deinen Blickwinkel ändern kannst

★ Die Kunst, Gedanken zu verwalten

★ Wie die Mücke eine Mücke bleibt - und nicht zum Elefanten mutiert

★ Erkennen - Befreien - Verändern: Anforderungen konstruktiv bewerten

★ Fragestrategien für den Alltag: Welche Chance verbirgt sich hinter einer neuen Situation, welchen Sinn kann sie für unser Leben haben?

Es wird immer wieder darüber diskutiert, inwieweit man sich (von einem bestimmten Alter an) als Mensch überhaupt (noch) verändern kann. Niemand von uns wird völlig aus seiner "Haut schlüpfen" und sich zu einem komplett "neuen Menschen" machen können. Wozu auch? Die Dinge im Leben aber anders zu sehen und anders anzugehen als bisher, die eigenen Denk- und Verhaltensmuster zu überprüfen und zu verändern, das ist natürlich sehr wohl möglich.

Das Feld der Hölle beinhaltet deshalb über das Akzeptieren hinaus auch die Fähigkeit, Anforderungen und Schwierigkeiten konstruktiv zu bewerten. Es geht dabei darum, als selbstverständlich angenommene Bewertungen von Ereignissen zu hinterfragen und neue Perspektiven zu entwickeln. Anstatt Dinge und Situationen einseitig wahrzunehmen und negative oder bedrohliche Aspekte zu verallgemeinern richten wir jetzt unseren Fokus gezielt auf positive Aspekte der jeweiligen Situation, vor allem aber auf die Chancen, die in ihnen stecken. Wir schauen auf den Sinn, den die Situation für uns haben kann, und auf die positiven Konsequenzen, die sich auch aus ihr ergeben können.

Diese Vorgehensweise kann man auch hervorragend beschreiben anhand dieser Grafik:

(Grafik: William Ely, amerik. Cartoonist)

Teste dich selbst. Betrachte bitte zunächst einmal in Ruhe das Bild. Was siehst du? Ist dein Blick offen für Neues? Präge dir dieses Bild möglichst gut ein.

Nun richte deine Aufmerksamkeit noch einmal auf die Abbildung. Wenn du zuvor eine alte Frau in dem Bild erkannt hast, dann versuche nun bitte, eine junge Frau zu sehen. Und umgekehrt: Wer zuerst eine junge Frau gesehen hat, sollte nun eine alte Frau sehen.

Du wirst dabei feststellen, das dies gar nicht so einfach ist. Man muss sich schon gezielt um einen anderen Blickwinkel bemühen. Das zuerst gewonnene Bild hat sich in unserem Gehirn regelrecht festgesetzt und wird von ihm immer wieder reproduziert. Wenn wir das jeweils andere Bild, das auch in der Abbildung enthalten ist, erkennen wollen, dann gelingt dies meist nur, wenn wir buchstäblich aus einem anderen Blickwinkel darauf schauen, indem wir z.B. den Kopf neigen oder die Abbildung auf den Kopf stellen. Probier es einmal.

Mit der Wahrnehmung und Bewertung von Situationen und Ereignissen verhält es sich ganz ähnlich. Auch hier sind häufig unterschiedliche Interpretationen möglich. Und auch hier bedarf es des bewussten Bemühens, um eine neue Perspektive zu gewinnen. Auch an die Anforderungen im Beruf und Alltag gehen wir häufig mit vorgefertigten Bildern heran. Sie stellen die Brille dar, mit der wir durch unseren Alltag gehen und mit der wir Anforderungen wahrnehmen und einschätzen.

Wie kann es uns jetzt gelingen, in unserem Gehirn neue Perspektiven entstehen zu lassen, sodass alltägliche Anforderungen in einem anderen Licht erscheinen und wir positive Aspekte und Chancen eher wahrnehmen können?

Das ist keine einfache Aufgabe. Es gibt dafür keinen Knopf, den man drücken könnte, um im Gehirn stressvermindernde, konstruktive Sichtweisen gewissermaßen "anzuschalten". Aber wir können festgefahrene Bewertungen hinterfragen und konstruktivere Sichtweisen anregen, indem wir uns selbst Fragen stellen. Wir treten dabei gewissermaßen in einen Dialog mit uns selbst. Wir versuchen, Bewegung in unserem Kopf zu bringen. Je nach Art der Situation und

Beschaffenheit unserer Bewertungsmuster können dabei jeweils unterschiedliche Fragen hilfreich sein. Im Folgenden zeige ich dir Fragestrategien auf, die sich in der Praxis für unterschiedliche Menschen besonders bewährt haben.

Impuls
Einfach anzuwenden
Fragestrategien für den Alltag

1. Den Blick auf das Positive richten:

Das Glas ist eher halb leer als halb voll und du hörst meist mehr Kritik als Lob? Fällt dir auch zuerst das Schlechte auf, bevor du das Gute bemerkst? Ärgerst du dich über Regen, weil du denkst, er sei etwas Schlechtes und nur die Sonne wäre gut? Wir bewerten schnell unsere Umgebung und sehen dabei zunächst nur die negativen Seiten.

Negative Denkmuster sind ätzend. Sie sind der Feind des Optimismus und des eigenen Selbstbewusstseins. Mit einem Lächeln lebt es sich nämlich viel leichter, jedoch müssen zuerst die eigenen Denkmuster durchbrochen werden. Dafür gibt es Mittel und Wege, um an Denkfallen zu arbeiten. Du wirst sehen, schon bald fällt dir positives Denken so leicht wie atmen.

Doch positives Denken wird uns nicht in die Wiege gelegt, wir müssen erst lernen, es uns anzueignen. Seinen Blick auf das Gute zu lenken, bedeutet aber nicht, alles Negative auszublenden. Es geht vielmehr darum, sich beiden Seiten bewusst zu sein und die eigene Aufmerksamkeit dann auf das Gute zu richten.

Ein gesundes Selbstbewusstsein kombiniert mit einem hohen Grad an Offenheit stellt eine gesunde Basis dar, um negative Denkmuster zu stoppen. Am Anfang steht die Erkenntnis, dass es sich bei einigen regelmäßig wiederkehrenden Gedanken überhaupt um etwas Negatives handelt. Damit bekommt das Problem eine konkrete Wortgestalt.

Im Folgeschritt unterziehst du dann den betreffenden Gedanken einer neutralen Betrachtung. Alles Wertende und bis dato auf Überzeugungen Basierende wird gedanklich über den Haufen geworfen. Stell dir vor, du begegnest diesem Gedanken oder dieser Situation zum ersten Mal. Es ist vollkommen offen, welche Qualität diese besitzen. Halte deine vorauseilenden Befürchtungen und Bewertungen im Zaum. Wenn eine Situation X eintritt, muss nicht zwangsläufig auch eine Situation Y folgen. Dass das immer so war, heißt nicht, dass das immer so bleiben wird. Ein Beispiel soll dir zeigen, wie die alten Denkmuster funktionieren: Der schwarze Hund aus deinen Kindertagen hat einmal nach dir geschnappt und dich in große Angst versetzt. Triffst du heute auf einen schwarzen Hund, heißt das nicht, dass er nach dir schnappen wird.

"Schwarze Hunde" können immer auch eine Herausforderung zum Lernen und Möglichkeiten zur persönlichen Weiterentwicklung darstellen. Dazu muss man gegebenenfalls den engen Tunnelblick, den man oft im Stress hat, weiten und über die aktuelle Situation hinausschauen.

In dir steckt mehr als du vielleicht denkst. Bewährte Gedanken und häufig praktizierte Lösungen sind mitunter ein allzu starres Gerüst. Möchtest du dein kreatives Denken aktivieren, stellst du erst einmal den „Autopilot" aus. Nun ist deine Vorstellungskraft gefragt. Während die Gedanken schweifen, kannst du getrost andere Dinge tun: Kuchen backen, eine Collage basteln, Musik hören oder einen Waldspaziergang machen.

Fokussierter geht es beim Brainstorming zu. Dabei werden möglichst viele Gedanken wertungsfrei erfasst und später auf ihre Realisierbarkeit geprüft. Je verrückter eine Idee erscheint, desto besser ist sie. Kommen dir eher negative Gedanken in den Sinn? Auch die lassen sich bestens verwenden, um deine optimistische Denkweise zu trainieren. Nimm die negativen Gedanken auf und kehre sie ins Positive um. Indem du das positive Gegenstück herausfindest, hast du dein kreatives Denken aktiviert und das negative Denkmuster bereits verlassen.

Das kann dann dazu führen, dass Stress und Ärger verrauchen und Gefühle von Zufriedenheit, Stolz und Dankbarkeit entstehen. Wenn du deinen Blick auch für das Positive weitest, dann kann dich das auch an solche Situationen erinnern, die du zuerst vielleicht negativ bewertet hast, die aber im Nachhinein betrachtet auch durchaus positive Seiten oder einen persönlichen Sinn gehabt haben. Es gibt das sprichwörtliche "Glück im Unglück", das "Gute im Schlechten" oder auf Schwäbisch: "Nix isch so schlecht, dass es it au was Gutes hät". Und diese Erkenntnis führt uns dazu, insgesamt weniger zu bewerten und zu urteilen, und die Dinge zunächst einmal so anzunehmen, wie sie sind. Hilfreich ist auch, die Bedeutung der negativen Aspekte für dich selbst zunächst zu hinterfragen und zu relativieren und deine Aufmerksamkeit auf das zu richten, was dir wirklich wichtig ist, also das Wesentliche zu sehen.

So einfach den Schalter umzulegen und im positiven Modus zu denken, ist eine unrealistische Vorstellung. Wie immer erfordert die gewünschte Veränderung auch Mühe. Dein Optimismus kann erst nach einigen Trainingseinheiten voll erblühen. Auf dem Weg dahin musst du dich von rosaroten Brillen trennen und Rückfälle in negative Denkmuster aufdecken und ausschalten. Verleihe dem Optimismus eine realistische Note. Nimm Misserfolge gelassen hin und stärke dein

Selbstbewusstsein. Denke an die vielen Erfolge, die du schon errungen hast. Umgib dich bewusst mit positiven Menschen und halte dir vor Augen, dass du nicht perfekt sein musst.

Mit den nachfolgenden Fragen kannst du einen solchen Blick auf das Positive anregen:

- Was ist das Gute an dieser Situation?
- Wozu ist das – auch – gut?
- Wo liegen Chancen?
- Was kann ich in dieser Situation lernen?
- Welche Aufgabe habe ich in dieser Situation?
- Welchen Sinn finde ich in dieser Situation?
- Wie wichtig ist das wirklich für mich? Was ist wichtiger als diese Sache?
- Was habe ich Schönes erlebt? Was wurde oder wird mir Gutes zu teil? Wofür bin ich dankbar?

2. Realitätstestung und konkretisieren: Ist das wirklich wahr?

Ich erlebe oft Situationen in Workshops, Meetings und Einzelgesprächen, in denen Behauptungen aufgestellt werden, die dann zu Blockaden und Rechtfertigungen führen. Wir neigen dazu, Situationen oder dem Verhalten anderer Menschen eine persönliche Bedeutung zu geben, die sie bei Lichte betrachtet nicht wirklich haben. Dahinter stehen Gedanken, die feste Annahmen und Vorstellungen projizieren, die als unumstößliche Tatsachen dastehen und nicht reflektiert werden.

Diese Gedanken spiegeln unsere Erfahrungen mit entsprechenden Inhalten wider. Wir glauben, die Vergangenheit ist wahr. Als Kinder hatten wir mangels Referenzerfahrungen keine andere Möglichkeit, als uns den Erklärungen, Ansichten, Urteilen und Vermutungen unserer Eltern anzuschließen. So entstanden Glaubenssätze. Sie prägten unser Leben sozusagen als Stempel: So ist es! Und selten hinterfragen wir sie. So haben wir auch gelernt, unsere Ängste hinzunehmen, weil: „Das ist eben so! Da kann ich nichts machen. Das ging noch nie…" etc. Oder wir lernen, unsere Urteile aufgrund unserer Wahrnehmungen für wahr zu nehmen: „Der mag mich nicht", „Die Mitarbeiterin hört mir nicht zu", „Ich komme mit dem Team nicht klar" sind dann die Resümees. Das ist eben so!

Wir steigern uns dann in etwas hinein, was mit der ursprünglichen Situation unter Umständen nicht mehr viel zu tun hat.

Und gerade in diesen Corona-Zeiten ertappe ich nicht nur andere, sondern auch mich selbst, dass Urteile viel zu schnell gebildet werden und zu vorschnellen Kommentaren oder sogar Diffamierungen führen. Es ist also Zeit, sich darüber Gedanken darüber zu machen, wieviel wir an Potenzialen, Handlungsoptionen und wertvollen Erfahrungen und Beziehungen mit diesen unreflektierten Glaubenssätzen verschenken oder gar zerstören.

Stressvermindernd ist es hier, mehr innere Distanz zu bewahren, innerlich gewissermaßen einen Schritt zurückzutreten und die Situation gedanklich aus einer anderen Warte zu betrachten. Aber auch wenn du dazu neigst, negative Ereignisse oder Erfahrungen vorschnell zu verallgemeinern, kann es für dich hilfreich sein, deinen Kopf wieder auf den Boden der Tatsachen zurückzuholen, eine gedankliche Realitätstestung durchzuführen und dir die konkrete Ausgangssituation, die Auslöser für den Stress gewesen ist, vor Augen zu führen.

Vor allem Führungskräfte können mit Ihrer Art, Entscheidungen zu treffen, Gespräche zu führen und Kritik zu begegnen, hier den Weg zu einer neuen Kultur des Hinterfragens ebnen.

Die folgenden Fragen dienen dazu, den Wirklichkeitsgehalt der eigenen Situationswahrnehmung zu überprüfen:

- Was genau ist eigentlich passiert?
- Ist das immer so? Gibt es Ausnahmen?
- Ist es wirklich so? Welche Beweise/Tatsachen sprechen für meine Sichtweise?
- Welche anderen Möglichkeiten gibt es, die Situation zu erklären?
- Wie sehen die anderen beteiligten Personen die Sache? Wie fühlen die sich?
- Wie sehen andere (neutrale, unabhängige, erfahrene) Personen die Sache?
- Wie würde das Geschehen in einem Dokumentarfilm aussehen?

3. Relativieren und distanzieren: Probleme sind zum Lösen da

Und schon wieder ist aus unserem kleinen Problem ein großes geworden! Wir schaffen es immer wieder, unseren Problemen zu viel Beachtung zu schenken. Am Ende wird es immer aussichtsloser, dass wir das Anliegen gelöst bekommen. Hinzu kommt, dass wir immer mehr zweifeln, ob wir da „als Gewinner raus gehen". Teilweise fühlen wir uns auch in der Defensive. Wir sind gelähmt und haben gar keine Idee, wie wir zu einer Lösung kommen können. „Die anderen sind schuld"! „Warum trifft es gerade mich?"

Aber genau mit diesen „warum" und „wieso" Fragen schaffen wir es, dass das Problem immer größer wird und wir uns selbst immer kleiner machen. Das hast du sicherlich auch schon beobachtet. Nun kannst du natürlich sagen: „Mein Problem ist wirklich ein großes Problem." Das streite ich absolut nicht ab, aber mal ehrlich: Wie häufig kommt es vor, dass wir, wenn wir das Problem gelöst haben, danach gar nicht mehr so genau wissen, weshalb wir so viele schlaflose Nächte und quälende Gedanken hatten.

Die Lösung, um das Probleme klein zu halten, ist so einfach und naheliegend, dass wir sie gerne vergessen. Denn es liegt ganz einfach daran, worauf wir gedanklich unseren Fokus setzen. Erkennen wir ein Problem und beschäftigen uns immer und immer wieder damit, wird es größer und größer. Würden wir uns stattdessen mit der Lösung beschäftigen, könnte das Problem gar nicht wachsen! Daher auch das Sprichwort: „Aus einer Mücke keinen Elefanten machen."

Doch wie bleibt die Mücke eine Mücke?

Nun, in diesem Fall ist es für dich hilfreich, die Dinge wieder ins rechte Verhältnis zu setzen und zu relativieren (nicht bagatellisieren). Folgende Fragen können dabei hilfreich sein:

- Wie werde ich später, in einem Monat oder in einem Jahr darüber denken?
- Was denkt jemand, den die Situation weniger belastet als mich?
- Wie wichtig ist diese Sache wirklich für mich? Was ist wichtiger als diese Sache?
- Wie sieht die Situation von einer höheren Warte aus?

4. Denk an die positiven Folgen:

Anstatt sich gedanklich mit den negativen Folgen zu beschäftigen, die es haben wird, wenn wir an der Bewältigung einer Anforderung scheitern, können wir unsere Aufmerksamkeit auch gezielt auf die möglichen positiven Konsequenzen einer erfolgreichen Bewältigung lenken. Wir malen uns dann in allen Einzelheiten aus, wie es sein wird, wenn wir die jeweilige Situation gemeistert haben. Das heißt nicht, dass du dir oberflächlich einreden solltest, dass schon alles gut werden wird. Es geht vielmehr darum, dass wir unseren Blick auf mögliche Erfolge und Chancen richten, die die Anforderung für uns auch bereithält und uns möglichst phantasievoll ausmalen, wie es sein wird, wenn wir die Situation gemeistert haben. Das bedeutet nicht, Risiken und Gefahren gänzlich auszublenden. Es bedeutet aber, die Chancen zu sehen und wahrzunehmen. Statt Angst vor Misserfolg entstehen so Hoffnung auf Erfolg, Kraft und Motivation.

Hilfreich ist es auch hier, wenn man die tatsächliche Bedeutung der erwarteten negativen Konsequenzen für einen selbst hinterfragt und relativiert und sich auf das Wesentliche besinnt. Manchmal kann es auch hilfreich sein, wenn man die befürchteten katastrophalen Folgen bis zum letzten Ende gedanklich durchspielt. Dies führt dann häufig zum Ent-katastrophisieren, das heißt der Erkenntnis, dass man es trotz aller schlimmen Folgen letztlich überleben wird.

Auch hier bedarf es der Übung und der gezielten Anregung des Gehirns, das allzu leicht dazu neigt, sich mit den befürchteten negativen Folgen zu beschäftigen. Die Beschäftigung mit den folgenden Fragen kann dabei helfen:

- Wie wird es sein, wenn ich die Anforderung erfolgreich bewältigt habe?
- Wie werde ich mich dann fühlen?
- Wie werden andere, die mir wichtig sind, auf meinen Erfolg reagieren?
- Wie wird das meine Lebenssituation positiv beeinflussen?

Und hier ein Impuls zum Ent-Katastrophisieren:

- Was würde schlimmstenfalls geschehen? Wie schlimm wäre das wirklich? Wie wahrscheinlich ist das?

Auch hier gilt: Übung macht den Meister und Rom wurde nicht an einem Tag erbaut! Wenn du mit solchen und ähnlichen Fragen versuchst, Bewegung in deinen Kopf zu bringen, um festgefahrene Wahrnehmungs- und Bewertungsmuster zu überwinden und durch neue konstruktive Perspektiven zu ersetzen, dann habe Geduld. Bleib hartnäckig. Dein Gehirn muss sich erst an diese neuen Fragen gewöhnen, die entsprechenden neuronalen Schaltkreise müssen erst auf deiner Festplatte angelegt und von Korti durch häufige Benutzung ausgebaut werden, bis sie so stark sind, dass sie die alten, durch jahrelang Gebrauch gebahnten Muster ablösen können.

Praxistipp
Einfach anzuwenden
Hilfreiches Denken trainieren

Wenn Du den Eindruck hast, dass stressverschärfendes Denken auch bei deinem persönlichen Stresserleben eine Rolle spielt, dann solltest du dein Gehirn systematisch im förderlichen Denken trainieren. Wähle dir dazu ein oder zwei Fragen aus den oben aufgeführten Möglichkeiten aus und stelle dir selbst diese Fragen regelmäßig, am besten an jedem Tag zu einer bestimmten Zeit.

- Wenn du z.B. einseitig zum "Blick auf das Negative" neigst, dann stelle dir selbst an jedem Abend die Frage: "Was war heute gut?"
- Wenn das "Negative-Konsequenzen-Denken" in deinem Kopf stark ausgeprägt ist, dann könntest du dir z.B. an jedem Morgen die Frage vorlegen: "Was wird heute gut laufen?"

Auf diese Weise kannst du dein Gehirn trainieren und dich deinem Erfolg näherbringen. Und wie bei jedem Training, so gilt auch hier: Nur geduldige, regelmäßige, wiederholte Übung über einen längeren Zeitraum führt zum Erfolg.

Sich Herausforderungen aktiv zu stellen, sich einzubringen, Lösungswege zu finden, bereit zu sein, dazu zu lernen und Begeisterung zu empfinden, bringen uns körperlich als auch psychisch zu Höchstleistungen und machen uns widerstandsfähiger. Gleichzeitig treiben sie unsere persönliche Weiterentwicklung voran. Gemeisterte Stresssituationen machen uns stolz und geben uns das Gefühl von Sinnhaftigkeit und wachsender Stärke. Wir reagieren mutiger, Furcht wird gedämpft.

Und dann kannst du auch den Gott des Wasserhahns besiegen …

02 Angst vor Veränderung
Wie du den Gott des Wasserhahns besiegst

> ## Um was es geht:
>
> ★ Woher kommt die Angst vor Veränderung
> ★ Bist du misstrauisch?
> ★ Schlechte Erfahrungen und die meist unbemerkten negativen Auswirkungen
> ★ Darum musst du deine Angst vor Veränderung überwinden
> ★ So gehst du mit der Angst vor Veränderung um

Ursachen: Woher kommt Angst vor Veränderung?

Was ist das, was uns außerordentliche Dinge tun lässt? Was ist das, was uns über uns hinauswachsen lässt und was ist das, was uns die Dinge anpacken lässt, für die wir uns innerlich strecken müssen?

Es sollte für niemanden überraschend sein, dass im Laufe der Jahre die unterschiedlichsten Veränderungen anstehen. Nach der Schule kommt die Uni oder Ausbildung, sehr häufig in einer anderen Stadt, neue Wohnung, neues Umfeld, neue Freunde. Im Job und Privatleben geht es so weiter, immer wieder gibt es Wendepunkte, an denen Veränderungen unumgänglich sind. Trotzdem werden viele unvorbereitet getroffen, sträuben sich dagegen und haben Angst vor Veränderung. Aber warum? Tatsächlich gibt es gleich mehrere mögliche Gründe und Ursachen für die Angst vor Veränderung.

Was hält uns oft davon ab?

Ich glaube es ist Misstrauen. Das Misstrauen in uns, in unsere Fähigkeiten, unser Durchhaltevermögen und unser Rückgrat. Das Misstrauen in andere Menschen, in deren Loyalität, deren Liebe und Unterstützung. Und das Misstrauen in das Leben allgemein. Das Misstrauen darin, ob das Leben – was auch immer uns passiert – am Ende für uns ist.

Wo sitzt dein Misstrauen? Hältst du Dinge zurück in der Kommunikation aus Angst vor Ablehnung? Gehst du schon im Vorhinein davon aus, dass du den Job, die Gehaltserhöhung, den Auftrag, deinen Traummann nicht bekommst? Oder befürchtest du entwertet zu werden, wenn du für deine Wünsche und Bedürfnisse einstehst? Was ist es bei dir? Wir alle misstrauen in dem ein oder anderen Punkt, was weitreichende Auswirkungen hat. Denn...

- das was du denkst, bringt deine Worte hervor.
- das was du sagst, bringt deine Handlungen hervor.
- deine Handlungen bringen deine Ergebnisse hervor
- und aus diesen wiederum werden deine Gewohnheiten,
- von denen du dann denkst, sie wären deine Persönlichkeit.
- und aus deiner Persönlichkeit heraus entstehen dann wieder deine Gedanken. .

Man könnte sagen – Misstrauen ist eine schlechte Angewohnheit. Und oft ist es so, dass wir uns dem Misstrauen noch nicht einmal bewusst sind, da der Argwohn, die Vorsicht oder die Zurückhaltung Teil unserer Persönlichkeit geworden ist.

Wann auch immer wir nicht voller Inspiration und Lebensfreude ausschwingen, leben wir auf irgendeiner Ebene im Misstrauen. Wenn wir im Misstrauen leben, sind wir ein Sog für Ereignisse und Menschen, die uns dieses Misstrauen bestätigen. Denn durch unsere Gedanken erschaffen wir unsere Realität.

Schlechte Erfahrungen

Eine mögliche Ursache sind schlechte Erfahrungen in der Vergangenheit. Wer schon einmal eine Veränderung mitgemacht hat, die sich im Anschluss als Debakel herausgestellt hat, möchte ähnliches nicht noch einmal erleben. Die einmalige negative Erfahrung reicht oftmals aus, um nachhaltige Angst vor Veränderung zu schüren. In Zukunft wird somit bei jeder Neuerung davon ausgegangen, dass diese ebenso schieflaufen muss.

Ein gutes Beispiel sind meine (schlechten) Erfahrungen mit sogenannten Fotozellen, die mich beobachten. Bis hinein in die privatesten Dinge. Sogar auf die Toilette. Da gibt es jetzt keine Armaturen mehr. Nichts zum Drehen. Nur noch so ein gerupfter Wasserhahn ohne Flügel. Aber mit einer Fotozelle.

Bei der modernsten Ausführung sind sogar die Fotozellen nicht mehr zu sehen. Worauf bitte reagieren die. Auf schmutzige Fingernägel? Auf Geruch? Auf Bewegung?

Als Moses mit einem Handschlag in der Wüste Wasser aus dem Berg sprudeln ließ – da lief das Ganze schön manuell, da wusste man, woran man war. Ganz ohne Fotozellen, die in pseudo-göttlicher Willkür ihre Gnade walten und das Wasser wallen lassen.

Und so stehe ich wieder mal wie ein Hirni vor einem Wasserhahn, der mir den Dienst versagt. Ich versuch es mit Bewegungen jeglicher Art, kleinen, großen, fuchtelnden und langen rhythmischen. Wahrscheinlich ist beim Kampf mit so einem automatischen Wasserhahn der Rapp entstanden. Ich beginne, meine Füße zu bewegen, fühle diese Urkraft in mir, die schon unsere afrikanischen Brüder verspürt haben, als sie verzweifelt für Wasser getanzt haben. Um den Gott des Wasserhahns sanftmütig zu stimmen, vollführe ich inzwischen wahre Regentänze vor dem Waschbecken.

Dann plötzlich kommt das Wasser – und zwar richtig. Es läuft mit Schwung ins Becken, durch das Becken durch und auf mein Becken. Und dann weißt du auf einmal, wozu dieses Heißluftgebläse an der Wand wirklich gut ist. Denn in dem Stadium der totalen technischen Demütigung ist es dir dann auch egal, wenn du in der Unterhose auf der öffentlichen Toilette stehst und versuchst, deine Hose an einem asthmatischen Fön zu trocknen.

Und zwischendurch immer wieder lächeln: Man weiß ja nie, wer am anderen Ende der Fotozelle tatsächlich sitzt. Das mit der versteckten Kamera kennen wir ja alle ....

Auch bei den Pissoirs mit Automatikspülung frage ich mich immer wieder, bis wohin ich im Bild bin. Und wer schaut sich das an? So eine überflüssige Technik reizt mich immer zum zivilen Ungehorsam. Wenn ich allein auf der Toilette bin, stell ich mich vor ein Pissbecken, täusche an und mache dann zwei Becken links oder rechts weiter. Oder ein bis anderthalb. Oder gehe erst auf die Schüssel und streiche beim Rausgehen fies einmal mit der flachen Hand an allen Pissoirfotozellen vorbei, dass die sich so was von erschrecken und alle gleichzeitig anfangen zu heulen.

Neulich war ich in der Schweiz und bekam mal wieder den Wasserhahn nicht motiviert. Ich versuchte ihn zu beschwichtigen: „Hey, lass uns Freunde sein, ich will nur einmal die Hände waschen, nicht auf Dauer hier wohnen". Automatisch fingen meine Füße an zu zappeln. Ich war gerade mitten in meinem Tanz, da merkte ich, wie mich ein Schweizer von der Seite anstarrte. Er stellte sich kurz vor das Becken, das Wasser kam sofort, und er ging. Haben die Fotozellen dort die Fingerabdrücke aller Eidgenossen gespeichert? Nein – beim dritten Schweizer kapierte ich den Zauber: Die haben überhaupt keine Fotozellen, sondern, viel raffinierter: Einen rein mechanischen Fußschalter!

Seither begegne ich Fotozellen, insbesondere auf Toiletten, mit einem gewissen Argwohn und Misstrauen. Und dieses einschneidende Erlebnis schlägt sich auch auf mein Selbstbewusstsein nieder.

Fehlendes Selbstbewusstsein
Oft steht hinter der Angst vor Veränderung ein zu geringes Selbstbewusstsein. Du hast Angst, nicht in der Lage zu sein, dich an die neue Situation anzupassen. Es ist nicht die Veränderung selbst, die wir fürchten. Die Angst vor Veränderung entsteht durch die Unsicherheit, mit einer Veränderung umgehen zu können.

Keine Kontrolle

Angst vor Veränderung kann auch durch einen befürchteten Kontrollverlust entstehen. Der Wasserhahn lässt grüßen. Vorab lässt sich nie genau sagen, was sich alles verändern wird – und auch nicht, ob dies nach Plan verläuft. Das Gefühl, diese Dinge nicht kontrollieren zu können, führt zu Angst vor Veränderung.

Psychologie der Veränderung

Anstehende Veränderungen lassen einen Blick in die Psychologie eines Menschen zu. Wie reagiert dieser? Mit welcher Einstellung geht er an die Sache heran? Hat er Angst vor Veränderung oder geht er optimistisch vor? Dabei müssen allerdings immer die Umstände betrachtet werden – vor allem lassen sich Veränderungen dabei in zwei Arten unterteilen:

Freiwillige Veränderungen

Die erste Kategorie ist dabei immer die angenehmere. Jede Veränderung hier ist selbst veranlasst, es wird aus eigenem Antrieb heraus und mit entsprechend großer Motivation gehandelt. Kurz gesagt: Wir wollen die Veränderung und geben dafür unser Bestes.

Freiwillige Veränderungen stehen etwa an, wenn der Job keinen Spaß mehr macht, du die Kündigung einreichst und dich neu orientierst oder wenn du freiwillig dein Studium vorzeitig beendest, um eine Ausbildung zu machen. Es ist dein Impuls, deine Entscheidung oder auch deine Veränderung – für die Psychologie dahinter ein großer Vorteil.

Zwar heißt es nicht, dass es keine Angst vor Veränderung gibt, wenn diese freiwillig eingegangen wird. Du nimmst die Änderungen aber besser an, und kannst die Angst leichter überwinden, weil du bereits für dich eine Entscheidung getroffen hast.

Unfreiwillige Veränderungen

Diese sind deutlich schwieriger. Ein befristeter Arbeitsvertrag läuft aus und wird nicht verlängert, obwohl du gerne im Unternehmen bleiben würdest, dein Arbeitgeber meldet Insolvenz an und du musst zwangsläufig einen Jobwechsel vollziehen. Solche ungewollten Schritte führen zu großer Angst vor Veränderung und anfangs zu Ablehnung. Es fällt schwer, die Chance zu sehen. Neben der Angst vor Veränderung fühlt sich eine gezwungene Neuerung eher wie eine Belastung an. Klassischerweise durchläuft eine solche Veränderung dabei fünf aufeinanderfolgende Phasen:

- Zunächst wird sich der Veränderung komplett verweigert und deren Notwendigkeit wird ignoriert. Es wird so getan, als könnte alles so weitergehen.
- Aus Angst vor Veränderung wird sogar Widerstand geleistet. Es wird alles getan, um die anstehende Änderung aufzuhalten.

- Mit der Erkenntnis, dass der Widerstand nicht hilft, folgt der Tiefpunkt der Krise. Alles wird dabei angezweifelt und die Angst vor Veränderung ist besonders groß.
- Von nun an geht es aufwärts. Neue Möglichkeiten werden erkundet und Schritt für Schritt umgesetzt.
- Zu guter Letzt stellen wir fest, dass es zum Glück gar nicht so schlimm war, wie befürchtet und akzeptieren die neue Situation. Auch die Angst vor Veränderung lässt nach oder ist bereits ganz verschwunden.

Darum musst du deine Angst vor Veränderung überwinden

Der Schlüssel zum Erfolg bei Veränderungen: Es muss gar nicht immer der ganz große Schritt sein, der alles auf einmal verändert und das bisherige Leben auf den Kopf stellt. Dieser wird meist erst dann notwendig und unausweichlich, wenn der eigentlich richtige Zeitpunkt bereits überschritten ist. Aus Angst vor Veränderung hast du so lange gewartet, dass es umso schwieriger wird. Besser ist es, die Angst vor Veränderungen früh zu überwinden. Dann können schon kleinere Anpassungen den gewünschten Einfluss haben. Dabei sprechen gleich drei gute Gründe dafür, die Angst vor Veränderungen besser früh als spät zu überwinden:

Du löst Probleme, bevor sie schlimmer werden

Sicher, am Anfang ist Abwarten der leichtere Weg. Du hoffst, dass die Dinge sich von alleine regeln und Probleme sich möglichst schnell wieder in Luft auflösen. In einigen Fällen mag das funktionieren. Sich darauf zu verlassen, ist aber keine vielversprechende Strategie. In der Regel musst du die Dinge selbst anpacken, damit sich wirklich etwas verbessert.

Wer dann früh gehandelt hat, ist im Vorteil. Trotz gegensätzlicher Hoffnungen haben Probleme die unschöne Angewohnheit, mit der Zeit tendenziell größer zu werden. Heißt im Klartext: Je später du mit der nötigen Veränderung beginnst, desto schwieriger wird es, den bereits entstandenen Schaden wieder in Ordnung zu bringen.

Du hältst dir alle Optionen offen

Nicht jedes Fenster, das sich einmal geöffnet hat, bleibt auch offen. Der Großteil deiner Optionen beschränkt sich auf einen bestimmten zeitlichen Rahmen – und hast du diesen überschritten, gibt es auch keinen Weg mehr zurück. Mach dir diese Endgültigkeit bewusst, wenn du das nächste Mal vor der Wahl stehst, ob du alles beim Status Quo belässt.

Außerdem gibst du dir auf diesem Weg selbst die benötigte Zeit, um eine kluge und durchdachte Entscheidung bezüglich der Veränderung zu treffen. Du bist (noch) nicht im Zwang, sofort zu handeln und kannst die Alternativen genau durchleuchten und dich für den Weg entscheiden, der den größten Erfolg verspricht.

Du verbesserst dich kontinuierlich

Eine wichtige, aber leider oft unterschätzte Erkenntnis lautet: Verbesserung ist kein einmaliges Ereignis, sondern ein stetiger und andauernder Prozess. Es geht eben nicht darum, Veränderungen erst vorzunehmen, wenn die bisherigen Methoden nicht mehr funktionieren. Erfolg hat derjenige, der proaktiv handelt und sich bereits mit möglichen Veränderungen auch dann beschäftigt, wenn scheinbar noch kein Bedarf besteht.

Dies lässt sich besonders im Unternehmenskontext immer wieder beobachten. Erfolgreiche Unternehmen warten nicht darauf, dass sie mit ihrem Geschäftsmodell in eine Sackgasse geraten, die Absatzzahlen nachlassen oder die Kunden zur Konkurrenz wechseln. Stattdessen befinden sie sich in einem anhaltenden Prozess der Veränderung und Verbesserung.

So gehst du mit Angst vor Veränderung um

Bleibt die Frage: Was kann man tun, um mit der eigenen Angst vor Veränderung umzugehen? Klar ist, es wird nicht ganz leicht, denn Ängste zu überwinden erfordert Durchhaltevermögen, Disziplin und ist ein gutes Stück Arbeit. Die folgenden Tipps können dich dabei unterstützen, sich deiner Angst vor Veränderung zu stellen und diese in den Griff zu bekommen:

Steh zu deiner Angst

Es bringt nichts, wenn du deine Angst vor Veränderung ignorierst, klein redest oder so tust, als wäre sie nicht da. Um eine Angst zu überwinden, musst du dich dieser stellen. Dazu zählt im ersten Schritt, dass du diese akzeptierst und dir selbst eingestehst.

Sprich darüber

Um besser mit der Angst vor Veränderung umgehen zu können, kann es helfen, wenn du darüber sprichst. Vertraue dich deinem Partner oder einem guten Freund an. Erkläre, was dir Angst macht und welche Befürchtungen du bei anstehenden Veränderungen hast. Ein solches Gespräch gibt eine weitere Perspektive und hilft gegen die Angst vor Veränderung, weil du Unterstützung und Rückhalt bekommst.

Mach dir den Worst-Case bewusst

Angst vor Veränderung bedeutet meist, die Angst vor den schlimmsten Folgen und Konsequenzen. Was passiert, wenn wirklich alles schief geht? Spiel diesen Gedanken bewusst bis zum Ende, um zu erkennen, dass selbst der Worst-Case oftmals gar nicht so schlimm ist. Zu wissen, was schlimmstenfalls eintreten kann, gibt größere Sicherheit.

Blicke positiv in die Zukunft

Wichtig ist auch das richtige Mindset: Wer von Anfang an glaubt, dass er die Veränderung nicht meistern kann, bestärkt nur die eigene Angst. Glaube stattdessen an dich, mach dir selbst Mut und erkenne deine Stärken. Optimismus ist ein sehr gutes Mittel gegen Angst vor Veränderung.

Mach kleinere Schritte

Angst vor Veränderung lässt sich besser meistern, wenn du zunächst kleinere Schritte machst. Falls möglich, musst du nicht gleich alles auf einmal verändern. Es ist leichter, mit kleineren Anpassungen klarzukommen und sich an die neue Situation zu gewöhnen. So lernst du auch, dass es keinen Grund für die Angst vor Veränderung gab, und traust dir beim nächsten Mal mehr zu.

C

Selbstwirksamkeit -
Ich kann das!

01

Mentale High Performance
Hat der Schulze seine Lizenz schon wieder?

Um was es geht:

★ Warum Vertrauen in die eigene Kompetenz so wichtig ist
★ Warum der Schulze wieder fliegen darf
★ Wie die Alternative zum Defizit-Denken lautet

Während zur Zeit des Neandertalers der Säbelzahntiger eine lebenserhaltende Stressreaktion auslöste, die dem Organismus spontan die beiden Optionen Kampf oder Flucht ermöglichte (fight or flight), sind Stressauslöser heutzutage nur noch in den allerseltensten Fällen lebensbedrohlich. Unser Organismus kann auf die Probleme der Neuzeit moderater reagieren. Trotzdem ist ein Leben ohne Stress gar nicht möglich. Wer dauerhaft versucht, ihm auszuweichen, wem das Vertrauen in seine eigenen Kompetenzen fehlt, begibt sich in eine passive und ängstliche Rolle. Verdrängen oder Ignorieren machen das Problem nicht kleiner, sondern führen überdurchschnittlich häufig zu psychischen Beschwerden wie z.B. Depressionen oder Angstzuständen, sowie Rücken- und Kopfschmerzen, Tinnitus oder Magenbeschwerden.

Stress entsteht immer dann, wenn wir uns die erfolgreiche Bewältigung einer Anforderung nicht zutrauen. Neben der Einschätzung der jeweiligen Anforderungen geht es daher immer auch um eine Einschätzung der eigenen Kompetenzen. Möglicherweise fehlen uns tatsächlich die nötigen Kompetenzen, um eine gestellte Anforderung erfolgreich bewältigen zu können. Dann sind wir gewissermaßen zu Recht im Stress.

Typische Stresssymptome sind immer bei Charterflügen zu beobachten - du weißt schon, das sind diese Flüge, wo am Ende immer alle applaudieren, wenn der Vogel gelandet ist. Fliegen ist aber tatsächlich Vertrauenssache. Das beginnt bereits bei der Wahl der Fluggesellschaft. »Condor« ist psychologisch gesehen ein sehr guter Markenname. Da denke ich als erstes an Vogel, Fliegen, Kompetenz. Das hätte allerdings nicht mit jedem Vogelnamen so gut funktioniert. »Reiher« wäre z.B. eher blöd gewesen. Sobald man Dinge benennen kann, erscheinen sie einem nicht mehr so furchteinflößend und stressauslösend.

Die Lufthansa weiß um diesen Beruhigungsmechanismus und tauft ihre Maschinen nach Städten. Da liest man beim Einstieg: Duisburg, Mannheim,

Passau. Was mich dabei irritiert: Es sind immer nur Namen von Städten, die niemand so richtig vermissen würde. Neulich stieg ich in eine der haarsträubendsten aller Lufthansa-Maschinen ein: In die »Bruchsal«. Als Schwabe weiß ich: Es gibt eine Stadt in Baden-Württemberg, die so heißt. Aber das ist noch lange kein Grund, ein Flugzeug so zu nennen – das klingt wie Bruchlandung und Schicksal in einem Wort! Und beruhigt meine Anspannung, meine Ängste und Zweifel keineswegs ...

Spannend wird es in dem Moment vor dem Start, wenn die Sicherheitsinstruktionen kommen. Stewardessen-Ballett. Synchronschwimmen ohne Wasser. Ich bin so aufgeregt: Ich stelle Zwischenfragen. Nicht, um mich beliebt zu machen. Mir geht es einfach besser, wenn jemand anders noch mehr Angst bekommt als ich. Der ultimative Tipp dafür ist allerdings: Sobald der Pilot sich vor dem Start zum ersten Mal meldet: "Mein Name ist Manfred Schulze, ich darf sie jetzt nach Mallorca fliegen", laut dazwischen zu schreien: "Oh scheiße, nicht der schon wieder!!! Hat denn der Schulze seine Lizenz schon wieder?" Dann umschauen – und genießen. Natürlich kenne ich Herrn Schulze nicht wirklich, aber wer bisher noch keine Angst hatte, kriegt sie jetzt. So bin ich in guter Gesellschaft. Geteiltes Leid ist halbes Leid.

Oft aber fehlt uns in solchen Situationen ein objektiver Maßstab oder wir trauen es uns einfach nicht zu. Wir unterschätzen unsere Fähigkeiten, uns fehlt das Vertrauen in die eigene Kompetenz. Im Beispiel oben: Wir glauben nicht ernsthaft daran, dass der Schulze den Vogel schon sicher nach Malle bringen wird und wir angemessen mit unseren Ängsten umgehen können. Wir befürchten (zu Recht oder zu Unrecht) das Schlimmste.

Doch was ist nun Selbstwirksamkeit eigentlich?

Der Begriff kommt aus der Verhaltenstherapie. Dort wird unter diesem Begriff vor allem auf das Selbstvertrauen Bezug genommen. Gemeint ist damit eine tiefe, innere Überzeugung, mit schwierigen Situationen selbst fertig werden zu können, insbesondere auch dann, wenn man aufgrund vorheriger Erfahrungen noch nicht hundertprozentig sicher sein kann, dass man es wirklich kann. Es handelt sich also um ein optimistisches Vertrauen in die eigenen Fähigkeiten und Stärken, es ist die "Ich kann es"-Überzeugung.

Selbstvertrauen (Selbstsicherheit) bezieht sich somit auf die Kompetenzüberzeugungen (meine Fähigkeiten) und wird als Teilkomponente des Selbstwertes verstanden. Der Selbstwert wiederum kann sich darüber hinaus auch auf Eigenschaften beziehen, die nichts mit Kompetenzen zu tun haben. Unter Selbstwert versteht die Psychologie vor allem die Bewertung, die man an sich selbst vorgenommen hat ("Bin ich gut genug?"). Sowohl ein gesteigertes als auch ein geringes Selbstwertgefühl kann ein Symptom einer psychischen Störung sein.

Im allgemeinen Sprachgebrauch wird Selbstwert auch unpräziser Weise mit Selbstbewusstsein gleichgesetzt.

So. Diese Erklärung (aus wikipedia) war gefühlt so lang wie der Jakobsweg - leider ohne größeren Erkenntnisgewinn. Die Frage war spannender als die Antwort. Wir können es aber auch so versuchen, indem wir unsere Bewertung über die eigene Schönheit überprüfen.

Bekanntlich liegt Schönheit ja im Auge des Betrachters. Wobei sich die Augen meist nur auf das augenscheinlich Schöne und zum Beispiel das Jugendliche konzentrieren. Darum ist die Wahl der Miss World, der Miss Germany oder der Miss Brandenburg ja auch so eintönig und öde geworden. Denn beim landläufig als schön Geltenden ist es halt oft wie beim Gelege vom Huhn: Die Gewinnerinnen gleichen sich nicht selten bis auf die Haarfarbe wie ein Ei dem anderen.

Die Konsequenz: Neue Missen und Mister braucht das Land! Solche, die sich nicht durch ihre Gleichförmigkeit auszeichnen, sondern ihren besonderen Charakter. Oder durch das Charisma der Lebenserfahrung. So wie Marielena Aponte aus Frankfurt am Main es besitzt. Die 51-Jährige wurde nun zur „Miss 50 plus" gewählt, wofür das wichtigste Kriterium natürlich ist, an Jahren 50 Lenze und mehr angesammelt zu haben. Den Wunsch, gekürt zu werden, teilte die schöne Dame mit 2000 weiteren Frauen, die sich aber leider vergeblich beworben haben. Denn es kann ja immer nur Eine geben. Die Jury, in der auch Schönheitsexperte Wolfgang Bosbach (CDU) saß, lobte die natürliche Anmut der Siegerin.

Für alle Hübschen mit weniger Selbstwert und Selbstwirksamkeit gibt es in Ungarn indes eine Wahl zur „Miss Plastic". Dort hat jene Bewerberin die größten Chancen, die wenig Selbstvertrauen in die eigene Schönheit hat und über möglichst wenig natürliche, dafür aber über reichlich künstliche Anmut verfügt. Gewählt wird jene Person, die am deutlichsten von Behandlungen plastischer Chirurgen gezeichnet ist. Auch eine Möglichkeit, die eigene Selbstwirksamkeit zu steigern und das "Defizit-Denken" zu überwinden.

Noch absurder ist allerdings die Nachricht, dass Kamele vom Schönheitswettbewerb ausgeschlossen worden sind. Weil Dutzende Kamelbesitzer beim guten Aussehen ihrer Tiere mit kosmetischen Eingriffen nachgeholfen haben sollen, sind diese von einem Schönheitswettbewerb in Saudi-Arabien ausgeschlossen worden. 43 Kamele seien betroffen, berichtete die staatliche Nachrichtenagentur SPA. Ihnen seien etwa Botox gespritzt und die Haut gestrafft worden, um den „gängigen Schönheitsstandards" zu entsprechen. Um die künstlichen Verschönerungen aufzudecken, seien die Tiere unter anderem geröntgt worden. Denn die Eingriffe verstoßen dem Bericht zufolge gegen die Regeln des Beauty-Contests im reichen Golfstaat. Zudem würden potenzielle Käufer über das wahre Aussehen der Kamele getäuscht. Den Besitzern der betroffenen Tiere drohen nun Strafen. Es stellt sich die Frage, wer hier einen zu geringen Selbstwert bzw. zu wenig Selbstvertrauen in den Sieg hatte und bei wem das Botox angemessener gewesen wäre: Kamel oder Kamelbesitzer.

Eines können all diese Wahlen natürlich nie angemessen würdigen: Dass wahre Schönheit immer noch von innen kommt.

Die Beispiele aus Ungarn und aus der Wüste zeigen, dass die Überzeugung von der fehlenden eigenen Selbstwirksamkeit weiter verbreitet ist als gemeinhin angenommen. Man findet immer einen "Fehler", ein Defizit an sich, eine fehlende Kompetenz und zieht sich damit runter.

Ziel ist es deshalb, das "Defizit-Denken" zu reduzieren und Kraft in die eigene Stärke zu erhalten. Es geht darum, das die Aufmerksamkeit zu einseitig auf eigene Schwächen, Fehler und Misserfolge gerichtet wird. Die förderliche, stressvermindernde Alternative besteht hier im "Stärken–Denken", das zur Selbstakzeptanz führt. Dabei geht es nicht darum, sich oberflächlich einzureden "Du schaffst das schon!". Stärken-Denken bedeutet vielmehr, dass man sich auch seiner Stärken, Kompetenzen und Erfolge bewusstwird und sich an vergangene schwierige Situationen erinnert, die man bereits gemeistert hat.

Doch nicht nur Erinnerungen an Situationen, in denen es gut für uns gelaufen ist, sondern auch Erfahrungen mit vergangenen Situationen, die mit Niederlagen und Misserfolgen verbunden waren, die man letztlich aber doch irgendwie überstanden hat, können hier hilfreich sein. Auch sie stärken die eigene Selbstwirksamkeitsüberzeugung, das tiefe Vertrauen in die eigene Kraft, auch schwierige Situationen durchstehen zu können. Stärken-Denken beinhaltet im Übrigen nicht, wie es manchmal missverstanden wird, dass man eigene Schwächen möglichst verdrängt oder verleugnet, sondern dass man sich mit seinen Schwächen und Stärken wahrnimmt und annimmt ("ich bin gut so, wie ich bin").

Lass dich also von der erhöhten Beanspruchung anspornen und versuche, an den Herausforderungen zu wachsen. Auch wenn es dazu immer einigen Mutes bedarf, um die Angst vor einem Misserfolg zu überwinden: Jede gemachte Erfahrung stärkt das Vertrauen in die eigene Kompetenz. Zahlreiche wissenschaftliche Studien haben wiederholt gezeigt, dass eine hohe Selbstwirksamkeitsüberzeugung die Bewältigung von Alltagsstress erleichtert.

Im Folgenden zeige ich dir dazu einige Übungen und Techniken.

263

02

Yes, I can!
Wie du werden kannst, was du sein willst

Um was es geht:

★ Wie du eine optimistische Selbstwirksamkeitsüberzeugung
   gewinnst
★ Warum du ein Journal führen solltest - und wie du es am besten
   führst
★ Übungen für dein "Stärken-Denken"

Im vorigen Kapitel habe ich dir aufgezeigt, wie bedeutend eine hohe Selbstwirksamkeit ist und wie die Überzeugung von den eigenen Kompetenzen und Fähigkeiten die Bewältigung von Alltagsstress erleichtern kann. Jetzt geht es darum, wie du eine solche optimistische Selbstwirksamkeitsüberzeugung gewinnen kannst.

Viele werden die Erfahrung teilen, dass es wenig nützt, wenn wir uns die "Ich kann es"-Überzeugung gebetsmühlenartig einzureden versuchen. Auch ein gutes Zureden von anderen ("Du schaffst es schon…") zeigt zumeist nur eine kurzfristige Wirkung. Eine nachhaltige Selbstwirksamkeit beruht letztlich auf Erfahrungen. Erfahrungen mit schwierigen Situationen in unserem Leben, die wir – auf welche Art und Weise auch immer – gemeistert haben. Die meisten Menschen können auf solche Erfahrungen zurückblicken, allerdings sind die Erinnerungen daran oft verschüttet und überlagert von Erinnerungen an Erfahrungen des Misserfolgs und Scheiterns, die die meisten von uns ebenfalls gemacht haben.

Es kommt jetzt darauf an, uns die Erinnerungen an die Situationen, in denen wir etwas geschafft haben, von dem wir zunächst nicht überzeugt waren, dass es uns gelingen könnte, bewusst ins Gedächtnis zu rufen. Diese Erfahrungen sind die Nahrung für die Selbstwirksamkeitsüberzeugung. Wir müssen sie ihn uns wach und lebendig halten.

Ich bitte deshalb häufig meine Klienten darum, ein Journal zu führen. Auch in meinen Coaching-Räumen liegen neben dem Sessel auf einem Tischchen immer Stift und Papier bereit. Nicht nur ich mache mir Notizen, sondern auch für meine Klienten ist es hilfreich, das zu tun. Das empfehle ich übrigens dir auch.

Warum? Nun, ein Journal hilft dir, deine Fortschritte in Richtung auf dein Ziel zu dokumentieren, deine Gedanken zu reflektieren oder zu erinnern,

Übungsroutinen zu entwickeln und einzuhalten, die schrittweise Veränderung deines Denkens und Fühlens besser wahrzunehmen, zu schauen, wie war das denn am Anfang, und wie ist es jetzt.

Ziel ist es, dein Denken zu verändern. Weg von den üblichen automatischen, leidvollen Gedanken hin zu einem neuen Denken, mit dem du dich wohl fühlst. Das ist möglich, weil unser Gehirn in Reaktion auf unser Erleben, Denken, Fühlen und Handeln in ständigem Umbau ist. Man nennt das Neuroplastizität. Wenn dein Gehirn sowieso in beständigem Wandel ist, warum solltest du es dann nicht umbauen können zu einem Gehirn, das ganz automatisch freudige und zuversichtliche Gedanken denkt?

Die gute Botschaft ist, dass das tatsächlich möglich ist. Wenn wir von Denkbahnen sprechen, meinen wir zwar den Weg, den unsere Gedanken nehmen und ihre Abfolge, aber die Bahnen existieren auch ganz materiell im Gehirn in Form vieler Synapsen, die alle in die gleiche Denkrichtung verknüpfen. Wenn du dein Gehirn zu einem positiven Denken umbauen möchtest, musst du es füttern mit allem, das neue Synapsen in Richtung glücklicher Gedanken und des Wohlbefindens entstehen lässt, anstelle der bisherigen leidvollen Gedanken. Darin steckt eine gewisse Herausforderung. Denn für das Wachstum solcher neuen freudigen automatischen Gedanken gilt das gleiche wie für deinen ganzen Körper:

Übung macht den Meister. Von nichts kommt nichts. Und "Use it or loose it". Keine Grifffolge an einem Musikinstrument gelingt ohne Übung. Kein Muskel wächst ohne Belastung. Im Gegenteil: Übt man nicht, geht es rückwärts oder in eine andere unerwünschte Richtung.

Das ist ein wichtiger Punkt. Niemand kann dein Denken für dich verändern. Ich kann dich aber dabei unterstützen, erfolgreiche Gedanken hervorzubringen und dir Methoden vorstellen. Aber wo es etwas zu Üben gibt, bleibt der Löwenanteil des Übens bei dir. Neu denken in deinem eigenen Gehirn, das kannst nur du selbst.

Hier kann das Journal helfen. Mit einem Journal fällt es vielen Menschen leichter, eine Übungsroutine zu finden und einzuhalten.

Tipps für dein Journal: so wirkt es am meisten

Dabei gilt es eines zu beachten: Führe dein Journal mit Verstand und liebevoll im Umgang mit dir selbst. Warum ich das sage? Ich möchte dich vor Überperfektionismus beim Führen des Journals warnen. Wir leben in einer Zeit übertriebener perfektionistischer Ansprüche. Da alles möglich scheint, verlangen viele von sich, dass ihr Ergebnis nicht hinter dem äußersten Möglichen zurücksteht. Alles muss perfekt sein, die berufliche Leistungsfähigkeit, der Erfolg, die Schönheit, die Gesundheit, die Fitness, die Partnerschaft, die Kinder ... Je perfekter, umso besser, denn das ist so weit wie irgend möglich entfernt von Versagen, Armut, Krankheit, Einsamkeit …

Angst ist der Antrieb für Perfektionsstreben. So führt heute eine überforderte Generation einen harten Kampf um die Rückgewinnung ihrer Kontrolle über ein ihr entgleitendes Leben. Diese mit Computern, Internet und Filzstiften groß gewordene Generation versucht mit diesen drei Mitteln – Computer, Internet und Filzstiften –, sich auf wirkliche und vermeintliche Anforderungen zurechtzutrimmen. Mit allen Mitteln und verqueren Ideen der Selbstoptimierung, peinlichst dokumentiert und verfolgt mit allen möglichen elektronischen Trackern oder manuellem Tracking im Abhaken von To-do-Listen oder auch dem Führen von Journalen. Journaling und das auch noch hübsch verziert und in Schönschrift als Bullet Journal im Internet tausendfach geteilt und natürlich im Wettbewerb, wer wohl das schönste Journal oder zumindest die schönste Trackingliste entworfen hat.

Zu den beruflichen und familiären Anforderungen kommen dann noch – obendrauf gepackt – die Anforderungen an sich selbst. Genug schlafen. Gut genug schlafen. Genug trinken. Low Carb essen. Oder fettfrei. Oder Paleo. Oder glutenfrei. Genug Schritte heute? Yoga. Meditieren. Täglich was ausmisten. Usw... Der Berg der Überforderung wird so immer größer. Aus dieser Selbstkontrolle und gegenseitiger Kontrolle in den Communities gibt es kein Entrinnen. Wer abends beim Eintrag in sein hübsch gestaltetes Journal denkt „Sch…, wieder keine 3 Liter getrunken." haut sich selbst in die Pfanne. Und das ist bezogen auf die Idee des Journalführens keinesfalls im Sinne des Erfinders. Das Journal soll dich ja unterstützen, weg von leidvollen, hin zu neuen Gedanken des Wohlbefindens!

Wie also führst du ein Journal richtig?

Führe dein Journal entspannt. Trage einfach ein, woran du dich später erinnern möchtest. Erzähle ihm, was du deinem besten Freund / Freundin erzählen würdest, vor denen du keine Geheimnisse hast. Schreibe auf, wie es dir heute geht, was du an dir oder in deinem Umfeld beobachtet oder heute gelernt hast. Oder was heute schön war, wofür du dankbar bist.

Impuls
Anregung für dein "Stärken-Denken"
Erinnern und Reflektieren

Hier ist eine erste Übung für dich und dein Journal. Um dein "Stärken–Denken" anzuregen, beschäftige dich einmal in Ruhe mit den folgenden Fragen:

- Welche schwierigen Situationen in meinem Leben habe ich bereits gemeistert oder durchgestanden? Wie habe ich das geschafft?
- Welche Stärken und Tugend habe ich dabei unter Beweis gestellt?
- Worauf bin ich stolz?
- Was gibt mir heute Mut und Sicherheit? Worauf kann ich mich verlassen?
- Wie würde ein guter Freund (oder Kollege, Vater, Mutter, jemand, der "hinter mir steht") meine Stärken beschreiben?

So wie das Vertrauen zu anderen Menschen, so wächst auch das Vertrauen in die eigene Kompetenz Schritt für Schritt mit der Erfahrung. Allerdings passiert ein solches Wachstum nicht von allein. Damit Vertrauen zwischen Menschen wachsen kann, bedarf es des Mutes jedes Einzelnen, einen Schritt auf den anderen zuzugehen und damit das Risiko einer Enttäuschung oder Ablehnung in Kauf zu nehmen. Ohne einen solchen Mut zum kalkulierten Risiko können vertrauensvolle Beziehungen zwischen Menschen nicht entstehen.

Ganz ähnlich verhält es sich auch mit dem Wachstum des Vertrauens in die eigene Kompetenz. Auch hier brauchen wir den Mut, einen neuen Schritt zu wagen, uns einer neuen herausfordernden Situation zu stellen und dabei das Risiko eines Scheiterns in Kauf zu nehmen. Es gilt, die Angst vor dem Misserfolg zu überwinden. Wenn wir diesen Mut aufbringen, dann ermöglichen wir uns genau die Erfahrungen, die das Vertrauen in die eigene Kompetenz braucht, um wachsen zu können. Nämlich die Erfahrung, in einer neuen, unsicheren Situation die eigenen Kompetenzen erfolgreich eingesetzt zu haben.

Selbstverständlich sind auch Misserfolgserfahrungen möglich, aber auch diese können für eine Stärkung der Selbstwirksamkeit genutzt werden, wenn wir sie sorgfältig analysieren. Habe ich mir zu viel vorgenommen? Was an meinem Vorgehen hat zu dem Misserfolg beigetragen? Woran hat es gelegen, dass ich mein Ziel nicht erreicht habe? Wenn wir uns diese Fragen ehrlich beantworten, dann können wir auch aus einer Misserfolgserfahrung lernen. Und wir lernen, Misserfolge besser zu verarbeiten. Es ist ja nicht der Misserfolg selbst, der unser Vertrauen in uns selbst untergräbt, sondern die Angst vor dem Misserfolg und seinen Folgen. Insofern kann die Erfahrung eines Misserfolges und besonders die

Erfahrung, einen Misserfolg überlebt zu haben, vielleicht sogar an ihm gewachsen zu sein, zu einer Stärkung der Selbstwirksamkeitsüberzeugung beitragen.

"Wer nicht wagt, der nicht gewinnt". Dieser Spruch gilt somit auch, wenn es darum geht, die eigene Selbstwirksamkeitsüberzeugung zu stärken. Das bedeutet nun allerdings nicht, dass wir uns ohne entsprechende Vorbereitung unkalkulierbaren Risiken aussetzen sollten. Um die Wahrscheinlichkeit eines Erfolgserlebnisses zu erhöhen, kommt es auf eine gute mentale Vorbereitung an. Hier können wir uns die Fähigkeit des menschlichen Gehirns zur Antizipation, zur gedanklichen Vorwegnahme von Situationen, zunutze machen. Anstatt sich – wie es ja häufig geschieht – gedanklich mit den möglichen negativen Ausgängen einer Situation zu beschäftigen, nutzen wir unsere Fähigkeit zur Antizipation, um uns möglichst plastisch und in allen Einzelheiten vorzustellen, wie wir in den fraglichen herausfordernden Situationen erfolgreich handeln werden. Wir entwickeln in uns ein Drehbuch für unsere "Erfolgsstory". Im mentalen Training für Sportler wird ein solches Vorgehen seit langem praktiziert, indem Sportler sich in der Wettkampfvorbereitung oder auch während eines Wettkampfs die richtigen Bewegungsabläufe wiederholt gedanklich vorstellen. Ein solcher, möglichst lebendiger innerer Film von den eigenen Handlungsschritten ist äußerst hilfreich, wenn es an das tatsächliche Handeln in einer konkreten Situation geht.

Praxistipp
Gedankenspiel
Erfolgreiche Aus- bzw. Durchführung

Denke an eine bevorstehende herausfordernde Situation (z.B. an ein schwieriges Kundengespräch, einen öffentlichen Auftritt, ein Kritikgespräch mit einem Mitarbeiter, eine Prüfung, eine konfliktreiche Auseinandersetzung in der Familie oder ähnliches). Mach dir einen möglichst genauen Plan, wie du vorgehen wirst, was du wie tun oder sagen wirst. Schließe dann die Augen und stelle dir vor deinem inneren Auge in allen Einzelheiten vor, wie du die Herausforderung erfolgreich meisterst. Präge dir dieses innere Bild und die guten Gefühle, die mit ihm verbunden sind, möglichst tief ein.

Wiederhole diese Vorstellung so oft, bis du Bild und Gefühl der erfolgreichen Bewältigung zuverlässig in dir abrufen kannst.

D

Blaulicht-Einsatz

01 Einsatzhandbuch
Entschärfe deine Brandbeschleuniger

Um was es geht:

★ Welche Motive hinter deinen Antreibern stecken

★ Wie du diese Stressverstärker und Brandbeschleuniger entschärfen kannst

★ Die ultimative Anleitung für den Löscheinsatz deiner Brandbeschleuniger

★ Eigene Brandbeschleuniger für mehr Gelassenheit in den Griff bekommen

★ Stress abbauen

Im zweiten Teil dieses Buches hast du die fünf häufigsten persönlichen Stressverstärker bzw. Brandbeschleuniger kennengelernt und erfahren, dass diese im Grunde in einer Übersteigerung von normalen menschlichen Bedürfnissen oder Wünschen bestehen.

- So beruht der **"Sei perfekt!"**-Verstärker auf dem Leistungsmotiv. Das ist unser Wunsch nach Erfolg und Selbstbestätigung durch gute Leistungen. Dagegen ist rein gar nichts einzuwenden und jeder von uns trägt dieses Motiv mehr oder weniger stark ausgeprägt in sich.
- Der **"Sei beliebt! Mach´s allen recht"**-Verstärker beruht auf dem Anschlussmotiv. Im Hintergrund geht es um Anerkennung, den Wunsch nach Zugehörigkeit, nach Angenommensein und Liebe. In eine Zwickmühle gerät man mit diesem Gedankenstil dann, wenn man seine eigenen Interessen nur vertreten kann, indem man andere gleichzeitig enttäuscht. Die Folge: Ich stelle meine Interessen hinten an, um es anderen recht zu machen.
- Der **"Sei stark und unabhängig!"**-Verstärker beruht auf dem Autonomiemotiv, dem Wunsch nach persönlicher Unabhängigkeit und Selbstbestimmung. Es geht um den Wunsch, am liebsten alles allein zu machen und auch Sorgen mit sich selbst ausmachen zu wollen. Diese Menschen können nur schwer um Unterstützung bitten und sind gerne Einzelkämpfer.
- Hinzu kommen der **"Beeil dich / Behalte Kontrolle"**-Verstärker, der auf dem Kontrollmotiv und

- der **"Streng dich an / Halte durch"**-Verstärker, der auf dem Schonungsmotiv beruht.

Wenn diese allgemein menschlichen Motive als absolut gesetzt werden, wenn ihre Erfüllung zu einem unbedingten Muss übersteigert wird, dann macht uns dies stressanfällig gegenüber all den Situationen, in denen es fraglich ist, ob das jeweilige Motiv erfüllt werden kann. Mehr noch, wir werden dann eine Vielzahl von alltäglichen Situationen als Bedrohung dieses Motivs interpretieren.

Wie lassen sich nun persönliche Stressverstärker entschärfen?

Wie immer, wenn es um persönliche Weiterentwicklung geht, steht auch hier die Selbsterkenntnis am Anfang. Es gilt, das eigene, individuelle Stressverstärker-Profil zu erkennen und sich die dadurch bedingten individuellen Stressanfälligkeiten einzugestehen. Siehe hierzu Teil II - Kapitel 04 weiter vorne.

Jeder Denkstil hat auch einen guten Kern, der bewahrt werden soll. Perfektionismus z.B. ist per se nichts Schlechtes. Er bewahrt uns davor, zu lax zu werden. Er sorgt dafür, dass wir uns gut vorbereiten, und er lässt uns unsere eigenen Ergebnisse noch einmal überprüfen. Aber wenn das in die Übertreibung geht und ich immer wieder Abgabetermine verschiebe, weil ich vermeintlich noch besser werden, noch perfektere Ergebnisse abliefern kann, dann läuft das in Richtung Brandbeschleuniger.

Wenn wir uns hier mit der Frage beschäftigen, wie wir diese Brandbeschleuniger entschärfen können, dann kann es daher dabei nicht darum gehen, die Stressverstärker einfach über Bord zu werfen. Das wäre kaum möglich und auch nicht sinnvoll. Vielmehr kommt es darauf an, die positiven Seiten der jeweiligen Einstellungen und Verhaltensweisen zu bewahren und zugleich die negativen, eben die stresserzeugenden Aspekte zu verringern.

Letztlich geht es darum, die Übertreibung herauszunehmen. Und deine Bewertung entscheidet – Stress oder kein Stress. Und es geht darum, welche Möglichkeiten und Fähigkeiten du siehst, um die anstehenden Probleme zu lösen. Es gibt drei Varianten der Bewertung. Du bewertest die Situation als

- normal und beherrschbar
- positiv, als Herausforderung, die dich beflügelt und deine Leistungsfähigkeit steigert
- bedrohlich, und du hast vielleicht sogar Angst zu versagen

Entscheidend ist, ob du glaubst, die Aufgaben schaffen und die Situation meistern zu können. Oder ob du glaubst, dass dein Scheitern „vorprogrammiert" ist.

Ich zeige dir nun eine Möglichkeit, wie du deine Brandbeschleuniger aufspüren und in vier Schritten wirkungslos machen kannst.

Schritt 1 – Wie bewertest du die stressauslösende Situation?

In Teil 1 dieses Buches habe ich dich eingeladen, Situationen aufzuschreiben, in denen du regelmäßig in Stress gerätst. Nimm dir jetzt eine dieser typischen Stress-Situationen vor. Versetze dich in eine gut erinnerliche Situation hinein – auch, wenn es unangenehm ist – und erforsche, wie du diese Situation bewertet hast: Normal, positiv oder bedrohlich?

Schritt 2 – Was genau denkst du in dieser Situation?

Im zweiten Schritt lade ich dich ein, dich zu erinnern, welche Gedanken dir zu der Situation durch den Kopf gegangen sind:

- Was hast du über dich gedacht?
- Was hast du über die Situation gedacht?
- Was hast du über evtl. beteiligte andere Personen gedacht?

Wenn du das mehrmals für die gleiche Art von Situation machst, wirst du entdecken, dass es immer die gleichen Sätze sind, die du denkst. Diese Sätze haben sich in der Regel verselbstständigt und sind fest zementierte hinderliche Glaubenssätze geworden. In vielen Fällen handelt es sich um die inneren Antreiber oder Abwandlungen davon:

- Ich muss perfekt sein (sei perfekt)
- Ich muss es allen recht machen (sei beliebt)
- Ich muss stark sein (sei stark, sei unabhängig)
- Ich muss mich anstrengen (streng dich an, halte durch)
- Ich muss mich beeilen (beeil dich, behalte Kontrolle)

Schreibe diese Sätze auf. Nun sagst du dir einen nach dem anderen innerlich vor. Spüre dabei nach, was der jeweilige Satz in dir auslöst. Es können körperliche Reaktionen sein, wie feuchte Hände, Herzklopfen, flaues Gefühl im Magen, Kloß im Hals etc. oder auch Gefühle wie Unruhe, Angst, Verunsicherung etc. Identifiziere so die Gedanken, die als Brandbeschleuniger wirken.

Schritt 3 – Das „Gegengift" entwickeln

Jetzt knöpfst du dir jeden einzelnen Satz vor, der als Brandbeschleuniger wirkt. Beginne mit dem, der die stärksten Reaktionen auslöst. Überlege dir einen alternativen (Glaubens-)Satz, der dich für das Bestehen der betreffenden Situation stärken und nicht – wie der aktuelle – schwächen würde.

Hier einige Beispiele:

- Alt: „Um Gottes willen, wie soll ich das alles schaffen"
- Neu: „Ok, was ist das Wichtigste? Das zuerst, dann eins nach dem anderen"
- Alt: „Jetzt muss ich mich auch noch um diese Streithähne kümmern"

- Neu: „Die beiden sind erwachsen und können bis morgen warten / das selbst regeln"
- Alt: „Ich verliere den Kunden, wenn ich ihn heute nicht anrufe"
- Neu: „Ich rufe sofort den Kunden an. Sollte ich ihn nicht erreichen, schicke ich eine SMS und eine Mail und melde mich morgen früh als allererstes bei ihm. Da der Kunde gern mit uns zusammenarbeitet, wird er meine Verspätung verzeihen."

Der psychologische Psychotherapeut Prof. Dr. Kaluza hat folgende Fragen auf die fünf Stressverstärker adaptiert. Damit kannst du deine Brandbeschleuniger hinterfragen und hilfreiche Einstellungen entwickeln

- Zunächst: Um welchen Stressverstärker geht es?
- Frage 1: Was ist das Gute an diesem Stressverstärker? Welche positiven Eigenschaften und Verhaltensweisen sind damit verbunden?
- Frage 2: Was spricht gegen diesen Stressverstärker? Was sind negative Aspekte?
- Frage 3: Wie lautet der extreme Gegenpol zu diesem Stressverstärker?
- Frage 4: Wie könnte eine förderliche, entlastende Einstellung lauten?

Zur Unterstützung gebe ich dir noch ein paar Gedanken und Impulse an die Hand, dein ultimatives Einsatzhandbuch zur Entschärfung deiner Brandbeschleuniger:

Impuls:
So kannst du sie umwandeln
oder abschwächen
Blaulicht-Einsatz: Lösch deine
Brandbeschleuniger

Den "Sei perfekt"-Brandbeschleuniger kannst du wie folgt umwandeln oder abschwächen:

Hast du eine starke Ausprägung in Richtung »sei perfekt«, dann kommt es darauf an, dass du eine gewisse Fehlertoleranz erlernst, dir vor dir selbst und vor anderen Fehler, Unzulänglichkeiten oder Ungenauigkeiten erlaubst oder zumindest aushältst.

Im Kern geht es darum, dass du dir selbst erlaubst, auch einmal ein Arbeitsergebnis abzuliefern, von dem du weißt, dass es noch besser ginge. Erste

Schritte dazu könnten sein, dass du dir für weniger wichtige Aufgaben ein Zeitlimit setzt. Das kann die Erfahrung vermitteln, dass "gut" (und eben nicht perfekt) oft gut genug ist.

Du kannst aber auch damit beginnen, vor anderen zu kleinen Fehlern offen zu stehen. Dadurch kannst du erfahren, dass die anderen dich deshalb nicht ablehnen, sondern im Gegenteil unter Umständen gerade deshalb als Menschen wertschätzen. Hilfreiche Gedanken, die einen solchen Entwicklungsweg hilfreich unterstützen können, sind zum Beispiel:

- Auch ich darf Fehler machen und bin trotzdem wertvoll.
- Aus Fehlern werd ich klug.
- Ich bin okay trotz Fehlern.
- Auch gut / brauchbar / 80 Prozent ist oft gut genug.
- Weniger ist manchmal mehr.
- So gut wie möglich, so gut wie nötig.
- Ab und zu lasse ich fünf gerade sein.
- Ich gebe mein Bestes und achte auf mich.
- Ich unterscheide zwischen wichtig und unwichtig.

Den "Sei-beliebt/Mach´s allen recht"-Brandbeschleuniger kannst du wie folgt umwandeln oder abschwächen:

Hier geht es darum, Selbstbehauptung zu lernen, eigene Grenzen und Interessen zu vertreten. Du sollst dir also erlauben, andere Menschen auch einmal zu enttäuschen, und auszuhalten, dass andere nicht in allen Punkten mit dir zufrieden sind. Du könntest starten, indem du zunächst in leichteren Situationen und gegenüber Menschen, die dir nicht so viel bedeuten, "Nein" sagst oder Aufgaben delegierst.

Die Erfahrungen, die du damit machst, werden diesen Brandbeschleuniger allmählich aufweichen. Du erfährst Entlastung und wirst feststellen, dass die Beziehungen zu anderen Menschen dadurch nicht nennenswert beeinträchtigt werden. Hilfreiche Gedanke zu diesem Brandbeschleuniger sind u.a.:

- Ich darf "Nein" sagen.
- Ich achte auf meine Grenzen / meine Bedürfnisse.
- Ich darf mich anderen zumuten und Wünsche äußern.
- Ich sorge auch für mich.
- Ich bin gut zu mir.
- Ich darf andere enttäuschen.
- Ich darf anecken.
- Ich kann / will / muss es nicht allen recht machen.
- Nicht alle müssen mich mögen.
- Kritik gehört dazu.

- Ich darf kritisieren / meine Meinung sagen.
- Ich darf kritisiert werden.

Den "Sei stark/sei unabhängig"-Brandbeschleuniger kannst du wie folgt umwandeln oder abschwächen:

Wenn du lernst, dich auch einmal bei anderen anzulehnen und Unterstützung anzunehmen, ohne dabei deine Unabhängigkeit aufzugeben, gelingt hier die Umwandlung. Konkret: Du darfst dir selbst erlauben, auch einmal auf andere angewiesen zu sein und dich auf andere zu verlassen. Du kannst z.B. jemand anderem zeigen, dass du bei einer bestimmten Aufgabe Hilfe brauchst und offen darum bitten. Du wirst so erfahren, dass Unterstützung durch andere möglich ist, ohne dass du dich dabei "klein machst". Das entlastet enorm. Hilfreiche Gedanken auf diesem Weg sind u.a.:

- Ich darf auch mal Schwäche zeigen.
- Schwächen sind menschlich.
- Ich darf um Hilfe / Unterstützung bitten.
- Es gibt Hilfe / Unterstützung für mich.
- Ich gebe anderen die Chance, mich zu unterstützen.
- Ich darf mich auch mal fallen lassen.
- Ich darf / kann delegieren.
- Ich darf / kann mich auf andere verlassen / anderen vertrauen.
- Ich muss nicht alles selbst und allein machen.
- Ich darf meine Gefühle zeigen.
- Ich darf mich anlehnen.

Den "Beeil dich/Behalte Kontrolle"-Brandbeschleuniger kannst du wie folgt umwandeln oder abschwächen:

Wenn du zu den Menschen gehörst, die ein stark ausgeprägtes Kontrollstreben haben, dann geht es darum, dass du Mut zum - kalkulierten - Risiko entwickelst und lernst, dich auf neue und nicht vorhersehbare Situationen einzulassen, ohne dabei leichtsinnig zu werden. Es geht darum, dass du Unsicherheit tolerierst und dir erlaubst, Risiken einzugehen. Plane ein bevorstehendes Ereignis einmal nicht in allen Einzelheiten vorab, kontrolliere andere weniger und vertraue ihnen mehr. Du wirst dann feststellen, dass die übertriebene Vorsicht und das überstarke Kontrollstreben allmählich nachlassen. Förderliche Gedanken können z.B. sein:

- Ich darf loslassen.
- Ich darf ein Risiko eingehen.
- Ich darf mir Zeit lassen, ich darf Pausen machen.
- Ich traue mich.
- Ich kann / darf entscheiden für diese Situation.
- Mut tut gut.
- Ich kann Entscheidungen korrigieren.

- Ich kann / darf spontan sein.
- Ich kann / darf auf meinen Bauch vertrauen.
- Risiko / Unsicherheit gehören dazu.
- Ich kann / darf mich auf andere verlassen.
- Ich habe Vertrauen.
- Störungen sind Teil des Jobs / des Plans.
- Ich bleibe gelassen, auch wenn ich nicht weiß, was kommt.
- No risk, no fun!

Den "Streng dich an/Halte durch"-Brandbeschleuniger kannst du wie folgt umwandeln oder abschwächen:

Beim letzten der Haupt-Antreiber und Brandbeschleuniger geht es darum, mehr auf die eigenen Grenzen zu achten, ohne dabei in das andere Extrem einer übertriebenen Schonhaltung abzugleiten. Du sollst dir auch einmal erlauben oder zumindest aushalten können, dich einer unangenehmen Aufgabe zu entziehen, Ziele, die sich als zu hoch gesteckt erweisen, aufzugeben, eigene Grenzen wahr- und anzunehmen und dich auszuruhen. Ein wichtiger Schritt dazu wäre, dir Pausen zu gönnen (wie man Pausen richtig macht, dazu kommen wir in Feld 3 bei den Basics für deine persönliche Balance noch zu sprechen). Hilfreiche Gedanken auf diesem Weg sind u.a.:

- Ich sorge für mich.
- Ich darf bei der Arbeit auch Spaß haben.
- Auch wenn es leicht geht, ist es für mich wertvoll und gut.
- Ich passe auf mich auf.
- Ich darf mich ausruhen / entspannen.
- Ich darf es mir leicht machen.
- Ich darf loslassen.
- Ich darf aufgeben.
- Ich habe Grenzen, und das ist gut so.

Entwickle jetzt deine eigenen, neuen Sätze. Prüfe mehrere Varianten innerlich aus und entscheiden dich für denjenigen, der dich am stärksten beruhigt und dir die größte Gelassenheit schenkt.

Schritt 4 – Die Zukunft ändern

Jetzt stell dir deine Stresssituation erneut vor. Sag dir innerlich diesen neuen Satz. Mal dir in Gedanken aus, wie du mit diesem Satz die Situation sehr viel ruhiger und gelassener als bisher meisterst. Je öfter du das machst, umso selbstverständlicher wird dir diese neue Reaktionsweise. Die alten Stressverstärker werden wirkungslos.

Falls du merkst, dass die alten Glaubenssätze hartnäckig sind, bleib dran und sei geduldig. Unser Gehirn braucht bei regelmäßigem Üben ca. drei Wochen, um neue, gut funktionierende Neuronenverschaltungen aufzubauen. Erst dann ist neues Verhalten stabil und fest verankert. Ja, es ist es eine Herausforderung, das Auflösen von hinderlichen Überzeugungen / Brandbeschleunigern ganz allein zu schaffen. Es erfordert viel Ehrlichkeit sich selbst gegenüber. Denn es gilt, den blinden Fleck zu beleuchten und du brauchst Energie und Durchhaltevermögen. Ich unterstütze dich gerne dabei. Gönn dir diese „Abkürzung" und mach einfach einen Termin mit mir. Das geht ganz einfach auf meiner Homepage.

Für die Entschärfung deiner persönlichen Stressverstärker kommt es also immer auf drei Punkte an: Am Anfang steht erstens die Reflektion und Selbsterkenntnis deiner persönlichen Stressverstärker und der mit ihnen verbundenen Einstellungen und Verhaltensweisen (siehe Teil II - Kapitel 03). Zweitens geht es darum, die Richtung der persönlichen Weiterentwicklung positiv zu bestimmen (siehe Ausführungen oben). Und drittens schließlich musst du konkrete kleine Schritte in deinem Alltag gehen, die in die erkannte Entwicklungsrichtung führen und dir neue Erfahrungen ermöglichen.

02 Die unbewussten Auftraggeber
Bin ich ein Doppelagent?

Um was es geht:

★ Anleitung zur Auflösung weiterer Brandbeschleuniger
★ Dein Weg zu mehr Selbstbestimmung und Souveränität
★ Das Museum der Glaubenssätze
★ Wie du in vier Schritten alle Glaubenssätze auflösen kannst

Negative Glaubenssätze auflösen in vier Schritten

Im letzten Kapitel habe ich dir vorgestellt, wie du in einem Blaulicht-Einsatz deine Haupt-Antreiber entschärfen kannst. Es gibt aber noch viel mehr Glaubenssätze, Stressverstärker oder Brandbeschleuniger. Sie alle bilden sich in unserer Kindheit durch Übung und eigene Erfahrungen. Sie werden oft ungeprüft ins Hier und Jetzt übernommen. Und häufig suchen wir sogar selbst, bewusst und unbewusst, nach Bestätigungen für diese Glaubenssätze.

Mit den folgenden vier Schritte kannst du nun jeden Glaubenssatz auflösen. Wir müssen dazu nur, wie in dem vorherigen Kapitel aufgezeigt, ein wenig ins Museum der Glaubenssätze eintauchen. Ich hab dir dazu ein paar Beispiele mitgebracht.

Ja, manche Glaubenssätze lösen sich in dem Moment auf, in dem sie dir bewusst werden. Für andere Glaubenssätze hingegen brauchst du Zeit. Wenn du 10 Jahre geglaubt hast, dass die Meinung anderer Menschen wichtiger ist als deine eigene, wirst du diesen Glaubenssatz vermutlich nicht in 10 Minuten ändern. Das heißt nicht, dass du ihn nicht ändern kannst. Denn das kannst du. Du brauchst nur ein bisschen mehr Zeit. Da dieser Punkt geklärt ist, lass uns loslegen.

1. Hinterfrage deine negativen Glaubenssätze logisch

Warum kontrollieren dich negative Glaubenssätze so stark? Weil du sie für Fakten hältst. Deine Überzeugungen entsprechen für dich der Realität. Aber letztendlich sind deine Glaubenssätze nur deine Meinung. Sie stellen eine von vielen möglichen Sichtweisen dar. Es kann sein, dass deine Glaubenssätze sehr hartnäckig sind, weil du sie dir jahrelang eingeredet hast. Doch das heißt noch lange nicht, dass sie der Realität entsprechen. Und deshalb solltest du anfangen, sie zu hinterfragen. Ein paar Beispiele:

Glaubenssatz: „Ich kann das nicht." Mögliche Fragen, die du dir stellen kannst:

- Warum glaube ich, dass ich das nicht kann?
- Habe ich nicht auch schon in der Vergangenheit viele Dinge geschafft?
- Habe ich es überhaupt probiert?
- Habe ich mir erlaubt, Fehler zu machen und daraus zu lernen?

Glaubenssatz: „Ich bin nicht gut genug." Mögliche Fragen, die du dir stellen kannst:

- Was heißt es überhaupt, gut genug zu sein?
- Warum muss ich überhaupt etwas tun, um gut genug zu sein?
- An welchen Werten messe ich mich gerade?
- Was ist, wenn ich schon gut genug bin, einfach weil ich existiere?

Glaubenssatz: „Ich kann sowieso nichts verändern." Mögliche Fragen, die du dir stellen kannst:

- Warum glaube ich, dass ich nichts verändern kann?
- Habe ich es überhaupt probiert?
- Wenn andere Menschen etwas verändern können, warum sollte ich es dann nicht auch können?
- Veränderung brauchen häufig Zeit – habe ich mir überhaupt die Zeit gegeben, um wirklich etwas verändern zu können?

In dem du deine Glaubenssätze logisch hinterfragst, wirst du vermutlich Beispiele dafür finden, warum deine Glaubenssätze nicht wahr sind. Und das hilft oft dabei, deine Überzeugungen ein bisschen zu entkräften.

2. Gib deinem Glaubenssatz ein kleines Update

Weißt du, was laut der modernen Glücksforschung einer der wichtigsten Faktoren für das psychische Wohlbefinden ist? Das Gefühl, dass wir Dinge verändern und beeinflussen können. Deshalb sind negative Glaubenssätze auch so belastend. Denn sie geben uns das Gefühl, dass Dinge unveränderbar sind.

Wenn du zum Beispiel glaubst, dass du etwas nicht kannst, nicht gut genug bist oder etwas nicht erreichen wirst, hast du das Gefühl, dass das für immer so sein wird. Und das führt dazu, dass du dich machtlos und minderwertig fühlst.

Was kannst du tun, um deinen Hals aus der Schlinge zu ziehen?

Mach dir bewusst, dass die Dinge nicht dauerhaft sind. Nichts in diesem Leben ist für immer. Und selbst wenn du noch nicht weißt wie, alles lässt sich ändern. Deshalb solltest du deinen Glaubenssätzen ein kleines Update geben:

- Ich kann das nicht –> Ich kann das noch nicht.
- Ich bin unattraktiv –> Ich fühle mich momentan unattraktiv.
- Ich schaffe das nicht –> Ich glaube jetzt gerade, dass ich es nicht schaffe.

- Ich bin nicht gut genug –> Ich fühle mich momentan so, als wäre ich nicht gut genug.

Wenn du das nächste Mal gefangen bist in einem negativen Glaubenssatz, forme ihn ein bisschen um. Mach dir bewusst, dass es nur ein momentaner Zustand ist und nicht immer so sein wird. Dadurch ziehst du dich ein Stück weit an den eigenen Haaren aus dem Sumpf. Diese Methode hilft auch sehr gut, wenn du deinen inneren Kritiker überwinden willst.

3. Identifiziere dich nicht mit deinen Glaubenssätzen

Glaubenssätze sind oft schwer aufzulösen, da sie ein Teil unserer Identität sind. Wir identifizieren uns also häufig mit unseren Glaubenssätzen und haben sie zu einem Teil von uns gemacht, als wären sie ein Finger oder das linke Ohr. Einen Glaubenssatz zu ändern, bedeutet demnach auch, deine Identität zu ändern. Und das ist nicht immer einfach. Nicht selten bauen Menschen ihr ganzes Leben rund um einen Glaubenssatz auf:

- Geld macht unglücklich oder Geld stinkt.
- Andere Menschen nutzen mich nur aus.
- Erst die Arbeit, dann das Vergnügen.
- Es ist sehr wichtig, dass andere Gutes von mir denken.
- Ich darf auf gar keinen Fall scheitern, sonst bin ich ein schlechter Mensch.

Es gibt Glaubenssätze, die dein Leben und deine Entscheidungen maßgeblich beeinflussen. Diese zu ändern bedeutet, dich selbst zu ändern. Wir alle haben das Bedürfnis nach einer positiven Selbstsicht. Wir möchten das Gefühl haben, dass wir konsequent sind – dass unser Verhalten also mit unseren Überzeugungen übereinstimmt. Einen Glaubenssatz aufzugeben impliziert, dir selbst einzugestehen, dass du falsch lagst. Vielleicht sogar Jahre oder Jahrzehnte lang. Und das kann verdammt hart sein. Es bedeutet nämlich, einen Teil deiner Identität aufzugeben. Als müsstest du einen Finger oder das linke Ohr abgeben. Doch es ist notwendig.

Ohne deine Identität zu verändern kannst du auch deine Glaubenssätze nicht verändern. Was kann dir bei diesem schwierigen Schritt helfen? Schluck deinen Stolz herunter. Gestehe dir ein, dass du falsch lagst. Dass du einen Fehler gemacht hast. Dass du nicht perfekt bist. In dem Moment, in dem du deinen Stolz aufgibst, kannst du deine Identität und somit auch deine Glaubenssätze ändern.

4. Mach neue Erfahrungen

Das ist der Punkt, an dem die meisten Tipps zum Thema Glaubenssätze zu kurz kommen. Die Schritte 1-3 können dir dabei helfen, an deinen negativen Glaubenssätzen zu rütteln oder sie zu entkräften. Aber um einen Glaubenssatz vollständig aufzulösen, musst du ihn durch einen neuen ersetzen. Und dafür brauchst du Beweise.

In der Regel verinnerlichst du einen Glaubenssatz erst dann, wenn du auch neue Erfahrungen machst, die deinen Glaubenssatz bestätigen. Das ist auch der Grund, warum du deine Glaubenssätze nicht einfach wechseln kannst wie deine Unterwäsche.

Du kannst dir jeden Tag aufs Neue einreden, dass du ein selbstbewusster Mensch bist. Doch erst wenn du immer wieder die Erfahrung machst, wird dieser Glaubenssatz zu einem Teil deiner Identität. Deshalb sind auch positive Affirmationen nur bedingt hilfreich, wenn es darum geht, deine Glaubenssätze und dein Selbstbild zu ändern. Du kannst dir noch so oft vor dem Spiegel einreden, wie sehr du dich selbst liebst. Wenn du es jedoch nicht schaffst, deine Meinung zu sagen, Grenzen zu ziehen und Nein zu sagen, wird sich dein Selbstbild nur wenig stärken.

Der Punkt ist ja der: Unsere Identität formt sich zu einem großen Teil dadurch, dass wir unsere eigenen Handlungen beobachten.

- Wenn du immer wieder mutig handelst, dann siehst du dich mit der Zeit mehr und mehr als mutigen Menschen. Mut wird somit zu einem Teil deiner Identität und du wirst auch dementsprechende Glaubenssätze entwickeln.
- Wenn du jeden Tag Sport machst, siehst du dich mehr und mehr als einen sportlichen Menschen. Sport wird zu einem Teil deiner Identität.

Neue Erfahrungen = Neue Glaubenssätze

Um deine Glaubenssätze zu ändern, musst du letztendlich neue Erfahrungen machen. In manchen Fällen reicht eine einzige Erfahrung aus, um einen Glaubenssatz aufzulösen oder zumindest stark zu entkräften. Ein Beispiel:

Du glaubst, dass du zu deinem Chef immer nett sein musst und ihm nicht widersprechen darfst. Deshalb ziehst du keine Grenzen und sagst auch nicht Nein. Das führt dazu, dass dein Chef dir oft mehr Arbeit auftischt, als du schaffen kannst, deine Meinung für unwichtig hält und dich auf einer Ebene mit der Putzfrau sieht.

Doch es kommt der Tag, an dem du sprichwörtlich die Schnauze voll davon hast, dass er dich ausnutzt und nicht respektiert. Du nimmst dir vor, ab jetzt mehr für dich und deine Meinung einzustehen und dir nicht mehr alles gefallen zu lassen.

Jetzt malst du dir aus, wie dein Chef dich anschreien wird und völlig ausflippt, weil du ihm widersprichst. Doch bei der nächsten guten Gelegenheit nimmst du all deinen Mut zusammen, widersprichst du deinem Chef, sagst ihm deine Meinung und erklärst ihm deinen Standpunkt.

Zu deiner Überraschung reagiert er darauf nicht negativ. Er hört dir nur aufmerksam zu und respektiert deine Meinung. BÄMM!

Eine einzige Erfahrung, die deinen bisherigen Glaubenssatz enorm ins Wanken bringt. Selbst wenn dein Chef negative reagiert hätte, hättest du die Erfahrung gemacht, dass ihm zu widersprechen zwar unangenehm ist, jedoch nicht das Ende der Welt bedeutet.

Neue Erfahrungen zu machen ist also die Grundlage, um deine limitierenden Glaubenssätze zu ändern und durch positive zu ersetzen.

Impuls:
Schreib es auf
Positive Erfahrungen als Referenzerlebnis notieren

Hier kommt wieder dein Journal (du erinnerst dich? Kapitel C 02 in Feld 2) zum Einsatz. Notiere dir hier deine neuen Erfahrungen als Referenzerlebnisse. Schreib auf, was gut bzw. besser als gedacht gelaufen ist. Schreib es positiv mit allem was du gefühlt und gedacht hast. Und blättere immer wieder mal zurück im Journal, und sieh dir deine neuen Referenzerlebnisse an. Oder leg doch gleich ein eigenes Kapitel im Journal an und reservier dir dafür die nächsten 4-8 Seiten. Dann hast du alle an einer Stelle.

Feld 3: HIMMEL

Ausgleich schaffen
Basics für deine persönliche Balance

Bring deine Lebensenergie an den Start:
Strategien für innere Ruhe, Regeneration und Vitalität

So, du kennst nun bereits zwei Schlüssel für deine persönlichen Höchstleistungen.

Das erste Feld (ERDE), bei der es um deine persönlichen Kompetenzen geht. Du hast festgestellt, dass du auf die äußeren Anforderungen im beruflichen und privaten Bereich Einfluss nehmen, sie verändern, und möglicherweise verringern oder ganz abbauen kannst. Da geht es im Wesentlichen darum, Stress erst gar nicht entstehen zu lassen. Und du hast festgestellt, dass du möglichem Stress durch die Entwicklung deiner eigenen - fachlichen und sozialen - Kompetenzen vorbeugen kannst.

Das zweite Feld (HÖLLE) handelte von deinem Mindset, deinen persönlichen Motiven, Einstellungen und Bewertungen. Ich habe dir aufgezeigt, dass unsere eigene Bewertung der Dinge nur eine - dazu noch subjektive - Möglichkeit unter mehreren ist, wie die Dinge betrachtet werden können.

Welche Schlussfolgerungen können wir also zum Abschluss unserer bisherigen Überlegungen ziehen?

Es zeigt sich, dass die beiden Felder wichtig sind und sich gegenseitig stützen und fördern. Doch ein entscheidendes Feld, eine besondere Eigenschaft und Befähigung muss noch hinzukommen, damit es gelingt, die eigenen Lebensvorstellungen zu verwirklichen und seinen Lebenserfolg und sein Lebensglück fördern und sichern zu können.

Und dieses dritte Feld von Life-Exzellenz ist der HIMMEL!

Im HIMMEL findest du alles, was das Leben so angenehm macht. Schöpfergeist und Kreativität, die sprichwörtliche Wolke 7, Entspannung und Bewegung, Hobby und Freizeit, Genießen und Schlafen. Auf den Punkt gebracht: Alles was mit Regeneration zu tun hat. Doch kaum ein Thema wird in seiner Bedeutung für das eigene Leben so unterschätzt, wie das der Regeneration.

Das erste, was einem im Zusammenhang mit Regeneration auffällt, ist, dass es kaum einen anderen Faktor zu geben scheint, der für die Verwirklichung der eigenen Lebensvorstellungen eine so große Bedeutung hat und dem gleichzeitig in den meisten Fällen so wenig Beachtung geschenkt wird.

Die einen betrachten den HIMMEL als schlicht überflüssig. Sie sehen in ihm eine wertlose und inhaltlich kaum greifbare Fähigkeit, die niemand wirklich braucht und deren Nutzen für das eigene Berufs- und Privatleben nicht nur schwer erkennbar ist (was bringt mir das konkret?), sondern in Wahrheit gegen Null tendiert. Die Kunst, einmal nichts zu tun, sich zu erholen, ist für sie also eine Banalität und Sinnlosigkeit, etwas, mit dem es sich zu befassen und zu beschäftigen nicht weiter lohnt und das reine Zeitverschwendung wäre.

Andere haben durchaus eine gewisse Ahnung, dass Regeneration für sie von Bedeutung sein könnte. Sie reduzieren den Begriff in ihrer Vorstellung aber auf etwas, dass man vielleicht am besten mit erfolgreichem Durchwursteln bezeichnen könnte. Für sie beschreibt es das Denken und Verhalten eines Menschen, dem zwar kaum etwas von dem gelingt, was er sich vornimmt, der sich aber über sämtliche privaten Rückschläge und beruflichen Reinfälle dadurch hinweg zu trösten vermag, dass er seine Erfüllung in Nebensächlichkeiten, sprich dem Himmel, sucht und findet.

Doch was bedeutet Regeneration nun tatsächlich?

Regeneration beruht auf einem bewussten Leben: Es handelt sich um eine Befähigung, die sich auf das Leben in seiner Gesamtheit bezieht, auf alle Bereiche, Themen, Aufgabenstellungen, Fragen und Epochen der eigenen Existenz.

Bei Regeneration geht es also in keiner Weise ausschließlich darum, herauszufinden, was alles zu einem bequemen, amüsanten und leichtgängigen Leben gehört und wie man es schafft, ein solches Leben bei sich einzuführen. Im Gegenteil. Auf der einen Seite liegt der Fokus der Regeneration selbstverständlich auch auf Elementen wie denen der Lebensfreude, der Lebenslust und des Lebensgenusses.

Im Sinne eines umfassenden Entwurfs von Life-Exzellenz schließt Regeneration aber gleichzeitig auch die Beschäftigung mit genau den Feldern des Lebens ein, denen man sich üblicherweise nur ungern nähert, die man oft genug verdrängt und mit denen man sich eigentlich so wenig wie möglich konfrontiert sehen möchte.

Mit anderen Worten: Regeneration bedeutet, die eigenen Sinne, die eigene Wahrnehmungsfähigkeit und das eigene Denk- und Urteilsvermögen zu aktivieren, zu schulen, zu schärfen und zu nutzen.

Regeneration heißt zudem, auch etwas zu tun und seine Zeit auf etwas zu verwenden, was eben keinem konkreten Ziel oder Zweck dient. Wer ausschließlich aufgabenbezogen denkt, wem es immer um bestimmte Ergebnisse geht, wer nur etwas unternimmt, wenn es ihn auf einem bestimmten Feld vorwärtsbringt, der überfordert sich auf Dauer nicht nur, sondern er versklavt sich regelrecht. Er lebt im wahrsten Sinne des Wortes zweck-gebunden, ein Leben mit Scheuklappen, in der einen Hand die Stoppuhr, in der anderen die Peitsche, die er über den eigenen Kopf schwingt.

Der Dauergedanke "Ich muss heute noch" treibt ihn ständig vor sich her und die Fixierung auf die Frage "Was bringt mir das?" führt dazu, dass er immer mehr sein Wahrnehmungsvermögen für die Lebensbestandteile einbüßt, die ihm vielleicht keinen unmittelbaren oder sofort messbaren Nutzen liefern, ohne die sein Leben aber irgendwann zur Ödnis wird. Noch mehr. Da er ständig nach außen blickt, auf das, was es unbedingt zu erledigen und zu erreichen gilt, läuft er zudem Gefahr, sich irgendwann selbst aus den Augen zu verlieren.

Zweckfreie Zeiten und in diesem Sinne auch ein ziel-freies Handeln sind also in keiner Weise Verschwendung. Sie sind im Gegenteil die Grundvoraussetzung für eine freie, erfüllte und spielerische Existenz und insbesondere auch dafür, sich auf sich selbst besinnen und zu sich selbst finden zu können.

Bei diesem dritten Feld des Stressmanagements steht deshalb die Regulierung und Kontrolle der körperlichen und seelischen Stressreaktionen im Vordergrund. Es geht darum, wie wir körperliche Anspannung lösen, innere Unruhe und Nervosität dämpfen und für Ausgleich sorgen können, um langfristig negative Stressfolgen zu vermeiden bzw. zu lindern, sowie um Strategien, die dazu dienen, die eigene Widerstandskraft gegenüber Belastungen zu erhalten und neue Energien aufzubauen.

Im Einzelnen werden wir uns auf diesem Feld mit folgenden vier Bausteinen beschäftigen:

- Erholung beginnt im Kopf
- Einfach natürlich genießen
- Einfach mal nix tun: Abschalten und Gelassenheit lernen
- Alltäglich beweglich: Mehr Bewegung für die Generation "Keine Zeit".

A

Erholung beginnt im Kopf

01 Erholung 4.0
Aufbruch in eine atemberaubende Welt

> **Um was es geht:**
>
> ★ Körperliche Unterforderung als Stressauslöser
> ★ Bist du auch in der Freizeitfalle?
> ★ Trotz Belastung jetzt auch noch aktiv werden?
> ★ Die Bedeutung von Hobbys als Quelle von Leidenschaft und
>   Begeisterung

Gerade erst kehrt man aus dem Büro nach Hause zurück und schon toben wieder die ungelesenen Mails auf dem Smartphone. Natürlich jedes Mal mit Signalton, denn lautlos geht nicht, es könnte einem ja eine wichtige Nachricht entgehen. Wie haben wir das denn damals gemacht, vor circa 15 Jahren etwa, als es noch keine Smartphones gab, man nicht ständig anrufen konnte, wenn man sich mal wieder um fünf Minuten verspätet. Man hat sich die Zeit vertrieben, irgendwie. Kannst du dich noch an jene Zeit erinnern, in der man sich die Wartezeit auf die Straßenbahn mit In-den-Himmel-Schauen, Lesen oder irgendetwas Entspanntem vertrieb? Das war damals, als wir noch nicht von der Stresssucht begleitet waren, das Leben ruhiger angingen und nach der Arbeit nicht zur Arbeit, sondern zu Freunden oder Familie schlenderten.

Heute scheinen Hobbys und Freizeitbeschäftigungen der multimedialen Vereinsamung gewichen zu sein.

Früher sah man Menschen in öffentlichen Verkehrsmitteln ein Buch lesen, Gruppen nach Feierabend in einem Biergarten sitzen oder Pärchen im Park Tischtennis spielen. Heute sind diese Anblicke hektischen Menschen mit Telefon am Ohr oder Wischbewegungen auf einem Handy-Display gewichen. Kaum ein Mensch hat mehr ein Hobby. Viele murmeln sogar kleinlaut in ihren vielleicht vorhandenen Bart, dass es heute keine Zeit mehr für persönliche Leidenschaften und Herausforderungen gäbe. Wie bitte? Keine Zeit mehr für Entspannung, Spaß und Freizeit? In welcher Gesellschaft sind wir denn gelandet?

Fakt ist: Viele Menschen neigen unter Belastungen oft nicht nur zu sozialem Rückzug, sondern auch dazu, Interessen verkümmern zu lassen, Hobbys, Sport und andere Freizeitaktivitäten aufzugeben. Solange es sich um eine nur kurzfristige, zeitlich begrenzte Belastungsphase handelt, kann dies im Sinne einer

Konzentration der eigenen Kräfte eine durchaus angemessene und Erfolg versprechende Strategie darstellen. Bei länger andauernden Belastungen hingegen führt eine solche Selbstbeschränkung in einen fatalen Teufelskreis: Belastungen und körperliche wie psychische Stresssymptome nehmen einen immer breiteren Raum im Leben ein. Das subjektive Belastungsgefühl nimmt weiter zu. Positive Erlebnisse werden immer seltener, depressive Verstimmungszustände und Angstgefühle nehmen dagegen zu. Fehlende Erholungs- und Kompensationsmöglichkeiten führen auf die Dauer zu einer weiteren Abnahme der Widerstandskraft gegenüber Belastungen.

Andere Menschen füllen ihre Freizeit zwar mit vielfältigen Aktivitäten, erleben jedoch keine wirkliche Erholung. Sie stecken in der "Freizeitfalle". Das ist Zeit mit geringer Qualität. Ihre Zeit wird einesteils von einfachen und verfügbaren Ablenkungen wie Telefonen, Fernsehen und sozialen Medien als von den tatsächlich wichtigen Aktivitäten erfasst. Zum anderen übertragen sie die Normen und Kriterien der Arbeitswelt auch auf die Freizeit. Leistungsdenken, Perfektionismus, Ehrgeiz, Prestige und Konsumzwang bestimmen auch das Freizeitverhalten. Ich weiß, wovon ich rede. In meinen "besten Zeiten" bin sogar nachts um 3 Uhr zum Joggen, Hauptsache die Challenge erfüllt. Schneller, weiter, länger. Hektische Betriebsamkeit, Ungeduld und die Angst, etwas verpassen zu können, lassen keinen Raum für innere Ruhe und Muße. Die Freizeit stellt somit keine regenerative Gegenwelt zum Arbeitsleben, sondern eher deren Verdopplung da.

Die Folge ist: Wir leben permanent über unsere Kraft.

Wie ein Smartphone müssen auch wir über Nacht unseren Akku wieder aufladen – und zwar auf 100 Prozent. Nur komisch: Anders als bei unserem Handy haben wir überhaupt kein Problem damit, morgens mit einem halb leeren Akku loszurennen. Das können wir uns aber nicht leisten, weil es unsere Reserven angreift. Das kann man mal machen, aber nicht immer.

Doch die Ausnahme wird zum Dauerzustand. Wir kompensieren die Belastungen des Alltags nicht mehr und füllen unsere Ressourcen nicht wieder auf. 95 Prozent der Menschen arbeiten heute nicht mehr körperlich, sie benutzen im Job vor allem den Kopf, viele stehen unter Druck und haben Stress. Eltern sind doppelt belastet, weil viele Mütter heute schnell wieder arbeiten. Das hat alles Auswirkungen auf die Regeneration, die gut auf die Belastung abgestimmt sein muss – und die liegt heute vor allem im mentalen Bereich. Dabei machen wir Fehler.

Die meisten unserer Probleme resultieren nämlich daraus, dass wir körperlich unterfordert sind - das ist Stress für die Zellen, weil es ein Nicht-ausleben-Können von Bedürfnissen ist. Körper und Geist arbeiten eng zusammen, deswegen können wir den Körper nutzen, um uns mental zu regulieren. Wenn wir nach Hause gehen, total gestresst und voller Ängste, und setzen uns aufs Sofa, wird es uns nicht besser gehen. Laufen oder Spazierengehen ist hilfreicher. Bewegung entspannt den Kopf und entlastet. Und unsere Muskeln müssen auch mal brennen, um nicht zu verkümmern.

Egal ob beim Sport oder auf der Arbeit – infolge einer Belastung entsteht ein Mangel: Es kommt zu Muskelkater, kleinen Rissen im Muskelgewebe oder Gelenkschmerzen. Um dem Körper Zeit zu geben, zu heilen und womöglich gar Verstauchungen und Verletzungen zu vermeiden, ist ab einem bestimmten Punkt Ausruhen angesagt. Dabei ist Sinn und Zweck der Regeneration die Wiederherstellung der Leistungsfähigkeit.

Ähnlich auch bei der mentalen Regeneration: Es braucht nach der Belastung Phasen der Erholung. Um ein Burnout zu vermeiden. Anderenfalls können diese Symptome auftreten:

- Antriebslosigkeit
- Angstzustände
- Erschöpfung
- Herzrasen
- Konzentrationsschwierigkeiten
- Magenbeschwerden
- Müdigkeit
- Trostlosigkeit

Das alles schlägt sich nicht nur auf die Laune, sondern auch die Produktivität nieder. Wer hingegen darauf achtet, sich regelmäßige Erholungspausen zuzugestehen und seine Ressourcen wieder aufzufüllen, trägt dazu bei, sich seinen Optimismus, Motivation und Kommunikationsfähigkeit zu bewahren. Und das kommt dir nicht nur im Privatleben zugute, sondern erhält auch die Leistungsfähigkeit im Beruf.

Freizeit bedeutet auch, sich Zeit zu lassen, mit gutem Gewissen einmal nichts zu tun. Müßiggang ist nicht, wie das Sprichwort sagt, aller Laster Anfang. Müßiggang ist vielmehr die Voraussetzung dafür, Zeit nicht zu vergeuden, sondern sie zur Selbstbesinnung zu nutzen.

Hobbys sind, im Gegensatz zum Beruf, Dinge, die man nicht tun muss, um seinen Lebensunterhalt zu finanzieren. Es sind keine Verpflichtungen, die zwingend Leistungen erfordern. Sie dienen in den meisten Fällen der Unterhaltung, dem Spaß, der persönlichen Leidenschaft oder Herausforderung und haben daher einen sehr entspannenden, ausgleichenden Effekt auf das Leben. Menschen, die keine Hobbys haben oder ihre Zeit nicht in Spaß investieren, sind demnach oft unzufrieden, irgendwie lebensärmer.

Oft fehlt auch das Bewusstsein dafür, dass tägliche Erholung notwendig ist, um die eigene Leistungsfähigkeit und Gesundheit zu erhalten. Im Sport hat sich längst die Erkenntnis etabliert, dass Höchstleistung auf systematischen Erholungstraining beruht. Hinsichtlich der Leistungsfähigkeit im beruflichen und familiären Bereich sind wir von dieser Haltung noch weit entfernt. Erholung kann und sollte aktiv gestaltet werden. Im Folgenden möchte ich dir dazu einige Hinweise geben, worauf es dabei ankommt.

Die erste Frage, die sich natürlich stellt, ist: Wovon soll ich mich denn eigentlich erholen? Die Antwort dazu findest du im nächsten Kapitel.

Impuls:
Reflektion
Wie sieht es mit deiner Erholung aus?

- Was geht dir gerade durch den Kopf? Wie viel Zeit nimmst du dir für deine Erholung?
- Wie kannst du deine Erholung aktiv einplanen?
- Welche Glaubenssätze begleiten dich, die es dir schwer machen, dir Zeit für dich zu nehmen?
- Welcher neue Glaubenssatz kann dich stattdessen leiten?

02   Erholen - wovon?
Abenteuer und Glücksmomente schaffen

Um was es geht:

★ Von was brauchst du denn Erholung?

★ Wie sieht dein Arbeitsalltag aus?

★ Zum Nachdenken: Wie der Tag - so die Erholung?

★ Tipps zur richtigen Erholung

Vielleicht hast du auch schon diese Erfahrung gemacht: Nach einem ruhigen Wochenende oder einem Wochenendausflug fühlst du dich noch immer gestresst und ausgelaugt. Trotz acht Stunden Schlaf bist du immer noch nicht ausgeruht.

Wenn die erhoffte Erholung ausbleibt, dann liegt das oft an einer falschen Vorstellung von Erholung. Allein durch passives Pausieren, so glauben viele Menschen, stellt sich die gewünschte und nötige Erholung ein. Die moderne Forschung zeigt, dass wir nicht allein passiv auf Erholung warten müssen, sondern dass wir den Erholungsprozess selbst aktiv gestalten können und müssen, um den gewünschten Erholungseffekt zu erreichen.

Dazu müssen wir wissen, wovon und wozu wir uns eigentlich erholen wollen. Erholung ist nicht gleich Erholung. Welche Form der Erholung die richtige ist, hängt davon ab, welche Form der Beanspruchung wir zuvor erlebt haben.

Impuls:
Zum Weiterdenken
Wie fühlst du dich nach einem anstrengenden Arbeitstag?

Bitte überleg dir einmal: Wie fühlst du dich nach einem anstrengenden Arbeitstag oder nach einer langen Arbeitswoche?

Du fühlst dich innerlich unruhig, aufgekratzt, nervös und überreizt?

Dann geht es für deine Erholung vornehmlich darum, zur Ruhe zu finden. Entspannende Aktivitäten, durch die körperliche und geistige Aktivierung reduziert wird, sind hier dein optimaler Weg zur Erholung. Führe beispielsweise Entspannungsübungen durch, bewege dich in der freien Natur oder begib dich an Orte, wo du Ruhe finden kannst. So entgehst du der ständigen Reizüberflutung und dein Geist kann sich wieder beruhigen. Auch Sport kann deinen Stress senken. Achte nur darauf, dass es sich um ein Training mit niedriger Frequenz handelt, sonst erzeugst du wieder Stress. Also kein falscher Ehrgeiz und Leistungswillen. Du kannst dich auch mit Freunden oder mit Familienangehörigen treffen, sofern das Treffen mit deinen Freunden und Bekannten nicht wieder zu neuen Belastungen und Aufregungen führt, z.B. als Gastgeber.

Du fühlst dich unausgefüllt, gelangweilt oder unterfordert?

Natürlich kann es auch sein, dass dich deine Arbeit oder dein Privatleben unterfordert und das in deinem Leben ein Mangel an lustvollen Spannungszuständen herrscht. Dann ist es sinnvoll, dass du dir neue Herausforderungen suchst. Welche Sportarten oder Hobbys wolltest du schon immer einmal ausprobieren? Suche dir neue Herausforderungen und Aktivitäten, die dein Leben mit Sinn erfüllen. Auch ehrenamtliche Aktivitäten für Projekte, die dir wichtig sind, könntest du in Angriff nehmen.

Du fühlst dich missgelaunt, frustriert und hast einfach die Nase gestrichen voll?

Dann wirst du wahrscheinlich in deinem Alltag zu einseitig beansprucht. Dann solltest du für deine Freizeitgestaltung vor allem solche Aktivitäten finden, die geeignet sind, deine ins Hintertreffen geratenen Interessen und Fähigkeiten neu zu stimulieren und einseitige Beanspruchungen auszugleichen. Wer den ganzen Tag "Kopfarbeit" leistet, braucht als Ausgleich Körpertätigkeit. Wer hingegen in seinem Beruf körperlich stark gefordert ist, sollte in seiner Freizeit eine Beschäftigung wählen, die den Geist anregt.

Du fühlst dich eher erschöpft, ausgelaugt, einfach nur fix und fertig?

Dann geht es in deiner Freizeit vor allem darum, dich auszuruhen und neue Energien zu tanken. Gönn dir eine Auszeit, in der du dich selbst verwöhnst, z.B. durch ein Vollbad, ein Bad in der Sonne oder den Gang in die Sauna. Erholung besteht nicht unbedingt im Nichtstun, sondern in dem, was wir sonst nicht tun. Wenn allerdings das, was wir sonst nicht tun, gerade das Nichtstun ist, dann allerdings finden wir auch Erholung vor allem im Müßiggang, im absichtslosen, planlosen Sich-Treiben-Lassen, eben im Nichtstun. Erlaube dir, einfach einmal "nichts zu tun", zu dösen und Körper und Seele baumeln zu lassen. Sorge für ausreichenden und erholsamen Schlaf. Und gönne dir nach Feierabend oder am Wochenende ein leckeres und gesundes Essen!

03 Mach mal Pause
Weniger Tun und mehr erreichen

> ## Um was es geht:
>
> ★ Warum wir Pausen brauchen
> ★ Rechtzeitig und richtig pausieren
> ★ Durch Pausen Zeit gewinnen

Schlafmangel und Überlastung gelten als Statussymbole für Menschen in anspruchsvollen Berufen. Doch wer Erholung einplant, ist leistungsfähiger. Zeit für ein wenig Ruhe, mahnt der Wissenschaftsphilosoph Alex Soojung-Kim Pang.

Die heutige Welt bewegt sich zu schnell, als dass wir uns einmal ausruhen könnten. Die globale Wirtschaft läuft rund um die Uhr. Innovationen ereignen sich in halsbrecherischem Tempo, unermüdlicher Einsatz scheint Voraussetzung zu sein für Erfolg.

Wir sind immer auf Draht und permanent vernetzt. Überarbeitung gilt als Statussymbol; mehr noch: Wir betrachten das Bedürfnis nach Ferien sogar als Schwäche. Aber einige der kreativsten, produktivsten und leistungsstärksten Menschen der Welt sind zu der Einsicht gelangt, dass diese Einstellung kontraproduktiv ist. Viele hochrangige Wissenschaftler, Künstler und Schriftsteller arbeiten viel weniger Stunden als die meisten von uns – schaffen aber dennoch beeindruckende Werke. Topathleten wissen, dass sie schneller sein können als die Konkurrenz, wenn sie sich ausreichend Ruhe gönnen. Piloten und Matrosen achten darauf, Schlafdefizite zu vermeiden, um aufmerksam zu bleiben. Sie alle widerstehen dem Sirenengesang der Überarbeitung. Sie finden Wege, Arbeit und Ruhe in Einklang zu bringen. Offenbar wissen diese Menschen genau, wie wichtig es ist, Pausen einzulegen.

Wir brauchen Pausen, um Geist und Körper zu entspannen, um zu verarbeiten und Distanz zu gewinnen, um nach einer Phase der Anspannung, des Einsatzes und des Engagements zu regenerieren und wieder zu uns selbst zu finden.

Pausen bescheren uns eine Auszeit, sie verschaffen uns Luft und Platz im Kopf. Sie sind die Löcher im Käse des Lebens. Ein Raum für Leere. Pausen fühlen sich nicht nur gut an, sondern sind enorm wichtig, um die Gesundheit zu erhalten.

Der menschliche Körper ist nicht gemacht für den permanenten Hochleistungsmodus.

Regelmäßige Pausen sind Voraussetzung für einen gesunden Rhythmus im Wechsel zwischen Anspannung und Entspannung - denk an den Säbelzahntiger. Je größer die Belastung und je höher damit die jeweilige Beanspruchung, umso intensiver und tiefer müssen die entspannenden Pausen sein. Kommt die Entspannung dauerhaft zu kurz, können körperliche und psychosomatische Beschwerden die Folge sein. Am häufigsten sind Schlafstörungen, Gereiztheit, Magenprobleme und Rücken- oder Nackenschmerzen.

Viele Menschen befinden sich heute in ihrem beruflichen und persönlichen Alltag in einem Nonstop-modus der Daueraktivität. Angetrieben von immer neuen äußeren Anforderungen sind viele von uns gewissermaßen ständig "online". Da niemand da ist, der für uns die Glocke läutet, müssen wir sie selbst setzen: Die Pause.

Wie kann das gelingen?

Wichtig ist zunächst einmal, dass du die Signale für notwendige Erholung erkennst. Gerade Menschen, die besonders gefordert sind, sollten sich bewusst machen, dass sie sogar mehr schaffen, wenn sie regelmäßig kurze Pausen einlegen. Nur wenn der Kopf zwischendurch loslassen darf, ist er in der Lage, die vielen Eindrücke zu verarbeiten, Zusammenhänge herzustellen, das Wesentliche zu erkennen und die richtigen Schlussfolgerungen zu ziehen.

Doch oft drückt man die Pausentaste erst, wenn sich die Erschöpfung in den Vordergrund drängt – und es eigentlich schon zu spät ist. Die Konzentration hat schon viel früher nachgelassen. Arbeitspsychologen empfehlen präventiv, regelmäßig „Kurzpausen" einzuplanen: Alle ein bis zwei Stunden etwa zwei bis fünf Minuten. Während dieser Zeit sollte man möglichst keine hitzigen politischen Debatten führen oder das Verhalten der Führungskraft mit den Kollegen analysieren, sondern das Tempo drosseln und kognitiv runterfahren. Auch zwischendrin schnell die E-Mails zu checken oder beim Mittagessen ins Handy zu starren, ist kontraproduktiv für die Erholung.

Stattdessen sollte man auf Abwechslung setzen: Wer viel sitzt, sollte gehen. Wer am Arbeitsplatz allein ist, sollte in der Pause Gesellschaft suchen. Wer in seinem Job viel reden muss, sollte sich Ruhe gönnen. Und die ganze Zeit auf den Beinen ist, sollte eine Weile stillsitzen und durchatmen. Für Geistesarbeiter ist es wichtig, auch das Gehirn ausruhen zu lassen. Vermeide es, das Gehirn während der Pausen mit "Info-Müll" aus Radio, Fernsehen oder herumliegende Zeitschriften zuzuschütten. Sorge stattdessen dafür, dass sich das Gehirn bei positiven, angenehmen Eindrücken (Musik, Bilder, Natur) entspannen kann.

Es geht vor allem darum, dem inneren Drang, ohne Pause durcharbeiten zu wollen, zu widerstehen. Der glaubhafte Trieb, eine begonnene Tätigkeit immer erst abschließen zu müssen, ehe du dir eine Pause gönnen darfst, oder die Sorge, dass du durch eine Unterbrechung der Tätigkeit aus dem Tritt zu kommst und zu viel Zeit verlierst, stehen dem häufig entgegen. Mach dir klar: Regelmäßige Ruhepausen sind keine unnütze Zeitvergeudung, sondern gerade auch in Zeiten hoher Beanspruchung wichtig für den Erhalt deiner Leistungsfähigkeit. Wenn du dir das zu Herzen nimmst, wirst du schnell feststellen, dass du durch Pausen nichts verlierst, sondern durch höhere Effizienz Zeit gewinnst.

04

Total unterschätzt

Warum Pausen alle 90 Minuten wichtig sind

Um was es geht:

★ Pausen werden unterschätzt

★ Wann ist der richtige Zeitpunkt? Sechs Anzeichen

★ Die Auswirkungen von Pausen auf deine Gesundheit und dein Wohlbefinden

Pause machen kann so einfach sein – in Werbespots. Bei der Arbeit sieht das anders aus: Für viele Menschen ist Abschalten und Entspannen harte Arbeit. Zu hoch liegt der Stresspegel, zu viele Termine drängen sich zu dicht aneinander, zu groß sind die Erwartungen, denen man glaubt, gerecht werden zu müssen. Laut einer Umfrage der Gewerkschaft Verdi arbeitet jeder zehnte Arbeitnehmer durch. Acht Stunden am Stück – oder mehr. Ein Riesenfehler! Der Mensch ist keine Maschine. Wer immer nur Vollgas gibt, riskiert einen Totalschaden. Diagnose Burnout. Alle 90 Minuten Pause machen, hat enorm positive Effekte, die kaum einer kennt…

Pausen werden enorm unterschätzt – leider

Manche Menschen glauben, es sei ein Zeichen von Engagement, Arbeitseinsatz und Leistungswillen, wenn sie die Mittagspause zum „Business-Lunch" erklären und am Schreibtisch eine Kleinigkeit verdrücken, während sie weiterarbeiten. Blödsinn! Wer atem- und pausenlos acht Stunden durcharbeitet und sich abrackert, erntet allenfalls anfangs noch Bewunderung. Sind die Betroffenen aber erstmal erschöpft oder ausgebrannt, mehren sich die Fehler – mit dem Ruf des Arbeitshelden ist es dann schnell vorbei. Am Ende haben Malocher nichts gewonnen – außer mehr Stress, mehr Unzufriedenheit und gesundheitliche Probleme.

Wer seine Pausen streicht und durcharbeitet, tut weder sich noch dem Arbeitgeber einen Gefallen. Am Ende des Arbeitstages bist du nur ausgelaugt und am nächsten Tag nicht leistungsfähiger. Der Beginn einer Abwärtsspirale. Tatsächlich sagen Präsenz und Anwesenheit nichts über tatsächliche Produktivität aus. Vielmehr zeigen gleich mehrere Studien: Wer mehr und regelmäßige Pausen macht, arbeitet produktiver und kreativer.

297

Pause machen: Wann ist der richtige Zeitpunkt?

Niemand weiß besser als du selbst, wann der beste Zeitpunkt für eine Pause gekommen ist. Nur du kannst beurteilen, wie gut du dich aktuell fühlst und ob du das Gefühl hast, weiterhin voll bei der Sache zu sein. Im eigenen Bestreben produktiv zu sein und gute Arbeit zu leisten, merken wir aber nicht immer, wann es Zeit für eine kleine Pause wird. Dafür sendet dein Körper dir untrügliche Signale, auf die du achten solltest.

Sechs Anzeichen, dass du eine Pause brauchst

1. Du kannst dich nicht konzentrieren.
Am deutlichsten äußert sich das Aufmerksamkeitsdefizit, wenn man lesen will. Fällt es dir zunehmend schwerer, mitzudenken? Oder musst du immer wieder von vorne anfangen? Bei diesen Signalen ist es höchste Zeit für eine Erholungspause.

2. Du bist leicht reizbar.
Wenn Kleinigkeiten, über die du normalerweise hinwegsiehst, beginnen dich zu nerven, solltest du deinen Schreibtisch für einen Augenblick verlassen. Ansonsten kommt es noch zu einem ungewollten Wutausbruch.

3. Du bist nicht motiviert.
Deine Aufgaben gehen dir zunehmend schwerer von der Hand. Du hast den Eindruck, immer langsamer voranzukommen. Spaß und Freude weichen spürbar… In dem Fall solltest du unbedingt eine kurze Auszeit nehmen, um neue Kraft zu tanken.

4. Du bist müde.
Deine Augen fallen immer wieder zu. Am liebsten würdest du dich hinlegen und schlafen. Gerade zwischen zwei und drei Uhr fallen Arbeitende regelmäßig ins sogenannte „Schnitzelkoma". Da hilft nur Bewegung, um wieder fit zu werden.

5. Du bist nicht mehr ehrgeizig.
Wer erschöpft ist, vernachlässigt die Qualität. Es geht nicht mehr darum, sein Bestes zu geben, sondern darum, fertig zu werden. Irgendwie. Klares Zeichen für ein Tief. Wer merkt, dass es ihm egal wird, wie das Ergebnis aussieht, sollte die Arbeit kurz ruhen lassen und Pause machen.

6. Du machst mehr Fehler.
Die Fehlerhäufigkeit ist ein sicheres Indiz dafür, dass die Akkus leer sind und deine Aufmerksamkeit leidet. Bevor es zu schwerwiegenden Fehlern kommt, solltest du dir einige Minuten der Muße und Entspannung gönnen.

Weshalb sind Pausen so wichtig für deine Gesundheit und dein Wohlbefinden?

- Du vermeidest und reduzierst durch regelmäßige Pausen nachhaltig Stress
- Deine Konzentrationsfähigkeit bleibt langfristig aufrechterhalten
- Du kurbelst deine Produktivität an und arbeitest schneller
- Deine Fehlerquote nimmt ab
- Du fühlst dich einfach viel entspannter
- Du beugst einem Burnout vor
- Du sorgst für mehr Spaß auf der Arbeit
- Du bleibst motivierter und beugst Müdigkeit vor
- Du verschaffst dir einen klaren Kopf
- Du tankst deinen Körper und deinen Geist mit neuer Energie auf, um anstehende Aufgaben erfolgreich zu lösen

Daher solltest du regelmäßig Pause machen, selbst wenn du gerade viel zu tun hast.

05 10 Tipps für neue Energie
Bewusst Pause machen und entspannen

Um was es geht:

★ Mehr Energie im Alltag

★ Achtsam und bewusst Pausen machen

★ 10 Tipps für den Alltag

1 Achte auf einen geregelten Pausenrhythmus

Grundsätzlich sind kleinere Pausen zwischendurch effizienter als eine große lange Pause, da du dadurch viel produktiver arbeiten und nach Feierabend besser abschalten kannst. Folgende Pausenregelung wird von Experten empfohlen, um die eigene Leistungsfähigkeit aufrechtzuerhalten:

- Gönne Dir nach 45 Minuten ca. fünf Minuten Pause
- Gönne Dir nach 90 Minuten ca. 10-15 Minuten Pause
- Gönne Dir nach vier Stunden eine Pause von mindestens 30 Minuten

Diese kleinen Pausen haben einen großen Effekt. Weiß ich beispielsweise, dass ich nach 45 Minuten eine Pause machen werde, arbeite ich merklich produktiver. Es ist wie kurz vor der Abgabe einer Klausur, wenn einem nur noch wenige Minuten verbleiben, um eine Aufgabe zu lösen: Plötzlich entfaltet das Gehirn bisher unbekannte Superkräfte, sodass man es oftmals (zu seiner eigenen Überraschung) schafft, die Aufgabe rechtzeitig abzugeben.

Kleiner Zusatz-Tipp: Stelle Dir immer eine Stoppuhr auf 45 Minuten, um Deine Pause auch wirklich einzuhalten und bewusst zu machen!

2 Führe ein Pausenprotokoll

Du bist Dir nicht mehr sicher, ob du gestern eine Pause eingelegt hast? Oftmals vernachlässigen wir vor lauter Stress unsere körperlichen und mentalen Bedürfnisse. Damit das zukünftig nicht mehr passiert, lege ich dir ans Herz, ein Pausenprotokoll anzulegen. Anhand dieses Protokolls wird es dir auch viel leichter fallen, neue Pausengewohnheiten in deinen Arbeitstag zu integrieren.

3 Entferne dich von deinem Schreibtisch

In der einen Hand das Brötchen, in der anderen ein Pfefferbeißer; mit deinen Fußzehen versuchst du, deine E-Mails zu beantworten. Das ist zwar eine Kunst für sich, allerdings ist es nicht sonderlich erstrebenswert, darin Profi zu werden.

Entspannt Pausen machen ist nur dann möglich, wenn du dich während dieser Zeit auch von deinem Arbeitsplatz entfernst. Denn während der Pause ständig den riesigen Arbeitsstapel vor Augen zu haben, ist sicherlich nicht förderlich fürs Abschalten.

Darüber hinaus sind dir einige Kollegen sicherlich dankbar, wenn du beim nächsten Mal deinen Nudel-Käse-Auflauf oder deinen mexikanischen Bohneneintopf woanders isst.

4 Plane ausreichend Zeit zum Essen ein

Gehörst du zu denjenigen, welche sich ihre Mahlzeit aufgrund von Zeitmangel oder Gier einfach mal schnell in den Schlund schieben? Falls deine Antwort ja ist, hat dich sicherlich auch schon mal ein Fresskoma heimgesucht, sodass du dich nach der Mittagspause überhaupt nicht mehr konzentrieren konntest.

Denn schnelles Essen ist nicht besonders förderlich für deine Verdauung und sorgt durch das vermehrte Herunterschlucken von Luft für Blähungen. Genießt du hingegen bewusst dein Essen und kaust es vor dem Herunterschlucken ordentlich durch, wird automatisch mehr Speichel produziert, was die Zersetzung der Speisen im Magen fördert. Gleichzeitig kannst du durch langsames Essen Übergewicht vorbeugen.

So belegt eine Studie der Universität Osaka, dass „Schnell-Esser" ein dreifaches Risiko haben, an Übergewicht zu leiden, als „Langsam-Esser". Langsam-Esser nehmen außerdem 10% weniger Kalorien zu sich, da ein Sättigungsempfinden meist erst nach 15 bis 20 Minuten eintritt. In dieser Zeit hätten Schnell-Esser schon mehrere Portionen zu sich genommen.

Plane ab jetzt also immer genügend Zeit ein, um zu essen und dein Mittagstief zu überwinden.

5 Mache einen Spaziergang an der frischen Luft

Es herrscht momentan dicke Luft im Büro? Dann raus an die frische Luft! Sorge für ein wenig Bewegung und mache einen kleinen Spaziergang, um für einen klaren Kopf zu sorgen und auf andere Gedanken zu kommen. Es ist wissenschaftlich erwiesen, dass ein kleiner Spaziergang bereits nach 10 Minuten Stress abbaut, da durch die Bewegung Endorphine freigesetzt werden. Außerdem sorgst du somit für einen gesunden Ausgleich zum langen Sitzen. Achte also unbedingt auf mehr Bewegung an deinem Arbeitsplatz.

6 Lege ein Workout ein, um Verspannungen vorzubeugen

Zwackt und schmerzt es besonders nach langer Schreibtischarbeit gerne mal in deinem Rücken, Nacken oder im Schulterbereich? Das liegt daran, dass wir am Schreibtisch gerne mal in verkrampfter Körperhaltung dasitzen und uns zu wenig bewegen. Daher solltest du ein kurzes Workout während deiner Pause machen, um Verspannungsbeschwerden vorzubeugen.

Auch die falschen Büromöbel können diese Art von Beschwerden auslösen. Viele Menschen arbeiten unbewusst an einem zu hoch- oder niedrig eingestellten Schreibtisch und nehmen dadurch ungünstige Körperhaltungen ein.

Mit einem Steh-Sitz-Schreibtisch allerdings kannst du die Schreibtischhöhe perfekt an deine Körpergröße anpassen und somit verspannungsfrei arbeiten. Passend dazu ist es auch sinnvoll, sich einen beweglichen Bürostuhl zuzulegen, der dich beim dynamischen Sitzen unterstützt und deiner Wirbelsäule perfekten Halt gibt.

7 Vermeide es, in der Pause über Arbeitsthemen zu sprechen

Um wirkungsvoll Stress abzubauen, solltest du während deiner Mittagspause vermeiden, über sämtliche Arbeitsthemen zu sprechen. Es sei denn, du hattest bisher einen richtig schlimmen Arbeitstag und würdest gerne einfach jemandem davon erzählen.

Erzählt euch doch stattdessen lieber lustige Wochenend-Anekdoten, die euch auf andere Gedanken bringen. Pause machen wird dadurch viel spaßiger, und du kannst diese bewusst genießen, um im Nachhinein wieder konzentriert an die Arbeit zurückzugehen.

8 Nutze Deine Pause, um das Verhältnis zu deinen Arbeitskollegen zu stärken

Die Arbeit macht doch viel mehr Spaß, wenn man nette Arbeitskollegen um sich herum hat, mit denen man sich gut versteht. Denn ein angenehmes Betriebsklima sorgt auch gleich für eine erhöhte Arbeitsmotivation und vermindert eine stressvolle Arbeitsatmosphäre.

Hast du außerdem mal zu viele Aufgaben zu erledigen, wird es dir garantiert auch einfacher fallen, deine Arbeitskollegen oder Mitarbeiter um Hilfe zu fragen. Denn eine Hand wäscht die andere. Frage also öfter Mal deine Arbeitskollegen, ob ihr gemeinsam Pause machen möchtet. Gemeinsam ist man weniger allein!

9 Höre deine Lieblingsmusik

Manchmal haben wir das Gefühl, dass die Welt jeden Moment über uns zusammenbricht – bis plötzlich unser Lieblingssong im Radio kommt und sich unsere Laune schlagartig bessert.

Laut einer Berliner Studie baut das Hören von Musik die Stresshormone Adrenalin und Kortisol ab und hat somit eine beruhigende Wirkung. Insbesondere meditative Musik und langsame Rhythmen helfen bei der Entspannung.

Meiner Erfahrung nach müssen es allerdings nicht meditative Klänge sein, um zu entspannen. Viel mehr macht es Spaß, sich zu seinen Lieblingsliedern zu bewegen. Denn diese lösen Erinnerungen und positive Gefühle in uns aus. Dadurch steigerst du im Handumdrehen dein Wohlbefinden und kannst danach viel entspannter an die Arbeit zurückgehen!

10 Schließe einfach mal deine Augen und entspanne für einen Moment

Kennst du das Gefühl von müden und trockenen Augen nach langer Bildschirmarbeit? Auch deine Augen müssen mal eine Pause machen. Von Natur aus sind es unsere Augen nicht gewöhnt, stundenlang auf einen Bildschirm zu starren. Suche dir in deiner Mittagspause daher auch gerne für ein paar Minuten einen ruhigen Platz, um deine Augen zu schließen und einfach bewusst zu entspannen. Das ist besonders angenehm, wenn die Sonne draußen scheint und unser Gesicht dabei noch schön aufwärmt.

06 Erholsam Schlafen
Mit wem man sich bettet, so schläft man

Altersforscher sind bei ihren Forschungen zu interessanten Forschungsergebnissen gelangt: Wichtiger Faktor, um möglichst alt zu werden, ist demnach reichlich kraftspendender Schlaf. Wobei es natürlich zu berücksichtigen gilt, dass jene Zeitgenossen, die wenig schlafen, dafür aber früher das Zeitliche segnen, ähnlich viel Leben im Wachzustand verbuchen können, wie amtliche Schlafmützen.

Jedenfalls sind für die Ausgestaltung erholsamer Schlafzustände viele Aspekte wichtig, die umso schwerer zusammenzubringen sind, je mehr Leute in einem Bett schlafen. Denn während der eine es im Schlafgemach gerne kühl hat, friert's den anderen sogar im Sommer. Der eine mag es stockdunkel, der andere braucht ein Nachtlicht. Ein Dritter ist völlig geräuschunempfindlich - und findet Ruhe selbst an vielbefahrenen Bundesstraßen. Während ein Vierter am liebsten den Stadtteil abriegeln würde, um möglichst wenig Geräusche an sein Ohr dringen zu lassen.

Die Lösung liegt - so betonen es Schlafforschende - in getrennten Schlafzimmern, sodass jedes Individuum sich in seinen nächtlichen Eigentümlichkeiten ausleben kann. Auch Bedrängnisse wie gutturales Schnarchen, nervtötendes Atemrasseln, Schmatzen oder gar Stoßseufzen können dann keinen Schaden mehr anrichten.

Warum ist die wache Zeit für uns so viel wichtiger als der Schlaf? Schlaf ist doch toll! Du kannst was träumen, musst aber nicht. Mal ehrlich: Ich liebe es, zu träumen. Ich merke jedoch manchmal, dass da echt schräge Sachen dabei sind, und ich heilfroh bin, dass das alles nicht wirklich passiert - oder doch?

Wir Deutschen stehen früher auf als Finnen, Österreicher und Spanier. Aber was haben wir davon? Die Finnen sind schlauer, die Österreicher die besseren

Skifahrer, und die Spanier vergolden sich ihre Siesta, weil wir ständig dort hinfahren - um endlich mal wieder auszuschlafen. Liebe Deutsche: Der Aufschwung beginnt im Bett! Unser Vorzeigephysiker Einstein schlief 10 Stunden - wie ein Stein.

Unser ständiges Schlafdefizit macht nachweislich dumm, dick, depressiv und infektanfällig. Die Katze schläft 14 Stunden, eine Fliege 12, was gerade bei einer Eintagsfliege für klare Prioritäten spricht.

Der Schlaf ist der eigentliche Urzustand des Menschen. Wir schlafen, weil wir müde werden. Das weiß jeder. Den eigentlichen Grund allerdings dafür, warum wir überhaupt müde werden, kennt erstaunlicherweise auch die moderne Schlafforschung noch nicht. Von den Experten wird angenommen, dass sich Müdigkeit dann einstellt, wenn bestimmte Stoffwechselprodukte im Körper abgebaut werden müssen. Sicher ist aber: Der Schlaf ist unser wohl wichtigstes und effizientestes Regenerationsprogramm, dass wir haben. Schlafen dient der Erholung der Organe. Nach dem Schlaf funktionieren viele Körperfunktionen besser als nach einer längeren Wachphase.

Doch wir schlafen nicht immer gleich gut. Unser Schlafprogramm kann durch starke oder anhaltende Stressreaktionen leicht durcheinandergebracht werden. Einschlaf- oder Durchschlafstörungen sind ein häufiges und ernstzunehmendes Warnsignal für Dauerstress.

Wie viel Schlaf brauche ich aber nun?

Es gibt kein allgemeingültiges normales Schlafmaß. Die durchschnittliche Schlafdauer für Erwachsene beträgt sieben bis acht Stunden. Allerdings gibt es Menschen, die sich schon nach fünf Stunden Schlaf gut erholt fühlen, wie beispielsweise unsere ehemalige Bundeskanzlerin, die mit vier Stunden Schlaf auskam und berichtete: "Ich habe kamelartige Fähigkeiten, den Schlaf zu speichern". Ihre Gesprächspartner sollen bei den häufigen Nachtsitzungen denn auch reihenweise über dem Tisch eingeschlafen sein. Andere wiederum benötigen über zehn Stunden Schlaf, um den Tag auf die Reihe zu bringen. Vor allem unsere aktuellen Lebensumstände beeinflussen den Schlafbedarf. Wenn du hochmotiviert bist und vor Kraft nur so strotzt, wenn du häufig Sport treibst und alles rund läuft, dann brauchst du in aller Regel weniger Schlaf.

Genauso wichtig wie die Dauer ist die Qualität des Schlafs. Bei Menschen, die über zu wenig Schlaf klagen, stellt sich bei einer Untersuchung im Schlaflabor häufig heraus, dass sie tatsächlich – entgegen ihrem eigenen subjektiven Eindruck – lange genug schlafen, dass jedoch die Tiefe des Schlafes zu wünschen übriglässt. Wer ausreichend lang und gut schläft, fühlt sich am nächsten Morgen ausgeruht, entspannt und zugleich tatkräftig bei bester Stimmung. Guter und ausreichend langer Schlaf erhöht unsere Belastbarkeit und steigert unsere Leistungsfähigkeit.

Entscheidend könnte noch der Zeitpunkt des Schlafes sein: Frauen haben nämlich ein untrügliches Gespür dafür, genau den Moment bei einem Mann abzupassen, an dem er kurz vor dem Einschlafen steht. Sie warten bis zu genau diesem Augenblick, um mit einem wichtigen Beziehungsgespräch anzufangen. Und Frauen können sich dann drei Stunden später richtig darüber wundern, dass bei diesem Gespräch nicht so wirklich etwas herausgekommen ist.

Die größte persönliche Beleidigung für eine Frau scheint zudem zu sein, wenn der Mann direkt nach dem Sex einschläft. Aber auch hier bietet die Evolution eine tröstliche Erklärung: In den Zeiten, in denen unser Verhalten geprägt worden ist, war das Leben ständig in Gefahr und das Überleben höchstes Ziel. Eine potenziell schwangere Frau ist nun aus Sicht der Evolution ein viel höheres Gut als ein vom Sex abgeschlaffter Mann. Also schickt die Evolution den Mann schlafen. Kommt der Säbelzahntiger, ist die Frau wach, haut ab, rettet sich und die nächste Generation. Der Mann schläft und wird gefressen. Nach dem Sex einzuschlafen ist also überhaupt nicht egoistisch, im Gegenteil. Es ist ein Zeichen unsere Hingabe und Opferbereitschaft für die höhere Sache! Aber das wäre wieder eine andere Sache …

Im nächsten Kapitel gebe ich dir nun ein paar Tipps für einen guten und erholsamen Schlaf. Bleib also noch etwas wach…

07 Glücklich schlafen
Mobilisiere deine Glückshormone

Um was es geht:

★ Wie du erholsam schläfst und morgens fit bist

★ Neun Tipps für eine bessere Schlafqualität

★ Was du tun kannst, wenn du partout nicht einschlafen kannst

Im vorigen Kapitel hast du erfahren, dass dein Schlaf von Lebensgewohnheiten und Verhaltensweisen abhängt. Hier habe ich dir ein paar Tipps zusammengestellt, die von Schlaf-Medizinern empfohlen werden.

Regelmäßige Schlafens- und Aufstehzeiten

Gehe wenn möglich jeden Tag (auch am Wochenende) um die gleiche Zeit zu Bett und stehe auch – das ist noch wichtiger – immer zur gleichen Zeit auf, damit die innere Uhr nicht aus dem Rhythmus kommt. Und da fällt mir schon wieder Paulchen Panther und die Umstellung auf die Sommerzeit ein. Beherzige also Großmutters Rat: "Stets gleich ins Bett und gleich heraus, spart manch morgendlichen Graus". Dagegen gilt der alte Grundsatz "Früh zu Bett und früh heraus" nur für die Morgentypen, nicht aber für die Abendtypen. Entscheidend ist die Regelmäßigkeit. Wenn du einmal länger aufgeblieben bist, gibt es dennoch nur eins: Am nächsten Morgen zur selben Zeit aufstehen. Wenn du dir den Sonntag als Ausnahme herausnimmst, um mal auszuschlafen, stört das in der Regel den Rhythmus nicht allzu sehr. Allerdings gibt es Menschen, die auch auf eine solche einmalige Rhythmusabweichung sehr sensibel reagieren.

Körperliche Aktivität

Bringe regelmäßig deinen Kreislauf in Schwung, aber vermeide anstrengende körperliche Aktivitäten kurz vor dem Zubettgehen. Regelmäßig ausgeübter Sport fördert deinen Schlaf, während andererseits Mangel an Bewegung und zu geringe körperliche Auslastung zu Schlafproblemen führen kann. Entscheidend für die positive Wirkung des Sports ist deine persönliche Fitness und die Tageszeit. Während sportliche Betätigung am Morgen den Nachtschlaf nicht beeinträchtigt, kann die gleiche Tätigkeit den Schlaf stören, wenn der zeitliche Abstand zur Schlafenszeit zu kurz ist.

Koffeinhaltige Getränke bereits in den Nachmittagsstunden vermeiden

Nach 14 Uhr solltest du keine koffeinhaltigen Getränke zu dir nehmen. Koffein regt die Hirntätigkeit an und wirkt sich somit negativ auf den Schlaf aus. Ein übermäßiger und regelmäßiger Konsum kann zu Entzugserscheinungen und Schlafproblemen in der Nacht führen. Das gilt für Kaffee und schwarzen oder grünen Tee ebenso wie für Cola und aufputschende Erfrischungsgetränke.

Den Nikotinkonsum einschränken

Nikotin hat ebenso wie Koffein eine aufputschende Wirkung. Rauche daher zumindest drei Stunden vor dem Zubettgehen nicht mehr. Auch Nikotin ist ein Anregungsmittel, das den Schlaf stören und aufgrund von Entzugserscheinungen den Nachtschlaf unterbrechen kann. Raucher, die ihre Gewohnheit aufgeben, schlafen schneller ein und wachen nachts seltener auf, sobald die Entzugserscheinungen überwunden sind.

Alkohol vor dem Zubettgehen vermeiden

Das ist jetzt echt blöd, ich weiß. Ein Schlummertrunk stört den Ablauf des Schlafes jedoch mehr, als dass er ihn fördert. Und wenn du morgens zu früh wach wirst, kann die Ursache im Alkohol liegen. Alkohol setzt die Hirnaktivität herab. Der Genuss von Alkohol vor dem Schlafengehen hilft zunächst beim Einschlafen, führt aber im weiteren Verlauf zu Schlafunterbrechungen, insbesondere verschlechtert sich die Erholsamkeit des Schlafs in der zweiten Nachthälfte. Ein Schlaftrunk vor dem Einschlafen kann Aufwachreaktionen, Alpträume und morgendliche Kopfschmerzen verursachen.

Geh nicht hungrig, aber auch nicht mit vollem Magen ins Bett

Du solltest die letzte große Mahlzeit zwei bis drei Stunden vor dem Zubettgehen eingenommen haben. Geh aber nicht hungrig ins Bett: Wenn du noch Hunger hast, nimm vor dem Schlafengehen ruhig noch einen kleinen Snack zu dir, damit du nicht durch den Hunger aufwachst. Ideal dafür sind Milchprodukte oder Bananen, da diese den Stoff Tryptophan enthalten, der für den Schlaf förderlich ist.

Sorge für eine angenehme Schlafumgebung

Ein bequemes Bett und ein dunkler Raum sind wichtige Voraussetzungen für einen guten Schlaf. Ein kühles, aber nicht kaltes Zimmer und frische Luft sind hilfreich. Das Schlafzimmer sollte nach Möglichkeit ausschließlich dem Ruhen und Schlafen gewidmet sein. Stell sicher, dass du im Schlafzimmer weder durchs Telefon noch durch Mitmenschen gestört wirst. Vermeide es, das Bett zu etwas anderem als zum Schlafen zu benutzen.

Die Wahl der Matratze kann entscheidend sein

Das weiß ich auch ohne Ratgeber aus eigener Erfahrung. Bin nämlich heute wieder mit Rückenschmerzen aufgewacht. Wenn man über 60 ist und ohne Schmerzen aufwacht, ist man tot. Mein Problem: ich bin noch keine sechzig. Es muss also an der Matratze liegen. Ich habe mir deshalb für den Nachmittag eine Stunde Zeit reserviert und werde mir eine neue besorgen, was Gutes. Aber zuerst verschaffe ich mir mal einen Überblick über den Markt. Im Internet gibt es ja auch Matratzen. Aber online kannst du halt so schlecht Probeliegen. Viel bringt mir das Internet nicht. Aber ich kenne eine Ecke, wo sich die Matratzen-Discounter häufen. In der Nähe des Rotlichtviertels. Gibt es da einen Zusammenhang? Mengenrabatt? Ikea ist mir zu weit. Und ich bin jetzt auch in einem Alter, wo man zu schätzen weiß, wenn in einer neuen Matratze bereits alle Federkerne montiert sind.

Also bleibt der Kauf vor Ort. Gleich im ersten Schaufenster ein Sonderangebot: die Stress-Fresser-Matratze. Runter reduziert, wie man so schön sagt. Auf die Hälfte. Ein echtes Schnäppchen. Ich gehe erst gar nicht rein. Was nichts kostet, ist auch nichts. Und ich will auch auf nichts schlafen, was mich irgendwie nachts fressen will. An meinem Stress lass ich keine Matratze einfach so knabbern. Wer weiß, was das Stress-Fressen für Geräusche verursacht.

Schließlich habe ich eine gefunden. Eine mit verschiedenen Härtegraden auf jeder Seite. So eine, wie sie auch in der Fernsehwerbung gezeigt wird. Da soll man nachts schweben. Leider bekomme ich davon nichts mit, denn seither schlafe ich gut und durch. Und die Rückenschmerzen sind weg.

Entspanne Dich, bevor du zu Bett gehst
Das kann durch kleine persönliche Einschlafrituale geschehen: Ein warmes Bad, eine Tasse Beruhigungstee, leichte Lektüre, entspannende Musik und Entspannungsübungen.

Was tun, wenn der Schlaf einfach nicht kommen will?
Trotz aller Tipps und Vorkehrungen kann es passieren, dass man nicht einschlafen kann. Dazu habe ich dir ebenfalls ein paar Vorschläge:

- Gehe grundsätzlich erst dann schlafen, wenn du dich müde fühlst.
- Steh auf, wenn du nicht einschlafen kannst, und lenke dich mit einer Beschäftigung ab. Schreibe gegebenenfalls deine Gedanken und Sorgen auf, die dir durch den Kopf gehen. Pass aber auf, dass du nicht außerhalb deines Bettes einschläfst.
- Gehe erst dann wieder ins Bett, wenn du dich richtig schläfrig fühlst.
- Wiederhole diesen Vorgang so oft wie nötig, wenn du nachts nicht schlafen kannst. Mach dich aber nicht verrückt. Versuche stattdessen die Situation zu akzeptieren und dich mit anderen Dingen zu beschäftigen. Der Schlaf lässt sich nicht erzwingen. Er stellt sich in der Regel dann von selbst ein, wenn wir es nicht aktiv wollen.
- Schau auf keinen Fall auf die Uhr. Viele Menschen schlafen besser, wenn der Zeitdruck entfällt. Verstecke den Wecker im Kleiderschrank, um nicht dauernd auf die Uhr zu schauen.

- Und zu guter Letzt: stehe am Morgen dennoch zu deiner gewohnten Zeit auf, auch wenn du das Gefühl hast, in der vergangenen Nacht kaum geschlafen zu haben.

08 Work-Life-Balance
Im Alltag Zombie, im Urlaub gestresst

Um was es geht:

★ Erholung und Urlaub von Anfang an

★ Welche Urlaubsart für dich die Richtige ist

★ Realistische Erwartungen an den Urlaub

★ Urlaub im Alltag - wie du deine Erholung konservieren kannst

Zu den vielen in Mode gekommenen Begriffen rund um das eigene Wohlbefinden gehört neben der Wellness und dem Burnout auch die häufig zitierte Work-Life-Balance. Als Gleichgewicht zwischen Arbeit und Leben könnte man es übersetzen. Gemeint ist natürlich die Frage, wie man das, was sein muss (die Arbeit), mit dem, was wichtig und gut ist (das Leben), in ein akzeptables Gleichgewicht bringen kann. Eine auf den ersten Blick legitime Überlegung.

Doch steckt in dieser, auch von seriösen Psychologen und Lebensberatern genutzten Begriffsbildung eine fatale Prämisse: Jene nämlich, dass das eine mit dem anderen nichts zu tun habe. Dass es um ein Entweder-oder gehe: Arbeit oder Leben. Zu Ende gedacht, bedeutet es: Der arbeitende Mensch lebt nicht, sondern erwacht nur phasenweise zum Leben, wenn er sich gerade auf der richtigen Seite der Work-Life-Balance befindet. Er verbringt also einen Großteil seines Lebens als Halbtoter. Als Zombie.

Das mag überspitzt klingen. Doch so ganz falsch ist die Beobachtung nicht, dass in der hochindustrialisierten, automatisierten und superproduktiven Welt eine Menge Menschen mit einem Gefühl leben, nicht am richtigen Platz zu sein und mit der Sorge, das wahre Leben laufe doch eigentlich anderswo ab. Sozialpsychologen nennen dieses Gefühl Entfremdung.

Die Folge ist, dass viele berufstätige Menschen, aber auch Schulkinder, Hausfrauen und -männer mit heillos übersteigerter Erwartung auf jene Momente im Jahr blicken, in denen die Pflichten des Alltags wegfallen und man endlich tun kann, was das Leben lebenswert macht: Abhängen, Wellness genießen, Abenteuer erleben, Kultur erkunden, oder einfach nur den Grill anwerfen und ein paar Glas Wein trinken.

Die Tourismus- und Freizeitindustrie tut das ihre, um Trugbilder zu nähren über die paradiesischen Dinge, die man tun könnte, wenn man nur die Zeit hätte. Und so geraten wir in genau den Stress, dem wir eigentlich entkommen wollen. Denn nun gilt es, die Freizeit zu organisieren, zu perfektionieren, zu optimieren.

Für die größeren Eskapaden stehen Traumurlaube zur Verfügung, für die kleinen Fluchten allerlei Entspannungsmethoden, etwa aus einschlägigen Apotheken-Ratgebern: von Qi Gong über Fußreflexzonenmassagen bis zu Atemtechniken.

Alles davon ist legitim. Die Gefahr ist, dass der Urlaub, so wie das womöglich zur Gewohnheit gewordene Feierabendbier, missbraucht wird, um dem Alltag zu entkommen, und nicht, um ein selbstbestimmtes, auch in anstrengenden Arbeitsphasen lebenswertes Leben zu bereichern. Wer Stress wie eine chronische Krankheit erlebt und Entspannung als Sehnsucht, der läuft Gefahr, dass der Urlaub nur wie ein Medikament wirkt, das Symptome bekämpft aber nicht die Ursachen.

Selbstverständlich kann niemand verpflichtet werden, seine Arbeit zu genießen. Auch sei das Gegenteil des Entfremdungsgefühls weder gleichbedeutend mit Glück, betont die Sozialphilosophin Rahel Jaeggi, noch führe es in einen harmonisch-konfliktfreien Zustand. Doch es ist definitiv ein besseres Lebenskonzept, mit seinem Alltag ins Reine zu kommen, als krampfhaft die Auszeiten zu perfektionieren. Auch wenn der Nachbar schon wieder in die Karibik fliegt. Der Saukerl.

Während der Schlaf also unsere wichtigste passive Maßnahme zur Regeneration ist, ist der Urlaub die wichtigste aktive Erholungsmaßnahme. Der Urlaub ist oft die einzige Zeit im Jahr, in der du dich von den Zwängen und der Hektik des Alltags wirklich frei machen kannst. Im Urlaub kannst du die im Alltag verbrauchten Energien zurückgewinnen, deine Akkus wieder aufladen. Du kommst innerlich zur Ruhe und stärkst deine Widerstandskraft und Belastbarkeit - du wirst ausgeglichener. Die gewonnenen Anregungen, Erfahrungen und Eindrücke aus deinem Urlaub wirken auch im Alltag noch nach. Du bekommst neue Impulse und Einsichten durch neue Menschen, Länder, Kulturen, die du kennenlernst, oder dadurch, dass du neue Dinge ausprobierst. So zumindest lautet die Theorie, die ein wirklich erholsamer Urlaub bietet. Du solltest diese Chancen nutzen. Dafür kommt es im Wesentlichen darauf an:

1. Dass du den Urlaub von Anfang an so planst und gestaltest, dass du dort nicht mit Hektik, Stress und belastenden Anforderungen konfrontiert wirst, und

2. dass sich dein Urlaub möglichst genau an deinen ganz persönlichen Erholungsbedürfnissen orientiert und du dich dabei möglichst wenig von anderen fremdbestimmen lässt.

Wie kann das gelingen? Lass uns mal deine aktuelle Situation betrachten und die nächsten Schritte dazu entwickeln.

Kennst du deine Bedürfnisse für Erholung?

Damit du dich im Urlaub optimal erholen kannst, musst du wissen, wovon du dich erholen willst, welcher Art die vorangehende Beanspruchung gewesen ist. Ob Sommer- oder Winterurlaub, ob Urlaub in der näheren Umgebung oder Fernreise, ob Aktivurlaub oder Faulenzen am Strand, ob ausführliche Besichtigungstouren, Großstadttrip oder Naturerlebnisse, ob Individual- oder Gruppenreise, ob organisiert oder auf eigene Faust, welche Art des Urlaubs in diesem Jahr für dich die richtige ist, hängt allein von deinen Erholungsbedürfnissen ab und sollte allein eine Sache deiner persönlichen Entscheidung sein. Bevor du dich also um das Urlaubsdomizil und die äußere Organisation des Urlaubs kümmerst, solltest du dich daher ausführlich mit deinen Wünschen und Zielen, die du an deinen Urlaub hast, beschäftigen. Lass dich nicht von anderen zu etwas überreden, dass nicht deinen Wünschen entspricht. Und bitte vermeide jeden Prestige- oder Leistungsgedanken, wenn es um deinen Urlaub geht.

Kläre die Erwartungen

Wenn du mit deiner Familie oder Freunden gemeinsam in den Urlaub fährst, sind Konflikte oft vorprogrammiert – der eine setzt auf Strand und Erholung, ein anderer hofft auf Disco und neue Kontakte, der nächste wünscht sich ausgiebige Stadtbummel und Museumsbesuche. Deshalb sollte man vor dem Urlaub unbedingt mit den Mitreisenden bzw. mit der Familie klären, was jeder machen möchte. Erst dann folgt die gemeinsame und kreative Suche nach der Urlaubsform und dem Urlaubsort, an dem möglichst viele der unterschiedlichen Wünsche unter einen Hut gebracht werden können.

Manchmal lassen sich die Urlaubswünsche nicht vereinbaren. Schließ keine faulen Kompromisse. Geht dann lieber auch mal ein paar Tage getrennte Wege. Oder du vereinbarst einen Patchwork-Urlaub: zunächst tut jeder etwas für sich, um dann anschließend gemeinsam etwas zu unternehmen. Oder einige Tage unternimmt der Vater etwas alleine mit den Kindern, während die Mutter Zeit für sich hat, und anschließend gibt es noch einige Tage gemeinsamen Familienurlaub. Lass deiner Kreativität freien Lauf, respektiere die Wünsche der anderen und sei auch bereit für "verrückte" Ideen. Lass dich auf keinen Fall von vorgefertigten Urlaubsklischees beeindrucken.

Überhaupt sollte man den Urlaub nicht mit Erwartungen überfrachten. Häufig erlebe ich, dass auf diese "Sehnsuchtszeit" einmal im Jahr alle aufgestauten Erwartungen, z.B. nach einer harmonischen und erfüllten Partnerschaft oder einem glücklichen Familienleben, projiziert werden. Bei aller Vorfreude: Bleibe realistisch und erwarte nicht den perfekten Urlaub. So kannst du über negative Erlebnisse wie

Staus, schlechtes Wetter, unfreundliches Personal oder auch Streit vielleicht leichter hinwegsehen, anstatt dich zu ärgern.

Langsam in den Urlaubsmodus schalten

Körper und Geist brauchen im Urlaub Zeit, um abzuschalten. Deine Anspannung lässt sich nicht per Knopfdruck lösen. Erholung beginnt nicht gleich, nachdem du die Bürotür hinter dir geschlossen hast. Körper und Geist brauchen eine Phase des Cooldown, des Abschaltens und des Distanzierens. Nimm dir die Zeit dafür. Schließe ganz bewusst deine Arbeit ab, räume deinen Arbeitsplatz auf und bereite ihn für den Start nach dem Urlaub vor. Vermeide es, in den letzten Arbeitstagen vor Urlaubsbeginn noch alles erledigen zu wollen, was du in den letzten Wochen nicht geschafft hast. Hetze nicht bis kurz vor der Abreise von einem Termin zum nächsten, sonst geht der Alltagsstress direkt in Urlaubsstress über. Mach dir stattdessen eine Liste mit unerledigten Aufträgen, die du nach dem Urlaub mit neuer Kraft und Motivation angehen wirst. Das hilft Abstand zu gewinnen.

Startet dann möglichst ohne Hektik in den Urlaub. Fahre nicht am letzten Arbeitstag abends los, sondern lege mindestens einen Tag Pause zum Abschalten ein. Packe in Ruhe. Wenn du dann die Vorfreude und das Kribbeln in dir spürst, ist der richtige Zeitpunkt für den Start.

Mach dir klar: Diese Zeit für den Cooldown ist keine Vergeudung kostbarer Urlaubstage, sondern legt den Grundstein für einen wirklich erholsamen Urlaub. Allenfalls für Menschen, deren Arbeit durch Langeweile, Unterforderung und Trott gekennzeichnet ist, gilt das "Nix wie weg!"-Prinzip, da sie schon genügend Abstand haben.

Wie lange Urlaub?

Erst nach dem Cooldown, wenn deine Anspannung heruntergefahren ist, beginnt die eigentliche Regeneration, das Auftanken. Körper und Geist brauchen mindestens drei Wochen, um sich zu erholen, sagen Erholungsforscher. Das gilt ganz besonders, wenn man in eine andere Zeitzone oder in ein anderes Klima fährt. Denn Jetlag und die Umstellung auf ein anderes Klima können eine zusätzliche Belastung sein. Das gilt ganz besonders, wenn du im Dauerstress bist. Gönn dir also eine ausreichend lange Erholungsphase.

Lass die Arbeit zu Hause - oder ignoriere sie

Auch wenn es zu Beginn vielleicht schwerfällt: Ignoriere alles, was dich an deine tägliche Arbeit erinnert. Das betrifft Fachliteratur und Akten ebenso wie Handy und Laptop. Schalte dein Handy aus! Das eliminiert zugleich einen der häufigsten Streitfaktoren mit Mitreisenden. Auch wenn es dich zunächst unruhig macht, wirst du feststellen: Der Laden läuft, wenn es sein muss, auch ohne dich. Diese Erfahrung ist Gold wert! Wenn es wirklich nicht anders geht: Vereinbare mit deinem Unternehmen oder Geschäftspartnern bestimmt Uhrzeiten, zu denen du erreichbar bist, z.B. morgens von 9 Uhr bis 10 Uhr. Meist reicht es zur Beruhigung deines Gewissens aber auch, wenn du einmal täglich die Mailbox abrufst. Für alle Fälle.

Die Rückkehr: Mach's wie die Sportler

Die Regenerationsphase sollte nicht abrupt beendet werden. Was Sportler vor einem Wettkampf tun, ist auch für andere Tätigkeiten wichtig. Körper und Geist sollten langsam auf die neuerliche Beanspruchung vorbereitet werden. Leg nach deinem Urlaub zunächst zu Hause einen freien Tag ein. Du gibst damit auch deinem Organismus die Chance und Zeit, sich erneut umzustellen. Nimm dir die Zeit, um wieder anzukommen. Packe in Ruhe aus und stimme dich auf die neue Arbeitswoche ein. Wenn du dann freudige Spannung, vielleicht sogar Lust auf das kommende in dir spürst, dann bist du wirklich erholt.

Lass den Urlaub nachwirken

Der Alltag hat dich wieder? Schau dir spätestens ein oder zwei Wochen nach deiner Rückkehr deine Urlaubsfotos an. In welchen Situationen warst du besonders glücklich, auf welchen Fotos lachst du? Wenn du dir die schönen Tage noch einmal in Erinnerung rufst und dir überlegst, welche Aktivitäten oder Eindrücke dir besonders gut gefallen haben, kannst du diese gezielt beim nächsten Urlaub einplanen. Bewahre dir auf jeden Fall deine Erholung für den Alltag. Du kannst beispielsweise nach dem Urlaub mit leichteren Arbeitsaufgaben starten und vor allem zu Hause deine Urlaubsgewohnheiten (lesen, Sport treiben, in Ruhe essen) fortsetzen.

Impuls:
Fragen zur Selbstreflexion
Erkenne deine
Erholungsbedürfnisse

- In welchem Bereich ist Erholung für dich in diesem Jahr besonders wichtig? Fühlst du dich vor allem körperlich erschöpft oder eher emotional oder geistig ausgelaugt?
- Welche Art von Urlaub hätte für dich in deiner derzeitigen Situation keinen oder nur geringen Erholungswert? Was könntest du gar nicht gebrauchen?

- Willst du in diesem Jahr im Urlaub einfach einmal nichts tun, trödeln und herumhängen können?
- Suchst du nach inspirierenden neuen Eindrücken, neuen Kontakten und Begegnungen?
- Hast du den Wunsch, dich körperlich zu betätigen?
- Träumst du von der einsamen Insel, von dem quirligen Ferienort oder vom Eintauchen in eine Großstadt?
- Welche Art von Urlaub wäre für dich in diesem Jahr die erholsamste, wenn du auf nichts und niemanden Rücksicht nehmen müsstest?

B

Einfach natürlich genießen

01

Genießen
Mach mehr von dem,
was dich glücklich macht!

Die verhasste Kollegin geht zum Friseur und kommt verunstaltet wieder, der Chef verbrüht sich an der Kaffeemaschine, weil er sie schon lange nicht mehr selbst bedient hat, der Porsche-Fahrer würgt den Motor an der grünen Ampel ab – kleine Momente der Genugtuung, für die wir uns immer auch ein bisschen schämen. Sind wir wirklich so fies? Oder sind das stille Momente des Genießens im Alltag, um das normale Chaos zu ertragen?

Faktisch sieht´s doch so aus: Der Alltag rauscht an uns vorbei. Eine Woche vergeht, die nächste. Die To-Do-Liste ist lang, unsere Anforderungen an uns selbst hoch. Unser Instagram-Feed gaukelt uns vor, dass alle anderen im Dolce-Vita-Modus vor sich hin hüpfen. Selbst wenn wir theoretisch wissen, dass es den meisten von uns ähnlich geht, und wir nicht alle den Morgen mit einem gesunden Frühstück hübsch angezogen in einem der In-Cafés der Stadt beginnen, schleicht sich schnell eine nagende Unzufriedenheit ein.

Glaubst du auch, dass dir noch etwas zu deinem Glück fehlt? „Wenn ich doch nur eine Beziehung hätte, mehr Geld verdienen würde, dann..." Durch den Vergleich und die hohen Erwartungen verlierst du schnell den Blick für das, was wirklich zählt. Du fragst dich, wie du das Beste aus deinem Leben herausholen kannst? Wie du wieder Zufriedenheit in deinen Alltag bringen und dein Leben mit all seinen Facetten wieder genießen kannst?

Manchmal ist das Leben ein ganz schöner K(r)ampf! Aber muss es das denn wirklich sein? Dazu von mir ein klares NEIN!

Sich das Leben unnötig schwer machen und selbst im Weg stehen? Kann ich! Grübeln, an mir zweifeln, mich in Probleme reinsteigern – beherrsche ich alles aus dem Effeff. Doch je älter ich werde, umso öfter gelingt es mir, gegenzuhalten und mich selbst zur Räson zu rufen, wenn ich mal wieder zum Kleinkind zu mutieren drohe. Und vor allem die folgenden Erkenntnisse helfen mir dabei.

Vier Erkenntnisse, die mich das Leben mehr genießen lassen

1. Ich bin nicht der Mittelpunkt der Welt.

Eine Zeit lang habe ich besonders unter meinem Hang zum Perfektionismus gelitten. Es hat mich extrem belastet, etwas nicht zu schaffen oder einen Fehler zu machen. Aber die Wahrheit ist doch: Wenn ich ein Problem habe oder einen Fehler mache, interessiert das mehr als sieben Milliarden Menschen nicht die Bohne. Schließlich kriegen die davon nicht mal etwas mit. Ich finde das extrem beruhigend! Denn wenn meine kleinen Dramen so wahnsinnig vielen Menschen völlig egal sind, können sie schon nicht allzu schlimm sein – und es liegt vor allem an mir, was ich daraus mache.

2. Bei den anderen sieht's auch nur so leicht aus.

Eine Frage: Wo wollen eigentlich immer alle hin? Wenn ich mir andere Menschen so anschaue, sieht es für mich jedes Mal aus, als wüssten sie genau, was sie tun und warum. Ich dagegen habe eigentlich schon mein Leben lang das Gefühl, mehr oder weniger zu improvisieren. Aber sieht man mir das an? Nö! Weil ich es gut verstecke. Und was ich kann, können andere schon lange!

Ich gehe jede Wette ein: Wenn wir alle mal ganz und gar ehrlich wären und blank zögen - und ich meine jetzt nicht, hin und wieder unseren Paulaner-Gürtel zu zeigen oder Pickel nicht abzudecken - würden wir feststellen, dass niemand wirklich einen Plan hat (Ausnahmen sind möglich). Und dass jeder Mensch zweifelt, improvisiert und eher voran stolpert als schreitet – doch vielleicht ist das gar nicht schlimm, sondern einfach nur menschlich.

3. Ich kann keine richtigen Entscheidungen treffen – aber auch keine falschen.

Klar, als (ehemals hilfloser) Perfektionist habe ich mich oft schwer damit getan, Entscheidungen zu treffen. Ich wollte immer möglichst alles bedenken, Szenarien im Kopf durchspielen und vorausschauend handeln. Aber erstens haben sich, was richtig und was falsch ist, sowieso nur irgendwelche (wahrscheinlich klugen) Leute ausgedacht – ob es jedoch wirklich stimmt, weiß niemand.

Und zweitens bin ich nun mal so wie ich bin – und drei zusätzliche Gedankenschleifen ändern daran auch nichts! Seit mir das klar ist, entscheide ich schneller, pragmatischer, intuitiver, viel überzeugter, beherzter und mehr – und das hat mich schon um einiges klüger gemacht.

4. Ich habe nur ein einziges Leben ...

... und wenn ich tot bin, ist sowieso alles vorbei!

Daraus folgen für mich unterschiedliche Dinge, zum Beispiel:

Immer auf Krampf den geraden Weg zu gehen, nur weil er der nächstliegende und leichteste ist oder weil andere es von mir erwarten, empfinde ich irgendwie als "Thema verfehlt"! Schließlich bereichert es mein Selbstvertrauen und meinen Erfahrungsschatz viel mehr, wenn ich möglichst viel ausprobiere – und meine Chance herauszufinden, was mich wirklich glücklich macht, erhöht das auch.

Selbst mein größter Schmerz und meine dunkelste Stunde werden eines Tages vorbei, vergessen und sogar egal sein – warum mich in der Zwischenzeit nicht auf das Schöne konzentrieren, so gut es eben geht?

Ich kann keine Zeit und Energie darauf verwenden, Ziele zu verfolgen, die gar nicht meine sind. Ich habe nur diese eine Chance, mich selbst auszuleben, zu entfalten, meinen eigenen Weg zu gehen und nach meinem Glück zu suchen. Alles, was mir dabei hilft und mir Kraft gibt (zum Beispiel Schokolade oder Pommes, Freude über das, was ich habe, Liebe), ist erlaubt, von allem anderen (Schönheitsideale, Follower-Zahlen, Karriereziele, was meine Nachbarn besitzen) möchte ich mich möglichst frei machen – weil es mir nur im Weg stehen oder mich belasten kann.

Was auch immer du also in deiner Freizeit unternimmst, für den Erholungswert kommt es entscheidend darauf an, dass deine Freizeitaktivitäten tatsächlich ein Gegengewicht zu den Herausforderungen im Alltag sind. Freizeitaktivitäten sind dann wirklich erholsam, wenn du dabei entspannen und von der Arbeit abschalten kannst, wenn sie selbstbestimmt sind und positive Emotionen, sowie Spaß und Freude in dir hervorrufen. Zeitdruck und Leistungsdenken sind hier fehl am Platz und helfen nicht weiter. Freizeitaktivitäten sind dann erholsam, wenn es um das eigentliche Tun geht, nicht um das Ergebnis. Also um das Spielen und nicht um das Gewinnen. Es steht nicht im Vordergrund, dass du es tust, auf deiner To-do-Liste abhaken kannst, sondern dass du Spaß, Lust und Genuss erlebst. Ganz wichtig ist auch, dass du diese Aktivitäten in der Freizeit aus eigenem Antrieb machst, weil du es willst, und sie nicht auf einem Gefühl der Verpflichtung beruhen. Mach dich frei von Normen und Ansprüchen und Erwartungen Dritter. Das ist die Voraussetzung, um die Freizeit als eigene "freie Zeit", als "Ich-Zeit", genießen zu können. Nicht mehr "Das muss ich tun", sondern "Das gönne ich mir" ist der Leitspruch, der künftig auf deinem Portal zum HIMMEL steht.

Was hast du früher als angenehm empfunden?

Was sind nun die konkreten Freizeitaktivitäten, die deine ganz persönliche Gegenwelt ausmachen? Das kannst nur du beantworten. Hier spielen deine persönlichen Vorlieben, Vorerfahrungen und Möglichkeiten eine wichtige Rolle. Ob Natur oder Kultur, ob Sport oder Musik, ob Tanz oder Töpfern – entscheidend ist, dass du dabei Freude, Genuss und Muße erlebst und vor allem, dass du dir diese freie Zeit ohne schlechtes Gewissen gönnst. Ich treffe allerdings oft auf Menschen, die gar nicht mehr wissen, was ihnen denn Spaß und Freude bereiten könnte, was für sie angenehm, entspannend und erholsam sein könnte. Sie befinden sich bereits in der Abwärtsspirale aus Dauerstress und Depression. Durch den anhaltenden Stress des Alltags ist der Zugang zu positiven Erlebnissen regelrecht verschüttet. Wie bei einer Autoscheibe, die zugeschneit ist. Das Leben hat sich mehr und mehr verengt auf die Auseinandersetzung mit den Anforderungen im Beruf und Alltag. Es fehlt der Durchblick. Kehrst du den Schnee von der Scheibe, siehst du wieder klar. Deshalb ist es hilfreich, wenn du dich einmal zurück erinnerst an frühere – gegebenenfalls auch an weit zurückliegende – Zeiten und an Tätigkeiten, die dir damals Freude bereitet haben. Ich habe dir dazu ein paar Impulse, um deine Scheibe vom Schnee zu befreien.

Impuls:
So bringst du den Schnee von der Scheibe
Was hast du früher gerne gemacht?

- Welche Freizeitaktivitäten haben dir früher Freude gemacht?
- Was hat dir gutgetan?
- Bei welchen Dingen oder Tätigkeiten konntest du richtig abschalten?

Wenn Du dich mit diesen Fragen beschäftigst, dann schau vielleicht auch in alte Fotoalben oder nimm Erinnerungsstücke (die alten Fußballschuhe, Klaviernoten, Pokale oder Urkunden, das Kochbuch, Reiseandenken...) in die Hand. Das hilft deiner Erinnerung auf die Sprünge und lässt sie lebendig werden.

Zusätzliche Impulse kann dir auch die Checkliste "Magic Moments" geben. Kreuze an, was zutrifft …

Magic Moments

Was – Aktivität	Hat mir früher gutgetan	Möchte ich bald mal wieder machen		
		eher nicht	vielleicht	unbedingt
1 Soziale Kontakte, Geselligkeit				
Freunde, Bekannte, Verwandte besuchen				
mit den Kindern spielen				
eine Bar, Kneipe, Restaurant besuchen				
Telefonieren, Chatten				
Tanzen gehen				
Unternehmungen, Ausflüge mit der Familie, mit Freunden oder Bekannten				
Gesellschaftsspiele				
in einem Verein mitarbeiten				
Sonstiges:				
2 Hobbys und Freizeit				
Fotografieren, Filmen				
Sammeln von Gegenständen				
Pflanzen züchten				
Malen, Zeichnen, Töpfern				

Basteln, Handarbeiten

Ein Musikinstrument spielen

Gartengestaltung

Singen

etwas Besonderes kochen

Puzzle, Rätsel lösen

Technische Spiele (Eisenbahn,
Computer…)

Heimwerken

Sonstiges:

3 Kultur und Bildung

ins Konzert oder Theater gehen

ins Kino gehen

einen Vortrag anhören

Besuch von Ausstellungen, Museen

ein gutes Buch lesen

einen Kurs der VHS belegen

eine Fremdsprache lernen

Sonstiges:

4 Sport und Bewegung

Spazieren gehen, Wandern

Waldlauf, Jogging

Tennis

Tischtennis

Schwimmen

Rad fahren

Wintersport (Skiwandern, Abfahrt, Snowboard...)

Ballsport

Gymnastik, Aerobic, Pilates, Yoga...

Wassersport (Segeln, Rudern, Kanu ...)

Krafttraining

Sonstiges:

5 Natur und Faulenzen

im Gras liegen

Tiere beobachten (Vögel…)

Barfuß laufen

Blumen pflücken (z.B. auf einer Wiese)

in der Sonne sitzen

Kräuter, Pilze o.Ä. sammeln

eine schöne Aussicht genießen

Am Ofen sitzen, ins Feuer gucken

Sauna

Sonnenaufgang, -untergang, Sterne, Wolken betrachten

Angeln

im Wasser waten

eine gute Tasse Kaffee, Tee trinken

Musik hören

ein Bad nehmen

sich massieren lassen

in einem Straßencafé sitzen

Sonstiges:

Schau dir nun den ausgefüllten Bogen nochmals an. Bist du vielleicht auf Dinge gestoßen, die du schon immer gern einmal getan hättest, aber bisher immer verschoben hast? Gibt es Tätigkeiten, denen du früher mit Spaß nachgegangen bist und die du gerne wieder aufgreifen würdest? Notiere hier die angenehmen Dinge, deine **MAGIC MOMENTS**, Dinge, die du in den nächsten Wochen zum Ausgleich deiner Herausforderungen unternehmen möchtest!

1 _____

2 _____

3 _____

4 _____

5 _____

02 Mögen hätte ich schon wollen, aber dürfen habe ich mich nicht getraut
Kleine Schule des Genießens

Um was es geht:

★ Acht Tipps, wie du sie sonst nirgends findest
★ Liste angenehmer Erlebnisse
★ Impuls: So wird dein Tag zum Erfolg!

Du kennst das sicher auch: Du hetzt von einem Termin zum anderen. Und neben deinem Job musst du deine Familie, Freunde und Freizeitaktivitäten unter einen Hut bekommen. Wie sollst du bei all der Hektik die Zeit finden, dein Leben ausgiebig zu genießen?

Lass uns mal ehrlich sein. Unser Leben ist erst dann wirklich lebenswert, wenn wir es auch genießen, oder? Woran liegt es also, dass wir diese Sache mit dem Genuss einfach nicht auf die Reihe kriegen? Und vor allem: Kann man Genießen lernen?

Dieser Frage sind die beiden Psychotherapeuten Rainer Lutz und Eva Koppenhöfer nachgegangen und haben die Beobachtung gemacht, dass depressive Patienten auch dann, wenn sie Tätigkeiten ausführen, die anderen Menschen in der Regel Spaß und Genuss bereiten, sich nicht wirklich daran freuen können. Ja schlimmer noch: Oft verschlimmerte sich die depressive Stimmung dadurch noch. Ähnliches erleben auch dauergestresste und ausgebrannte Menschen – sie können sich nicht mehr freuen oder genießen.

Lutz und Koppenhöfer haben daraus die Konsequenz gezogen, dass es nicht ausreicht, diese Menschen zu motivieren, damit sie wieder aktiv werden. Sie müssen regelrecht erst wieder lernen zu genießen. Dazu haben sie die „Kleine Schule des Genießens" entwickelt. Die wichtigsten Impulse habe ich dir hier mal zusammengefasst. Vielleicht findest du hier wertvolle Hinweise und Anregungen für die Gestaltung deines persönlichen Alltagsgenusses.

Gönne dir Genuss
Viele Menschen haben Hemmungen, ein schlechtes Gewissen oder schämen sich, wenn sie sich selbst etwas Gutes tun. Ganz so, als stünde ihnen Genuss oder Lebensfreude nicht zu. Vielleicht haben sie in ihrer Kindheit entsprechend Verbote von ihren Eltern bekommen und können sich heute selbst einen Genuss nicht

erlauben. Es kommt also zuerst darauf an, sich über unnötig gewordene Genussverbote klar zu werden und diese fallen zu lassen.

Nimm Dir Zeit zum Genießen

Das klingt banal, ist aber eine ganz wichtige Voraussetzung für das Genießen. Genuss geht nicht unter Zeitdruck – aber manchmal genügt schon ein Augenblick. Es reicht oft schon eine Tasse Kaffee oder Tee …

Genieße bewusst

Wer viele Dinge gleichzeitig tut, wird dabei kaum genießen können. Frühstück und Zeitung lesen, Abendessen und Nachrichten ansehen. Kaffeepause und Emails checken … Inzwischen ist wohl jedem klar, dass das mit dem Multitasking eine Mär von Vorgestern ist. Willst du Genuss erleben, dann musst du die anderen Tätigkeiten ausschalten und dich ganz auf diese eine besinnen. Genuss geht nicht nebenbei. Auch das ständige Denken an zukünftige oder zurückliegende Aufgaben verstellt oft den Blick für das angenehme. Genuss findet in der Gegenwart statt.

Schule deine Sinne für Genuss

Genießen setzt eine fein differenzierte Sinneswahrnehmung voraus, die sich durch Erfahrung gebildet hat. Beim Genießen kommt es auf das Wahrnehmen von Nuancen, Kleinigkeiten an. Es geht hier darum, die eigenen Sinne zu schärfen. Beobachte mal ganz genau, was du in deinem augenblicklichen Umfeld wahrnimmst. Riechst du den frisch aufgebrühten Kaffee, den Duft der Pizza aus der Mikrowelle? Hörst du das Gezwitscher der Vögel, das Summen der Bienen, das Rauschen der Blätter im Wind? Spielende Kinder in der Nachbarschaft? Übe jeden Tag ein paar Minuten deine Wahrnehmung und Achtsamkeit.

Genieße auf deine eigene Art

Genuss bedeutet für jeden etwas anderes. Hier kommt es für dich darauf an herauszufinden, was dir guttut und – genauso wichtig – was einem nicht gut tut und was einem wann gut tut.

Dazu findest du im vorherigen Kapitel eine Checkliste mit angenehmen Erlebnissen, sogenannten MAGIC MOMENTS. Sie enthält eine Reihe von Tätigkeiten, die von vielen Menschen als angenehm und erholsam erlebt werden. Falls du sie noch nicht ausgefüllt hast, wäre jetzt der richtige Zeitpunkt. Die Liste ist nicht vollständig. Falls dir noch andere Möglichkeiten einfallen, trage sie einfach in die freien Zeilen ein.

Wenn du die Checkliste ausgefüllt hast, schau sie dir noch einmal an:

- Gibt es Aktivitäten oder Dinge, die dir Spaß machen würden oder dich interessieren, die du aber nur selten oder nie erlebst?
- Bist du vielleicht auf Dinge gestoßen, die du schon immer gern einmal getan hättest, aber bisher immer wieder verschoben hast?

- Gibt es Tätigkeiten, denen du früher mit Spaß nachgegangen bist und die du gerne wieder aufgreifen würdest?

Dann notiere jetzt deine MAGIC MOMENTS, die du in den nächsten Wochen unternehmen möchtest!

Genieße lieber wenig, aber richtig

Ein populäres Missverständnis über genießen ist, dass derjenige mehr genießt, der mehr konsumiert. Für den Genuss ist jedoch nicht die Menge, sondern die Qualität entscheidend. Ein zu viel wird auf die Dauer sättigend und langweilig. Meine Empfehlung lautet deshalb, sich zu beschränken, nicht aus Geiz oder aus falscher Bescheidenheit, sondern um sich das jeweils Beste zu gönnen.

Planen schafft Vorfreude

Eine Redensart besagt, dass man die Feste feiern soll, wie sie fallen. Das Zufällige, Spontane, Unerwartete bringt häufig einen ganz besonderen Genuss. Es scheint jedoch nicht günstig, den Genuss allein dem Zufall zu überlassen. Im Alltag wird es oft nötig sein, angenehme Erlebnisse zu planen, das heißt die Zeit dafür einzuteilen, die entsprechenden Vorbereitungen zu treffen, Verabredungen zu vereinbaren und so weiter. Stell dir dazu ein Abendessen mit deinen Freunden bei dir zuhause vor, jeder bringt etwas zum gemeinsamen Kochen mit. Oder plane mit deinem Partner / deiner Partnerin den nächsten Urlaub oder Ausflug am Wochenende. Das hat den zusätzlichen angenehmen Effekt, dass du dich auf das bevorstehende angenehme Ereignis schon länger vorher freuen kannst.

Genieße die kleinen Dinge des Alltags

Genuss ist nicht immer zwangsläufig etwas ganz Außerordentliches. Nicht wenige Menschen versäumen das kleine Glück, während sie auf das große vergebens warten. Es gilt, Genuss im normalen Alltag zu finden – in kleinen Begebenheiten und alltäglichen Verrichtungen. Wer sich selbst im Alltag innerlich dafür offen hält, kann eine Vielzahl von Quellen für angenehme Erlebnisse gerade auch im alltäglichen Leben entdecken. Alltägliche Dinge einmal aus einer anderen, nicht zweckbestimmten Warte wahrzunehmen, kann unerwartete Genüsse bescheren.

Mit der folgenden Vorgehensweise kannst du für dich eine Routine erstellen, bis das Genießen allmählich in Fleisch und Blut übergegangen ist.

Impuls:
Genießen im Alltag
Zieh ein positives Tagesfazit

Achte in den kommenden Tagen einmal ganz bewusst auf schöne Dinge in deinem Alltag. Darauf, was dir Freude macht, was du als angenehm empfindest und genießen kannst. Das können besondere Ereignisse sein, wie etwa der seltene Besuch guter Freunde oder z.B. ein Theaterbesuch.

Wichtiger aber noch sind die ganz alltäglichen kleinen Freuden wie z.B. das angenehme Gefühl auf der Haut nach der morgendlichen Dusche, oder ein schöner Sonnenuntergang, den du beobachtet hast, oder der angenehme Geruch von frisch gemahlenem Kaffee.

Nimm dir jeden Tag ein paar Minuten Zeit für einen positiven Tagesrückblick. Notiere dir das gerne in deinem Journal. Halt dir noch einmal vor Augen, was du an diesem Tag als angenehm erlebt hast.

03 Abnehmen mit Genuss
Wie du das Mettigel-Syndrom verhinderst

Um was es geht:

★ Abnehmen mit Genuss und gleichzeitig Stress reduzieren
★ Was modische Entwicklungen auf dem Nahrungsmittelsektor bewirken
★ Essen mit Lust ist gesund
★ Wie du das Mettigel-Syndrom verhinderst

Hedonistische Theorien besagen, dass das Grundmotiv des Menschen das Streben nach Lust ist. Genussvolles Essen gehört somit zu den alltäglichen Freuden, die einen wesentlichen Beitrag zur Lebensqualität liefern. Doch so mancher übertreibt es in dieser Disziplin mit dem Genießen, und es quietscht vor lauter knatschenger, körperbetonter Kleidung nur so in den Körperregionen, wo bei Nutztieren der Schinken wächst.

Zugegeben: Die Moden kommen und gehen. Es gibt zum Beispiel Vorschläge ohne Ende, wie man sein Essen zelebrieren soll. Klingt auch ziemlich einfach, was mir da alles empfohlen wird: Ich soll mir Zeit zum Essen nehmen, es im besten Fall selbst zubereiten, die Zutaten sorgfältig wählen und dann wirklich nur essen. Nicht Zeitung lesen, Nachrichten schauen oder die Wohnungsrenovierung mit dem Partner durchdiskutieren. Das Mantra lautet: Das Essen hat Vorrang.

Dass auf dem Sektor der Nahrungsmittel modische Erscheinungen für einen Zyklus der Abwechslung sorgen, ist für mich dann auch keine Überraschung mehr. Eventuell aber der Umstand, dass selbst Gemüse davon erfasst wird. Kamen Champignons in den guten alten 1980er-Jahren vorwiegend in Büchsen auf den Markt, musste der Konsument von damals zwangsläufig denken, jene Pilzsorte sei ein lichtscheues Produkt aus den Kellern polnischer Labore. Doch diese Irrtümer sind durch die Vielfalt in Wochen- und Supermärkten gänzlich ausgeräumt.

Fragen bleiben eigentlich nur noch bei der Avocado. Diese Ölfrucht ist aufgrund der Tatsache, dass man eigentlich nie den idealen Zeitpunkt der Reife erwischt, äußerst geheimnisvoll. Öffnet man sie zu früh, ist das Fleisch von gummiartiger Widerborstigkeit und schmeckt nach frisch gekautem Gras. Bricht man sie zu spät auf, hat faulige Vergänglichkeit die Frucht durch Gammel zersetzt. Leider ist ihr die Reife von außen je nach Sorte nur bedingt anzusehen. Und so kann man den philosophischen Schluss ziehen, dass das Leben wie eine Avocado ist: Man weiß nie, was man kriegt.

Viele Studien haben gezeigt, dass Menschen, die mit Lust essen, weniger Verdauungsbeschwerden haben und eher schlank sind. Weil in diesem einfach klingenden Satz auch steckt, dass man nicht über die Sättigungsgrenze hinaus Essen in sich hineinstopft. Wenn du jeden Bissen wirklich kaust, kommst du pro Mahlzeit leicht auf 20 Minuten. Und dann tritt automatisch ein Sättigungsgefühl ein. Wer weiter isst, hat den Genussbereich verlassen.

Doch welche Köstlichkeiten soll man heute noch genießen? Von Zeit zu Zeit gerät die kulinarische Welt angesichts dieser Frage aus den Fugen. In Frankreich zum Beispiel gerade jetzt: Grund ist der klassische Camembert aus der Normandie. Dabei handelt es sich um ein duftendes Nationalheiligtum, das zur Identitätsstiftung eines jeden stolzen Franzosen taugt und ihm sprichwörtlich die Tränen in die Augen treibt - sofern er gut gereift ist. Doch der Weichkäse steckt nun in einer Identitätskrise, weil er von der italienischen Konkurrenz vom Thron gestoßen worden ist: Erstmals seit es offizielle Käseaufzeichnungen in Frankreich gibt, haben die Franzosen mehr Mozzarella als Camembert gegessen. Mon dieu!

Zwei Käse, die unterschiedlicher nicht sein könnten: Während der eine arm an Geschmack und reich an Elastizität ist, nämlich der zur Gummiartigkeit neigende Mozzarella, ist der andere bei entsprechend guter Lagerung viskos und vermag zwei bis drei Etagen eines mittelgroßen Hauses aufgrund seines Geruchs zeitweise unbewohnbar zu machen. Jedenfalls ist die Camembert-Gewerkschaft SNFC alarmiert. Markterhebungen haben gezeigt, dass gerade die 35- bis 49-Jährigen am meisten Mozzarella kaufen, zulasten des abgestunkenen Camemberts.

Was bedeutet die französische Entwicklung also für hiesige Lebensmittel und deren Tradition? Den geschilderten Verdrängungstendenzen gilt es im Schwabenland und im Freistaat unbedingt vorzubeugen. Denn sonst werden eines Tages bei uns mehr Ravioli als Maultaschen verzehrt. Oder mehr Tagliatelle als Spätzle. Oder mehr Prosecco als Trollinger. Mon dieu!

Doch zurück zum Alltag. Übung macht den Genießer. Auch und vor allem beim Essen.

Dieses "Wohlfühlprogramm" solltest du so oft wie möglich fahren, wenn du essen und gleichzeitig auch noch abnehmen willst. Klar kann man auch eine Tüte Chips mit Lust essen. Aber kau mal so eine Handvoll dreißigmal. Das ist kein Spaß. Auch ein Burger wird durch intensives Kauen nicht wirklich leckerer. Deshalb wird Fast Food ja in der Regel auch eher geschlungen. Ergebnis: Man stopft automatisch in kürzerer Zeit mehr in sich hinein, als wenn man schön langsam einen Salat mit Rohkost, Kernen und gesundem Öl mampft. Also, lass dich von deinem Gaumen überraschen.

Bleibt zum Schluss noch Uli Hoeneß - heimlicher Schutzpatron aller Einkommenssteuer-Querdenker. Er hat jetzt als Ehrenpräsident des FC Bayern nicht mehr ganz so volle Terminkalender. Daher ist es ihm auch möglich, zwischendurch staatstragende Aussagen zu emittieren. Neulich bei Antenne Bayern etwa, wo sich Hoeneß wie zu Hause gefühlt haben muss, weil der Sender auch den Freistaat im Namen trägt. Jedenfalls plapperte der als Wurstfabrikant außerordentlich reich gewordene Mann so über dieses und dann über jenes, bevor er auf die Menschen zu sprechen kam, die sich bevorzugt ohne Fleisch zu ernähren befleißigen. Bei dieser Gelegenheit entwich dem ehemaligen Fußballfunktionär der Satz: „Vegetarisch akzeptiere ich noch ein bisschen, vegan überhaupt nicht, weil die Leute auf die Dauer nur krank werden."

Unbestätigten Vermutungen zufolge stimmt ihm da der Deutsche Grillsportverein sowie die Liga der Saitenwurstproduzenten zu. Wer nicht täglich sein Frühstücksschnitzel zur allmorgendlichen Schlachtplatte verzehrt, droht bis zum Mittagessen in eine akute Fleischunterversorgung zu rutschen, die dann nur noch mit einem Notfallset aus Zwiebelrostbraten- und Fleischküchlekonzentrat zu bekämpfen ist. Andernfalls tritt spätestens bis zum Nachmittag ein auch als Mettigel-Syndrom beschriebenes Delirium ein, bei dem als letztes Mittel höchstens noch eine Bratensoßen-Transfusion hilft. Als in moralischen Fragen anerkannte Instanz ist Herrn Hoeneß' Einsatz für seine Mitmenschen zu loben. Endlich eine starke Stimme, der die Gesundheit der Bevölkerung nicht Wurst ist.

In diesem Sinne: Wohl bekomm´s!

C

Einfach mal nix tun:
Abschalten und
Gelassenheit lernen

01 Chill amol
Entspannen - einmal loslassen bitte!

Um was es geht:

★ Entspannen und loslassen
★ Neue Energie tanken
★ Praxistipp: So lernst du abzuschalten

Wer kennt das nicht: Im Job ist mal wieder die Hölle los, ab Dienstag zählst du bereits die Stunden zum Wochenende, weil du das Gefühl hast, alles wird zu viel. Bis dann das Wochenende endlich vor der Tür steht - selten hast du es dir so herbeigesehnt. Aber dann: Statt abzuschalten, sitzt du am Wochenende in Gedanken am Schreibtisch, gehst die vergangene Woche durch oder überlegst dir, was in der kommenden Woche alles schieflaufen könnte. Am Montag schwingst du dich wieder ins Hamsterrad und überlegst, wie du die nächsten fünf Tage überstehen sollst. Ausgeruht bist du jedenfalls nicht.

Wir sind ständig konfrontiert mit Anforderungen, die andere, aber auch wir selbst an uns stellen. Finanzprobleme, Arbeitsbelastung, Zeitdruck, Krankheit und Beziehungsprobleme. Wir müssen Leistungen erbringen, Termine sind zu koordinieren, Beziehungsstreitigkeiten zu schlichten und wir haben häufig den Anspruch, dies auch ordentlich und gut zu tun. Häufen sich die Anforderungen oder sind wir mit den Erwartungen überfordert, empfinden wir Druck, Angst oder Anspannung und unser Körper reagiert mit Stresssymptomen. Spätestens jetzt gilt: Entspannung geht vor, tu deinem Körper und deinem Geist etwas Gutes!

Wie kann sich Stress bemerkbar machen?

- Muskelverspannungen, insbesondere im Gesicht und im Hals-/Nackenbereich
- erhöhter Pulsschlag
- Verdauungsstörungen und Schwitzen
- gereiztes Verhalten im Umgang mit anderen Personen

Was hilft gegen Stress? Entspannung! Entspannung bedeutet, sich die Zeit zu nehmen, einen persönlichen Freiraum zu schaffen und sich bewusst zu erholen – Entschleunigung, Entlastung und den Energietank aufladen. Versuche die

Belastung abzubauen, indem du z.B. den Zeitdruck oder dein Arbeitspensum reduzierst, dir Unterstützung suchst oder Konflikte bereinigst.

Schaffe dir deine eigene «Zeitinsel», einen Ort, an dem du deinen persönlichen Freiraum hast, Ruhe findest und dich entspannen kannst – egal ob in der Natur oder in deinen eigenen vier Wänden. Die Art und Weise, wie du dich entspannst, ist individuell und basiert auf deiner persönlichen Stimmung und deinen Vorlieben. Manche können am besten bei einem warmen Entspannungsbad oder beim Lesen eines Buches abschalten, andere tanken bei einem Spaziergang im Wald neue Energie oder finden Ruhe beim Malen.

Was dir gut tut, das merkst du selber am besten. Probiere doch einfach mal verschiedene Methoden aus:

- Ruhige Musik hören, Entspannungsbad, Wärme-Wickel
- Sauna oder Dampfbad, Entspannungsmassagen
- Ein Buch lesen
- Sport, Wandern
- Spaziergang im Wald, am See oder über die Felder
- Musik spielen, Malen
- Den Garten genießen, Gartenarbeit allgemein
- Tanzen
- Yoga, Tai-Chi, Meditation, Hypnose

Hilfreich sind aber auch gezielte Bewegungs-, Entspannungs- und Atemübungen, mit denen du überhöhte Spannungszustände in der Muskulatur abbauen und psychische Ausgeglichenheit erreichen. Entspannungsübungen kannst du auch präventiv in deinen Alltag einbauen. Nimm dir bewusst Zeit, zu entspannen – nicht nur in Stressmomenten. Regelmäßige Entspannung fördert auf Dauer eine bewusste Körper- und Selbstwahrnehmung und stärkt dich für stürmische Zeiten.

Praxistipp:
Schaffe dir deine eigenen Zeitinseln
Lerne abzuschalten: so geht´s!

Es ist ungemein wichtig zu entspannen. Wenigstens am Wochenende, obwohl es eigentlich die Regel sein sollte, dass wir uns jeden Tag kleine Zeit-Inseln schaffen. Für diejenigen, die Freitag, Samstag und Sonntag das Gefühl haben durchzudrehen, weil sie nicht arbeiten können, hier ein paar Tipps, die das Wochenende wieder (er-)lebenswert machen.

1. Schaffe dir ein Freitagsritual

Bring dich nach dem Feierabend in Wochenendstimmung, indem du eine Sache konsequent jeden Freitag machst. Das muss nichts Großes sein: Gönne dir jeden Freitag den geliebten Vanilla Latte vom Lieblingsbäcker, mit dem du langsam nach Hause schlenderst. Mach einen deiner Lieblingssongs zu deinem Freitagssong und höre ihn, wenn du im Büro-Fahrstuhl nach unten fährst. Oder mache den Freitagabend zu deinem Ich-Abend: Genieße ein wohliges Schaumbad, schaue deine Lieblingsserie oder bestelle Essen. Wichtig ist, dass du etwas findest, was für dich das Wochenende einläutet.

2. Lasse die Arbeit gedanklich im Büro

Natürlich gibt es immer wieder Zeiten, in denen es unmöglich ist, einfach abzuschalten und die Arbeit nicht in Gedanken mit nach Hause zu nehmen. Aber mal ehrlich: Das muss doch nicht jeden Freitag so sein. Wenn du den Rechner freitags runterfährst, versuche dir mal aktiv vorzustellen, wie du in wenigen Minuten das Büro verlässt, die Tür schließt, das Gebäude verlässt. Deine Arbeitsgedanken bleiben auf dem Schreibtisch zurück. Keine Angst, die sind auch am Montag noch da!

3. Sei organisiert

Wenig kann einem so das Wochenende vermiesen, wie das Gefühl, wichtige Dinge nicht geschafft zu haben – vor allem, wenn einen insgeheim das Gewissen plagt, weil man sie zu lange aufgeschoben hat. Erledige unliebsame Dinge vor dem Wochenende. Mach eine To-Do-Liste, priorisiere und arbeite diese konsequent ab. Der Wochenendeinkauf kann vielleicht auch schon am Donnerstag erfolgen. Nach getaner Arbeit entspannt es sich doppelt so schön.

4. Keine Schuldgefühle

Du hast genug gemacht! Es ist jetzt okay, das Wochenende zu genießen. Lass dir nicht das Gefühl vermitteln, nur wer sieben Tage die Woche 24 Stunden lang alles für die Firma gibt, sei ein guter Mitarbeiter. Das ist Quatsch! Wer sich nie erholt, kann ab einem gewissen Zeitpunkt keine volle Leistung mehr bringen. Weg mit übertriebenen Pflichtgefühlen!

5. Treibe Sport

Sport ist ein wunderbares Mittel, um gesund zu entspannen. Deshalb widme ich ihm auch ein Extra-Kapitel. Gehe nach dem Feierabend eine Runde ins Fitnessstudio – auch, wenn du das Gefühl hast, viel zu müde zu sein. Du wirst dich anschließend besser fühlen, dein Geist ist entspannter und du wirst außerdem besser schlafen. Die freigesetzten Endorphine sorgen zudem dafür, dass du dein Wochenende intensiver genießen kannst.

02 Körper und Psyche reloaded
Ready für Höchstleistungen

Um was es geht:

★ Wie Entspannung wirkt und was sie bewirkt
★ Wie du geerdet wirst und gleichzeitig ausgeruht und wach
★ Die TOP 7 der Entspannungstechniken
★ Powertipp zum Erlernen und Durchhalten einer neuen Technik

Viele Menschen sind heutzutage so sehr in ihre Alltagspflichten eingebunden, dass sie kaum noch Zeit zur Entspannung finden: Termindruck, Hektik oder Sorgen vor der Zukunft bestimmen ihren Alltag und bringen den Körper auf Hochtouren. Umso wichtiger ist es, zwischendurch abzuschalten.

Wer allerdings wie ein Hamster im Laufrad durchs Leben hetzt und dabei vergisst, zur Ruhe zu kommen, der verliert mit der Zeit die Fähigkeit zur Entspannung – ständige Nervosität, Ängste, Schlaflosigkeit und Herz-Kreislauf-Erkrankungen können die Folge sein. Doch es gibt viele Möglichkeiten, den Teufelskreis zu durchbrechen und für mehr Entspannung und Gelassenheit im Leben zu sorgen.

Der Begriff Entspannung beschreibt einen körperlichen und geistigen Zustand der Ruhe, Gelassenheit und des Wohlbefindens: Die Muskeln sind locker und gelöst, der Nacken fühlt sich weich an und im Kopf ruhen die Gedanken. Man atmet tiefer und das Herz schlägt in einem langsamen Rhythmus. Viele Menschen sprechen auch von einem Zustand des "inneren Friedens" oder der "Zufriedenheit", den sie erleben, sobald sie Entspannung spüren.

Entspannung gehört dabei genauso zum Leben wie Anspannung und Aktivität – es ist ein ständiges Wechselspiel zwischen diesen Polen. Das eine existiert nicht ohne das andere.

Diesen Prozess spiegeln auch elementare Abläufe im Körper wider, beispielsweise das Atmen: Atmen wir ein, spannen sich die Atemhilfsmuskeln und das Zwerchfell an – und entspannen sich wieder beim Ausatmen. Oder auch bei Aktivitäten: Starke Spannung ermüdet und führt zu einer natürlichen Entspannung. Das ist seit Urzeiten so (Säbelzahntiger - Neandertaler). Die Entspannung baut die Energiereserven wieder auf, sodass neue Spannung möglich wird.

Wirkung auf Körper, Psyche und Verhalten

In Teil II des Buches hast du die Wirkungen von Stress kennengelernt. Stress wirkt im Sinne einer bio-psycho-sozialen Betrachtung auf verschiedenen Ebenen: auf der körperlichen Ebene, der psychischen (gedanklichen) Ebene und der Verhaltensebene. Auf diesen Ebenen setzen auch die Entspannungsübungen an. Auch wenn der Hauptfokus meistens die körperliche Entspannung ist, geht es nicht nur um eine Reduktion von Anspannung und Aktivierung. Entspannungsübungen leisten deutlich mehr.

Wichtige Wirkungen von Entspannung:

- Reduktion von Anspannung und Aktivierung
- Förderung von Ruhe und Wohlbefinden
- Veränderung der Gedanken (kognitive Umstrukturierung)
- Verbesserte Körperwahrnehmung, Erkennen von Zusammenhängen von Psyche und Körper
- Steigerung der Kontrollüberzeugung, der Überzeugung, Stress oder Schmerz selbst bewältigen zu können

Entspannung und Körper

Was passiert eigentlich in unserem Körper, wenn wir uns entspannen? Für ein besseres Verständnis hilft es, das sogenannte vegetative Nervensystem zu betrachten. Das vegetative Nervensystem funktioniert wie eine Art Schaltzentrale des zentralen Nervensystems; es steuert Körperfunktionen wie Herzschlag, Atmung und Blutdruck und besteht im Prinzip aus zwei Teilen: Dem Sympathikus und dem Parasympathikus.

Der Sympathikus befähigt den Menschen bei Belastungen und Stress dazu, aktiv zu werden und körperliche und geistige Höchstleistungen zu vollbringen: Die Hormone Adrenalin und Noradrenalin werden ausgeschüttet, das Herz schlägt schneller, Blutdruck und Atemfrequenz steigen, die Muskelspannung nimmt zu, Zucker- und Fettreserven werden mobilisiert.

Der Gegenpol zum Sympathikus ist der Parasympathikus. Er sorgt dafür, dass wir uns regenerieren und entspannen, indem er bestimmte Körperprozesse und Organfunktionen "dämpft", unter anderem:

- Die Ausschüttung von Stresshormonen wird eingestellt.
- Die Kampf-Flucht-Reaktion, die bei Stress hochgefahren wird, ist jetzt nicht erforderlich. Der Körper kann ganz gelassen bleiben.

- Der Spannungszustand der Muskulatur nimmt ab und die Muskeln entspannen sich. Besonders spürbar ist das im Kopf-, Schulter- und Rückenbereich und den Armen.
- Die Atmung verändert sich: Wer entspannt ist, atmet langsamer, gleichmäßiger und tiefer. Die Atmung geht mehr in den Bauch und fließt leichter.
- Das Herz schlägt langsamer, die Pulsfrequenz nimmt ab und der Blutdruck sinkt. Außerdem kommt es zu einer sogenannten Gefäßerweiterung: Die Blutgefäße weiten sich, sodass mehr Blut hindurchfließen kann. Dies äußert sich vor allem in Fingern und Füßen und wird als Kribbeln wahrgenommen. Zudem kann ein Gefühl der Wärme in Händen, Armen und Beinen entstehen – ein sicheres Zeichen dafür, dass der Körper entspannt.
- Im Zustand der Entspannung lassen sich veränderte Hirnströme feststellen, besonders bei den sog. Alphawellen. Alphawellen fungieren wie eine Art Entspannungs-Barometer und treten in entspannten Zuständen verstärkt auf.

Entspannung und Psyche

Auch für unsere Psyche ist Entspannung eine Wohltat – besonders, wenn man dafür sorgt, regelmäßig zur Ruhe zu kommen. Denn wer häufig entspannt, fühlt sich allgemein ruhiger und ausgeglichener. Die alltäglichen Probleme stressen nicht mehr so sehr und Konflikten kann man wesentlich gelassener entgegensehen. Insbesondere negative Gefühle wie Ärger und Wut treten bei entspannten Menschen wesentlich seltener auf. Zudem lassen sich Nervosität und Ängste durch regelmäßige Entspannungsübungen bis zu einem gewissen Grad reduzieren.

Entspannungseffekte in der Psyche:

- Die Gedanken beruhigen sich. Es wird ein entspannter Wachzustand hergestellt. Dieser geht mit einem Überwiegen von Alpha-Wellen im EEG (den Gehirnwellen) einher.
- Die Aufmerksamkeit ist breit gefächert oder auf bestimmte positive Inhalte konzentriert (z. B. den Atem).
- Bei den Gefühlen entwickeln sich Gelassenheit, Zufriedenheit und Wohlbefinden.
- Mit zunehmender Entspannungstiefe, dem Wissen und Spüren, dass die Entspannungsübungen wirken, werden Selbstvertrauen und Selbstkompetenz gesteigert.
- Es entsteht ein mentaler Stresspuffer. Die Belastbarkeit wird gesteigert.

Entspannung und Verhalten

Nach außen sichtbar werden die Entspannungseffekte im Verhalten und in den Sozialbeziehungen:

- Das Verhalten wird ruhiger und gelassener und tritt an die Stelle von Hektik und Unruhe.
- Die Beziehungen zu den Mitmenschen werden positiv beeinflusst. Reizbarkeit und Aggressivität nehmen deutlich ab.
- Ungünstige Stressbewältigungsversuche, wie Rauchen, übermäßiger Alkohol oder Essanfälle werden weniger. Ein gesundheitsförderndes Verhalten wird gefördert.

Aus diesem Grund lernen viele Patienten in Psychotherapien auch Entspannungsverfahren wie beispielsweise das autogene Training oder die progressive Muskelentspannung: Bei Angst- oder Panikzuständen können solche Techniken helfen, gezielt die angstauslösenden Reize abzuschwächen, sich wieder zu "erden" und eine realistische Wahrnehmung zu schulen – und sich besser zu konzentrieren.

Denn auch die geistigen (kognitiven) Fähigkeiten verbessern sich zum Beispiel durch ein regelmäßiges Entspannungstraining. Konzentration und Aufmerksamkeit lassen sich in einem entspannten Zustand leichter aufrechterhalten und Außenreize wie Lärm oder Beleuchtung lenken seltener ab. Außerdem können kleine Entspannungseinheiten am Tag zur mentalen Frische beitragen. Man fühlt sich danach ausgeruhter und wacher – sowohl körperlich als auch geistig.

Entspannungstechniken

Es existieren viele Entspannungstechniken, mit deren Hilfe man zur Ruhe kommen kann – und dies in fast jeder Situation. Gemeinsam ist diesen Entspannungsverfahren, dass der Übende lernen kann, sich gezielt zu beruhigen und Körper und Geist zu entspannen. Aus dem westlichen Kulturkreis sind vor allem folgende Methoden bekannt:

- autogenes Training
- progressive Muskelentspannung nach Jacobson
- mentales Training
- Feldenkrais-Therapie

Aber auch sogenannte Körpertechniken, die vorwiegend aus dem ostasiatischen Raum stammen, zählt man zu den Entspannungstechniken. Hierzu zählen beispielsweise:

- Tai-Chi
- Qigong
- Meditation
- Atemübungen und Atemtechniken
- Yoga
- Shiatsu

Entspannen kann man sich zudem mit Fantasiereisen, die auch als Traumreisen bezeichnet werden. Meist handelt es sich hierbei um Entspannungsgeschichten, die den Übenden in Gedanken auf eine Traumreise, zum Beispiel ans Meer oder in einen Wald, mitnehmen – die angenehmen Bilder sollen dabei Gefühle der Ruhe und des Wohlbefindens hervorrufen

Welches Training ist für mich richtig?

Welche Methode ist nun für dich richtig und wirkt am besten? Wie du jetzt bereits vermuten wirst, geht der erfolgreiche Weg dahin, genau jenes Entspannungstraining für dich zu wählen, dass zu dir und zu deinen individuellen Zielen am besten passt.

Ich stelle dir deshalb die verschiedenen Wirkungen der Entspannungstrainings kurz vor. Du wirst erkennen, dass es Wirkungen gibt, die alle Entspannungstrainings gemeinsam haben und dass es darüber hinaus auch sehr spezifische Wirkungen gibt. Das ist auch eine Erklärung dafür, warum Entspannung grundlegend für jeden sinnvoll ist, dass sich aber nicht jede Entspannung für jeden gleichermaßen eignet.

Die Entspannungsmethoden, die ich für dieses Buch ausgewählt habe, sind die Top sieben der Entspannung. Dabei spanne ich einen Bogen von alten Verfahren, wie Atemtraining und Meditation, bis zu den „jungen", modernen Verfahren, wie Biofeedback und Neurofeedback.

Die folgende Zusammenstellung gibt dir einen kurzen Überblick und erklärt die Wirkmechanismen der verschiedenen Methoden. Bei den Anwendungen werden nur die wichtigsten Beispiele genannt.

Atemtraining

Das Atemtraining führt durch eine ruhige, tiefe Bauchatmung zu einer Beruhigung des Herz-Kreislauf-Systems und des vegetativen Nervensystems. Positive Effekte finden wir deshalb bei allen Beschwerden, die mit diesen Körperfunktionen verbunden sind. Das sind Atembeschwerden, Bluthochdruck, Magen-Darm-Beschwerden, aber auch Ängste, um nur einige zu nennen. Das Atemtraining hat den Vorteil, dass die Atmung relativ leicht verändert werden kann. Zusätzlich zeigen sich positive Effekte auf die Psyche.

Progressive Muskelentspannung

Die Progressive Muskelentspannung setzt vor allem an der Muskulatur an. Die beste Wirkung finden wir deshalb bei allen Beschwerden, die mit Muskelverspannungen einhergehen. Das sind Spannungskopfschmerzen, Rückenschmerzen oder Schwindelzustände. Wenn die Progressive Muskelentspannung mit einer entspannten Bauchatmung kombiniert wird, dann sind die Effekte umso breiter gefächert. Ein Vorteil der Progressiven Muskelentspannung liegt im raschen Lernprozess. Bereits nach wenigen Trainingseinheiten zeigen sich positive Wirkungen.

Autogenes Training

Das Autogene Training setzt über Suggestionen hauptsächlich am Vegetativen Nervensystem, dem Herz-Kreislauf-System und der Atmung an. Gute Effekte finden wir bei Bluthochdruck, Herzbeschwerden, Magen-Darm-Beschwerden und Unruhe. Das Autogene Training bedarf einer gewissen Geduld, setzt doch die Wirkung im Allgemeinen erst nach einigen Wochen ein. Die Geduld lohnt sich jedoch.

Achtsamkeits-Meditation

Achtsamkeits-Meditation fällt etwas aus dem Rahmen der üblichen Entspannungstrainings. Das liegt an der speziellen Bewusstseinshaltung, die mit einer bestimmten, aufrechten Körperhaltung verbunden ist. Wirkungen finden wir vor allem im Bereich der Gedanken und Gefühle. Es wird ein bewusster, wacher, achtsamer Zustand angestrebt, bei den meisten anderen Entspannungstrainings hingegen eine Deaktivierung und Beruhigung. Bei der Achtsamkeits-Meditation geht dieser wache Zustand zwar mit einer Entspannung einher, subjektiv kommt es jedoch zu einer Energiezunahme. Die Effekte sind sehr gut bei Energielosigkeit, Burnout, Depression, aber auch Schlafstörungen nachweisbar.

Imagination

Imagination, die Vorstellung bestimmter angenehmer Orte und Situationen, hat einen starken mentalen Effekt. Je nach Gedankenreise kann eine Beruhigung und Deaktivierung oder eine Förderung von Energie und Kraft erreicht werden. Gute Wirkungen finden wir bei Grübeln, Depression, Burnout, aber auch Schmerzen der inneren Organe.

Biofeedback

Biofeedback und Neurofeedback unterscheiden sich von den anderen Trainings durch den Einsatz moderner Messtechnik und Computerunterstützung. Der Einsatzbereich von Biofeedback ist außerordentlich breit. Das, was gemessen werden kann, wird über einen Monitor rückgemeldet und wird dadurch der bewussten Kontrolle zugänglich. Angesetzt wird vor allem bei der Muskulatur (Stirn, Schultern etc.), der Pulsfrequenz, der Atmung, der Handtemperatur und dem Schwitzen der Hände, das ein Indikator für die Anspannung des Vegetativen

Nervensystems ist. Gute Wirkungen sind bei einer Vielzahl an Beschwerden vorhanden. An dieser Stelle seien nur Stress, Kopf- und Rückenschmerzen, Schlafstörungen und Tinnitus genannt.

Neurofeedback

Neurofeedback ist ein Spezialfall des Biofeedbacks und wird auch EEG-Biofeedback genannt. Dabei werden die Gehirnwellen (EEG) gemessen und bewusst verändert. Bei Entspannung ist das Ziel meistens eine Förderung von Alpha-Wellen, was einem entspannten Wachzustand entspricht. Dadurch werden die Gedanken beruhigt und Gelassenheit entsteht. Wenn andere Gehirnwellen trainiert werden (Beta, SMR), werden auch andere Bewusstseinszustände – beispielsweise Konzentration – gefördert. Die Wirkung von Neurofeedback setzt vor allem an der Psyche an. Bei folgenden Beschwerden hat sich Neurofeedback bewährt: Grübeln, Schlafstörungen, Ängsten oder Schlafstörungen.

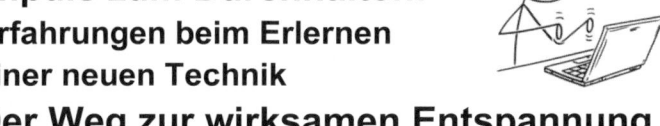

Impuls zum Durchhalten:
Erfahrungen beim Erlernen
einer neuen Technik
Der Weg zur wirksamen Entspannung

Wer die Fähigkeit beherrscht, körperlich zu entspannen und gedanklich abzuschalten, besitzt eine grundlegende Bewältigungsstrategie zur Reduzierung von Belastungen. Grundsätzlich verfügt jeder Mensch über diese Fähigkeit, und – und das ist die gute Botschaft – sie ist trainierbar. Erforderlich dafür ist – wie bei der Ausbildung jeder anderen Fähigkeit auch – die regelmäßige Übung. Experten sprechen von einem Zeitraum von drei bis vier Monaten als Schlüssel zum Erfolg. Dann haben die meisten Menschen ihre Entspannungsfähigkeit soweit trainiert, dass sie sie auch in oder vor schwierigen Situationen gewinnbringend einsetzen können. Hier sind die Erfahrungen von Teilnehmern, um auf dem Weg zu einer erfolgreichen Entspannung durchzuhalten:

Spannung wahrnehmen

Die meisten von uns haben das Gespür für körperliche Anspannungsprozesse verloren. Wir nehmen sie erst wahr, wenn sich bereits Symptome einer zu starken Anspannung (z.B. Kopf- und Nackenschmerzen, Magenbeschwerden, Augendruck, Schlafstörungen) eingestellt haben. Das erste Ziel besteht daher oft darin, dass wir unsere Wahrnehmung für Verspannung schärfen, um möglichst frühzeitig gegensteuern zu können. Wir nehmen körperliche Signale der Anspannung sensibler wahr.

Wechsel von Anspannung zu Entspannung erfahren

Im Laufe eines Entspannungstrainings werden wir dann immer bewusster den Unterschied zwischen Zuständen der Anspannung und der Entspannung erfahren. Wir erleben, wie sich mit dem Nachlassen der Anspannung angenehme Gefühle der Entspannung in unserem Körper nach und nach auszubreiten beginnen. Und wir werden nach und nach lernen, diese Umschaltung von Anspannung auf Entspannung bewusst herbeizuführen.

Entspannung genießen

Innere Unruhe und Nervosität nehmen allmählich ab, und es gelingt uns immer besser, einen angenehmen, tiefen Zustand der Entspannung über einen begrenzten Zeitraum aufrechtzuerhalten und genussvoll zu erleben. Wir prägen uns die Empfindungen der Entspannung möglich tief ein, um sie dann auch im normalen Alltag abrufen zu können.

Entspannung in den Alltag tragen

Das Ziel, auf das letztlich alles hinausläuft, besteht schließlich darin, dass wir fähig sind, die trainierte Entspannungsfähigkeit gezielt in alltäglichen Situationen einzusetzen. Wir lernen, wie wir angenehme Gefühle der Entspannung nicht nur während der besonderen Entspannungsübungen gewissermaßen im stillen Kämmerlein erleben können, sondern im ganz normalen Alltag einsetzen können.

Praxistipp:
Erfahrungen der anderen

Ich habe dir verschieden Methoden und Techniken kurz vorgestellt. Aus meiner und der Erfahrung anderer hilft vor allem zu Beginn eine Technik, die du schnell erlernen kannst, wo du keine Hilfsmittel benötigst, schneller zu ersten Erfolgen kommst und dadurch zum Weiterüben motiviert wirst. Dafür eignet sich die Progressive Muskelrelaxation (PMR) nach Edmund Jacobson.

Ich werde daher im folgenden Kapitel die Methode der PMR etwas genauer darstellen.

03 Progressive Muskelentspannung
Einfach besser entspannt!

Um was es geht:

★ Wissenimpuls
★ Praxistipp: Übung zur Entspannung

Das Grundprinzip der Progressiven Muskelrelaxation (PMR) ist denkbar einfach. Es besteht aus dem Wechsel zwischen Anspannung und anschließender Entspannung einzelner Muskelgruppen. Es werden also einzelne Muskeln zunächst jeweils bewusst angespannt. Die Spannung wird kurz gehalten und dann mit dem Ausatmen wieder gelöst und entspannt.

Die Progressive Muskelentspannung ermöglicht dir also, einige wesentliche Muskelgruppen deines Körpers in einer bestimmten Reihenfolge zu entspannen, indem du diese Muskelgruppen erst anspannst und dann lockerst. Mit einiger Übung wirst du dazu kommen, deine Muskelspannung weit unter das normale Spannungsniveau zu senken, und zwar immer dann, wenn du es benötigst.

Das Lernen dieser Methode geht ähnlich wie das Erlernen anderer Fertigkeiten wie Schwimmen, Autofahren oder Klavierspielen. Du brauchst dazu Übung, Konzentration und Engagement. Das bedeutet auch, dass du dir Zeit nehmen musst, Zeit für dich selbst. An der Methode ist auch nichts Geheimnisvolles, du musst nicht daran glauben. Du musst nur üben.

Mit etwas Übung wirst du feststellen, dass durch die Entspannung der Muskulatur auch andere Zeichen körperliche Unruhe und Erregung, wie z.B. Herzklopfen, schwitzen oder zittern zurückgehen oder verschwinden, und dass du dich insgesamt viel ruhiger und gelassener fühlst. Mit der Muskelentspannung hast du also eine Technik zur Hand, mit der du körperliche und seelische Anspannung und Nervosität verringern und alltägliche Stresssituationen gelassener bewältigen kannst.

Hier eine kleine Übung für dich, die du sehr gut in deinen Alltag integrieren kannst.

- Leg dich bequem hin. Wähle eine Position, in der du dich besonders wohl fühlst. Am besten legst du dich entspannt auf den Rücken. Schließe nun deine Augen. Achte gezielt auf deine Atmung. Ist sie eher schnell oder ruhig?

- Atme nun drei Mal ganz bewusst ruhig und intensiv ein. Spüre die Atmung bis tief in den Bauch.
- Nun spannst du kräftig deine Unterarme an, indem du mit den flachen Handflächen auf den Untergrund drückst. Zähle von eins bis fünf. Nun lass die Spannung wieder los. Merkst du jetzt das Gefühl der Entspannung?
- Presse als nächstes deinen Nacken fest an den Untergrund. Halte diese Spannung für einige Sekunden. Entspanne anschließend wieder.
- Ziehe deine Schultern in Richtung der Ohren. Halte auch dabei die Position wieder ein paar Sekunden, bevor du die Schultern wieder entspannst.

Bei der Progressiven Muskelentspannung nach Jacobson sollst du lernen, bewusst die Muskelgruppen deines Körpers wahrzunehmen und sie gezielt zu entspannen. Integriere die genannten Übungen einfach in deinen Alltag und lerne damit, aktiv zu entspannen.

04 Spann an, lass los, das ist famos
Worauf es beim Üben ankommt!

> ## Um was es geht:
>
> ★ Anspannen und entspannen - so übst du mit Erfolg
> ★ Praxistipps: Worauf es beim Üben ankommt

Falls du mit einem Entspannungstraining beginnen möchtest, dann empfehle ich dir, ein paar Praxistipps zu beachten.

Indem du eine Muskelgruppe anspannst und dann die so entstandene Spannung anschließend mit dem Ausatmen wieder lockerst, ermöglichst du diesen Muskeln, sich weit unter ihr normales Spannungsniveau zu entspannen. Die Wirkung ist ähnlich wie bei einem unbewegt herabhängenden Pendel. Wenn wir es stark nach links (Entspannung) aufschwingen lassen wollen, könnten wir es stark in diese Richtung stoßen. Leichter wäre es jedoch, es zunächst ganz in die entgegengesetzte Richtung (Anspannung) zu ziehen und es dann fallen zu lassen. Es wird über die Senkrechte hinaus in die gewünschte Richtung schwingen. Die Muskeln vor der Entspannung anzuspannen ist, als ob wir uns zu einem fliegenden Start in die tiefe Entspannung verhelfen. Dabei sollte das Anspannen fünf bis sieben Sekunden nicht überschreiten, um die Muskeln nicht zu verkrampfen. Atme beim Anspannen ganz normal weiter und halte den Atem bitte nicht an. Nach dem Lockern einer Muskelgruppe solltest du dir ca. 30 Sekunden Zeit nehmen, um die Entspannung wirken zu lassen.

Die Muskelgruppen

Welche Muskelgruppen du wie anspannen kannst zeigt dir die Aufstellung am Ende des Kapitels. Wie du dort siehst, besteht die vollständige Übung aus vier Übungsteilen mit jeweils vier Muskelgruppen. Beginne mit dem ersten Übungsteil und nimmt dir dann von Übungswoche zu Übungswoche jeweils einen weiteren Übungsteil dazu. Nach vier Übungswochen beherrschst du dann bereits die komplette Übung, mit der du alle wesentlichen Muskelgruppen deines Körpers entspannen kannst.

Auf Empfindungen achten

Ein weiterer Vorteil der Technik, nämlich erst Spannung zu erzeugen und dann zu lockern, liegt darin, dass du durch den Kontrast die mit Anspannung und

Entspannung verbundenen Empfindungen leichter erkennen und unterscheiden lernst. Wenn du eine Muskelgruppe anspannst, spürst du, wie die Muskeln hart werden und sich zusammenziehen. Achte während des Anspannens immer genau auf diese Empfindungen. Wenn du dann die Muskelgruppe entspannst, das heißt alle Spannung gleichzeitig herauslässt, verschwinden diese Empfindungen und angenehme Entspannungsgefühle treten an ihrer Stelle. Die können von Mensch zu Mensch ganz unterschiedlich sein. Manche Menschen spüren Wärme in ihre Muskeln fliesen oder ein angenehmes Kribbeln, andere empfinden Schwere und wieder andere ein Gefühl der Schwerelosigkeit. Wichtig ist nur, dass du während des Entspannens ganz aufmerksam auf diese Empfindungen achtest, ihnen nachspürst und so die Entspannung tiefer und tiefer werden lässt.

Richtig atmen

Beim Anspannen der Muskeln solltest du ganz normal weiter atmen, den Atem also nicht anhalten. Beim Lösen der Anspannung atmest du tief aus. Ansonsten solltest du deine Atmung nicht weiter beachten oder gar zu kontrollieren versuchen. Du wirst während der Übung ganz von alleine zu einer ruhigen und entspannten Atmung und kommen.

Abschweifende Gedanken

Du wirst feststellen, dass es nicht einfach ist, sich nur auf dich selbst bzw. auf die Muskelentspannung zu konzentrieren. Deine Aufmerksamkeit wird häufiger durch Geräusche, Empfindungen oder abschweifende Gedanken abgelenkt werden. Das ist ganz normal und sollte dich nicht beunruhigen. Wenn Du feststellst, dass du abgeschweift bist, so nimm es ruhig hin und richte dann deine Aufmerksamkeit wieder auf deinen Körper. Denke also nicht weiter darüber nach, sondern fahr einfach mit der Übung fort.

Zeitpunkt

Übe täglich mindestens einmal, und lege den Zeitpunkt so, dass du anfangs 20 Minuten zur Verfügung hast, in denen du nicht gestört wirst und dich auch nicht unter Zeitdruck fühlst. Diese Minuten sollen also voll und ganz der Entspannung zur Verfügung stehen.

Äußere Umgebung

Gerade zu Beginn des Trainings ist es besonders wichtig, dass du während des Übens nicht abgelenkt und in deiner Konzentration gestört wirst. Ideal ist deshalb ein ruhiger, eventuell abgedunkelter Raum. Achte darauf, dass du weder durch Personen oder Haustiere im Zimmer noch durch das Klingeln des Telefons oder der Türklinke unterbrochen wirst.

Sitzgelegenheit

Die Sitzgelegenheit sollte so beschaffen sein, dass keine Anstrengung für die Körperhaltung nötig ist. Ideal ist ein gut gepolstert Sessel, in dem du Kopf, Nacken,

Rücken und Arme bequem anlehnen bzw. auflegen kannst. Die Füße sollten einen guten Kontakt zum Boden haben.

Kleidung

Achte darauf, dass du während der Übung nicht durch beengte Kleidungsstücke – z.B. Jackett, Krawatte, Gürtel, unbequeme Schuhe und so weiter - oder Brillen, Kontaktlinsen, Uhren und ähnliches in deiner Bewegungsfreiheit und Konzentrationsfähigkeit eingeschränkt wirst. Leg sie gegebenenfalls vorher ab.

Grundposition

Bevor du mit den Entspannungsübungen beginnst, solltest du dir eine Minute Zeit nehmen, in der du dich vergewisserst, dass du auch wirklich bequem und entspannt sitzt und dich darauf vorbereiten, dass du dich entspannen wirst.

Wenn du im Sitzen übst, achte darauf, dass die Füße bequem stehen, dass die Beine gelockert sind, dass du dich überall richtig anlehnen kannst, dass du für deinen Kopf eine angenehme Lage findest, dass die Schultern locker herabhängen und Hände und Unterarme entspannt auf der Lehne oder im Schoss aufliegen.

Du kannst natürlich auch im Liegen üben. Lege Dich dazu auf den Rücken, die Arme liegen leicht angewinkelt, die Beine liegen ausgestreckt nebeneinander, die Füße zeigen nach außen. Vielleicht ist es bequemer, wenn du ein Kissen oder eine Rolle in den Nacken, den Rücken oder in die Kniekehlen legst. Probieren die für dich angenehmste Lage aus.

Klarer Beginn

Bitte gewöhn dich von Anfang an daran, jede Entspannungsübung mit einem kleinen Ritual zu beginnen. Dieses Start-Ritual sieht wie folgt aus:

1. Du entscheidest dich ganz bewusst dafür, die Übung jetzt durchführen zu wollen, und sagst dir: Jetzt entspanne ich mich.
2. Du nimmst ganz bewusst deine Entspannungsposition ein: Mit dem Gesäß auf die gesamte Sitzfläche setzen und Rücken anlehnen, Füße fest auf dem Boden stellen, Hände auf die Oberschenkel und dabei die Schultern fallen lassen - und
3. du wendest deine Aufmerksamkeit ganz bewusst nach innen, auf deinen Körper, und schließt dabei die Augen.

Klares Ende

Wenn du alle wesentlichen Muskelgruppen entspannt hast, dann versuche den angenehmen Entspannungszustand noch einige Minuten aufrecht zu erhalten und zu genießen. Du kannst dazu die einzelnen Muskelgruppen in Gedanken nochmals durchgehen und den Grad deiner Entspanntheit erfühlen oder auch einfach so entspannt sitzen bleiben und einer angenehmen, wohltuenden Vorstellung nachhängen. Sage dir anschließend, dass du die Entspannung beenden willst. Lass dir Zeit dabei. Balle deine Hände zu Fäusten, strecke und recke dich, atme ein paar Mal kräftig tief durch und öffne dann die Augen. Dadurch wird der Körper nach der Entspannung – ähnlich wie nach dem Schlafen - wieder auf den Wachzustand eingestellt.

Dieses Zurücknehmen der Entspannung sollte nach jeder Übung erfolgen. Nur wenn du abends im Bett unmittelbar vor dem Schlafen übst, nimmst du die Entspannung nicht zurück. Sonst kann es vorkommen, dass du dich frisch und ausgeruht fühlst und deswegen in den folgenden Stunden nicht schlafen kannst. Wenn du im Bett das Zurücknehmen der Entspannung auslässt, wirst du besser einschlafen.

Praxisübung
Langform: Dauer ca. 25-30 min
Progressive Muskelentspannung nach Jacobson

Such dir für die nächste halbe Stunde einen ruhigen Ort. Lege oder setz dich auf eine bequeme Unterlage. Schließe die Augen. Beginne grundsätzlich mit einer kurzen Ankommübung (z.B. Atemzählen, Atem beobachten, Körperscan). Danach konzentriere dich nach und nach auf die einzelnen Muskelgruppen, wobei du die Anspannung jeweils ca. fünf bis sieben Sekunden hältst und anschließend in der Entspannung nachspürst und bewusst locker lässt. Atme dabei ruhig und gleichmäßig.

Lass dir am Ende der Übungen einen Moment Zeit, um die Entspannung zu genießen. Gehen mit deinen Gedanken noch einmal den ganzen Körper durch (Körperscan).

Zum Abschluss gibst du deinem Körper ein deutliches Signal, dass er nun von Entspannung wieder auf Aktivität umschalten soll (Rücknahme).

Muskelentspannung - so geht's

MG 1, 2, 3, 4 Hände und Unterarme, Oberarme

MG 1	Hand und Unterarm rechts	Balle die rechte, bzw. die bevorzugte Hand zur Faust und spanne den Unterarm an.
MG 2	rechter Oberarm	Beuge deinen rechten, bzw. den bevorzugten Arm, lass die Hand dabei locker und geöffnet hängen, spanne den Oberarm an und presse ihn leicht gegen den Rumpf / in die Seite („Zeitung unter den Arm klemmen"). Weiteratmen!
MG 3	Hand und Unterarm links	Balle deine linke bzw. andere Hand zur Faust und spanne den Unterarm an.
MG 4	linker Oberarm	Beuge deinen linken, bzw. den anderen Arm, lass die Hand dabei locker und geöffnet hängen, spanne den Oberarm an und presse ihn leicht gegen den Rumpf / in die Seite. Weiteratmen!

Kopf und Gesicht

MG 5	Stirn quer	Lege deine Stirn in Querfalten, indem du deine Augenbrauen leicht nach oben ziehst.
MG 6	Augenpartie und Nase	Schließe die Augenlider fester, aber nur so, dass es nicht unangenehm ist. Ziehe die Augenbrauen zusammen, sodass zwischen den Augen senkrechte Falten entstehen, rümpfe die Nase und ziehe die Oberlippe nach oben.

MG 7	Unterkiefer, Lippen, Zunge	Presse die Lippen leicht aufeinander, ziehe die Mundwinkel zu einem übertriebenen Grinsen nach oben, als ob du sie zu den Ohren ziehen wolltest. Die Zähne sind dabei leicht geöffnet. Zunge gegen den oberen Gaumen drücken. Anschließend Lippen wieder entspannen, Zunge und Unterkiefer locker hängen lassen.
MG 8	Hals– und Nackenmuskulatur	Neige das Kinn etwas in Richtung Brust nach unten und schiebe Hals und Kopf ein wenig nach hinten, sodass ein leichtes Doppelkinn entsteht. Im Liegen: Kinn neigen und Hinterkopf fester in die Unterlage drücken.

Schulter, Rücken, Brust, Bauch

MG 9	Schultern	Ziehe deine Schultern gerade in Richtung Ohren nach oben. Und lockerlassen – nachspüren.
MG 10	Brustmuskulatur	Atme ein paar mal bewusst in den Brustkorb ein und aus. Ziehe deine Schulterblätter nach hinten zusammen (nicht zu fest), sodass der Brustkorb nach vorne gestreckt wird. Tief in den Brustkorb einatmen. Luft für einige Sekunden anhalten. Beim Ausatmen Anspannung auflösen.
MG 11	Bauch und unterer Rücken	Atme vor der Anspannung tief in die Bauchdecke ein und aus und spüre, wie sich der Bauch hebt und wieder senkt.... Spanne deine Bauchmuskulatur an (stelle dir vor, du wehrst einen Ball ab, der auf deinen Bauch zugeflogen kommt), kippe dann dein Becken leicht nach vorne (Richtung Hohlkreuz), sodass

die unteren Rückenmuskeln anspannen. Weiteratmen. (Alternative: Bauch anspannen und unteren Rücken in die Unterlage drücken).

MG 12, 13, 14, 15, 16 Gesäß, Oberschenkel und Unterschenkel

MG 12	Gesäß	Spanne beide Seiten deiner Gesäßmuskulatur an, sodass dein Körper auf dem Stuhl/der Unterlage etwas nach oben gedrückt wird.
MG 13	rechter Oberschenkel	Presse deine rechte Fußsohle (im Liegen: das gestreckte Bein) stärker in den Boden und spanne den Oberschenkel an.
MG 14	rechter Unterschenkel	Ziehe die Fußspitze in Richtung Knie nach oben und spanne den Unterschenkel an.
MG 15	linker Oberschenkel	Presse deine linke Fußsohle (im Liegen: das gestreckte Bein) stärker in den Boden und spanne den Oberschenkel an.
MG 16	linker Unterschenkel	Ziehe die Fußspitze in Richtung Knie nach oben und spanne den Unterschenkel an.

Abschließender Körper-Scan

Du bist ganz ruhig und entspannt...der Atem geht ganz ruhig ... Spüre noch einmal der Entspannung nach ... in den Füßen ... Unterschenkeln .... Oberschenkeln .... Bauch ... Rücken ... Schultern ... Halsmuskulatur ... Unterkiefer ... Nase ... Stirn ... Oberarme ... Unterarme ... die Hände ... bis in die Fingerspitzen ... (oder in deiner eigenen Reihenfolge)

Rücknahme

4	Bewege deine Finger
3	Bewege deine Schultern und Arme
2	Atme tief ein
1	Strecke und räkel dich
0	Reibe mit den Händen über dein Gesicht und öffne langsam die Augen.

Lasse frische Luft in den Raum und bewege dich, um wieder ganz wach zu werden. Wenn du die Übung als Einschlafhilfe nutzt, dann lass den Abschnitt "Rücknahme" weg.

05 Effektiver als jeder Pillencocktail
Den Schnee setzen lassen!

Um was es geht:

★ Um das Wesen der Entspannung
★ Um die Innenwendung der Aufmerksamkeit
★ Was die Schneekugel-Metapher aussagt
★ Möglichkeiten und Strategien zur Entspannung
★ Sticken und Stricken gegen den Seuchen-Blues
★ Sauna – ungeheures aus Well-Ness
★ Achtsamkeitsübung: „Body-Scan", ein Schnell-Check zur Selbstwahrnehmung
★ Was Achtsamkeit im Führungsalltag bewirkt
★ Warum uns Selbstfürsorge so schwer fällt
★ Entspannung lässt sich nicht erzwingen

Viele der in unserer Kultur angebotenen Möglichkeiten zu Entspannung beruhen auf Ablenkung, auf Zerstreuung der Aufmerksamkeit. Die Aufmerksamkeit wird dabei nach außen gerichtet. Denk nur mal an das übergroße Angebot der elektronischen Unterhaltungsmedien. Selbstverständlich kann das Fernsehen helfen, von belastenden Gedanken, Alltagssorgen oder unangenehmen Gefühlen abzuschalten. Die Wirkung hält meist aber nicht lange an. Oft kehrt die innere Unruhe anschließend umso stärker zurück. Nicht selten auch bleibt nach einem durchgezappten Fernsehabend ein schales Gefühl der inneren Leere zurück.

Bei den psychologischen Entspannungsmethoden geht es daher nicht um Ablenkung und Zerstreuung, sondern um Sammlung und Zentrierung der Aufmerksamkeit. Die im Alltag auf Außenreize hin orientierte Aufmerksamkeit wird hier nun nach innen gewendet, auf das eigene Selbst, auf den eigenen Körper gerichtet. Diese Umkehrung der Aufmerksamkeit nach innen ist anfangs ungewohnt und kann sogar Angst machen. Der Herzschlag, der Atem, das Pulsieren des Blutes in den Adern, Geräusche im Magen und Darm, die normalerweise im Schatten der Aufmerksamkeit liegen, all das "hörst" du jetzt, sie werden nun bewusst. Innere Unruhe, kreisende Gedanken werden verstärkt wahrgenommen. Dies alles kann anfangs eher beunruhigen, als dass es zur

Entspannung beiträgt. Schnell kommt der Impuls, es doch lieber zu lassen. Je mehr du aber dranbleibst und trainierst, desto mehr gelingt es dir dann immer besser, dich mit Ruhe und Gelassenheit auf dich selbst zu konzentrieren. Damit hast du dann einen ersten wichtigen Schritt auf dem Weg zur körperlichen und seelischen Entspannung getan.

Schon länger belegt ist, dass diese Achtsamkeitspraktiken Bluthochdruck senken, zur Prophylaxe und Behandlung von Burnout-Erkrankungen beitragen und das Immunsystem stärken.

Zu den positiven Wirkungen von Achtsamkeit gehören außerdem

- eine bessere Stressresistenz bzw. Resilienz,
- eine erhöhte Konzentration und generell Klarheit,
- eine bessere Steuerung der Emotionen,
- ein geschärfter Blick für die Menschen um dich herum.

Wer mit Achtsamkeit im Führungsalltag agiert, verhindert den eigenen Burnout, führt seine Mitarbeiter besser und trifft in Ruhe richtige Entscheidungen.

Was ist Achtsamkeit?

Aus psychologischer Sicht ist Achtsamkeit ein angeborenes Potenzial. Dazu ist keine App erforderlich. Allerdings muss dieses Potenzial systematisch trainiert werden. Achtsamkeit ist eine innere Haltung, in der du bewusst das Hier und Jetzt wahrnimmst, und zwar

- ohne es zu werten – also ohne das Wahrgenommene (z. B. Gedanken, Ärger, Nervosität, Verspannung) in gut/schlecht, positiv/negativ zu unterteilen, sondern es so zu akzeptieren,
- ohne es zu hinterfragen ("Warum fühle ich das jetzt, warum tauchen diese Gedanken jetzt auf?"), sondern es so zu akzeptieren,
- ohne es ändern zu wollen, sondern es so zu akzeptieren.

Aufmerksam wahrzunehmen, was jetzt gerade ist, ohne es zu beurteilen. Das klingt erst einmal nach wenig, ist aber das Gegenteil von unserem Arbeitsalltag: Wir springen von einem Thema zum anderen und praktizieren Multitasking. Ständig führen wir Selbstgespräche, dieses Affen-Geplapper im Kopf. Und meistens geht es hierbei darum, dass du dir Gedanken über die Vergangenheit und Sorgen um die Zukunft machst – statt jetzt voll konzentriert zu sein. Dazu kommen Hetze und Termindruck. So kann man mit offenen Augen das Wesentliche übersehen.

Ein schönes Bild dafür liefern Schneekugeln:

- Wenn du eine Schneekugel schüttelst, kannst du das Objekt, das sich darin befindet, nicht sehen.

- Wenn du aber die Schneekugel ruhen lässt, fällt der Schnee nach unten, und du erkennst, was in der Kugel steckt.

Das passt zum Arbeitsalltag vieler Führungskräfte: Wir sind mit unserer Aufmerksamkeit bei unzähligen Aktivitäten, vergangenen und anstehenden, wir produzieren also eine Menge Schneeflocken. Und weil wir nicht zur Ruhe kommen, sehen wir nicht klar, worum es eigentlich geht.

Und genau das änderst du durch die Achtsamkeitsverfahren. Du fokussierst dich und siehst wieder ganz klar, was ist: Du nimmst den Markt wahr, siehst klar die Kollegen, Mitarbeiter und die Kunden, klar das Unternehmen und seine Chancen, richtest deinen Blick auf die eigentlichen Ziele.

Möglichkeiten und Strategien zur Entspannung

Entspannung in diesen Tagen kann ganz unterschiedlich erfolgen. Während die deprimierende Corona-Situation nicht nur potenziell den Körper, sondern auch Geist und Seele befallen kann, rücken Strategien zur Stabilisierung des Allgemeinzustands wieder verstärkt in den Mittelpunkt. Die einen greifen zur Stimulierung der raren Glückshormone zur Schokolade, die anderen schwören auf eine mittlere Dosis Wein oder Bier. Unsere Großmütter bedienten sich hingegen noch suchtmittelfreier Alternativen und häkelten, strickten oder stickten ihre Probleme und Ängste einfach weg.

Stoisch in sich ruhend, klapperten sie mit den Nadeln vor sich hin, bis sie eine Art von selbstvergessenen Trance-Zustand erreichten. Einem indischen Yogi ähnlich, der selbst auf einem Brett voller Nägel oder einem Scherbenhaufen noch milde lächelnd sitzen kann. Weltabgewandt und aller Bedrängnisse ledig.

Die Wiederentdeckung der Handarbeit jedenfalls sei ein von Corona beförderter Trend, heißt es aus Kreisen fleißiger Anhänger von Maschen und Schlaufen. Auch jüngere Menschen besinnen sich demnach auf die uralte Kunst des Sockenstrickens. Vor allem in der Vorweihnachtszeit erreicht die Strumpfproduktion ihren Höhepunkt, um an den Feiertagen nicht nur für warme Füße, sondern auch für Hautirritationen zu sorgen. Denn nichts kratzt einen Fuß mehr als ein mit Liebe gehäkelter Strumpf. Der stimuliert mit Juckreiz den gesamten Kreislauf, wodurch der Mensch insgesamt besser durchblutet wird. Und den Kopf frei bekommt für philosophische Fragen. Etwa, warum man Schokolade nicht häkeln kann.

Etwas anderer Natur und der eigenen Bewertung überlassen ist der gut gemeinte Tipp eines Freundes: Entspann dich mal, geh in die Sauna. Das hätte ich besser nicht tun sollen. Denn es gibt wenig Orte, an denen Menschen so unentspannt sind wie in der Sauna. Kannst du dich etwa in der Sauna entspannen?

Was mir immer zuerst durch den Kopf geht: Ist jemand da, denn du kennst? Aber noch schlimmer ist ja die Frage: Willst du jemand kennenlernen? Denn wie spricht man jemanden an, nackt? Die unverfängliche Flirt-Frage greift in der Sauna nicht: "Hast du mal Feuer?". Deshalb fantasiert jeder heimlich vor sich hin: Wie der oder die wohl angezogen aussieht?

Sauna ist eine seltsame Mischung von Neandertal und Laubenkolonie. Wo jeder Mensch im Urzustand zwar nicht auf den Bäumen hockt, aber immerhin auf beheizten Brettern, nackt. Das ist dennoch kein Akt der Freizügigkeit, sondern der äußersten Beklemmung. Die Art, wie jeder sein Handtuch ausbreitet, hat etwas von Schrebergarten auf Zeit. Mein Handtuch – mein Revier. Und anfangs macht jeder ein finsteres Gesicht, was bei der schummrigen Beleuchtung noch finsterer wird.

In der Sauna sind viele Männer, die sich sagen: Warum soll ich zehn Euro für den "Playboy" bezahlen, wenn ich in der Sauna für das gleiche Geld nackte Frauen live sehen kann. Leider denken die halbwegs attraktiven Frauen genauso: Wenn ich mich von den alten Säcken begaffen lasse, dann für zehntausend Euro im "Playboy", aber nicht für zehn Euro in der Sauna.

Blöd dran sind Spanner mit Brille. Die Gläser beschlagen, die Gestelle glühen, und so manchem musste der eingeschmolzene Kunststoffbügel schon operativ von der Nase entfernt werden. Besonders blöd dran sind aber Menschen mit irritablem Darm, denn es ist äußerst gefährlich, in der Sauna zu pupsen. Allein schon wegen der Explosionsgefahr. Leute mit Blähungen gehen deshalb auch nicht in die Sauna, sondern in den Whirlpool. Wenn der also leicht nach Schwefel riecht, ist das nicht immer ein Zeichen für eine Heilquelle!

Mit fortschreitender Hitze schmilzt dann alles Territorialverhalten dahin. Der Schweiß schweißt alle zu einer amorphen Masse zusammen. Zum Aufguss rückt man dann ein letztes Mal noch enger zusammen. Und plötzlich weißt du, warum dieser Ort so heißt: Sau-Nah.

Eine andere Art der Körperwahrnehmung erhältst du mit der folgenden Übung: Sie dient einer besseren Körperwahrnehmung und trainiert deine Konzentrationsfähigkeit.

Praxistipp:
Körperwahrnehmung
So trainierst du deine Konzentrationsfähigkeit

Lege oder setz dich bequem hin, und genieße einige tiefe Atemzüge. Wandere nun mit deiner Aufmerksamkeit einmal von den Füßen bis zum Scheitel durch deinen Körper. Erfasse alles, was es zu fühlen gibt: Wärme, Kälte, Kribbeln, Ziehen, Leichtigkeit, Schwere... Gehe nun auf diese Weise einmal durch den gesamten Körper:

- Wie fühlen sich deine Füße an?
- Wie deine Unterschenkel und Knie?
- Wie die Oberschenkel?
- Das Becken, der Po?
- Magen und Bauch?
- Dein Kreuz?
- Brust und Schultern?
- Der obere Rücken?
- Arme und Hände?
- Dein Hals?
- Dein Gesicht?
- Dein Kopf?

Der „Body-Scan" erfordert nur wenige Minuten, ist jedoch herausfordernd. Wenn du bemerkst, dass deine Gedanken von der Körperübung zu anderen Themen abschweifen, fokussiere dich wieder auf deinen Körper. Es geht zunächst nur um das Training deiner Wahrnehmung. Versuche, deine Empfindungen nicht zu bewerten.

Hier habe ich dir noch eine andere Übung, vor allem, wenn dein Alltag auch geprägt ist von Terminen, Hektik und Pflichten. Wünschst du dir dann auch hin und wieder, mal eben dem aktuellen Geschehen entfliehen zu können? Beispielsweise, um an einem hektischen Tag eine Pause einzulegen, dich vor einem wichtigen Termin zu sammeln, um eine spontane Idee zu überdenken oder in einer Stresssituation Abstand zu gewinnen? Das lässt sich machen! Diese andere, sehr schöne Übung ist an Hollywood angelehnt. Wir machen es wie im Film und gehen durch den Schrank in eine andere Welt.

Praxisübung
Wie im Film - Imagination
Durch den Schrank in
eine andere Welt

Stell dir vor, dass du an der Rückwand deines Büroschranks den Durchgang zu einem privaten Raum hast, in den du dich jederzeit zur Entspannung, zum Kraftschöpfen oder zum konzentrierten Ideensammeln zurückziehen kannst. Solch ein Raum ist nützlich und sinnvoll, denn selbst und gerade sehr gut organisierte und sehr leistungsstarke Menschen brauchen entspannende und schöpferische Pausen zwischen ihren anspruchsvollen Tätigkeiten.

So schaffst du dir deinen persönlichen Ruhe-Ort:

- Nimm dir 10 bis 15 Minuten Zeit. Schließe deine Bürotür, oder suche einen ruhigen Ort auf. (Sobald du etwas Übung hast, brauchst du auch keine Stille mehr um dich herum.)
- Mach folgende Übung. Stell dir dabei in deiner Fantasie den für dich idealen Ort der Ruhe ausführlich vor.
- Falls dir das nicht auf Anhieb gelingen sollte, knüpfe einfach an eine Erinnerung eines solchen Ortes an: Das kann ein besonderer Platz sein, an dem du dich im Urlaub sehr wohl gefühlt hast, oder auch ein Ort deiner Kindheit.
- Wiederhole die Imagination an jedem der folgenden Tage – so lange, bis du dir in wenigen Minuten das Bild deines idealen Ruhe-Ortes vergegenwärtigen kannst und du die positive Ausstrahlung des Ortes wirklich spürst.

Und nun machen wir einen Ausflug an deinen persönlichen Ruhe-Ort.

1. Mach es dir bequem.
Schließe die Augen, entspanne dich. Konzentriere dich eine Weile nur auf deine Atmung. Beginne nun mit der Imagination.

2. Stell dir einen für dich idealen Ort der Ruhe vor.
Lass in deiner Fantasie den Ort entstehen. Es kann ein imaginiertes Tal in den Bergen sein, eine wunderschöne Insel, ein bestimmter Strand, eine Parkbank oder ein Zimmer. Stell dir den Ort genau vor. Wie groß ist das Zimmer, wie ist es eingerichtet, worauf sitzt oder liegst du, scheint gerade die Sonne hinein? Wenn sich dein Ort unter freiem Himmel befindet: In welcher Jahreszeit befindest du

dich? Welche Vegetation gibt es, welche Tiere? Was hörst du? Deine Lieblingsmusik? Stimmen in der Ferne oder Vogelgezwitscher?

3. Male dir deinen Ort genau aus.

Ändere die Details in deiner Vorstellung, bis du dich an deinem Ort vollkommen wohl fühlst. Denke daran: Nur du kennst und nutzt diesen Raum. Du kannst ihn gestalten, wie du willst. Sehe dich selbst in dem Raum, wie du auf deinem Lieblingsplatz sitzt oder in den Sternenhimmel schaust ... Wenn du den Ort deutlich vor deinen Augen hast entstehen lassen, halte dich noch eine Weile darin auf. Genieße ihn.

4. Kehre in die Realität zurück.

Bleibe noch einige Minuten entspannt sitzen, strecke und räkel dich, bevor du dich der nächsten Tätigkeit zuwendest.

Doch willst du überhaupt hören, was dein Körper zu sagen hat?

„Was bringt es mir, wenn ich feststelle, dass ich erschöpft bin – Feierabend kann ich deshalb trotzdem nicht machen!"

Dass wir in der Regel viel zu wenig auf das hören, was wir brauchen oder was unser Gegenüber von uns braucht, ist nicht zuletzt ein Abwehrreflex: Eine Reaktion auf Dauerstress und außerordentliche Belastungssituationen, die zum Alltag geworden sind. Im Sinne von: Warum sollte ich in mich hineinhören, wenn ich das Gefühl haben, auf die Klage meines Körpers ohnehin nur die Antwort parat zu haben: „Lässt sich leider nicht ändern. Keine Zeit. Halt durch!"

Jedoch: Das lässt sich ändern. Vielleicht nicht zu 100 %, aber substanziell ganz sicher. Ein Beispiel:

Sitzt du gerade bequem? Hast du Hunger? Durst?

Du liest gerade. Wenn du dir jetzt gleich einen Achtsamkeitsmoment schenken willst, halte kurz inne und prüfe, ob du etwas tun könntest, um die Lesezeit angenehm zu gestalten:

- Hast du eine bequeme Position zum Lesen gefunden, oder könntest du diese etwa durch eine bequemere Sitzgelegenheit, ein Kissen, andere Lichtverhältnisse oder einen Platzwechsel optimieren?
- Sind deine körperlichen Bedürfnisse (Hunger, Durst, Toilettengang) so befriedigt, dass du dich in Ruhe auf die Inhalte konzentrieren kannst?
- Hast du deine Lesezeit abgesichert (Störungen von außen minimiert)?

Die Kunst, sich auf eine Sache zu konzentrieren und zuvor optimale Bedingungen dafür zu schaffen, gerät in unserem hektischen beruflichen Alltag viel zu oft in Vergessenheit. Diesen Aspekt solltest du prinzipiell und immer beachten: „Wie kann ich eine Aufgabe so angenehm wie möglich erledigen?"

Bleibt die Frage: Warum fällt uns die Umsetzung so schwer? Weil es Zeit kostet? Weil es Wichtigeres zu tun gibt? Weil andere uns schief ansehen, wenn wir uns selbst „zu wichtig" nehmen? Vielleicht liegt es viel eher daran, dass wir gar nicht mehr wissen, wie wir selbst gut für uns sorgen können. Die Herausforderungen von Beruf und Familie sind so vielfältig, dass das Gefühl für die eigenen Bedürfnisse abnimmt und die Frage „Was tut mir gut?" nur noch schwer zu beantworten ist. Sie ist aber die Basis für deine Leistungsfähigkeit. Und dafür muss man nicht immer Zeit haben.

Achtsamkeit geht "nebenher". Beim Bäcker an der Theke. Im Supermarkt in der Warteschlange vor der Kasse. An der Tankstelle. Im Stau. An der roten Ampel. An der Bushaltestelle... Es gibt viele Möglichkeiten, "nebenher" achtsam zu sein, ohne dass es zusätzlichen Aufwand oder Zeit kostet. Horch beim nächsten Mal bewusst in dich rein: Was siehst du, riechst du, hörst du, schmeckst du, fühlst du? Gib einfach im jeweiligen Moment acht auf deine Empfindungen, Handlungen und Einstellungen. Und schenke der Verkäuferin ein Lächeln....

Und zu guter Letzt: Entspannung lässt sich nicht erzwingen

Wir haben betont, wie wichtig Konzentration und regelmäßiges Üben für den Erfolg des Trainings sind. Sich entspannen können erfordert jedoch noch etwas mehr, nämlich: Sich gehen lassen können, sich Zeit für sich selbst nehmen können und Geduld mit sich haben, wenn es einmal nicht so gut klappt. Viele werden auch die Erfahrung kennen, dass gerade dann, wenn man unbedingt einschlafen will, der Schlaf sich nicht einstellt. Erst wenn man die Absicht schlafen zu wollen aufgibt und auch den vielleicht aufkommenden Ärger und die Sorge über zu wenig Schlaf loslässt, stellt der Schlaf sich unvermittelt ein.

Bei der Entspannung verhält es sich ganz ähnlich. Auch sie ist durch eine noch so große bewusste Willensanstrengung nicht zu erreichen. Denke z.B. auch an das Suchen nach einem Wort, das man erst findet, wenn man sich nicht mehr krampfhaft darum bemüht. Menschen, die sich an dieser Stelle besonders bemühen, die ihren ganzen Willen einsetzen, oder solche, die glauben, man könne alles mit dem Willen erreichen, versagen. Man kann Spannung, Verkrampfung (und die damit einhergehenden Erscheinungen) nicht mit dem Willen beseitigen – lösen schon gar nicht. Denn Wille ist Spannung. Auf dem Weg der Entspannung steht daher ganz am Anfang – und immer wieder neu – die Notwendigkeit, den bewussten Willen, die Absicht, die Dinge aktiv beeinflussen, beherrschen, managen zu wollen, loszulassen zugunsten einer mehr aufnehmenden und sich "ergebenden" Haltung.

D

Alltäglich beweglich:
Mehr Bewegung für die
Generation "Keine Zeit"

01

Bewegungsmuffel, Fastfoodjunkies, Medienfreaks: Sitzen ist für'n Arsch

Um was es geht:

★ Ergebnisse der WHO zum Thema Bewegungsmangel

★ Sitzen ist das neue Rauchen - und genauso tödlich!

★ Warum die sitzende Lebensweise unsere Gesundheit gefährdet und was wir dagegen tun können

Als Jules Verne im Jahre 1873 den englischen Exzentriker Phileas Fogg und seinen Diener Passepartout in 80 Tagen um die Welt reisen ließ, benutzten die Romanhelden zwar diverse technische Verkehrsmittel. Doch die kleine Reisegruppe war auch auf störrischen Elefanten, rasanten Schlitten und zu Fuß unterwegs. Zudem mussten Fogg und Passepartout ständig vor Polizisten, Detektiven und aufgebrachten Einheimischen fliehen, sodass für ihre körperliche Aktivität ausreichend gesorgt war. Um sie herum wuselten und rannten die Menschen hin und her; der Globus war in Bewegung. Wären die beiden Abenteurer heute rund um den Erdball unterwegs, würden sie sich wohl wundern, wie träge die Weltbevölkerung mittlerweile geworden ist.

Die WHO hat dazu alarmierende Studien vorgelegt, das Ergebnis: 42 Prozent der Deutschen bewegen sich nicht genug. Und dabei wissen wir schon längst: Zu wenig Bewegung schadet unserer Gesundheit massiv.

Und wie sieht es bei dir aus? Rückenschmerzen, ein paar Kilos zu viel oder das Treppensteigen fordert dich im Moment stark heraus? Dann spürst auch du vielleicht schon die ersten Anzeichen eines Bewegungsmangels! Schuld daran ist oft unser Alltag, denn er ist bei den meisten Menschen bestimmt von bewegungsarmen und eher sitzenden Tätigkeiten. Stühle, Sessel, Couch und Hocker sind inzwischen des Deutschen liebste Freunde. Wir sitzen was die Backen hergeben. Doch das viele Sitzen und der damit einhergehende Bewegungsmangel haben ihren Preis.

Was mit Verspannung und Rückenschmerzen anfängt, mündet in Übergewicht, Haltungsschäden, einer Erhöhung des Krebs-, Schlaganfall- und Diabetesrisikos bis hin zu einem früheren Ableben. Sitzen ist heutzutage das Gesundheitsrisiko Nr. 1, schlimmer sogar noch als das Rauchen, und mindestens genauso tödlich.

Laut konservativen Studien verbringen Deutsche im Durchschnitt 6,5 Stunden pro Tag auf dem Allerwertesten. Einige Studien sprechen sogar von bis zu 11,5 Stunden. Wenn man bedenkt, dass unser Skelettsystem auf eine tägliche Wanderung von 20-30 km ausgelegt ist, dann sind das alarmierende Zahlen. Die täglichen Sitzorgien können jedoch kaum verwundern, wenn man sich den Lebenswandel der westlichen Bevölkerung etwas genauer anschaut. Kinder sitzen in Schulen, Studierende in Seminarräumen, Erwachsene in Büros. Wege zur Uni oder zur Arbeit werden in Autos oder öffentlichen Verkehrsmitteln sitzend verbracht. Filme und Serien schaut man vom Sessel oder von der Couch aus. Computer, Handy und Tablet bedient man ebenfalls im Sitzen und den gemeinsamen Drink mit Freunden nach Feierabend nimmt man natürlich auch im Sitzen ein.

Interessant dabei ist, dass ein Zusammenhang zwischen besser gebildeten und verdienenden Menschen zum weniger gut ausgebildeten und geringer verdienenden Teil der Bevölkerung besteht. Je höher der Bildungsgrad und/oder je höher der Verdienst, desto ausgeprägter der Bewegungsmangel. Akademiker und Manager sitzen demnach am längsten.

Wir müssen deshalb umdenken und mehr Bewusstsein dafür entwickeln, wie wichtig Bewegung ist. Viele Jugendliche können nicht mehr richtig schwimmen, keinen Ball vernünftig werfen, und jede vierte Sportstunde fällt aus. Ein Spiegelbild unserer Gesellschaft. Es werden Schwimmbäder geschlossen, Kinder von den Eltern zur Schule gefahren, statt zu laufen oder zu radeln. Jugendliche bleiben zu Hause vor dem Computer, anstatt draußen unterwegs zu sein. Die Bewegung im Alltag ist immer weniger selbstverständlich geworden, die Inaktivität nimmt zu.

Impuls:
Fragen zur Selbstreflexion

Wann und wo liest du dieses Buch gerade? Auf dem Handy, während du auf der Couch liegst? Oder hast du es dir mit dem Tablet im Sessel bequem gemacht? Vielleicht sitzt du aber auch im Büro am Schreibtisch. Wo und wie auch immer du dieses Buch liest, die Wahrscheinlichkeit, dass du dabei sitzt, ist hoch. Unser Beruf- und Alltagsleben hat sich so verändert, dass wir viel sitzen – und das kann zum Problem werden.

Körperliche Aktivität ist nun eine gute Möglichkeit, deinen Organismus vor den schädigenden Auswirkungen von Stress zu schützen. Durch körperliche Aktivität wird wie bei Kampf- und Fluchtverhalten die unter Stress zur Verfügung gestellte Energie verbraucht und die eigene Widerstandskraft gegenüber Belastungen erhöht. Bewegung fördert dein seelisches Wohlbefinden und hilft dir dabei, Abstand zu gewinnen. Der Kopf wird frei, die Gedanken kommen zur Ruhe. Bewegung fördert das Selbstbewusstsein und die Erfolgszuversicht. Kurz und bündig: Bewegung ist ein höchst wirksamer Stresskiller!

Lass uns in den nächsten Kapiteln schauen, was du konkret und einfach tun kannst.

02

Geht doch!
Wie nur ein paar Schritte mehr unser
Leben besser machen

Um was es geht:

★ Warum Bewegungsmangel sogar tödlich sein kann
★ Was Bewegungsmangel mit deinem Körper macht
★ Wie du Stress abbaust durch Bewegung
★ Zwei Wege zu mehr Bewegung im Alltag

Der technische Fortschritt hat in den letzten 100 Jahren unser Leben radikal verändert. Maschinen, Autos, Fahrstühle, Rolltreppen und Rasenmäher – um nur einige Beispiele zu nennen – haben uns mehr und mehr körperliche Arbeiten erleichtert oder ganz abgenommen. Unsere Großeltern und auch Eltern mussten häufig noch schwere körperliche Arbeit verrichten und z.B. regelmäßig weitere Strecken zu Fuß zurücklegen. Dahingegen ist unser heutiges Leben bequem und angenehmer geworden.

Was soll daran schlecht sein?

Doch während die technische Entwicklung immer weiter fortschreitet, ist unsere Hardware noch weitgehend vergleichbar mit der des Urmenschen, der in den weiten Savannen Nordafrikas zu Hause war. Unsere Hardware ist auf Bewegung programmiert. Sie funktioniert grundsätzlich anders als eine Maschine, die durch häufige Benutzung verschleißt. Der menschliche Körper verliert seine Leistungsfähigkeit und wird anfällig für Krankheiten gerade dann, wenn er nicht in ausreichendem Maße beansprucht wird.

Was Bewegungsmangel mit dem Körper macht

Halte dich jetzt gut an der Lehne deines Stuhles fest, denn diese durch vielfältige Studien belegten Nachrichten verheißen nichts Gutes. Bewegungsmangel wird seit vielen Jahren mit allerlei Krankheiten in Verbindung gebracht. Über lange Zeiträume und mit vielen Teilnehmern geführte Studien bestätigen nun die schlimmsten Annahmen und drücken diese in Zahlen aus, die dir das Blut im Hintern gefrieren lassen.

Lass uns nochmal einen Blick auf die Folgen des Bewegungsmangels werfen:

- Weltweit sterben mehr Menschen an Bewegungsmangel als an Rauchen. Jedes zehnte Ableben ist unzureichender Bewegung geschuldet
- Stundenlanges Sitzen erhöht dramatisch das Risiko für Muskel- und Skeletterkrankungen
- Verspannungen, Bandscheibenvorfälle und weitere Rückenprobleme sind klassische „Bürostuhlleiden" und führen zu Berufsausfällen bis hin zur Berufsunfähigkeit
- Langes Sitzen fährt den Stoffwechsel runter: Übergewicht, Schwellung der Beine, Krampfadern und Durchblutungsstörungen können die Folge sein
- Das Risiko, an Diabetes Typ II oder an Krebs zu erkranken, steigt dramatisch
- Das Risiko für Herz-Kreislauf-Erkrankungen, Bluthochdruck, Schlaganfälle und Thrombose steigt
- Viele Krankheiten und Beschwerden, die man als normale und unvermeidbare Verschleißerscheinungen des Alterns betrachtet hat, beruhen in Wirklichkeit auf einem jahrelangen Bewegungsmangel
- Bewegungsmangel verschont selbst die Psyche nicht und fördert die Bildung von Depressionen

Genug Gründe also, um jetzt den gesundheitsschädlichen Bewegungsmangel in den Griff zu kriegen und wieder etwas für die eigene Gesundheit zu tun!

Die positiven körperlichen Auswirkungen regelmäßiger sportlicher Aktivität sind in zahlreichen wissenschaftlichen Untersuchungen dokumentiert. Viele wissenschaftlichen Studien haben darüber hinaus gezeigt, dass insbesondere der Ausdauersport mit erhöhtem seelischem Wohlbefinden und positiven Veränderungen depressiver und ängstlicher Verstimmungen verbunden ist. So trägt regelmäßige körperliche Aktivität wesentlich dazu bei,

- den Blutdruck zu senken
- den Blutfett- und Blutzuckerspiegel zu senken
- den Herzmuskel zu kräftigen
- die Sauerstoffaufnahmekapazität der Lungen zu steigern
- die Widerstandsfähigkeit insbesondere gegen Erkältungskrankheiten zu erhöhen
- die Schlaftiefe und -qualität zu verbessern
- Wohlbefinden und Lebensfreude zu steigern
- Ängste und Depressionen zu mildern
- das Selbstwertgefühl zu steigern.

Impuls:
Empfehlung von Sportmedizinern
Zwei Wege für mehr Bewegung

Sportmediziner und Trainingswissenschaftler empfehlen zwei Wege zu mehr körperlicher Aktivität, die einen gesundheitlichen Nutzen bringt:

- Weg 1: mehr Bewegung in den Alltag bringen
- Weg 2: regelmäßig Sport treiben.

Darauf gehen wir in den beiden folgenden Kapitel näher ein.

03

Auswege aus dem Sitz-Dilemma
Leichte Bewegung –
Gewinn für Herz und Hirn

Um was es geht:

★ Mehr Bewegung in den Alltag bringen - So klappt es

★ So schlägst du deinem Übergewicht ein Schnäppchen

★ 15 unschlagbar einfache Tipps - mühelos in den Alltag integrierbar

Du ahnst es schon, einen Ausweg aus der Sitzfalle bietet weder das Bett noch der Stehtisch an der nächsten Eckkneipe. Wer den Körper gesund halten will, muss seine Gelenkscharniere mit regelmäßiger Bewegung ölen. Doch keine Angst, du musst dafür nicht gleich Spitzensportler werden. Aber wer weiß, vielleicht motiviert dich die ausgleichende Bewegung bald mehr, als du für möglich gehalten hättest.

Geschlossene Fitnessstudios, Sportvereine oder Sportkurse, mehr Zeit zu Hause und fehlende tägliche Arbeitswege haben während der Pandemie sicherlich dazu beigetragen, dass viele Menschen weniger Sport machen als zuvor. Doch Bewegungsmangel ist alles andere als gesundheitsfördernd.

Als Erwachsener solltest du dich laut Experten mindestens 30 Minuten pro Tag bewegen. Doch viele Menschen behaupten, ihnen fehle die Zeit für Sport. Dabei lässt sich mehr Bewegung im Alltag ohne zusätzlichen Zeitaufwand ganz einfach umsetzen. Weil wir von einem niedrigen Ausgangsniveau springen.

Der Durchschnittsdeutsche bewegt sich nur 3.000 bis 4.000 Schritte am Tag. Empfohlen wird die doppelte Anzahl. Und wer sich wirklich fit halten möchte, der legt 10.000 Schritte am Tag zurück. Oft sind es kleine Veränderungen im Tagtäglichen, die in Summe den großen Unterschied machen. Schon 8-10 Minuten flottes Gehen am Tag senkt die Herzinfarktgefahr um 20%.

Grundsätzlich zählt jede körperliche Betätigung als Bewegung, bei der sich die Muskeln zusammenziehen oder anspannen: Vom Greifen nach einem bestimmten Gegenstand bis hin zum Gehen mehrerer Kilometer. Evolutionsbiologisch ist der menschliche Körper darauf ausgelegt, mehrere Kilometer pro Tag zu gehen. Wird er nicht genug bewegt, dann baut er schneller ab. Dem kannst du durch einen aktiven Lebensstil entgegenwirken.

Mehr Bewegung bedeutet auch mehr Fettverbrennung und ist daher ein wichtiger Beitrag gegen die Zivilisationskrankheit Nummer eins, dem Übergewicht. Mit mehr Bewegung schlägst du also zwei Fliegen mit einer Klappe: Du tust etwas für dich, was gesundheitsfördernd und lebensverlängernd ist und gleichzeitig leistest du einen aktiven Beitrag zur Kalorienverbrennung.

Deshalb gehen auch viele ins Fitnessstudio. Oder kaufen sich zumindest ein Abo. Die meisten erzielen aber dort nicht die Erfolge, die sie sich wünschen. Was nämlich im Fitnessstudio keiner gerne zugibt: Nur weil man die Beine bewegt, nimmt man nicht auch an den Beinen zuerst ab. Der Körper gibt seine Fettreserven in einer festen Reihenfolge her, und die steht seit 100.000 Jahren fest und ist keinem modischen Firlefanz zugänglich. Im Klartext: Bei Diäten wird eher der Busen eingeschmolzen als die Reiterhose. Warum? Brüste sind für den Körper nicht überlebensnotwendig, sondern eher so eine Art Öffentlichkeitsarbeit und Marketingmaßnahme. Und das kennt man aus jeder Firma: Wo wird in Krisenzeiten zuerst gespart? Genau: Am Marketing. Das geht Frauen genauso.

Selbst wenn du nicht ins Fitnessstudio oder zum Sportverein gehst, kannst du gezielt und vor allem auf einfache Art und Weise mehr Bewegung in deinen Alltag integrieren. Es gibt zahlreiche Dinge, die du tun kannst, um dich täglich fit zu halten. Ich vertrete dabei die Auffassung, dass sie einfach und mühelos in den Alltag integrierbar sein müssen - und auch Spaß machen sollen. Damit sind sie leichter umzusetzen als andere gesundheitsfördernde Maßnahmen, die vor allem auf Verzicht beruhen. Zur Inspiration findest du hier ein paar Tipps. Jeder einzelne Tipp orientiert sich an dieser Haltung. Zusammengenommen kannst du dadurch leicht dein tägliches Schritt-Pensum verdoppeln.

Tipp 1: Mach dir erst einmal bewusst, wie viele Schritte du am Tag zurücklegst

Seit einigen Jahren schon sind Fitness-Tracker oder Fitness-Uhren sehr en vogue. Sie sind nicht nur schick und für wenig Geld verfügbar, sondern sie leisten einen tollen Beitrag für mehr Bewegung. Als Alternative sind Fitness-Apps gut zu gebrauchen, inzwischen gibt es sie für fast alle Handys und oft auch als Gratissoftware. Diesen kleinen Helferlein ist eines gemein: Sie zählen jeden Schritt und machen so erst einmal transparent, wie viel (oder häufig: wie wenig) Mann oder Frau sich bewegt. Einsicht ist ja bekanntlich der erste Schritt zur Besserung (und zu mehr Bewegung im Alltag).

Du wirst sehen, sobald du so ein Bändchen am Armgelenk oder dein Handy mit einer solchen App ausgestattet hast, entwickelt sich zumindest ein gewisser Ehrgeiz, dem inneren Schweinehund im Alltag ein Schnippchen zu schlagen. Du solltest dir - nach deinen Möglichkeiten und Präferenzen - ein individuelles Bewegungsziel vornehmen, gemessen in Schritten pro Tag oder Schritten pro Woche. Du solltest mit kleinen Zielen starten und sie bei Erfolg kontinuierlich steigern, um dich nicht zu überfordern oder zu demotivieren. Die Ziele sollten immer erreichbar sein, sonst verlierst du schnell den Spaß und die Lust daran.

Tipp 2: Das Wichtigste zuerst: Langes Sitzen mit diesen Tricks vermeiden!

Bei dem täglichen Sitzmarathon im Büro reicht hier und da eine Stunde Sport nach der Arbeit als Ausgleich zum Bewegungsmangel nicht aus. Die negativen Folgen langer, andauernder Sitzperioden lassen sich nämlich nicht über einmalige sportliche Betätigungen am Tag ausgleichen. Man sollte auch zwischendurch immer wieder mal aufstehen und sich bewegen. Unterbreche deine Arbeitsroutine im Büro jede Stunde und bringe deinen Körper wieder in Schwung!

- Stehe regelmäßig auf und gehe ein paar Schritte
- Telefoniere im Stehen
- Strecke und dehne dich alle 1-2 Stunden
- Arbeite an einem ergonomischen Arbeitsplatz mit höhenverstellbarem Tisch und wechsle regelmäßig deine Arbeitsposition von sitzend zu stehend und zurück
- Ändere regelmäßig deine Sitzposition
- Bewege immer wieder die Beine und Füße beim Sitzen

Tipp 3: Bürofitness - Achte auf mehr Bewegung im Job

Der Arbeitsplatz ist heutzutage oft eine besondere Brutstätte von Bewegungsarmut im Alltag. Hier verbringst du den größten Teil deines Lebens. Ein bewegungsarmer Arbeitstag lässt sich in der Tagesbilanz kaum ausgleichen, echte Bewegungsprofis nutzen daher zuallererst auch ihren Arbeitstag für mehr Bewegung. Vor allem im Büro.

Doch Fitness im Büro kennt man hierzulande meist nur aus Reportagen über japanische Betriebe und wird eher belächelt als ernst genommen. Aber warum eigentlich? Deine Kollegen leiden wahrscheinlich genauso unter Rückenschmerzen oder an anderen, durch Bewegungsmangel ausgelösten Krankheiten und würden sich über Lösungsansätze zur Besserung ihrer Beschwerden freuen. Nimm es in die Hand und suche dir gleich jetzt zwei Mitstreiter im Kampf gegen das ewige Sitzen. Beginnt mit einem täglichen Spaziergang zum nächsten Café und erweitert das Bürofitnessprogramm mit Dehn- und Streckübungen. Scheue dich auch nicht, Kräftigungsübungen für Bauch und Rücken einzubauen. Mach aber vielleicht vorher besser die Bürotüre zu…

Die, die schon ein paar mehr Dienstjahre auf dem Buckel haben, werden sich erinnern: Früher gab es nur Abteilungsdrucker und man hatte nach dem Ausdruck einige Schritte zurückzulegen; sie waren aus Kostengründen noch nicht verbreitet. Vorbei sind die guten alten Zeiten. Oft steht der Drucker heutzutage direkt unter oder neben dem Tisch. Muss er aber nicht. Bewege den Drucker von deinem Arbeitsplatz weg. Schon zwei Meter mehr an Entfernung wirken Wunder: Du kannst dir eine schöne „Ich gehe zum Drucker-Choreographie" ausdenken. Ein Druckauftrag geht beispielsweise zukünftig einher mit einmal Strecken und auf den Zehenspitzen stehen, einmal mit den Fingerspitzen zu den Fußspitzen und einer Kniebeuge. Zugegeben: Ist nicht ganz unauffällig, aber hocheffizient. Was immer du veranstaltest, wichtig ist nur, dass das zu mehr Bewegung in deinem Alltag führt. Und dein gesamter Organismus, vor allem der Rücken, dankt es dir.

Gerade für die Selbstständigen und jene mit Homeoffice gilt: Auf keinen Fall am Schreibtisch essen. Du weißt ja: Jeder Schritt zählt. Und sei es nur in einen anderen Raum oder anderen Stockwerk. Ideal ist, wenn man das Mittagessen mit einem kleinen Fußmarsch hin und zurück verbinden kann.

Tipp 4: Ausgleich bei jedem Wetter: So schön ist Training zu Hause
Laut der Weltgesundheitsorganisation WHO sollten Erwachsene an mindestens zwei Tagen in der Woche Krafttraining durchführen. Darüber hinaus sollte wöchentlich mindestens 150 Minuten (z. B. 5 x 30 Minuten) leichte bis mittlere körperliche Aktivität ausgeübt werden. Die einfachste Variante, um diese Anforderungen bei jedem Wetter und jeglichen Verpflichtungen einzuhalten, ist Sport im eigenen Zuhause zu praktizieren. Heimtrainer, Laufband, Kraftstation, Rudergerät oder Fitness-Trampolin: Trainingsmöglichkeiten gibt es viele! Und Ausreden dafür umso weniger. Wenn sich nun der lange Tag dem Abend zuneigt, zieht es die Deutschen zum Bewegungskiller Nummer eins. Richtig: Dem Fernseher. Durchschnittlich 220 Minuten (über 3,5 Stunden) am Tag bzw. 12,5 Jahre unseres Lebens kleben wir vor der Mattscheibe.

Das ist schon ganz schön viel für das Wenige, was wir dafür zurückbekommen. Es ist wie es ist, man kann aber zumindest halbwegs aus der Not eine Tugend machen, vor allem, wenn du ein echter Serien- und Filmjunkie bist. Dann kannst du dieses Hobby mit einer Sporteinheit vor dem Fernseher verbinden. Die Lieblingsserie kannst du auch auf dem Crosstrainer schauen und es gibt keine Öffnungszeiten, die dich vom täglichen Workout abhalten könnten.

Tipp 5: Wege sind dazu da, um gegangen zu werden
5.1. Kurze Strecken immer zu Fuß
Wann immer es dir möglich ist, solltest du kurze Strecken zu Fuß gehen. Die Brötchen fürs Sonntagsfrühstück oder den Weg zur Post kannst du sicher in weniger als 20 Minuten zurücklegen. Leichtes Gehen zählt nicht nur als wertvolle Bewegung, es schont auch die Gelenke, verbessert die Kondition und gibt dir Energie.

Beim Gehen aktivierst du 70 Prozent deiner Körpermuskulatur, daher ist es das perfekte Workout für jedes Alter und eignet sich sehr gut für die Gewichtsreduktion. Doch Gehen hat noch einen weiteren Vorteil, denn wer das Auto öfter stehenlässt, schont gleichzeitig die Umwelt. Mit langsamem Gehen verbrennst du ca. 150 Kcal/h, mit flottem Gehen sogar 370 Kcal/h.

Und wenn du schon das Auto nehmen musst, weil die Strecke lang ist oder du Einkäufe zu transportieren hast, empfehle ich dir, dass du dir einen Parkplatz suchst, der bewusst weit entfernt von deinem eigentlichen Ziel der Reise liegt. Jedes Einkaufszentrum hat auch weiter weg liegende Parkplätze. Und das Beste: Dort ist üblicherweise wenig los und da du oft keinen Parkplatznachbarn hast, hast du wunderbar Platz beim Ein- und Aussteigen und später für das Verstauen deiner Einkäufe.

5.2. In öffentlichen Verkehrsmitteln stehen statt sitzen

Der Weg zur Bus-, Tram- oder U-Bahn-Station sorgt in der Regel bereits für mehr Bewegung und Schritte als der Gang zum Auto. Damit du noch mehr profitierst, solltest du deinen Sitz im öffentlichen Nahverkehr lieber anderen überlassen. Denn Stehen entlastet deinen Nacken und Rücken, fördert die Durchblutung und regt den Kreislauf an. Es verbrennt zudem Kalorien und stärkt deine Muskulatur. Deswegen empfehlen Sportwissenschaftler, öfter zu stehen.

5.3. Steige eine Station früher aus

Wenn es sich zeitlich ausgeht, dann versuche eine Bus-, Tram- oder U-Bahn-Station früher auszusteigen. Dadurch kannst du direkt ein paar Meter gehen und frische Luft schnappen. Lege dir am besten wie beschrieben einen Schrittzähler zu. So kannst du täglich überprüfen, ob du auf die empfohlenen 6.000 bis 10.000 Schritte kommst.

Jeder Schritt zählt und ist gut für deine Bilanz. Idealerweise hältst du dich an den goldenen Weg zur Erhaltung deiner Gesundheit und versuchst jeden Tag 10.000 Schritte zu gehen. Hört sich viel an, ist es aber nicht. Wenn du rund 5 Kilometer pro Tag gehend bewältigst, bist Du bereits am Schritte-Ziel angekommen.

Tipp 6: Keine Macht den Ausreden

"Ich muss nur noch schnell die E-Mail fertig schreiben." "Es ist gerade so viel zu tun." "Ich fühle mich schlapp." "Ich bin zu erschöpft vom Arbeiten und will lieber ein Glas Rotwein, anstatt Sport zu treiben..." und so weiter und so fort. Ausreden zu finden, um sitzen zu bleiben und weiter im Bewegungsmangel zu verbleiben, fällt wahrlich nicht schwer. Mach dir in solchen Momenten bewusst, dass es sich nur um eine Ausrede handelt. Das Durchbrechen des Drückeberger-Kreislaufs wird dir dann viel leichter fallen und eventuell wirst du auch das eine oder andere Mal über dich selbst schmunzeln müssen.

Tipp 7: Putzen und Gartenarbeit als Fitnesseinheit

Putzen ist nicht unbedingt jedermanns Lieblingsbeschäftigung, verbrennt aber einiges an Kalorien – besonders, wenn du dich beim Staubsaugen und Wischen durch deine Wohnung bewegst und öfter mal in die Hocke gehst. Falls du ungern sauber machst, dann versuche dich mit dem Gedanken zu motivieren, dass es dich deinem Ziel, dich mehr zu bewegen, näherbringt. Auch Gartenarbeit sorgt für die nötige Extra-Bewegung und ist zudem ein schönes Hobby. Bringt locker um die 500 Kalorien.

Tipp 8: Triff dich zum Spazierengehen

Du kennst bestimmt die Redensart: „Nach dem Essen soll man ruh'n oder tausend Schritte tun". Da wir ja hier über mehr Bewegung im Alltag reden, empfehle ich natürlich Letzteres, richtig. Ein kleines Nickerchen im Büro käme im Übrigen ja auch nicht überall gut an.

Frische Luft nach dem Essen und möglichst viel Bewegung hilft dir jedenfalls nicht nur, dein Mittagstief zu überwinden, es regt zudem deine Verdauung an und bringt deinen Kreislauf in Schwung. Der Moment der größten Trägheit, ca. 20 Minuten nach dem Mittagessen, lässt sich so ganz elegant überwinden. Nach dem flotten Spaziergang kannst du wieder voll konzentriert und produktiv an die Arbeit gehen. Vielleicht haben der Vogelgesang und Sonnenschein den einen oder anderen kreativen Gedanken in dir erweckt, dessen Umsetzung dir nun ganz leicht und gut gelaunt von der Hand geht.

Anstatt einem Treffen mit den Freunden in einer Bar, in einem Restaurant oder zuhause auf dem Sofa, verbinde doch deinen nächsten Kaffeeklatsch, dein Date oder ein gemeinsames Treffen mit einem Spaziergang an der frischen Luft. Den Kaffee können du und deine Begleitung im Thermobecher mitnehmen, während ihr euch im Gehen unterhaltet. Auch gemeinsames Joggen oder andere Sportarten an der frischen Luft sind eine tolle Sache, um gemeinsam Zeit zu verbringen und dabei Kalorien zu verbrennen.

Jeder Schritt zählt auch hier. Diese Erkenntnis im Blick öffnet dir die Augen für tolle Ausflugsziele rund um deinen Wohnort, die selbst deine Freunde noch nicht kennen. Ein Spaziergang mit Freunden bringt dich auf deinem 10.000 Schritt-Tages-Ziel auf jeden Fall ein gehöriges Stück näher. Und zu zweit bewegt es sich nun Mal einfacher.

Tipp 9: Starte mit Schwung in den Tag - Kleine Bewegungsübungen rund ums Bett

Es mag am Anfang etwas Überwindung kosten, doch Morgensport wirkt wahre Wunder und gibt dir die nötige Energie für den Tag. Stehe eine halbe Stunde früher auf und lege dir dein Sport-Outfit direkt bereit. Egal, ob du zwanzig Minuten Joggen oder zügig spazieren gehst, Yoga oder ein Homeworkout machst: Wenn du bereits aktiv in den Tag startest, wirst du dich nicht nur körperlich, sondern auch mental direkt fitter fühlen.

Oder überlege dir ein paar kleine Übungen für deinen Körper, die du nach dem Aufstehen oder vor dem Zubettgehen regelmäßig erledigen kannst. Wir sind ja alle entweder Nachtigall oder Lerche, daher bietet sich je nachdem eher der Morgen oder Abend für kleine Bewegungseinheiten an. Wer genug Ehrgeiz mitbringt, kann freilich auch das eine tun ohne das andere zu lassen.

Der Morgen kann durchaus – nach kurzem Warmmachen durch Dehn- und Mobilisierungsübungen - mit kraftvollen und dynamischen Bewegungen beginnen wie Liegestützen, Sit-Ups, Kniebeugen, Klimmzügen und Seilspringen, Hampelmännern. Angenehmer Nebeneffekt: Du startest vor dem ersten Kaffee nach so viel Bewegung schon mit hellwachem Puls in den Tag. 10 Minuten gemischter Workout liegen bei 50-100 Kcal. Nicht so schlecht - schon vor dem Frühstück.

Am Abend solltest du eher auf Aktivitäten verzichtet werden, die den Kreislauf kurz vor dem Schlafengehen nochmals richtig auf Hochtouren bringen. Leg den Schwerpunkt eher auf Dehn- und Mobilisierungsübungen für den Bewegungsapparates und den Rücken.

Einmal gelernt, kannst du dein kleines Lieblings-Workout natürlich auch tagsüber in bewusste Arbeitspausen (= Sitzpausen) einbauen. Der Schlüssel liegt übrigens nicht in der Heftigkeit, sondern in der Regelmäßigkeit dessen, was du tust. Hier gilt: Lieber am Anfang nicht mit den Aktivitäten übertreiben, sondern öfters das Gleiche tun, so dass es in Fleisch und Blut übergeht und sich perfekt in den Alltag mit mehr Bewegung einfügen lässt.

Tipp 10: Zähneputzen-Sport-Kombi

Es mag banal klingen, doch sogar beim Zähneputzen kannst du ein paar Extrakalorien verbrennen. Gehe ein paar Runden auf und ab oder trainiere deinen Gleichgewichtssinn, indem du abwechselnd auf einem Bein stehst. Ein bisschen Bewegung lässt sich immer einbauen. Statt drei Minuten nur den Arm zu bewegen, könntest du die Zeit beim Zähneputzen auch für eine kleine Trainingseinheit nutzen: 10-15 Kniebeugen, Fußspitzen-laufen oder Wandsitzen! Klappt übrigens auch beim Telefonieren!

Tipp 11: Treppensteigen statt Aufzug fahren

Rolltreppe und Aufzug sind stets verlockend. Wenn du dich mehr bewegen möchtest, dann meide Aufzüge und Rolltreppen, denn die kosten dich wertvolle Schritte auf dem Weg zu deinem Tagesziel. Treppensteigen ist ein kleiner, aber hocheffizienter Beitrag für mehr Bewegung im Alltag. Dadurch trainierst du dauerhaft deine Oberschenkel- und Po-Muskulatur, stärkst deine Sehnen und steigerst deine Kondition. Wer das Maximum herausholen möchte, der nimmt am besten immer zwei Stufen auf einmal oder joggt die Treppe in einer höheren Geschwindigkeit nach oben. Zudem wird dein Kreislauf angekurbelt und der

Energieumsatz steigt. Treppensteigen ist der Kalorienkiller Nummer eins (bis zu 900 Kcal pro Stunde).

Tipp 12: Lass das Auto stehen und ab aufs Fahrrad

Neben Gehen ist Fahrradfahren ein tolles Workout, das sich leicht in den Alltag einbauen lässt. Selbst für längere Strecken eignet es sich perfekt. Nimm dir vor, das Auto öfter in der Garage zu lassen und schwing dich aufs Rad. Das stärkt Herz-Kreislauf-System und trainiert Po und Oberschenkel. Wenn du kein Fahrrad hast, dann leih dir eines. In fast allen großen Städten gibt es inzwischen Fahrradverleihsysteme und man ist damit im städtischen Verkehr auch am schnellsten unterwegs. Radfahrer sparen sich nicht nur die Parkplatzsuche und den Ärger rund um Parkschein und Politessen, sondern sie tun etwas für sich und die Umwelt. Mit Fahrradfahren lassen sich in der Stunde zwischen 385-485 Kcal verbrennen.

Tipp 13: Mach deine eigene Tanzparty

Dreh dein Lieblingslied laut auf und tanze für ein paar Minuten wild durch deine Wohnung. Tanzen ist nicht nur eine tolle Art der Bewegung. Es setzt Endorphine frei und sorgt direkt für gute Laune. Probiere es am besten sofort aus und du wirst sehen, dass dir Tanzen körperlich und mental richtig gut tun wird. Und wenn du masochistisch veranlagt bist: Mach ein Video von dir und deinem Tanz und schau es dir an - wenn du dich dabei so richtig zum Voll-Horst gemacht hast, wird es dir dein Zwerchfell und deine Gesichtsmuskulatur zusätzlich danken.

Tipp 14: Nimm an einer Challenge teil

Oft fällt es schwer, sich alleine zum Sport zu motivieren. Challenges sind ein gutes Tool, um gemeinsam mit anderen auf ein bestimmtes Ziel hinzuarbeiten. Plank- und Squat-Challenge oder 30 Days of Yoga – im Internet und in diversen Sport-Apps findest du viele Ideen und Ansätze. Achte bei deiner Auswahl auf eine einfache Umsetzung, damit du auch wirklich täglich am Ball bleiben kannst.

Tipp 15: Spiele immer mit, sobald sich eine Gelegenheit bietet

Hast du Kinder, Nichten und Neffen oder Enkelkinder? Wenn ja, dann hast du die besten Voraussetzungen für mehr Bewegung im Alltag. Anstatt nur aufzupassen und am Rande zu stehen, um deine Kinder (und dein Handy) im Blick zu halten, empfehle ich dir einfach mitzuspielen. Egal ob Fangen, Verstecken, Blinde Kuh oder Faules Ei - nicht nur die Kinder, sondern auch deine Gesundheit werden es dir danken. Bewegungsarmut bei Kindern ist eine weitere Geißel der westlichen Industriegesellschaften. Kinder haben eigentlich einen natürlichen Bewegungsdrang. Den gilt es zu fördern. Auf denn: Als Vorbild voran. Da die Kleinen die Großen gerne imitieren und ihnen nacheifern, ist Mitspielen eine in jeder Hinsicht wundervolle Idee, um mehr Bewegung in den Alltag zu integrieren. Kinderspiele wie Sackhüpfen, Blindekuh, Fangen spielen - zack, schon wieder 400 kcal/h.

So, mir ist bewusst: Das ist ganz schön viel Bewegungspredigt auf einmal. Wie du siehst, gibt es zahlreiche simple Möglichkeiten, in deinen Alltag mehr Bewegung zu integrieren. Jetzt hoffe ich, dass ich dir mit diesen Tipps zumindest die eine oder andere wertvolle Anregung geben konnte, damit du deine Zeit ab jetzt aktiver, fitter und bewegter gestalten kannst. Wenn du auch nur einige der Punkte beherzigst, wirst du bereits nach wenigen Wochen einen Unterschied spüren. Indianerehrenwort!

Impuls:
Beobachten und reflektieren
Mehr Bewegung in deinen
Alltag bringen

Gehe in Gedanken den üblichen Ablauf eines normalen Tages in deinem Alltag durch und suche dabei systematisch nach Gelegenheiten für mehr Bewegung. Plane zudem regelmäßige Bewegungspausen ein! Es geht darum, im alltäglichen Tagesablauf ganz bewusst Zeiten von wenigstens zehn Minuten einzuplanen, in denen du einer mäßigen körperlichen Aktivität nachgehst. Beispiele hierfür sind:

- Morgens vor dem Frühstück 10 Minuten Gymnastik machen
- In der Mittagspause das Büro verlassen und einen kurzen flotten Spaziergang machen
- Abends vor dem Schlafen noch mal an die frische Luft gehen und einen längeren Gang machen (vielleicht mit Hund)

Deine Belohnung hat's in sich: Du bleibst gesund

Sport zu treiben bzw. sich zu bewegen, nur damit man nicht krank wird, ist für die meisten Menschen verständlicherweise nur mäßig motivierend. Dabei spricht so vieles mehr dafür sich regelmäßig zu bewegen. So kann man es auch sehen:

- Mehr Energie durch Sport: Fit fühlen, Tatendrang spüren, unternehmungslustiger werden.
- Gute Laune Ahoi: Sport hat eine antidepressive Wirkung und wirkt sich positiv auf deine Psyche aus.
- Das Gehirn sagt Danke. Deine Gehirndurchblutung verbessert sich und die Neubildung von Nervenzellen wird gefördert.
- Abnehmen leicht gemacht: Sport kurbelt deinen Energieumsatz an und verbessert den Fettstoff- und Zuckerstoffwechsel. Um schnellere Erfolge

zu erzielen, baue verstärkt Muskeln auf, damit sich dein täglicher Kalorienverbrauch erhöht.

- Verjüngungskur für Bewegungsapparat und Kreislauf. Deine Knochendichte nimmt zu, die Stützfunktion und Stabilität wird durch mehr Muskelkraft verbessert, das Herz pumpt entspannter und der Blutdruck sinkt.
- Die Immunabwehr wird gestärkt und das Erkrankungsrisiko gesenkt.

Sport macht Spaß! Wenn Du das noch nicht bestätigen kannst, dann suche Dir eine Sportart, die Dir Freude bereitet. Es gibt sie in jedem Fall! Im nächsten Kapitel gibt´s dazu Tipps.

04 Sport
Stressmacher oder Stresskiller?

Um was es geht:

★ Vom Vorsatz zur neuen Gewohnheit – Wie klappt es endlich?

★ Wie du dein Stresslevel durch Bewegung senkst

★ Mehr als 11 Millionen Deutsche sind Mitglied in einem Fitnessstudio - was machen die da?

Es ist wieder so weit: Der Jahreswechsel hat uns in eine neues Zeitalter katapultiert! Jetzt, spätestens aber, wenn am Montag die erste richtige Arbeitswoche nach all den Feiertagen beginnt, soll es anders werden. Wir haben geschlemmt und ziemlich viel gefeiert - coronakonform, on- und offline, jeder mit seinem Whiskey vor dem Bildschirm und teilweise auch allein auf Weihnachtsmärkten und Adventsfeiern, bei der Silvesterparty und bei Familientreffen. Oft war das schön, meist etwas zu viel Konsum und womöglich nicht immer ganz so besinnlich wie erhofft.

Jetzt ist die Zeit für eine Bestandsaufnahme. Was soll im neuen Jahr alles besser werden?

Da nehmen sich die Deutschen immer so einiges vor: „Nächstes Jahr mache ich mehr Sport!", „Nächstes Jahr möchte ich abnehmen!", „Nächstes Jahr werde ich mich gesünder ernähren!".

Je nach Naturell gehen Menschen unterschiedlich mit ihren Vorhaben um. Manche kündigen ihre Ziele im Familien- und Freundeskreis an – auch, um sich selbst unter Druck zu setzen. Andere hingegen behalten ihre Absichten lieber für sich. Sich später eventuell eingestehen zu müssen, dass man doch nicht drei Abende die Woche beim Workout geackert hat, erscheint ihnen als zu große Schmach.

Ganz oben mit dabei jedes Jahr der Klassiker: Sport. Viele nehmen sich vor, im neuen Jahr mehr Sport zu treiben. Doch das Joggen scheitert oft schon am Blick aus dem Fenster: Es ist nass, kalt, und die Sonne ist schon vor Feierabend untergegangen. Wer hat da schon Lust auf Sport? Sich für Bewegung zu motivieren, kann im Winter schwerfallen. Stichwort innerer Schweinehund.

Schwupps. Man bleibt lieber auf dem Sofa. Doch die Lösung ist nah und verspricht Traumhaftes zum Schnäppchenrabatt: Das Fitnessstudio.

In Fitnessstudios jedenfalls herrscht ab 2. Januar Hochbetrieb. Rund 11,1 Millionen Deutsche sind Mitglied in einem Studio, und Anfang des Jahres schnellen die Anmeldezahlen in die Höhe. In den Kursen wird es eng, weil so viele Menschen – selbstverständlich im brandneuen Outfit – etwas für ihre Gesundheit und gegen überflüssige Pfunde machen wollen. Nicht immer reicht das sportliche Durchhaltevermögen bis über den Februar hinaus, und irgendwie gibt dann auch der Terminkalender nicht mehr Zeit für Familie oder Freunde her als im vergangenen Jahr.

Genauso häufig wie die guten Vorsätze kommt jetzt die Erkenntnis, dass spätestens am 1. Februar wieder alles beim Alten ist. Gut die Hälfte derjenigen, die mit guten Vorsätzen ins neue Jahr gehen, geben dem Onlineportal Statista zufolge nach spätestens zwei, drei Monaten einfach auf.

Was läuft da schief? Nehmen wir uns die falschen Dinge vor? Oder nehmen wir sie uns falsch vor?

Es liegt wohl eher daran, dass wir unsere Vorsätze oft sehr optimistisch, aber nicht realistisch fassen.

Grundsätzlich ist es sinnvoll, zum Jahreswechsel gute Vorsätze zu fassen. Wir sind aber fast alle Gewohnheitstiere. Es ist deshalb wichtig, konkret zu planen: Wann, wo, wie setze ich meine Pläne um?

Kleine Tricks können helfen, deine Ziele zu erreichen. Wenn du zum Beispiel regelmäßig ins Sportstudio gehen möchtest, solltest du das direkt nach der Arbeit einplanen. Wenn du den Umweg über dein Zuhause machst, gerät du nun mal schnell in Versuchung, dich doch aufs Sofa plumpsen zu lassen – und den Abend dann dort zu verbringen.

Der Jahresanfang kann, übrigens ebenso wie ein (runder) Geburtstag oder ein sonstiger persönlicher Anlass unter dem Jahr, ein passender Moment sein, um innezuhalten und zu überlegen, ob eine Kurskorrektur sinnvoll ist. Doch so verheißungsvoll die Idee sein mag, sich künftig gesünder zu ernähren und nicht mehr bis in die Puppen vor dem Rechner zu sitzen – der Gedanke daran, mehrmals pro Woche zu kochen, statt in der Kantine schnell eine Currywurst zu verschlingen, hat nicht nur positive Effekte: Allein Planung kann auch wieder stressen. Obwohl doch die Deutschen im neuen Jahr Stress vermeiden wollen…

Wie du inzwischen weißt, ist Stress ja nicht nur negativ belegt. Menschheitsgeschichtlich betrachtet haben uns Anspannung und Konzentration schließlich geholfen. Wenn unsere Vorfahren im Wald dem Säbelzahntiger begegneten, hat der Körper Stresshormone wie Adrenalin ausgeschüttet, das den

Körper zum Kampf oder zur Flucht bereit gemacht hat. Heute stressen uns cholerische Chefs oder geschwätzige Kollegen statt hungriger Tiger, und in Konfliktsituationen verharren wir trotz erhöhten Adrenalinspiegels meist im Bürostuhl, statt wegzurennen. Wir bewegen uns zu wenig, und so können wir die Stresshormone nicht abbauen.

Wer seine sportlichen Vorsätze umsetzt, baut also Stresshormone ab. Und wichtiger noch: Wenn man es schafft, mehr Bewegung in sein Leben zu integrieren, macht das richtig glücklich. Du musst ja nicht gleich zum Hochleistungssportler mutieren. Moderate Bewegung, zum Beispiel jeden Tag nach der Arbeit eine halbe Stunde nach Hause zu laufen, ist weitaus gesünder.

Und das ist die gute Nachricht: Dieser eine Vorsatz genügt eigentlich. Denn wer sich flott bewegt, trinkt in dieser Zeit keinen Alkohol, futtert nicht, baut Stress ab, bringt seinen Kreislauf auf Trab, sitzt nicht vor dem Computer – und hat im Idealfall auch noch ein Familienmitglied oder eine Freundin zum Plausch mitgenommen.

Dennoch bleibt die Frage, ob man sich mental nicht zu viel zumutet. Unser Alltag soll gesünder, sportlicher, familienfreundlicher, klimabewusster sein. Kurz: Einfach besser. Es ist aller Ehren wert, im Leben nach etwas zu streben. Doch steckt dahinter nicht auch der Anspruch, dass wir so, wie wir sind, nicht genügen? Dass Selbstoptimierung erste Bürgerpflicht ist? Dass wir permanent an unserem Ich und unserem Körper zu feilen haben?

In den 1970er-Jahren war das so noch kaum denkbar. Wanderurlaube waren etwas für Rentner, und das Windsurfen wurde gerade erst erfunden, der Berlin-Marathon existierte noch gar nicht. Die wenigsten Erwachsenen besaßen ein Fahrrad, und die Zahl der Fitnessstudios in Deutschland und in den USA konnte man an einer Hand abzählen.

Das hat sich gründlich geändert – von den Anfängen der Trimm-dich-Bewegung in den Siebzigerjahren bis zu den heutigen Angeboten von Sportstudios, die mit großspurigem Männlichkeitskitsch werben: „Heroes werden nicht geboren. Heroes werden geformt."

Klar, weniger stressig zu leben, regelmäßig Sport zu treiben und mehr Zeit mit der Familie zu verbringen ist gut. Doch der Verdacht wächst, dass wir manchmal zu sehr um unsere Befindlichkeit kreisen. Und diejenigen, die allzu verbissen ihre guten Vorsätze umsetzen, können ziemlich nerven. Auch weil sie an das schlechte Gewissen der weniger Konsequenten rühren.

So schaffst du es nun, regelmäßig Sport zu machen

Ja, du weißt, du solltest etwas für dich tun. Aber es ist spät. Du hast den ganzen Tag gearbeitet. Bist ohnehin viel zu müde. Kannst dich einfach nicht mehr aufraffen, um noch einmal die Trainingsmatte auszurollen oder nach draußen zu gehen, um Sport zu machen. Morgen fange ich dann wirklich an… sagst du dir jeden Tag aufs Neue. Nur heute habe ich noch so viel zu tun oder zu wenig Energie.

Gehörst du auch zu den Typen, die immer wieder neue Ausreden finden, um das Training auf die lange Bank zu schieben? Ich zeige dir nun, wie du es nun schaffen kannst, regelmäßig Sport zu machen

Praxistipp
Regelmäßig Sport?
So schaffst du es

Motiviere dich selbst! Finde wirklich gute Gründe, Sport zu treiben
Es genügt einfach nicht, wenn du dir nur vorsagst, dass Sport doch so gesund ist. Das ist kein echter Anreiz. Viel zu allgemein und abstrakt. Dein Warum muss Emotionen in dir auslösen, damit Motivation entsteht. Deshalb muss es schon ein richtig guter Grund sein. Für dich selbst und für niemanden sonst. Du möchtest dich endlich wohl in deinen Körper fühlen? Vielleicht auch ein paar Kilo abnehmen? Du hast immer wieder Rücken- oder Nackenschmerzen? Und du möchtest beweglicher werden, weildDu das Gefühl hast, immer mehr „einzurosten"?

Und noch ein wirklich guter Grund: Dein Selbstbewusstsein steigt! Jedes Mal, wenn du dich aufraffst, macht das Freude. Du darfst mit Recht stolz auf dich selbst sein. Deine Kondition wird immer besser und du bist nicht mehr so schnell aus der Puste. Und du kannst dabei zusehen, wie dein Körper langsam wieder in Form kommt. Sport macht einfach gute Laune. Die körperliche Aktivität wirkt sich positiv auf das seelische Wohlbefinden aus. Du wirst ausgeglichener, fühlst dich sogar bei der Arbeit besser und bist insgesamt einfach zufriedener. Das liegt daran, dass dein Gehirn den Körper für Bewegung belohnt, indem es Glückshormone ausschüttet. Das sind doch schon wirklich einige gute Gründe, deine Vorsätze sofort in die Tat umzusetzen!

Weniger ist mehr

Viele Menschen wollen von null auf hundert durchstarten. Sie glauben, dass sie sozusagen aus dem Nichts ein irres Trainingsprogramm stemmen können. Die Folge: Sie überfordern sich maßlos und das ist nicht nur frustrierend, sondern meistens auch noch schmerzhaft. Mit dem ersten, heftigen Muskelkater kommt der Katzenjammer. Und die Chancen, dass man sich danach noch einmal aufrafft bzw. regelmäßig dabeibleibt, sinken rapide. Alle guten Vorsätze sind zum Scheitern verurteilt.

Deswegen solltest du dir zwar sehr konkrete, aber immer nur kleine und überschaubare Etappen vornehmen. Zum Beispiel: „Ich trainiere jeden Morgen mindestens zehn Minuten!" Und wenn du nach einer längeren Pause mit dem Sport wieder anfängst, dann miss dich nicht an deinen alten Standards oder gar an den Leistungen anderer. Hör auf dein Gefühl:

- Du kannst dir gut vorstellen, am nächsten Tag dort weiterzumachen, wo du aufgehört hast? Dann war das Trainings-Pensum genau richtig.
- Du spürst Schmerzen? Dann hör auf die Warnsignale deines Körpers und geh künftig etwas sachter mit ihm um.
- Du fühlst dich unterfordert? Dann leg das nächste Mal noch eine kleine Schippe drauf.

Mach dir den Anfang leicht

Am Anfang ist der innere Schweinehund besonders fies. Deswegen solltest du dir die erste Etappe so einfach und angenehm wie nur möglich gestalten. Leg dir am besten am Abend vorher schon alles zurecht, was du für Deine sportlichen Aktivitäten benötigst: Gymnastik-Matte, Sportklamotten etc. Plane konkret, was du machen wirst. Und überlege dir auch gleich, wie du dich danach dafür belohnen wirst. Am besten machst du jedes Mal, wenn du dein Training absolviert hast, einen großen Smiley in deinen Kalender. Und belohnst dich dann jede Woche einmal. Am besten immer an einem ganz bestimmten Tag. Bald wirst du sehen: Das gute Gefühl danach ist meist schon Belohnung genug!

Sei lieb zu deinem inneren Schweinehund

Wenn du es nicht schaffst, den Schweinehund zu überlisten, funktioniert es nicht. Also geh nicht allzu hart mit ihm ins Gericht, damit er deine guten Vorsätze nicht boykottiert. Wenn es also mal gar nicht geht, zum Beispiel, weil du Schmerzen hast oder erkältet bist, dann zwing dich nicht zum Sport, sondern gönne dir wirklich einen Tag Pause. Andernfalls werden die inneren Widerstände zu groß. Auch andere Umstände können dazu führen, dass du eine Pause machen musst. Das Leben ist nicht immer planbar. Akzeptiere dies, vergiss dein schlechtes Gewissen und konzentriere dich lieber darauf, zurück in die Spur zu kommen.

Apropos Schweinehund – faule Ausreden und andere Stolperfallen

Was kann jetzt noch schief gehen? Eine Kollegin kommt ausgerechnet dann ins Büro, wenn du gerade auf dem Boden liegst und mühsam einen Sit-up hoch auf den Bürostuhl machst? Dann lade sie einfach zum Mitmachen ein! Der Stuhl ist groß genug. Vielleicht macht Ihr künftig jeden Tag die Übungen zu zweit? Das schafft zusätzliche Motivation! Überlege dir auf jeden Fall vorher, was alles dazwischenkommen könnte. Und wie du dann damit umgehen wirst. Und wenn ihr dann zu zweit auf dem Boden liegt, ist es vielleicht ratsam, die Bürotür abzuschließen....

Langeweile ist tödlich

Der Körper mag Langeweile genauso wenig wie der Geist. Wenn er immer die gleichen Übungen absolvieren muss, führt das monotone Wiederholen von Abläufen irgendwann dazu, dass er sich schlicht unterfordert fühlt. Dein Körper liebt die Abwechslung. Er braucht neue Herausforderungen. Deswegen sollte man beim Sport immer wieder etwas andere Anreize setzen. Gut dosiert. So dass die Muskulatur daran wachsen und sich weiterentwickeln kann. Denn Überforderung ist genauso schädlich wie Unterforderung.

Gewohnheit ist die beste Motivation

Gib dir eine echte Chance und beginne ganz sachte mit dem Training! Es ist sogar viel besser und für den Trainingserfolg auch vollkommen ausreichend, wenn du am Anfang nur eine kleine Einheit absolvierst. Etwa zehn bis 15 Minuten sind schon genug. Dafür aber am besten täglich. Denn so gewöhnst du deinen Körper allmählich an die Bewegung. Das sportliche Programm fügt sich wie selbstverständlich in deinen Tagesablauf ein. So lange, bis es zu deinem liebgewonnenen täglichen Ritual wird. Irgendwann bist du dann so weit, dass dir etwas fehlt, wenn du es einmal nicht machen kannst. Es ist jetzt in deinem Gehirn und im Körpergedächtnis fest verankert. Und das dauert gar nicht mal so lange.

Motivation lässt dich starten. Die Gewohnheit lässt dich weitermachen

Wissenschaftler haben herausgefunden, dass sich eine neue Gewohnheit auf diese Weise nach etwa 21 Tagen verfestigen kann. Wenn man sie wirklich regelmäßig jeden Tag durchführt. Das Gehirn lernt am besten durch stete Wiederholung. Das führt dazu, dass das neue Verhalten verinnerlicht wird und dann sozusagen automatisch abläuft. Es ist dabei nicht einmal so schlimm, wenn man mal einen Tag auslässt. Erst bei zwei oder drei Tagen wird es kritisch, weil man den Lernprozess dann unterbricht.

Aber das wirklich Gute daran ist: Wer es einmal geschafft hat, eine neue Routine im Alltag zu etablieren, der behält sie auch bei! Wenn der Sport erstmal zur angenehmen Gewohnheit geworden ist, musst du dich nämlich nicht mehr dazu überwinden und deine (oft begrenzte) Willenskraft einsetzten.

05 Raus aus der Komfortzone
Sportliche Erfolge feiern

Um was es geht:

★ So findest du die richtige Sportart gegen Stress
★ Wie sich Europas Top-Golfer motivieren
★ Wie du je nach Typ und Stressanfälligkeit die Sportart wählst
★ Welche sportliche Aktivität ist für dich am besten?
★ Empfehlungen, die das (sportliche) Leben leichter machen.

Wie du weißt, halte ich nichts von allgemeinen Ratschlägen, die es an jeder Ecke gibt. Meine Kriterien sind: Einfach und leicht im Alltag umsetzbar und integrierbar, schnelle Erfolge und es soll vor allem Spaß machen und motivieren.

Eine besondere Form der Motivation fand ich den Golfern. Dort wird alle zwei Jahre der Ryder Cup ausgetragen, ein mehrtägiges Golfmannschaftsturnier zwischen den besten Golfern Europas und der Vereinigten Staaten. Der Ryder Cup ist US-Außenpolitik mit anderen Mitteln. Wobei die Zeiten des Kalten Krieges überwunden sind.

1991 in Kiawah Island standen sich die golfenden Lager der USA und Europa gar derart feindlich gegenüber, dass vom "War on the Shore" gesprochen wurde. Nur noch ein Flight ist unterwegs und es geht um alles: Das Match-Up heißt Bernhard Langer gegen Hale Irwin und ersterer puttet zum Ryder Cup-Sieg. Doch der 2-Meter Putt des Deutschen geht um wenige Millimeter rechts am Loch vorbei und die US-Amerikaner gewinnen mit 14 ½ zu 13 ½. Es war einer der vielleicht teuersten Putts der Geschichte und Bernhard Langer dürfte wegen seines entscheidenden Putts, den er rechts am Loch vorbei schob, noch immer schweißgebadet aufwachen.

Die letzten Tage, ehe es losgeht, sind fast so spannend wie die Wettkämpfe selbst. Die Teams definieren in diesen Momenten ihre Haltung, mit der sie dem Gegner entgegentreten. Psychotricks werden ausgepackt, um sich stark zu reden. Die Europäer bekamen diesmal ein Video vorgesetzt, 2:33 Minuten lang, in dem der ganz große Pathos angerührt wurde. Schlicht mittels Zahlen. Unterlegt mit Sequenzen früherer Erfolge. 5.780 Menschen nur seien auf dem Mount Everest gewesen, erfuhren die Spieler, 570 im Weltall, 445 wurden Fußballweltmeister.

Und gerade 164 Europäer hatten die Ehre, im Ryder Cup zu spielen. Wem schwillt da nicht die Brust? Gewonnen haben übrigens trotzdem die Amerikaner.

Und jetzt stell dir vor, du bist nicht nur einer von 164. Du bist Einzigartig! Genau wie jeder andere Mensch hast auch du ein einzigartiges Set an Eigenschaften mit auf die Welt gebracht, deine Veranlagung. Du hast deine Begabungen. Dir fallen Dinge leicht, die anderen schwerfallen. Dinge, die dir so leicht erscheinen, dass du dir gar nicht vorstellen kannst, dass andere sich damit schwertun.

In diesem Bewusstsein deiner Einzigartigkeit gelingt es dir, deine ideale Sportart zu finden, die auch deine Brust zum Schwellen bringt. Frei und unabhängig von der Meinung und den Erwartungen anderer. Weil es dir Spaß macht!

Zur Unterstützung deiner Suche empfiehlt der Sportwissenschaftler Gernot Schauer je nach Typ und Stressanfälligkeit unterschiedliche Sportarten.

Yoga, Tai-Chi & Co.
Führt Stress zu einer inneren Unruhe, sind reine Entspannungs- und Atemtechniken oft viel zu ruhig. Yoga und Tai-Chi sorgen dann für eine bewusste Entschleunigung aus der Bewegung heraus. In extremen Fällen ist das aber immer noch zu ruhig.

Zumba, Salsa, Tanzen
Ein Tanz-Workout hilft durch die oft komplexen Choreografien nicht nur die Aufmerksamkeit zu fokussieren. Die Musik kann zusätzlich auch die Stimmung aufhellen.

Rückschlagspiele
Tennis, Tischtennis und Squash helfen zum einen, Aggressionen abzubauen. Zudem lernt man, sich nicht nur auf sich selbst zu fokussieren, sondern auf den Partner einzugehen, schließlich muss man auch auf dessen Spielweise reagieren.

Fußball, Handball, Basketball
Gerade Einzelgänger sollten nicht unbedingt allein Sport machen, sondern die Gemeinschaft und das Vereinsleben suchen. In Zeiten von steigender Individualisierung ist die soziale Komponente nicht zu unterschätzen.

Kampfsport
Mangelt es an Selbstsicherheit, sind Judo, Karate & Co. eine gute Sportwahl. Das Training ist ein anstrengendes Kraft-Workout, hinzu kommen ein verbessertes Körpergefühl und bessere Koordination, die verhindert, dass man aus dem Gleichgewicht kommt.

Outdoor

Beim Klettern gilt die volle Konzentration dem nächsten Griff, es schult die Aufmerksamkeit und Fokussierung auf den Moment. Wandertouren sind dagegen ein gutes Mittel, um mal rauszukommen und seine Sinne nach außen zu weiten.

Den höchsten Nutzen für die Fitness und den Stressausgleich bringt die regelmäßige sportliche Aktivität. Besonders günstig sind Ausdauersportarten, wie Joggen, Walking, Wandern, schnelles Radfahren, Schwimmen und Skilanglauf.

Und noch eine Erkenntnis: Wenn es etwas gibt, dass die Deutschen eint, dann ist das ihre Liebe zum Trampolin. Gerade diese Sportart ist phänomenal im Vormarsch. Würde jeder Bürger, der so ein Ungetüm im Garten stehen hat, die Partei der ehemals drittbesten Trampolin-Turnerinnen des Landes wählen, wäre Annalena Baerbock Kanzlerin geworden.

Ausdauersportarten sind also Sportarten, bei denen sich die gleiche Bewegung über längere Zeit wiederholt. Je größer die eingesetzte Muskelmasse ist, umso mehr werden Kreislauf und Stoffwechsel beansprucht. Dein Körper passt sich allmählich an diese erhöhte Beanspruchung an. Z.B. fängt dein Herz an, ökonomischer zu arbeiten. Das heißt, es braucht weniger Kraft für die gleiche Leistung und erholt sich schneller. Dies geschieht durch eine verstärkte Durchblutung, einen verbesserten Stoffwechsel und durch eine Kräftigung des Herzmuskels.

Die rhythmische Bewegung beim Ausdauersport entlastet psychisch und fördert das Wohlbefinden. Oft hat man das Gefühl, dass die Bewegung wie von selbst geschieht. Die Gedanken bekommen freien Lauf und nach und nach wird der Kopf frei.

Auch ich hab mich mal auf die Spur gemacht, um für mich herauszufinden, was neben den Klassikern Joggen und Fahrrad meine Motivation steigern könnte. Vor allem nach meiner jüngsten Diagnose eines veritablen Knorpelschadens im Knie.

Gestartet bin ich deshalb mit Nordic Walking. Nordic Walking ist in, es schont so schön die Gelenke. Belastet werden nur die Zwerchfelle von allen, die uns unfreiwillig dabei betrachten müssen. Seien wir ehrlich, es sieht bescheuert aus. War also (noch) nichts für mich.

Noch besser als Nordic Walken soll ja deshalb auch Skaten sein. Also Rollen. Inlineskaten. Aber statt die Gelenke mühselig beim Laufen über Jahre zu verschleißen, reicht jetzt ein einziger Sturz, und die Knie sind im Arsch. Entschuldige die sprachliche Entgleisung, aber angesichts der Geschwindigkeiten auf Rollschuhen ist das sogar anatomisch korrekt. Ich weiß, wovon ich spreche. Ich habe es leidvoll erfahren. Beim Versuch, meinen Kindern etwas Abwechslung zu bieten und sie für den Sport zu begeistern. Also schnell mal im Discounter so ein paar Ungetümer gekauft. Und schon wirst du zum Helden der Galaxie, für deine Kinder, vorübergehend …

Das Prinzip der Rolle zur leichteren Bewegung von Lasten ist mir ja durchaus vertraut. Vom Möbeltransport. Dummerweise sind aber bei den Schuhen, die ich gekauft habe, die Rollen nicht etwa sorgsam klein und in allen vier Ecken verteilt. Nein. Ziel der Hersteller war es offensichtlich, mit aller Macht einen festen Stand zu vereiteln: Große, glatte Rollen, und alle in einer Schusslinie! An jedem Kinderwagen sind Bremsen vorgeschrieben.

Zugegeben: Der rechte Schuh hat am Hacken so einen kleinen Gummipfropfen, den sogenannten Stopper. Dazu eine kleine Überschlagsrechnung: Wie realistisch ist es, 100 kg Körpermasse, die durch ein Gefälle von 3% auf 35 Stundenkilometer beschleunigt wurde, durch sanften Druck auf eine Fläche von der Durchschlagskraft eines Radiergummis zu stoppen? Ein Pfropfen auf den heißen Stein. Da bekommt Überschlags-Rechnung eine neue, ganz konkrete Bedeutung.

Schnell wird mir klar: Ich will ja gar nicht anhalten, denn stehen ist auf den Dingern viel schwerer, als in Bewegung das Gleichgewicht zu halten. Besser gesagt: Das Gleichgewicht mit rudernden Armen auszuloten. Ein paar Schlittschuhschritte, und ich rolle. Nach den ersten Schrecksekunden stellt sich plötzlich ein Gefühl tiefer Genugtuung ein. Ich spüre: Das Ziel der Evolution ist erreicht. Aufrechter Gang war gestern. Die Neuzeit gleitet auf Rollen. Unaufhaltsam.

Leichtigkeit, Anmut, Grazie. Alles strahle ich aus. Doch ich täusche mich. Nicht aber die Menschen, die mir entgegenkommen. Sie wissen um die Gravitationskräfte hinter meiner Grazie, schauen mitleidig – und wechseln die Straßenseite. Noch besser die Hunde. Sie wittern kilometerweit den Grad meiner Inkompetenz und wissen: Gleich haut´s dich hin und du bist wieder auf einer Ebene mit uns - auf allen Vieren.

Ein Rummss, und ich hab´s geschafft. Ich liege flach - und lebe noch. Die letzten Schritte nach Hause laufe ich ohne Schuhe, barfuß. Ich konstatiere: Das Laufen auf zwei Beinen braucht keine evolutionäre Weiterentwicklung. Artenschutz braucht´s nicht für Trendsport-Arten, einige dürfen ruhig wieder aussterben. Mir reichen als technologische Errungenschaften der Neuzeit: Socken mit Gumminoppen.

Impuls:
Fragen zur Selbstreflexion
Welche sportliche Aktivität ist
für dich am besten?

Welche sportliche Aktivität ist nun für dich am besten?

Einfach gesagt: Die beste sportliche Aktivität für dich ist diejenige, die du tatsächlich durchführen wirst. Inline-Skaten wird bei mir definitiv ausscheiden.

- Welche Art von körperlicher Aktivität würde dir am meisten Spaß machen?
- In welcher Umgebung möchtest du dich am liebsten körperlich betätigen?
- Treibst du lieber drinnen oder draußen Sport?
- Möchtest du lieber allein oder gemeinsam mit anderen sportlich aktiv werden?

Bevor du aber startest, habe ich dir noch ein paar Empfehlungen, die dir das (sportliche) Leben leichter machen können….

Vorsicht vor übertriebenem Ehrgeiz!

Ganz wichtig ist, dass du den Sport aus Spaß an der Bewegung und mit Freude an deinem Körper betreibst. Übertriebener Ehrgeiz ist hier fehl am Platz. Höre aufmerksam in deinem Körper hinein und beachte die Signale deines Körpers.

Geh auf Nummer sicher!

Regelmäßig Sport zu treiben, kann dein Leben positiv verändern. Du solltest dabei jedoch kein unnötiges Risiko eingehen. Um auf Nummer sicher zu gehen, solltest du gegebenenfalls vorher medizinischen Rat einholen.

Vor allem hüte dich vor Technik, die du (noch) nicht beherrscht. Das hab ich beim Fahrradfahren gelernt. Was für ein Glück, dass man Fahrradfahren nie verlernt. Was für ein Pech, dass man es im Alter noch mal lernen muss, sofern man sich übermütig an Klickschuhen versucht, weil man ja up-to-date sein möchte. An Schuhen also, die während der Fahrt mit den Pedalen verbunden sind, und die, bevor diese Fahrt zum Halt kommt, mit einem Fußschwenk aus der Verbindung klickend gelöst werden müssen. Sonst fällt man einfach um, ganz langsam. Leider klappt das nur in der Theorie, für die Praxis braucht´s schon Übung. Und Rumms, da lieg ich wieder.

Wähle die richtige Belastung

Entscheidend ist es, den richtig dosierten Bewegungsreiz für deinen Körper zu finden. Bisher führte der Bewegungsmangel zu einer Unterforderung deines Körpers. Eine sofortige zu starke Belastung kann zu einer Überforderung deines Körpers führen. Sowohl Unter- als auch Überforderung sind schädlich. Als Daumenregel gilt: Man sollte sich während der sportlichen Aktivität nebenher noch unterhalten können. Wer die Trainingsintensität genauer bestimmen möchte, kann auf den Pulsschlag als leicht messbare Größe für die richtige Belastung zurückgreifen.

So wie Julia Hawkins. Julia Hawkins läuft gerne. Das hat sie mit einer großen Anzahl Menschen auf der Welt gemein. Sogar für Wettrennen kann sich die Lady aus Louisiana in den USA erwärmen. Ihre Spezialdistanz sind die 100 Meter. Für die sie eben erst einen denkwürdigen Weltrekord aufgestellt hat.

Die rüstige Dame legte die Strecke in einer Minute und zwei Sekunden zurück. Wie viele Hundertstel nach der Sekunde noch zu zählen gewesen wären, ist unwichtig. Denn mit 105 Jahren misst man Zeit ohnehin nach anderen Maßstäben. Mrs. Hawkins jedenfalls trägt nicht umsonst den Beinamen „Hurricane".

In ihrer Altersklasse ist es ziemlich einsam um sie geworden. Sie hat sozusagen die Rekordmarke überhaupt erst gesetzt, denn die meisten 105-Jährigen bewegen sich nur noch äußerst selten überirdisch fort. Wenn sie demnächst also wieder die Aschenbahn mit ihren flinken Beinchen fast zum Glühen bringt, tritt sie folgerichtig in erster Linie gegen sich selbst an. Schön zu sehen, dass es sich selbst in späten Jahren noch lohnt, den inneren Schweinehund zu besiegen. Es wäre natürlich vermessen zu sagen, Julia „Hurricane" Hawkins versuche dem Unvermeidlichen davonzulaufen. Auch sie wird wahrscheinlich eines Tages ein bisschen kürzer und damit langsamer treten müssen. Und für die 100 Meter dann vielleicht eineinhalb Minuten brauchen. In dem Alter darf man verschnaufen und über die Schulter schauen, wer sonst so alles auf der Strecke geblieben ist. Für Mrs. Hawkins gilt aber bis auf Weiteres: „Die Julia in ihrem Lauf, halten weder Ochs noch Esel auf."

Mach Pausen, aber richtig!

Gerade zu Beginn deines Trainings wirst du nicht gleich 20 Minuten am Stück laufen oder schwimmen können. Wenn du als Anfänger einfach drauf losläufst, wirst du mit hoher Wahrscheinlichkeit schon nach wenigen Minuten erschöpft abbrechen müssen. Das ist für dich frustrierend und bringt keinen gesundheitlichen Nutzen. Es ist vielmehr wichtig, zwischendrin ausreichend kurze Geh-Pausen zu machen, um einer Überforderung vorzubeugen. Dabei ist zu beachten, dass die Pausenzeit um etwa ein Drittel kürzer als die Belastungszeit sein soll. Dadurch ist zwar eine Erholung möglich, es wird aber ein Zurückkehren auf das Ausgangsniveau vor der Belastung vermieden. Mit diesen Pausen hältst du auch als Anfänger 20 Minuten durch! Beim Joggen könnte das z.B. für einen Trainingsdauer von insgesamt 20 Minuten es so aussehen:

- 1. Woche: abwechselnd 2 Minuten laufen - 1 Minute Geh-Pause
- 2. Woche: abwechselnd 3 Minuten laufen - 1 Minute Geh-Pause
- 3. Woche: abwechselnd 4 Minuten laufen - 1 Minute Geh Pause

Du wirst zunehmend mehr laufen können und weniger Pausen machen müssen. Frag nach bei meiner geliebten Tochter. Sie entdeckte im hohen Alter von 26 Jahren die Leidenschaft fürs Joggen. Anfangs war es nicht weit her mit der Kondition, allenfalls 3 - 5 Minuten im flachen Geläuf. Doch ihr unbändiger Ehrgeiz war phänomenal. Ich musste sie immer bremsen, damit sich keine Misserfolgserlebnisse einstellten. Nach jeder Einheit wollte sie mehr. Ein gutes Zeichen. Nach nur 3 Monaten war das Training so erfolgreich, dass sie nun mühelos 10 km auf Tempo oder auch 90 Minuten locker am Stück läuft - und mir davon. So ist das im Alter mit jungen Frauen - auch eine Erkenntnis.

Steigere zunächst die Dauer, dann die Intensität!

Wenn du mit deiner sportlichen Aktivität beginnst, dann arbeite zunächst darauf hin, die Dauer zu steigern, so dass du die Aktivität mindestens 20 Minuten mit mäßiger Intensität durchhalten kannst. Erst dann beginnst du allmählich die Intensität zu steigern, also z.B. schneller zu laufen oder zu schwimmen.

Nur regelmäßige Bewegung hält fit!

Denke daran, nur regelmäßige sportliche Aktivität bringt langanhaltenden Nutzen. Unregelmäßige körperliche Aktivität bringt nur eine kurzzeitige Verbesserung des körperlichen und seelischen Wohlbefindens. Damit Sport wirken kann, sollte er regelmäßig betrieben werden, möglichst dreimal in der Woche und dann jedes Mal am besten 20 Minuten oder länger.

Vergiss das Aufwärmen nicht!

Das Aufwärmen vor der eigentlichen sportlichen Aktivität trägt dazu bei, Muskeln und Gelenke beweglich und locker zu machen und beugt Verletzungen vor. Insgesamt wird damit die Umstellung von Ruhe auf Bewegung vorbereitet.

Die richtige Kleidung und Ausrüstung

Nun, es gibt kein schlechtes Wetter, nur .... gähn, der war flach, ich weiß. Fakt ist aber: Mit der richtigen Ausrüstung bist du Outdoor einfach besser unterwegs. Funktionskleidung und Fitness-Apps für dein Smartphone leisten gute Dienste. Doch trotz aller Navi-Apps für das Wandern oder Radeln: Die kundigsten Wegweiser dieser Welt sind übrigens rüstige Rentner mit Rennrad. Kurz und knapp die Auskunft auf die Frage, wo es langgeht: Vorne beim Kreisverkehr bei sechs Uhr rein und bei 12 Uhr wieder raus. Und wer schlechtes Wetter vertreiben will, sollte einfach in eine Regenhose schlüpfen. Ich hab's erfahren. Dreimal aufwändig übergezogen, dreimal beinahe umgefallen, dreimal hat der Regen danach sofort aufgehört. Obwohl ich beim Anziehen einbeinig wohl den besten Regentanz ever aufgeführt habe.

Viel trinken!

Durch die sportliche Aktivität gerätst du ins Schwitzen. Dadurch verliert dein Körper Flüssigkeit. Diesen Flüssigkeitsverlust musst du unbedingt ausgleichen. Trink also reichlich nach jeder sportlichen Betätigung. Wenn´s geht, in der ersten Stunde nach dem Training kein Alkohol. Denn Alkohol direkt nach dem Sport mindert den Trainingserfolg.

Diese Feststellung ist nicht so aus der Welt gegriffen, denn wenn man sich die heutigen Trends ansieht, ist man vielleicht weniger verwundert, dass Sportler oft mit Alkohol in Verbindung gebracht werden: Langstreckenläufer belohnen sich oft mit einem kühlen Blonden, in der Fußballer-Kabine gibt´s nach gewonnenem Spiel gerne mal einen Rahmen, Bier- und Wein-Yoga werden immer beliebter und in vielen kleinen Sportstudios wird gerne mal zusammen angestoßen.

Aber vertragen sich sportliche Betätigung und Alkohol überhaupt?

Obwohl es noch keine genauen Forschungen zu dieser Frage gibt, lässt sich sagen, dass man in der ersten Stunde nach einer Sporteinheit die Aufnahme von Alkohol vermeiden sollte. Innerhalb dieser Zeit liegt die kritische Phase der Regeneration, in der der Körper mit ausreichend Energie und Wasser versorgt werden sollte, um seine Speicher wieder aufzufüllen. Diese Stunde ist allerdings das Minimum, besser wäre eine noch längere Pause, damit sich der Körper erholen kann.

Die beste Nachricht zum Schluss

Schon sehr bald, nachdem du mit deinem Ausdauertraining begonnen hast, wirst du erste positive Veränderungen feststellen. Bereits unmittelbar nach dem Training wirst du dich belebt, erfrischt oder angenehm entspannt fühlen. Schneller als erwartet wirst du Verbesserungen deiner Fitness feststellen können und dich insgesamt ausgeglichener und kräftiger fühlen. Das ist die gute Nachricht: Dein Körper wird dich für die Bewegung, die du ihm gönnst, sofort belohnen!

06 Life Kinetik
Denksport mit Spaßfaktor

Um was es geht:

★ Eine Kreativitätsübung mit Spaßfaktor

Jeder Mensch hat rund 100 Milliarden Gehirnzellen, doch niemand nutzt das gewaltige Potenzial annähernd aus. Die Trainingsmethode Life Kinetik verspricht, die grauen Zellen spürbar zu aktivieren.

Life Kinetik ist eine Trainingsform, die Wahrnehmungsaufgaben mit kognitiven Herausforderungen und ungewöhnlicher, spaßiger Bewegung koppelt. Das Trainingsprinzip ist dabei „Lernen durch Abwechslung" und nicht Lernen durch Wiederholung, wie es üblicherweise beim klassischen körperlichen Training der Fall ist. Das Ziel ist, durch die unterschiedlichen Aufgaben, viele neue Verbindungen zwischen den Gehirnzellen zu schaffen, um im Alltag leistungsfähiger zu werden

Mit dem Life-Kinetik-Training verbesserst du nicht bloß deine Koordination, sondern wirkst positiv auf deine psychische Stressresistenz, indem du die folgenden Fähigkeiten verbesserst:

* Konzentrationsfähigkeit
* Gedächtnisleistung
* Multitasking-, Problemlöse- und Anpassungsfähigkeit
* Kreativität
* Handlungsschnelligkeit
* Entscheidungsqualität

Erste Untersuchungen hinsichtlich der Auswirkung von Life-Kinetik-Performance-Kursen auf das Stressniveau von Erwachsenen weisen sogar auf eine Reduktion des Burnout-Risikos hin. Ein erhöhter Dopaminspiegel konnte nicht nur während des Trainings, sondern auch noch 24 Stunden danach festgestellt werden. Der Botenstoff wirkt motivationsfördernd und antriebssteigernd, umgangssprachlich wird er deshalb auch als „Glückshormon" bezeichnet.

* Bei 78% der Probanden reduzierte sich die Stressbelastung um bis zu 51,8% und das Burnout-Risiko, gemessen mit dem Copenhagen Burnout-Inventory, um 24,7%.

- Bei 75% der Probanden betrug der Quantitätsanstieg der Erholungsreaktion im Schlaf 32,5%.
- Bei Golfspielern reduzierte sich die Cortisolausschüttung im Wettkampf um bis zu 39%.

Ein gut trainiertes Gehirn zahlt sich nicht nur in der Schule oder beim Sport aus, sondern erst recht im Beruf: In vielen Jobs ist heute lebenslanges Lernen angesagt. Wer sich gut konzentrieren kann, aufmerksam und mit geschärften Sinnen durch den Tag geht, der kann zudem oft besser entscheiden und ist weniger gestresst.

Immer wenn du etwas Neues tust, versucht dein Gehirn eine Lösung zu finden. Gibt es passende Bahnen zwischen den Gehirnzellen noch nicht, baut sie dein Gehirn umgehend auf. Das ist Lernen. Diese neuen Bahnen kannst du auch für andere Aufgaben verwenden.

Das funktioniert nur, wenn du die Aufgabe änderst, sobald von zehn Versuchen drei bis vier klappen. Genau das nutzt Life Kinetik. Ungewöhnliche Kombinationen verschiedenster Aufgaben regen das Gehirn an, neue Verbindungen zu schaffen. Je mehr Verbindungen, desto leistungsfähiger bist du. Die ungewöhnlichen Bewegungsaufgaben provozieren lustige Erlebnisse. Spaß heißt: Du bist lernbereiter und aufnahmefähiger. Ziel des Trainings ist es nicht, die Bewegungen zu automatisieren, sondern immer und immer wieder neue Reize zu setzen. Es genügt eine Einheit pro Woche, um bereits nach kürzester Zeit Veränderungen zu erkennen.

Life Kinetik funktioniert deshalb nicht am Schreibtisch oder auf der Couch.

Pluspunkt der Methode: Life Kinetik basiert auf einfach zu erklärenden Übungen, erfordert weder teure Geräte noch besondere Fitness.

Entwickelt und markenrechtlich geschützt hat das Training für die grauen Zellen der Diplomsportlehrer und Gesundheitscoach Horst Lutz. Seine langjährige Arbeit mit Nachwuchstalenten und Leistungssportlern, darunter die deutsche Skinationalmannschaft oder Borussia Dortmund, brachte ihn auf die Idee, das Gehirn ähnlich wie einen Muskel durch Bewegungsübungen physisch zu trainieren.

Und hier sind einfache Übungen für zuhause:

Impuls:
Life-Kinetik
Die drei besten Übungen
für zu Hause

Wenn wir akzeptieren, dass der Weg das Ziel ist und über unsere Fehler schmunzeln oder lachen können, ist es Balsam für die Seele. Und damit gerade in Zeiten des Coronavirus extra wichtig. Das Besondere daran: Man kann es allein und mit allen Familienmitgliedern durchführen.

Was braucht man für die Life Kinetik Übungen zuhause?

Nur wenige Tools. Als Trainingsoutfit genügt in den meisten Fällen eine lockere und bewegungsfreie Bekleidung. Empfehlenswert sind folgende Hilfsmittel:

- zwei kleine Bälle z. B. Tennisbälle, Antistressbälle, Mini Softbälle oder ähnliches ...
- eine Linie auf dem Boden; das könnte die Fuge der Fliesen sein, ein Seil, ein ausgelegtes Fitnessband, u. a.

Das Problem bei den meisten Life Kinetik Übungen ist immer, dass sie von außen betrachtet recht einfach aussehen. Nur wer es einmal selbst versucht, wird sofort erkennen, dass es nicht so einfach ist, wie es aussieht. Deshalb hilft es nichts, wenn du die folgenden Übungen nur liest, du musst sie auch ausprobieren!

Life Kinetik Übung: Parallelball

In der Ausgangsposition hältst du in jeder nach oben geöffneter Hand einen kleinen Ball vor deinen Körper. Diese wirfst du gleichzeitig und parallel ca. 20 bis 30 cm nach oben. Während die Bälle in der Luft sind, überkreuzt du deine Unterarme und fängst somit die Bälle mit überkreuzten Unterarmen. Die Bälle werden nun erneut parallel nach oben geworfen. Dabei öffnest du deine Arme um anschließend die Bälle wieder zu fangen (wechsle bei jedem Versuch den Unterarm, der oben ist).

Life Kinetik Übung: 2 Bälle hochwerfen und umkreisen

In der Ausgangsposition hältst du in jeder nach unten geöffneter Hand einen kleinen Ball vor deinen Körper. Diese wirfst du gleichzeitig und parallel ca. 20 bis 30 cm nach oben. Während die Bälle in der Luft sind, umkreist du mit jeder Hand den Ball jeweils nach außen um den entsprechenden Ball. Nach einer Umkreisung werden die Bälle wieder von oben gefangen.

Variationsmöglichkeiten:

- Die Bälle nach innen umkreisen
- Mit beiden Händen die Bälle jeweils rechts- oder linksherum umkreisen
- Die Bälle mit nach oben geöffneten Händen halten

Life Kinetik Übung: Liniensprünge vorwärts und rückwärts
In der Ausgangsposition stehst du links neben einer Linie mit geschlossenen Beinen.

Start: Springe nach rechts über die Linie, um dann auf dem rechten Fuß zu landen. Jetzt springe wieder zurück auf die andere Seite und lande auf dem linken Fuß. Danach springst du erneut zur rechten Seite, aber landest auf beiden Füßen.

Anschließend springst du wieder mit beiden Füßen nach links ab, dabei überkreuzt du jedoch das rechte Bein vor dem Körper und landen auf dem rechten Fuß. Nun abermals nach rechts springen, diesmal überkreuzt du mit deinem linken Bein vor deinem Körper das rechte Bein, um dann auf dem linken Fuß zu landen. Nun springst du zurück nach links, um auf beiden Füßen zu landen.

Ich sag dir, ich komm schon beim Lesen durcheinander, aber ich hab's ausprobiert – und es macht echt Spaß ...

Und nun zur Steigerung...

Zusätzlich zwei kleine Bälle parallel hochwerfen und wieder fangen.

Anschließend geht es wieder von vorne los; Immer im Wechsel nach dem Rhythmus: Rechts-links-beide (Normal) / Rechts-links-beide (überkreuzt).

Mehr Informationen und anschauliche Bilder zum Übungsablauf findest du auch bei Martin Stengele unter https://www.personalfitness.de/lifestyle/594

Viel Spaß - ist garantiert!

Teil IV

Life Exzellenz
Wie gesunde
Höchstleistung
(wieder) gelingt

01 Ohne Ziel ist jeder Schuss ein Treffer
Mein persönlicher Strategieplan

Um was es geht:

★ Umsetzung deiner Erkenntnisse aus dem Buch
★ Was willst du ändern - bist du sicher?
★ Das 3x4 der Erfolgskompetenz
★ Dein eigener Weg: Werde zum Realisierungsexperten
★ Ziele in eine Reihenfolge bringen
★ Formular: Dein persönlicher Strategieplan

So, nach der Pflicht kommt nun die Kür. Du hast nun sehr viel Input bekommen, jetzt geht es darum, für dich den tatsächlichen Nutzen aus diesem Buch herauszuziehen. Es geht um die Umsetzung.

Welche Bedeutung die Verwirklichung der eigenen Ziele für dein erfolgreiches und glückliches Leben besitzt, liegt auf der Hand und habe ich dir im Verlaufe des Buches vorgestellt. Alles, was wir uns vornehmen, was wir ändern wollen, was wir erreichen möchten, lässt sich letztlich als Ziel betrachten und formulieren. Was aber möchtest du nun als Erkenntnis aus diesem Buch tatsächlich umsetzen?

Hier in diesem Teil helfe ich dir dabei, für deine Lebenswelt einen konkreten Plan für die nächsten Wochen zu erarbeiten, wie du gezielt ausgewählte Anforderungen reduzieren und gewünschte Ressourcen wecken und aufbauen kannst. Mit meiner Hilfe gelingt es dir, das gelernte Wissen in die Anwendung zu bringen.

In den vergangenen Kapiteln dieses Buches hast du meine H2E-Strategie - die drei Felder ERDE, HÖLLE und HIMMEL - kennengelernt. Zu jedem dieser drei Kompetenzbereiche habe ich dir jeweils vier grundlegende Strategien zur Bewältigung deiner alltäglichen Herausforderungen und zum Management deines Stresserlebens vorgestellt. Damit du aus dem bisher Gelernten für dich einen konkreten Handlungs- und Maßnahmenplan erstellen kannst, ist es wichtig, dich zunächst zu fokussieren.

Mit den folgenden Fragen kannst du prüfen, in welchen Bereichen deine Kompetenzen bereits heute gut ausgeprägt sind und hinsichtlich welcher Bereiche du dich zukünftig weiterentwickeln möchtest. Vielleicht hast du dir ja während der

Lektüre des Buches bereits Notizen dazu gemacht oder Impulse aufgeschrieben. Auf die kannst du jetzt zurückgreifen.

- Welche Schlüssel für dauerhafte Höchstleistungen besitzt du im Zusammenhang mit deinem Stressmanagement in den drei Feldern bereits? Was möchtest du weiter fördern?
- Welche deiner Anlagen und Begabungen liegen bisher brach? Was nutzt du zu wenig? Was solltest du stärker entfalten?
- Was machst du bisher nur nebenbei oder von Zeit zu Zeit, anstatt es auszubauen und regelmäßig anzuwenden? Was machst du "hobbymäßig", obwohl du es ebenso gut auch auf eine "professionelle" Ebene heben könntest?
- Welche Möglichkeiten bietet dir dein Beruf, um deine Begabungen und Stärken noch besser zu nutzen als im Augenblick? Bei welchen Aufgaben und Tätigkeiten könntest du deine Fähigkeiten besonders gut zur Geltung bringen? Auf welche Gebiete solltest du dich deshalb künftig konzentrieren?
- Was fehlt dir dazu noch? Was musst du lernen, auf welchen Feldern musst du dein Wissen und deine Fähigkeiten erweitern oder komplettieren, um aus einer Begabung eine Stärke zu machen? Wo bist du im Augenblick gut, obwohl du auch sehr gut sein könntest?
- Was bereitet dir im Leben die meiste Freude? Mit welchen Menschen bist du besonders gern zusammen? Welche Themen und Aufgaben sind für dich spannend? Welche Beschäftigungen und Tätigkeiten liefern die Erfüllung und Zufriedenheit?
- Was motiviert dich im Leben? Was liefert dir Kraft und Antrieb?
- Was bringt dich in eine positive, heitere und ausgelassene Stimmung?
- Welches Umfeld müsstest du deshalb herstellen? Was müsstest du in deinem Leben fördern und was müsstest du einschränken? Welche Einflussfaktoren auf dein Leben gilt es zu erhalten und zu stärken, welche zu schwächen oder auszuschließen? Wem oder was solltest du künftig mehr Zeit und Aufmerksamkeit schenken und was solltest du aus deinem Alltag nach Möglichkeit verbannen?

Konkret kannst du dich an der folgenden Checkliste orientieren und deinen Handlungsbedarf erkennen. Die Fragen orientieren sich an den einzelnen Kapiteln des Buches. Sie sind ein grober Rahmen, auch wenn einzelne Parameter möglicherweise eine unterschiedliche Bewertung erfahren. Versuche, den Block insgesamt (also A-D jeweils gesamt) von 1 - 5 zu bewerten. Prüfe dich anschließend, ob du im jeweiligen Bereich etwas ändern möchtest.

Diese Aussagen treffen auf mich zu:
5 = völlig; 4 = überwiegend; 3 = teils, teils; 2 = kaum; 1 = gar nicht

Meine Kompetenzen in den drei Feldern ERDE, HÖLLE, HIMMEL - H2E-Strategie		Hier möchte ich etwas ändern		
Feld 1 - ERDE: Lust auf Leistung - Aufbruch durch Erfolgserlebnisse	Trifft auf mich zu	Ja	Nein	Weiß nicht
A Lust auf Lernen • Ich lerne ständig hinzu und entwickle mich weiter. • Ich schärfe meine Säge regelmäßig. • Ich nehme mir Zeit für meine Fort- und Weiterbildung. • Ich halte mich auf dem Laufenden. • Ich nutze unterschiedliche Angebote und lerne auch von anderen.				
B soziale Beziehungen als Kern deiner Erfolgsstrategie • Ich streiche private Termine selten zugunsten beruflicher Termine. • Ich habe ein großes soziales Netzwerk. • Ich kenne die Energiesauger in meinem Umfeld und löse mich von ihnen. • Ich öffne mich und gebe auch Schwächen preis. • Ich kann um Hilfe und Unterstützung bitten.				
C Selbstbehauptung • Ich kann mich behaupten und Nein sagen. • Ich kann meine Gedanken aussprechen und Ärger angemessen ausdrücken. • Ich kann delegieren.				
D Die Quelle für Höchstleistungen: Selbst- und Zeitmanagement • Ich kenne meine Werte und Ziele. • Ich habe eine positive Zukunftsvision. • Ich kann meine Ziele leidenschaftlich und emotional formulieren. • Mein Fokus ist auf die Prioritäten gerichtet. • Meine Zeitplanung ist an meiner täglichen Leistungskurve ausgerichtet. • Ich entscheide schnell und sicher.				

Diese Aussagen treffen auf mich zu:
5 = völlig; 4 = überwiegend; 3 = teils, teils; 2 = kaum; 1 = gar nicht

Meine Kompetenzen in den drei Feldern ERDE, HÖLLE, HIMMEL - H2E-Strategie		Hier möchte ich etwas ändern		
Feld 2 - HÖLLE: Der Code zu deiner Schatzkammer: deine EDV (Einstellung-Denken-Verhalten)	Trifft auf mich zu	Ja	Nein	Weiß nicht
A Es ist, wie es ist				
• Meine EDV ist Chefsache. Anforderungen und Schwierigkeiten gehören für mich dazu.				
• Ich kenne angemessene Möglichkeiten der Reaktion in unangenehmen Situationen.				
• Ich kann andere Menschen so akzeptieren wie sie sind.				
B Lust auf Veränderung: Herausforderung statt Bedrohung				
• Ich kann meinen Blickwinkel in bestimmten Situationen ändern.				
• Ich erkenne Anforderungen und kann mich aus festgefahrenen Gedankenmustern befreien.				
• Ich habe keine Angst vor Veränderung und kann über mich hinauswachsen.				
C Selbstwirksamkeit: Ich kann das!				
• Ich habe Vertrauen in meine Kompetenz.				
• Ich kenne meine Stärken und weiß, dass ich mich im Ernstfall auf meine Kompetenzen verlassen kann.				
D Blaulicht-Einsatz				
• Ich kenne meine Antreiber und die Motive dahinter.				
• Ich weiß, wie ich meine Brandbeschleuniger entschärfen kann.				
• Ich kann meine negativen Glaubenssätze auflösen und durch neue Erfahrungen ersetzen.				

Diese Aussagen treffen auf mich zu:
5 = völlig; 4 = überwiegend; 3 = teils, teils; 2 = kaum; 1 = gar nicht

Meine Kompetenzen in den drei Feldern ERDE, HÖLLE, HIMMEL - H2E-Strategie		Hier möchte ich etwas ändern		
Feld 3 - Himmel: Ausgleich schaffen - Basics für deine persönliche Balance	Trifft auf mich zu	Ja	Nein	Weiß nicht
A Erholung beginnt im Kopf				
• Ich nehme mir genügend Zeit zur Erholung.				
• Ich mache rechtzeitig Pausen.				
• Mein Schlaf ist tief und erholsam.				
• Urlaub bedeutet für mich Erholung von Anfang an				
B Einfach natürlich genießen				
• Ich bin nicht der Mittelpunkt der Welt und finde einen Ausgleich zur Arbeit.				
• Ich weiß, welche Freizeitaktivitäten mir Freude machen.				
C Einfach mal nix tun: Abschalten und Gelassenheit lernen				
• Ich habe meine eigenen Zeitinseln und kann abschalten.				
• Ich kenne Entspannungstechniken und wende sie an.				
D Alltäglich beweglich: Mehr Bewegung für die Generation "Keine Zeit"				
• Ich bringe Bewegung in meinen Alltag und kenne Strategien für den Alltag.				
• Ich senke meinen Stresslevel durch Sport und kenne die für mich beste Sportart.				

Fasse deine Ziele bzw. Aktivitäten zusammen

Möglicherweise hast du nun ein paar Stichworte gesammelt, wo du für dich Veränderungsbedarf siehst, bzw. auf welchen Strategiefeldern du etwas verbessern möchtest. Doch alles auf einmal umzusetzen, würde dich überfordern und die Gefahr, dass du dich verzettelst oder vorzeitig aufgibst, wäre groß.

Bring deshalb deine Ziele und Aktivitäten in die richtige Reihenfolge

Hier geht es darum, die Ziele und Aktivitäten, die du umsetzen möchtest, richtig zu gewichten und nach Prioritäten einzuteilen. Stell dir deshalb bei jedem einzelnen Ziel die folgenden Testfragen:

- **WILL** ich das? - Will **ICH** das? - Will ich **DAS**?
- Welche Bedeutung hat das Ziel für mich? Wie wichtig ist es mir wirklich?
- Welche Gründe und Argumente habe ich für diese Bewertung? Was gewinne ich, welchen Nutzen habe ich davon, wenn ich das Ziel erreiche?
- Welche Note würde ich dem Ziel bzw. der Aktivität geben: 1 (lebenswichtig, unbedingt erreichen), 2 (sehr wichtig, hohe Priorität), 3 (wichtig), 4 (wichtig, kann aber auch warten) oder 5 (bei genauer Betrachtung doch nicht so wichtig, wie gedacht, wäre schön, muss aber nicht sein!)?
- Welche Ziele / Aktivitäten stehen deshalb für mich an oberster Stelle? Auf was werde ich mich konzentrieren? Wofür werde ich meine Ressourcen einsetzen?
- Womit werde ich jetzt ganz konkret beginnen? Welche Ziele / Aktivitäten werde ich sofort in Angriff nehmen?

Nun hast du eine Reihenfolge.

Doch Ziele setzen allein reicht nicht

Die meisten scheitern nicht mal an fehlender Disziplin oder Motivation. Sie scheitern an falschen oder falsch gesetzten Zielen. Wer Erfolg haben will, muss sich daher seine Ziele richtig setzen. Erst so kommst du diesen wirklich näher und kannst sie auch erreichen.

Merkmale von Zielen

- Ziele sind nicht einfach nur To-Dos, Träume oder Visionen. Wesentlich an ihnen ist:
- Ziele sind nicht Wunsch, sondern feste Absicht.
- Ziele sind kein spontaner Gedanke, sondern konkretes Bestreben.
- Ziele erfüllen keine Erwartung, sondern sind Überzeugung.
- Ziele basieren nicht auf rationaler Erkenntnis allein, sondern sind vor allem eine Sache des Herzens.

Man kann sich viel vornehmen und doch nichts erreichen. Wer aber seine Ziele aufschreibt, steigert seine Erfolgschancen enorm. Das ist das Ergebnis einer

Studie der Psychologin Gail Matthews an der Dominican Universität in San Rafael, Kalifornien. Wer seine Ziele nur mündlich formulierte, erreichte diese nur zu 43 Prozent, nicht mal die Hälfte. Wer seine Ziele aber aufschrieb und die Fortschritte zusätzlich festhielt, kam auf ganze 76 Prozent Zielerreichung.

Die Erklärung der Wissenschaftlerin: Wer nur an die Ziele denkt, nutzt allein seine Vorstellungskraft. Wer hingegen Ziele notiert, sorgt für eine Art inneres Commitment: „Ich will das, und ich meine es ernst damit!" Motto: Was Geschrieben steht, ist ein Fakt. Beides zusammen sendet unablässig Signale an unser Unterbewusstsein, an dem Ziel zu arbeiten. Erst recht, wenn wir den Zettel mit unseren Zielen oder das Erfolgsjournal erneut lesen und daran erinnert werden.

Dass das Aufschreiben von Fortschritten und Erfolgen wirkt, bestätigen auch Studien um Harvard-Psychologin Teresa Amabile. In ihren Studien waren die Autoren eines Erfolgstagebuchs deutlich motivierter, glücklicher und langfristig erfolgreicher. Egal, wie klein die Errungenschaften auch waren. Jeder Erfolg, selbst Mini-Erfolge, aktivieren das Belohnungszentrum im Gehirn. Sich diese bewusst zu machen, steigert das Selbstbewusstsein, gibt uns Kraft und führt uns vor Augen, was wir geschafft haben und künftig schaffen können.

Warum sind Ziele wichtig?

Ziele sind unverzichtbar für den Erfolg. Wer nichts anstrebt, kann nichts erreichen. Ohne ein festes Ziel vor Augen, können wir nie ankommen oder messen, wie nahe wir dem Ziel schon sind. Nicht einmal ein Kurs lässt sich ohne Ziel bestimmen. Daraus lässt sich ableiten:

- Ziele geben uns Orientierung.
- Ziele definieren eigenen Erfolg.
- Ziele sind Ansporn und Motor zugleich.
- Ziele zu erreichen, macht zufrieden.
- Ziele steigern das Selbstvertrauen.
- Ziele verlängern das Leben.

Der letzte Punkt basiert übrigens auf einer kanadischen Studie. Der Psychologe Patrick Hill von der Carleton Universität fand heraus, dass zielstrebige Menschen gesünder leben, mehr auf ihre Fitness achten und glücklicher und zufriedener mit ihrem Leben sind. Das schenkte den Betroffenen regelmäßig ein paar Extrajahre – „unabhängig davon, ob sie noch im Berufsleben stehen oder schon in Rente sind."

Umgekehrt: Haben Menschen keine Ziele (mehr), fallen Sie oft in ein tiefes Loch. Ziel erreicht – und nun? Das erleben sehr viele Menschen beim Eintritt in den Ruhestand. Wer seine Ziele aus den Augen verliert, nichts mehr anstrebt, gibt de facto die Lebensführung ab und überlässt sich und seine Talente dem Zufall oder Schicksal.

Das wollen wir doch nicht, oder? Im nächsten Kapitel werden wir uns deshalb nun mit der konkreten Planung deiner Ziele beschäftigen und eine Strategie dazu entwickeln.

Impuls:
Wer seine Ziele aufschreibt steigert seine Erfolgschancen enorm
Mein persönlicher Strategieplan

Mein persönlicher Strategieplan
Nie wieder gestresst!

Mein Ziel lautet:

Davon verspreche ich mir:
1
2
3

Um dieses Ziel zu erreichen, werde ich Folgendes tun:

Meine nächsten Schritte sind: (Was? Bis wann?)
1
2
3

Welche Hindernisse könnte es geben? Damit gehe ich folgendermaßen um:
1
2
3

Wer unterstützt mich?

02 Umsetzung planen: Erfolgreich beginnt im Kopf
Die Kunst, Gedanken zu verwalten

Um was es geht:

★ Bring dein Ziel entschlossen voran

★ Die Vorteile des Planens

★ So entwickelst du einen Plan, der funktioniert

★ Hilfreiche Kriterien für die Formulierung

★ Deine persönliche Erfolgsstrategie für gesunde Höchstleistungen

Wie du inzwischen weißt, gehen gute Vorsätze im Alltag oft unter, wenn kein Plan mit detaillierten Schritten existiert. Im vorherigen Kapitel hast du deine Handlungsfelder definiert und in die richtige Reihenfolge gebracht. Nun geht es also konkret darum, einen möglichst konkreten Plan zu entwickeln, wie diese Vorsätze zu richtigen Zielen und verwirklicht werden können.

Stelle dir vor, du wachst eines Tages auf und beschließt, ein eigenes Haus zu bauen.

Wie würdest du beginnen? Schnappst du dir sofort einen Hammer und ein paar Nägel und legst einfach los? Oder machst du erst ein paar Entwürfe, räumst das Grundstück frei und bereitest ein solides Fundament vor?

Wenn dir der Gedanke, ohne einen Plan beginnen zu wollen, lächerlich vorkommt, liegst du goldrichtig. Das wäre ein sicheres Rezept für eine Katastrophe – oder zumindest eine sehr instabile Struktur. Aber dies entspricht genau der Vorgehensweise, wenn man keinen Aktionsplan für das eigene Leben entwirft.

Um dies vorweg klarzustellen: Einen Plan zu haben ist etwas anderes als ein Ziel zu haben. Viele Menschen haben Ziele, beispielsweise einen neuen Job zu finden, mehr Geld zu verdienen oder abzunehmen. Aber ohne eine Planung, wie diese Ziele erreicht werden sollen, werden laut aktueller Untersuchungen 92 Prozent von ihnen letztendlich scheitern.

Was haben die erfolgreichen acht Prozent verstanden, das dem Rest von uns (offenbar) entgeht? Sie haben Folgendes gelernt: „Ein Ziel ohne Plan ist nur ein Wunsch."

Die Vorteile des Planens

Einen Plan zu erstellen mag dir lästig erscheinen, wenn du willst, dass deine Reise in ein besseres Leben sofort beginnen soll. Aber neue Territorien lassen sich leichter durchqueren, wenn man eine Karte hat – ganz unabhängig davon, ob du nun Urlaub machen, dir eine Beförderung verdienen oder ein neues Unternehmen gründen möchtest.

Nachfolgend nenne ich dir vier konkrete Vorteile des Planens:

Erhöhte Produktivität. Wenn man weiß, wie man von einer Position zur anderen gelangt, ist die Wahrscheinlichkeit geringer, dass man zu einem Opfer der „Paralyse durch Analyse" wird. Die Planung verhindert, dass du deine Energie für unnötige Aufgaben verschwendest, denn, wie es der Autor Brian Tracy ausdrückt, „Jede Minute, die auf die Planung verwendet wird, spart bis zu zehn Minuten bei der Umsetzung".

Verstärkter Fokus. Die Planung hilft dir, dich auf die anstehende Aufgabe zu konzentrieren. Du weißt, was du heute zu tun hast und warum. Dies verhilft dir zu einem stärkeren Gefühl der Kontrolle, indem es dir zeigt, welche Dinge du ändern kannst und welche außerhalb deiner Macht liegen.

Mehr Selbstvertrauen. Wenn du deine Ziele schon immer knapp verfehlt hast, könnte es daran liegen, dass du nie einen wirksamen Plan zum Erreichen dieser Ziele aufgestellt hast. Sobald du einen Plan zur Hand hast, wirst du überrascht sein, wie viel du erreichen kannst.

Größeres Selbstbewusstsein. Einen Plan zu erstellen bedeutet, dass man beginnt, sich selbst zu verstehen. Er hilft dir beispielsweise dabei, nicht nur deine Leidenschaften und Prioritäten zu erkennen, sondern auch, ob sie deinen wahren Werten entsprechen. Durch die Planung erfährst du eine ganze Menge über deine persönlichen Tendenzen, Neigungen und Abneigungen – und wie du sie überwinden kannst!

Indem du einen Plan machst, erstellst du die Blaupause, um von deiner aktuellen Lage aus dorthin zu gelangen, wo du in Zukunft sein möchtest. Auf diese Weise überführst du dein Ziel aus der Welt der Fantasie in die Realität. Nutze dazu als Grundlage den Strategieplan aus dem vorherigen Kapitel.

So entwickelt man einen Plan, der funktioniert

Nachdem die Wichtigkeit eines Plans nun klar sein dürfte, findest du nachfolgend fünf Maßnahmen, mit denen du dir deine eigene Handlungsgrundlage schaffen kannst.

Schreibe dein Ziel auf

Sobald du dich für ein Ziel entschieden hast, schreibe es auf. Dr. Gail Matthews von der Dominican University of California fand heraus, dass allein schon das **Aufschreiben** eines Ziels die Wahrscheinlichkeit, es zu erreichen, um 42 Prozent erhöht.

Beginne damit, dir dein Ziel vorzustellen. Lass es vor deinem inneren Auge Gestalt annehmen, fühle es, schmecke es. Halte es dann möglichst detailliert fest, indem du z.B. die S.M.A.R.T.-Formel anwendest (siehe im Buch weiter vorne).

Formuliere den Nutzen, was versprichst du dir von der Zielerreichung

Je schwieriger ein Ziel zu erreichen ist, desto wichtiger ist, dass wir wirklich dahinterstehen. Das Ziel braucht eine Bedeutung, einen Grund oder tieferen Sinn, der uns selbst wichtig ist. Ansonsten sinkt die Wahrscheinlichkeit, dass wir das Ziel jemals erreichen, gegen Null. Halbherzigkeit führt nie ans Ziel. Schreib also auf, was du dir von der Zielerreichung versprichst

Erstelle einen Plan, indem du dein Ziel unterteilst und die nächsten Schritte festlegst

Dein Ziel zu ermitteln ist ein unverzichtbarer erster Schritt. Aber große Ziele können einschüchternd sein, und möglicherweise siehst du auf den ersten Blick auch nicht, wie du es erreichen kannst. Leider ist dies der Punkt, an dem viele Menschen aufgeben.

Zerlege es stattdessen in Teilstücke, jetzt, wo du weißt, wohin dein Weg dich führen soll. Wenn dein Ziel darin besteht, in zwei Jahren ein erfolgreiches Unternehmen zu haben, welchen Punkt musst du dann in einem Jahr erreicht haben? In sechs Monaten? Nächste Woche?

Arbeite einen Plan aus, der dein Ziel in kleinere Schritte unterteilt. Schreibe jeden Schritt auf und setze dir eine Frist für seinen Abschluss. Auf diese Weise wirst du nicht von dem vor dir liegenden Berg überwältigt, sondern setzt einfach einen Fuß vor den anderen. Jeden Morgen nach dem Aufstehen weißt du sofort, was du an diesem Tag zu tun hast und warum.

Hindernisse rechtzeitig erkennen

Auf deinem Weg zur Zielerreichung gibt es naturgemäß Hindernisse. Viele sind dir im Voraus bekannt bzw. sind vorhersehbar. Wenn du dich also auf diese möglichen Hindernisse vorab gut vorbereitest, erleichtert es dir extrem, das Ziel zu erreichen. Vorbereitung ist 90 % des Erfolges.

Dabei gehst du am besten folgendermaßen vor:

Mach eine Liste zu allen möglichen Hindernissen, Ablenkungen, Hürden etc. auf deinem Weg zum Ziel. Überlege dir, wie du dich in diesen Situationen konkret verhalten könntest bzw. würdest, und wie du dieses Hindernis zur Zielerreichung überwinden könntest.

Unterstützung einholen

Lerne aus Fehlern anderer und hole dir Hilfe von außen, wenn du deine Zielsetzung erreichen willst. Profitiere dabei von der Erfahrung und dem Know-How anderer. Das gilt natürlich nicht nur bei diesem Tipp zur Zielerreichung. Das kann ein Berater, Trainer oder Coach sein, der dir Geld und vor allem auch Zeit einspart. Das kann aber auch jemand aus dem Freundes- oder Kollegenkreis sein.

Mit der richtigen Unterstützung wirst du deine Ziele schneller erreichen und Hindernisse rascher überwinden oder überhaupt vermeiden. Die teuersten Berater sind manchmal die, die man nicht engagiert hat.

Ergänzend und zur Erinnerung hier nochmals ein paar hilfreiche Kriterien für die Formulierung von Zielen, wie du sie bereits an anderer Stelle kennengelernt hast:

Impuls:
Exkurs Ziele
Hilfreiche Kriterien für die Formulierung von Zielen

Es ist leicht, das Rauchen aufzugeben. Ich habe es schon tausendmal gemacht.
M. Twain

Selbstbestimmt und im eigenen Einflussbereich:

Freiwillige, selbst gesteckte Ziele sind ein erheblich stressmildernder Faktor, wenn sich die Zielsetzung auch an den Bedürfnissen des Organismus und an eigenen Wertestrukturen orientiert. Es gibt eigene Bedürfnisse, Werte, gesundheitliche Erfordernisse und (Antreiber-)Ziele, zum Beispiel allen Anforderungen von außen gerecht zu werden. Hier sind Überlastung und Enttäuschung vorprogrammiert.

Fragen zur Klärung können sein: Wie weit kann ich meine Aufgaben so erledigen, dass es mir entspricht? Auf welche Art und Weise finde ich mich in meiner Arbeit wieder? Wenn ich wenig Spielraum in meiner Arbeit habe: Gibt es Bereiche, wo ich meine eigenen Ziele verfolgen kann? Wo will ich derzeit Abstriche machen und warum?

Realistisch:

Jeder kennt die guten Vorsätze zu festlichen Anlässen (»Silvestersyndrom«): 10 kg abnehmen, aufhören zu rauchen, regelmäßig Sport machen usw. Solche Zielsetzungen verhelfen uns kurzfristig zu einem symbolischen Erfolg, schon der Vorsatz ist ja fürs Erste beruhigend. Für den Selbstwert wirkt sich das eher negativ aus und auf die Motivation langfristig demoralisierend (ich habe es schon so oft versucht . . .). Unrealistische Ziele sind kurzfristig eine gute Ausrede, wenn's nicht geklappt hat, langfristig eher eine Quelle für noch mehr Stress und Frustration. Motive setzen sich umso wahrscheinlicher in Handlungen um, je besser ihre Realisierbarkeit ist.

So konkret und spezifisch wie möglich:

Die konkrete Beschreibung des Zielzustands ermöglicht eine bessere Einschätzung, ob Ziele realistisch sind oder noch abgestimmt bzw. relativiert werden müssen. Konkrete Zielbeschreibungen beinhalten oft schon die ersten, notwendigen Handlungsschritte. Mach ein C-Ziel daraus!

In Teilen:

Definierte, realistische Teilziele schützen vor Überforderung und haben Belohnungscharakter.

Hier und jetzt, auf Zeit und kurzfristig:

Damit ist gemeint, ein volles Ziel umzusetzen, aber zeitlich eindeutig festgelegt und begrenzt. Also statt: „Ich esse nie mehr Fleisch" lieber: „Ich esse eine Woche lang kein Fleisch".

Einsatz vor Ergebnis:

Vorgaben von außen sind meistens ergebnisorientiert, ohne Berücksichtigung der Voraussetzungen und Möglichkeiten. Bei persönlicher Zielsetzung lohnt es sich, den realistisch möglichen Einsatz festzulegen, um bei Nichterreichung nicht nur enttäuscht zu sein. Bei ergebnisorientierten Zielen hast du nur teilweise die Kontrolle, einsatzorientierte Ziele beinhalten klare, handlungsorientierte Vorgaben, welchen Beitrag zur Zielerreichung du leisten möchtest.

Selbstverantwortung bei der Erfolgsdefinition:

Dieser Aspekt betrifft die Frage, wer letztlich Erfolg oder Versagen attestiert und wie sehr du dir Bewertungen von Dritten zu Herzen nehmen willst und musst.

Akzeptanz der Grenzen:

Manche Gegebenheiten stehen nicht in unserer Macht, auch nicht mit der Unterstützung von anderen. Mit Empörung darüber arbeitest du dich an Dingen ab, die du nicht ändern kannst. Loslassen im Sinne von Einsicht, dass man sie nicht unmittelbar beeinflussen kann, hat nichts mit Gleichgültigkeit zu tun. Dennoch ist es besser, erst noch einmal zu klären, ob der eigene Einflussbereich ausgeschöpft ist, statt sich über die großen Dinge aufzuregen.

»Sowohl als auch« statt »entweder – oder« bei sich widersprechenden Motivlagen:

Bei manchen Zielsetzungen wie z. B. Bestehen einer Prüfung, Gewichtsabnahme, Fertigstellung einer notwendigen Arbeit stehen der konkreten Umsetzung nicht selten andere organisatorische und persönliche Ziele wie Erholung, Genuss, soziale Aktivitäten entgegen. Statt diesen Widerspruch zugunsten eines (meist des disziplinarischen) Zieles lösen zu wollen, wäre hier eine innere Verhandlung zwischen beiden Interessenslagen erstrebenswert mit dem Ziel, dass beide inneren Anteile zu ihrem Recht kommen, also zum Beispiel Lernen und Pausen, Abnehmen und Genuss, Arbeit und Vergnügen.

03 Dieses Mal wird alles Anders
Maximaler Erfolg durch
strategische Planung

Um was es geht:

★ Gute Vorsätze zum Jahreswechsel - und was du jetzt besser
   machst
★ Ich habe einen Traum
★ So bleibst du dran - und erreichst deine Ziele
★ Sicher und ohne Stress aufs nächste Level

Kennst Du das? Es hat ein neues Jahr, ein neuer Monat oder eine neue Woche angefangen, du hast ein Buch gelesen und bist voller Inspiration und Aufbruchsstimmung und YES, du hast soooo viele neue Ideen, Ziele, Vorsätze! Du bist soooo motiviert, jetzt endlich mal ALLES anzugehen und echt durchzuziehen!

Alle reden davon und ja, du bist auch dabei. Auf geht's.

Und alle Ziele und Vorsätze vom letzten Jahr, vom letzten Monat, vom letzten Buch, die Du…ähmm…nicht gemacht hast, packst du einfach wieder in deine Liste oben drauf, denn DIESES Mal wird alles anders und besser.

Wie sieht's aus? Sprechen wir uns nochmal nächste Woche oder nächsten Monat wie es dann mit deinen Zielen, deinen Vorsätzen und deren UMSETZUNG aussieht?

Wenn du zu 100% sicher bist, dass du deine Ziele diesen Monat erreichst, dann lass mich bitte deine TOP-3 Ziele jetzt per Mail wissen und ich verspreche dir, dass ich dich in vier Wochen fragen werde, wo du stehst! Schreib mir: info@rainer-kapellen.de

Ich meine das wirklich Ernst, also nur zu.

Oder lieber doch nicht? Weil du ganz genau schon jetzt weißt, wenn du ganz ehrlich zu dir bist, dass du von deinen ganzen Zielen und guten Vorsätzen bereits in zwei oder drei Wochen mindestens 50% ad acta gelegt haben wirst. Du kennst dich selbst doch zu gut!

Gerade der Jahreswechsel ist das klassische Beispiel, da hat jeder so viele Ziele und gute Vorsätze. Und jeder ist in der ersten Januarwoche total begeistert und voller Tatendrang, sie in die Tat umzusetzen. Das hält dann so circa vier bis acht Wochen, wenn überhaupt. Und dann? Aus die Maus.

Und du musst dir einige Monate später, wieder zum 31.12., eingestehen, dass du deine Ziele (wieder) nicht erreicht hast. Wie fühlt sich das an? Welche Ausreden hast du parat? Was sagst du deinem Partner, deinen Kindern, deinen Freunden? Und mit der Umsetzung aus Fachbüchern und inspirierender Lektüre ist es genauso!

Was kannst du nun dieses Mal tatsächlich ANDERS machen, um deine Ziele wirklich zu erreichen?

Ich habe die Lösung für dich parat. Hier ist was du brauchst:

Wenn du wirklich was erreichen willst im Leben und in einem Jahr oder selbst in einem Quartal, dann habe einen Traum. Träume dich dahin, wo dir dein Unterbewusstsein sagt, dass du dahin willst. Eine Übung dazu findest du in Kapitel C 05 im Feld 3. Lass es zu, dass du diesen Traum als Möglichkeit ansiehst und nicht nur als groben Unfug. Solange du aber keinen Traum hast, wirst du nicht großartig an deiner Zukunft arbeiten können. Jeder von uns hat Träume. Vor allem hatten wir sie als Kinder. Nur irgendwann, mit dem Eintritt ins Erwachsenenland, wurden aus Träumen Unfug und aus der Frage „Was will ich werden" wurde „Wie kann ich am besten meinen Lebensunterhalt verdienen?"

Träume bringen uns zu den tollsten Orten und Ereignissen. In unseren Träumen können wir die Menschen sein, die wir im normalen Alltag nicht sind. Gestehe dir zu, dass deine Träume ein Tüpfelchen Wahrheit und tatsächliche Möglichkeit beinhalten!

Bring deinen Traum nun wie beschrieben zu Papier, mach daraus deinen persönlichen Strategieplan.

Erfolge im Leben kommen nicht von ungefähr. Sie sind das Ergebnis von sorgfältiger Planung und Entschlossenheit zum Erfolg. Sobald du einen soliden Plan zum Erreichen deiner Ziele ausgearbeitet hast, wirst du überrascht sein, wie deine Motivation ansteigt. Das Erreichen der Ziele ist dann nur noch eine Frage der Zeit.

Mach den ersten Schritt, jetzt!
Du bist also voller Elan und legst los. Glückwunsch! Das war der erste Schritt zum Erfolg. Denn idealerweise geht es direkt an die Umsetzung, ohne Verzug und langes Überlegen. Nutze die Euphorie und den positiven Schwung, den du spürst und beginne direkt mit der Umsetzung.

Plane eine Anlaufphase

Wenn du nachhaltig deine Lebensweise veränderst, um dein Ziel zu erreichen, brauchst du eine gewisse Zeit, bis sich eine Routine einstellt. In dieser sensiblen Phase ist es wichtig, dass du mögliche Störfaktoren kennst und ihnen begegnen kannst. Die erste Phase ist die der größten Anstrengung, denn du verlangst dir mehr oder andere Dinge ab, als du gewohnt bist. Mit der Zeit wird dir die Anstrengung aber leichter vorkommen und du bist im Veränderungsprozess angekommen. Priorisiere hier strikt: Was der Zielerreichung nicht dient, muss warten. Das bedeutet auch mal, den Wünschen und Forderungen Anderer mit Nein zu begegnen, natürlich nicht, indem sinnbildlich die Tür zugeschlagen wird, sondern indem divergierende Ziele – gibt es ja auch – ausgehandelt werden.

Überprüfe deinen Plan jeden Tag aufs Neue

Ein Plan taugt nichts, wenn man ihn nie ansieht. Um auf dem richtigen Weg zu bleiben, solltest du deinen Plan regelmäßig einer Prüfung unterziehen – nach Möglichkeit täglich.

Lies dir dein Ziel jeden Tag laut vor, am besten gleich morgens direkt nach dem Aufstehen. Auf diese Weise kannst du dir deine Absicht für den jeweiligen Tag vor Augen führen und dich auf den von dir aufgestellten Plan und die konkreten Maßnahmen konzentrieren, die dich deinem Ziel näherbringen.

Richte Erinnerungen ein, um dich jeden Tag um dieselbe Uhrzeit an dein Ziel zu erinnern. Sobald du die Erinnerung erhältst, nimm dir einen Moment Zeit, um deine Notiz durchzusehen und dich zu fragen, was du am jeweiligen Tag tun kannst, um deinen Plan voranzubringen.

Behalte dein Ziel im Auge und sorge für Etappensiege

Wenn dein Ziel ausreichend groß ist, musst du fokussiert bleiben, um es zu erreichen. Sobald du einen „Zwischenschritt" deines Plans abgeschlossen hast, nimm dir einen Moment Zeit, um das Etappenziel zu würdigen. Es ist eine hervorragende Gelegenheit, um deinen Fortschritt zu feiern und deinen Plan neu zu bewerten: Ist er nach wie vor praktikabel? Musst du irgendwelche Anpassungen vornehmen? Lass dir die Freiheit, auch mal nachzujustieren. Das ist keine Schande, sondern ein Zeichen aufmerksamer Beurteilung der Gesamtlage. Wenn deine Planung auf die Realität trifft und offenbar wird, dass es zu Problemen kommt: Justiere nach, zwinge dich nicht in einen Plan, der nicht funktioniert. Nichts ist demotivierender als ein Ziel, das sich als unerreichbar herausstellt.

Teile deinen Plan mit einem Freund. Jemanden zu haben, gegenüber dem du Rechenschaft ablegen musst, kann dir helfen, deine Motivation auch dann aufrecht zu erhalten, wenn du versucht bist, aufzugeben. Zudem hast du auf diese Weise einen Menschen an deiner Seite, der dich in schwierigen Zeiten unterstützen kann.

Steh wieder auf

Der Umgang mit Misserfolgen gehört zu unserem Alltag. Je nachdem wie groß das Ziel und wie groß der Misserfolg, ist der Leitspruch "Aus Misserfolgen zu lernen" manchmal schwer zu ertragen. Nimm dir allerdings vor, nach einer ersten emotionalen Phase, dass du rational überdenkst, was zum Misserfolg führte und was du im nächsten Anlauf besser machen könntest. Manches Mal zeigt das Überdenken auch, dass der Misserfolg kein generelles Scheitern darstellt, sondern ein Justieren, eine Richtungsänderung. Der Weg zum Ziel ist noch da, er ist vielleicht steiler geworden, schmaler oder nimmt ein paar Umwege. Lass dich nicht entmutigen, sondern schöpfe Kraft aus den neuen Erkenntnissen. Denn auch die Geschichte lehrt uns:

Scheitern ist kein Beinbruch! Dass wir als Menschen allzu oft scheitern, liegt ja nur daran, dass wir uns dauernd zu viel vornehmen. Wären wir klug genug, uns nicht so viel aufzubürden, wir würden praktisch nur noch Erfolge feiern. Wenn wir also morgens nach dem Aufstehen nicht auch noch den Entschluss fassten, pünktlich zur Arbeit zu erscheinen - das Zähneputzen wäre uns bereits ein großartiger Sieg, der nur noch vom anstehenden Frühstück getoppt würde.

Schnurgerade gescheitert sind schon eine Menge Persönlichkeiten. Etwa berühmte Sitzenbleiber. Unter ihnen zu nennen wäre Thomas Mann, der im Gymnasium aufgrund zweier Ehrenrunden nicht eben die hellste Kerze auf der Torte gewesen sein kann. Dass er als unsterbliche Klassenlektüre einstmals an sämtliche Schularten außer den Baumschulen zurückkehren würde, ahnte der künftige Literatur-Nobelpreisträger selbst am wenigsten.

Ein ehemaliger bayerischer Ministerpräsident blieb in der siebten Klasse sitzen. Nicht wegen des Fachs Deutsch, sondern es gebrach am Lateinischen. Wer nun also Edmund Stoibers berühmten Reden vor diesem Hintergrund lauscht, kann sich glücklich schätzen, dass er sie nicht auf Latein vorgetragen hat. Jedenfalls zeigen Mann und Stoiber: Scheitern ist kein Beinbruch. Ruf dir immer wieder den Satz des Tragödienschreibers Sophokles in Erinnerung: „Gerades Scheitern steht höher als ein krummer Sieg."

Zuallererst: Gib der Veränderung überhaupt eine Chance!

Das wichtigste ist und bleibt immer noch: Hast du Lust auf Veränderung? Der Gedanke setzt ganz vorne an, vor der Umsetzung, vor der Zieldefinition, noch vor der ersten Idee eines möglichen Ziels. Wage dich aus der Komfortzone, erprobe dich, habe Freude an der Reise, die du unternimmst. Sei neugierig auf dein neues Ich in der Zukunft. Es wird dich bestimmt positiv überraschen.

Ich wünsch dir dabei viel Erfolg!

04 Wupp, Wupp, WOOP
Erreiche mit Spaß alles, was du willst!

| Um was es geht:

★ Eine Strategie zur Erreichung deiner Ziele - Die WOOP-Methode
★ Vier einfache Schritte

Zum Abschluss stelle ich dir noch eine sehr wirksame Strategie zur Umsetzung deiner Ziele vor: WOOP!

Was ist WOOP? WOOP ist ein Akronym aus vier Begriffen, die für die einzelnen Schritte einer unglaublich wirksamen Methode stehen:

- W = Wish (Wunsch)
- O = Outcome (Ergebnis)
- O = Obstacle (Hindernis)
- P = Plan (Plan)

WOOP ist eine Methode, mit der du deine Ziele leichter erreichen kannst. Das Besondere an dieser Methode: WOOP nutzt die Funktionsweise unseres Gehirns optimal aus. WOOP ist wissenschaftlich gründlich erforscht und zigfach mit Erfolg getestet.

Wofür kannst du WOOP einsetzen?

Zum Beispiel: Falls du dich mehr bewegen, besser ernähren, ordentlicher werden, effizienter arbeiten oder bessere Beziehungen haben willst ... den Vorhaben, bei denen WOOP dir helfen kann, sind so gut wie keine Grenzen gesetzt. WOOP ist leicht erlernbar und einfach anzuwenden.

WOOP wurde von der Wissenschaftlerin Gabriele Oettingen entwickelt. Sie fand in repräsentativen Studien heraus, dass positives Denken allein nicht reicht, um Ziele zu erreichen. Daraufhin entwickelte sie die Methode des mentalen Kontrastierens. Das mentale Kontrastieren kombiniert positives Denken und die Visualisierung und Emotionalisierung der eigenen Wünsche. Später kamen die Forschungen eines anderen Wissenschaftlers ins Spiel. Peter M. Gollwitzer ist in der Motivationsforschung besonders durch das von ihm entwickelte Rubikon-Modell bekannt geworden. Gollwitzer fasste seine Erkenntnisse in einem alltagstauglichen, einfach anzuwendenden Wenn-dann-Szenario zusammen. Damit ist gemeint:

- „Wenn die Situation x auftaucht, dann werde ich mit Verhalten y reagieren."
- Zum Beispiel: „Wenn mir bei einer Geburtstagsfeier das zweite Stück Torte angeboten wird, dann sage ich ‚Nein, danke'."
- Oder: „Wenn ich abends nach Hause komme, dann ziehe ich mir ohne Umwege meine Sportsachen an und gehe eine halbe Stunde laufen."

Gollwitzers Forschungen ergaben: Ist der Plan einmal gefasst, kann er sozusagen im Verborgenen wirken. Oettingen und Gollwitzer führten gemeinsam eine Studie durch, in der sie untersuchten, wie wirkungsvoll die Kombination von mentalem Kontrastieren und Wenn-dann-Plänen ist.

Eine Studie, die viele interessieren wird. Geht es darin doch um ein Problem, das den allermeisten aus persönlichen Erfahrungen bekannt ist: Ungesunde Naschgewohnheiten. Du weißt schon: Mal ein Schokoriegel hier, dann wieder eine Handvoll Chips dort ...

Für die Studie unterteilten die Forscher eine Gruppe von Studentinnen, die sich ungesunde Naschgewohnheiten abgewöhnen wollten, in drei Gruppen.

- Eine Gruppe arbeitete mit dem mentalen Kontrastieren nach Gabriele Oettingen.
- Eine zweite Gruppe entwickelte Wenn-dann-Pläne. Und:
- Eine dritte Gruppe kombinierte beide Methoden miteinander: Zuerst wendeten sie das mentale Kontrastieren an und entwickelten anschließend Wenn-dann-Pläne zu ihren Zielen.

Das Ergebnis war erstaunlich: Die Anwenderinnen der Kombination beider Methoden zeigten gravierend größere Fortschritte. Mentales Kontrastieren und Wenn-dann-Pläne zusammengenommen führten zu erstaunlichen Veränderungsprozessen. WOOP war entstanden. Denn WOOP enthält beides.

- Das mentale Kontrastieren wird abgebildet, indem das positive Visualisieren in „Wish" und "Outcome" mit den auftauchenden Hindernissen in „Obstacle" verknüpft werden.
- „Obstacle" und „Plan" steht für die Durchführungsintentionen, also die Wenn-dann-Pläne.

Es gibt aber eine unerlässliche, absolut notwendige Bedingung, die du erfüllen musst, damit WOOP auch für dich funktioniert ... ahnst du, was es ist? Genau. Du musst es tun. Also probier es doch am besten gleich einmal aus. Idealerweise nimmst du dir einen Zettel und einen Stift.

Schritt 1: Wish (Was ist mein Wunsch?)

Denk an einen Wunsch, den du hast. Für den Testfall empfiehlt es sich, etwas zu nehmen, das nicht zu groß ist und dessen Erfüllung du dir für die nahe Zukunft wünschst. Denn dann kannst du relativ leicht überprüfen, ob WOOP für dich funktioniert.

Also: Was willst du heute unbedingt noch erledigen, fällt dir aber vielleicht etwas schwer? Ein wichtiges Telefonat führen, ein Buch zu Ende lesen, noch zum Sport gehen … Entscheide dich für etwas …

- das dir wichtig ist
- das du grundsätzlich für erreichbar hältst

Beispiel: «Ab dem 1. März werde ich zwei Mal in der Woche eine Stunde Sport machen.»

Schreib deinen Wunsch mit ein paar Worten auf deinen Zettel.

Schritt 2: Outcome (Was ist das schönste Ergebnis?)

Denk an das Ergebnis, das du im besten Fall erreichen könntest.

Also: Du erledigst das wichtige Telefonat und es fühlt sich einfach nur großartig an, dass es endlich von deiner To-do-Liste verschwunden ist. Du liest das Buch zu Ende und kannst es, voller Stolz, dass du es zu Ende gelesen hast, ins Regal stellen. Du spürst, dass deine Rückenbeschwerden immer weniger werden und du morgens ohne Schmerzen aufwachst.

Stell dir das bestmögliche Ergebnis vor und schwelge für einen Moment so richtig darin. Schließe dabei ruhig die Augen. Wie fühlt es sich an, was siehst du vor deinem inneren Auge?

Beispiel: «Ich werde mich voller neuer Energie fühlen.»

Notier auf deinem Zettel, was dein bestmögliches Ergebnis ist.

Schritt 3: Obstacle (Was ist dein wichtigstes inneres Hindernis?)

Denk nun an ein Hindernis auf dem Weg zu deinem Wunsch-Ergebnis. Was hindert dich daran, dass du genau das, was du dir grad vorgestellt hast, verwirklichst? Was ist dein Haupt-Hinderungsgrund? Arbeite hier den einen Grund heraus, der dir am meisten im Weg steht.

Ist es die Angst, am Telefon nicht zu wissen, was du sagen sollst? Ist es, dass du denkst, du müsstest noch den Haushalt erledigen, bevor du überhaupt zum Lesen kommen könntest? Ist es ein Gedanke, der dich vom Sport abhält, so etwas wie: „Ich habe den ganzen Tag so viel geleistet, jetzt habe ich ein Recht auf Erholung. Ich will auf mein Sofa."?

Denk an dein ganz persönliches Hindernis. Also an das, was dich in dir daran hindert, das zu tun, was du für dein Wunsch-Ergebnis tun müsstest. Das innere Hindernis ist oft nicht so leicht zu entdecken. Denn wir führen uns selbst gern mal hinters Licht. Es sind dann oft die Umstände oder andere Menschen, die uns vermeintlich davon abhalten, das zu tun, was notwendig wäre.

Versuch deinem inneren zentralen Hindernis auf die Spur zu kommen. Denn das kann dir helfen, dein Verhalten zu verändern. Stell dir dein Hindernis möglichst konkret vor. Schließe dazu ruhig wieder die Augen. Was siehst du, was fühlst du?

Beispiel: «Ich habe keine Lust.»

Notier dein Hindernis auf deinem Zettel.

Schritt 4: Plan (Was ist mein Wenn-dann-Plan?)

Überleg dir nun, was du tun könntest, wenn dein Hindernis auftaucht. Was könnte dir helfen, das Notwendige für dein Wunsch-Ergebnis zu tun? Vielleicht ist es ein Satz, den du dir sagst, oder eine Handlung, die du ausführen müsstest. Wenn du weißt, was du tun könntest, formulier einen Wenn-dann-Satz:

- „Wenn ich die Angst vor dem Telefonat spüre, dann sage ich mir: ‚Wenn ich das hinter mich gebracht habe, geht es mir richtig gut.'" Oder:
- „Wenn ich nach Hause komme und denke, dass ich erst den Haushalt machen muss, sage ich mir: ‚Du machst das alles später. Jetzt liest du dein Buch weiter.'" Oder:
- „Wenn ich nach Hause komme und denke ‚Ich möchte nur aufs Sofa', dann sage ich mir: ‚Dir wird es besser gehen, wenn du zuvor noch eine halbe Stunde Sport machst. Die Zeit auf dem Sofa fühlt sich dann noch viel toller an.'" Oder:
- Wenn ich keine Lust habe, dann verabrede ich mich mit meiner Kollegin zum Joggen.

Notier deinen Wenn-dann-Satz auf deinem Zettel. Wiederhole den Wenn-dann-Satz nochmal für dich. Vielleicht sprichst du ihn laut aus. Lass ihn ein wenig nachwirken.

Das ist alles. Mehr brauchst du nicht zu tun. Dein Unbewusstes arbeitet für dich. Da WOOP im Unbewussten wirkt, musst du jetzt nicht dauernd daran denken, den Wenn-dann-Plan umzusetzen.

Natürlich wirkt einmal WOOP nicht für immer. Aber es wirkt mehr, als wenn du dich nur positiven Träumereien hingibst. Und wenn du WOOP regelmäßig machst, wirst du merken, dass du immer mehr und öfter etwas veränderst. Du wirst auch immer schneller darin, den Prozess zu durchlaufen. Sodass du den WOOP-Prozess ganz regelmäßig und natürlich in deinen Alltag einbaust.

05 Hau rein ...
Drei Dinge, die du jetzt tun solltest!

Das Wichtigste zuerst: Fang in diesen Minuten mit irgendetwas aus diesem Buch, am besten mit dem ersten Schritt aus deinem persönlichen Strategieplan, an. Beweise dir selbst, dass du etwas verändern willst. Und sei es nur, dass du jemand mitteilst, was du als Erstes tun wirst. Diese Person wird dich dann fragen, was daraus geworden ist, und das erhöht deine Motivation, es auch zu tun. Mach etwas, fang an: JETZT!

Wenn du etwas gemacht hast, dann reduziere (!) als nächstes, zumindest für eine gewisse Zeit, deinen Input durch weitere Bücher, Podcasts, Videos oder Social Media. Warum? Wir können uns noch so viel vornehmen – es dauert wenige Tage, Stunden, manchmal sogar nur Minuten und etwas anderes erscheint uns wichtiger. Schon wechseln wir die Prioritäten und es wird nichts fertig. Also: Wenn es dir wirklich ernst ist, dann mach für sechs bis acht Wochen eine Info-Diät und setz die Dinge um! Lass nicht zu, dass irgendwelche neue Ideen dich von dem, was du eigentlich tun willst, ablenken.

Und schließlich noch der dritte und mit Abstand wichtigste Tipp. Aus meiner Erfahrung weiß ich, dass es entscheidend für die eigene Entwicklung ist, dies mit anderen Menschen anzugehen, die in einer ähnlichen Situation sind oder diese schon bewältigt haben. Mit Menschen, die dieselbe Sprache sprechen und mit denselben Konzepten arbeiten. Sicher, es geht auch ohne dieses Umfeld, aber es braucht vielmehr Zeit und Disziplin und vor allem die Bereitschaft, auch teure Irrwege zu gehen. Genau dieses Umfeld findest du in einer Zusammenarbeit mit mir.

Zu diesem Buch gibt es ein Coaching-Programm, indem du umgeben von Gleichgesinnten und unterstützt durch mich an deiner persönlichen Situation arbeiten kannst. Im Coaching-Programm findet nicht dasselbe statt wie im Buch. Das Buch ist vielmehr Voraussetzung, um aus der Zusammenarbeit den maximalen Nutzen zu ziehen.

Ich freu mich schon, dich bald mal persönlich kennenzulernen. Meld dich doch noch heute für ein unverbindliches und kostenfreies Strategiegespräch an und ich begleite dich auf deinem nächsten Schritt – mehr dazu auf www.rainer-kapellen.de).

Doch unabhängig, wie deine nächsten Schritte aussehen: Bleib unbedingt an der Umsetzung dran.

Teil V

Auf ein Wort …

Ein Wort zum Schluss ....

Du weißt jetzt: Einstellungen und Verhaltensweisen, die oft über viele Jahre gewachsen sind und deinen heutigen Umgang mit deinen Belastungen prägen, verändern sich nicht von heute auf morgen, schon gar nicht von selbst. Es ist notwendig, dass du den Willen aufbringst, an dir selbst zu arbeiten. Zeit und Geduld sind deine notwendige Investitionen - positive Veränderungen und Erfolg deine Belohnung.

Denk dabei an Folgendes:

- Nimm dir nicht zu viel auf einmal vor. Setze dir überschaubare realistische Ziele und plane einzelne konkrete Schritte.
- Halte dir immer wieder deine Ergebnisse, die du erreichen willst und wirst, bildhaft vor Augen. Damit bleibst du auch bei auftretenden Hindernissen oder Rückschlägen standhaft.
- Mach dir bewusst, dass Rückschläge bei jedem Versuch der Verhaltensänderung auftreten können. Rückschläge sind normal. Lass dich nicht entmutigen und habe Geduld mit dir selbst.
- Gemeinsam geht es oft leichter. Such dir Unterstützung.

Ich wünsche dir nun viel Erfolg auf deinem persönlichen Weg zu mehr Gelassenheit, Souveränität und Wohlbefinden.

Das letzte Wort zum Schluss überlasse ich Charlie Chaplin mit seinem Brief an sich selbst. Ein, wie ich finde, genialer Richtungsweiser ....

Als ich mich selbst zu lieben begann ...

Als ich mich selbst zu lieben begann,
habe ich verstanden, dass ich immer und bei jeder Gelegenheit, zur richtigen Zeit am richtigen Ort bin, und dass alles, was geschieht, richtig ist – von da an konnte ich ruhig sein.
Heute weiß ich: Das nennt man **VERTRAUEN**.

Als ich mich selbst zu lieben begann,
konnte ich erkennen, dass emotionaler Schmerz und Leid nur Warnungen für mich sind, gegen meine eigene Wahrheit zu leben.
Heute weiß ich: Das nennt man **AUTHENTISCH SEIN**.

Als ich mich selbst zu lieben begann,
habe ich aufgehört, mich nach einem anderen Leben zu sehnen, und konnte sehen, dass alles um mich herum eine Aufforderung zum Wachsen war.
Heute weiß ich, das nennt man **REIFE**.

Als ich mich selbst zu lieben begann,
habe ich aufgehört, mich meiner freien Zeit zu berauben, und ich habe aufgehört,
weiter grandiose Projekte für die Zukunft zu entwerfen.
Heute mache ich nur das, was mir Spaß und Freude macht, was ich liebe und was
mein Herz zum Lachen bringt, auf meine eigene Art und Weise und in meinem
Tempo.
Heute weiß ich, das nennt man **EHRLICHKEIT**.

Als ich mich selbst zu lieben begann,
habe ich mich von allem befreit, was nicht gesund für mich war, von Speisen,
Menschen, Dingen, Situationen und von allem, das mich immer wieder
hinunterzog, weg von mir selbst.
Anfangs nannte ich das »Gesunden Egoismus«,
aber heute weiß ich, das ist **SELBSTLIEBE**.

Als ich mich selbst zu lieben begann,
habe ich aufgehört, immer recht haben zu wollen, so habe ich mich weniger geirrt.
Heute habe ich erkannt: das nennt man **DEMUT**.

Als ich mich selbst zu lieben begann,
habe ich mich geweigert, weiter in der Vergangenheit zu leben und mich um meine
Zukunft zu sorgen. Jetzt lebe ich nur noch in diesem Augenblick, wo ALLES
stattfindet,
so lebe ich heute jeden Tag und nenne es **BEWUSSTHEIT**.

Als ich mich zu lieben begann,
da erkannte ich, dass mich mein Denken armselig und krank machen kann. Als ich
jedoch meine Herzenskräfte anforderte, bekam der Verstand einen wichtigen
Partner.
Diese Verbindung nenne ich heute **HERZENSWEISHEIT**.

Wir brauchen uns nicht weiter vor Auseinandersetzungen, Konflikten und
Problemen mit uns selbst und anderen fürchten,
denn sogar Sterne knallen manchmal aufeinander und es entstehen neue Welten.
Heute weiß ich: **DAS IST DAS LEBEN!**

Charlie Chaplin
an seinem 70. Geburtstag am 16. April 1959

Verwendete Literatur:

ALPS, Nicole: Stress abbauen - 18 Notfall-Tipps und 3 wirksame Übungen

ALPS, Nicole - Zeit zu Leben: Die WOOP-Methode - Ziele erreichen in vier einfachen Schritten

BARMER: Warum Pausen wichtig für die körperliche und geistige Gesundheit sind

BARTENS, Werner: WHO-Studie zu Bewegungsmangel - Die Welt wird krankhaft sesshaft

BRAMMEN, Cornelia und HEINZE, Mathias: Heute genießen - Essen mit Lust ist gesund

ChicHerio, Katharina - Weka: WOOP-Methode - So erreichen sie jedes Ziel in nur 4 Schritten

EVERNOTE: How to make a plan - Wie man einen Plan macht und seine Ziele im Leben erreicht

FAAS, Angelika: Ballast abwerfen

FACULTAS: So wirkt Entspannung

FRIEDRICH, Annette - Rücken-Zentrum: Anleitung zur Progressiven Muskelentspannung

FROHME, Gabriele und Schmale-Riedel, Almut - VfP, Verband Freier Psychotherapeuten, Heilpraktiker für Psychotherapie und Psychologischer Berater e.V.: Psychodynamik von Antreibern

GROSS, Stefan F.: Life Excellence

GUT TUT GUT: Entspannung – loslassen, abschalten und neue Energie tanken

HAMMER: Krank durch Bewegungsmangel

HEIDENBERGER, Burkhard: Meine 10 Tipps für mehr Stress – eine Anleitung

HIRSCHHAUSEN, Dr. med. Eckart: Die Leber wächst mit ihren Aufgaben

IFA, Institut für Arbeitsmedizin: Burnout – ein Leitfaden

ILLINGER, Patrick: Work-Life-Balance

INKOVEMA: Das Antreiber-Konzept

JIMÉNEZ, Fanny: Veränderung tut gut

KAISER, Dr. Maren: Eigene Stressverstärker für mehr Gelassenheit in den Griff bekommen - Stress abbauen

KALUZA, Gert: Gelassen und sicher im Stress

KAMMERER, Christine: So schaffst du es, regelmäßig Sport zu machen

KYPTA, Gabriele: Burnout erkennen, überwinden, vermeiden

LÜBBENJANS, Carola: 3 typische Denkmuster, die ihren Stress deutlich verstärken und wie sie diese entschärfen, um Stress abzubauen

MERKLE, Dr. Rolf - PAL - praktisch anwendbare Lebenshilfen: Burnout-Syndrom Ursache und Symptome

MÜLLER, Vera - Professional Scientists: Von der Planung zur Umsetzung – Ziele erfolgreich in die Tat umsetzen

NAEFEKE, Christine: Burnout-Anzeichen: Ausgebrannt? 7 Signale für psychische Erschöpfung

PAULSEN, Hilko u. KORTSCH, Timo: Stressprävention in modernen Arbeitswelten

PFITZMANN, Cindy: Der 6 Schritte Plan, alle deine Ziele zu erreichen

PINGEL, Stephanie - Brigitte: STRESS-SYMPTOME - Beschwerden und Folgen im Überblick

RIFFARD, Nathalie - Digicomp: Schlüsselfaktor Bildung - Warum lebenslanges Lernen für die Karriere so wichtig ist

ROSENDAHL, Ulrich - Presseportal - pronova BKK: Studie - 87 Prozent der Menschen in Deutschland sind gestresst, jeder Zweite glaubt von Burn-out bedroht zu sein

SULNER, Martina - Redaktionsnetzwerk Deutschland: Gute Vorsätze zum neuen Jahr mit den besten Absichten

TAGLIEBER, Bernd und REABRICHT, Steffen - Transaktionsanalyse Online: Innere Antreiber - wie sie dich stressen und was du dagegen tun kannst

TECHNIKER KRANKENKASSE: Stress - Belastungen besser bewältigen

VON BRACHT, Till und Weirich, Brit - Onmeda: Entspannung

WARKENTIN, Nils - Karrierebibel: Stressformel - Einfacher Trick für weniger Stress

WLODAREK, Dr. Eva: Radikale Akzeptanz - Nehmen sie die Realität an!

Über den Autor: RAINER KAPELLEN

AUTOR, SPEAKER, TRAINER, COACH

www.rainer-kapellen.de

ER WAR EINER VON IHNEN.

Rainer Kapellen war einer der 87% Gestressten, von der die Studie "Betriebliches Gesundheitsmanagement 2018" im Februar 2018 im Auftrag der pronova BKK berichtete. Und die Abwärtsspirale drehte sich weiter Richtung Burnout. Die Bedrohung wurde vor ein paar Jahren zu seiner Realität.

Wie es so weit kommen konnte?

Schon in jungen Jahren war er Führungskraft mit Personalverantwortung – zuletzt als Oberbürgermeister für über 550 Mitarbeiter und einem Jahresumsatz von 100 Mio. Euro. Damit verbunden: Viele Termine, auch abends und am Wochenende, immer stand etwas auf der Agenda. Neben seiner Familie mit zwei Kindern war er immer ehrenamtlich in verschiedenen Vereinen und Institutionen aktiv, bis hin zu den höchsten Gremien auf Bundesebene. Es gab nur eine Richtung: steil nach oben. Schließlich hatte er ja hohe Erwartungen an sich.

Doch oben wird die Luft dünn und die Gesellschaft unangenehm: Verantwortung, Druck und Belastung wurden über die Jahre seine engsten Begleiter. Bis zum Knall. Zwei schwerwiegende gesundheitliche Warnschüsse hat er – gerade noch so – glimpflich überstanden.

Das war ihm eine Lehre.

Er weiß mittlerweile, wie man aus dieser Spirale ausbricht. Und das nicht nur aus eigener Erfahrung. Aufgrund dieser Warnschüsse und einer längeren Auszeit hat er eine Entscheidung getroffen. Nach fast 30 Jahren im Fokus der Öffentlichkeit als Kommunalpolitiker hat er auf eine weitere Amtszeit verzichtet und sich selbstständig gemacht. Er hat es sich zur Aufgabe gemacht, möglichst vielen Menschen

- durch geschicktes (Stress-, Zeit- und Selbst-)Management zu helfen, problemlos Struktur und Gelassenheit in ihren Alltag zu bringen und so bis zu 10 Stunden mehr Zeit pro Woche für das Wesentliche zu haben.
- zu einem gesunden Umgang mit Stress und zu mehr Achtsamkeit für sich selbst zu verhelfen, damit ihnen stressbedingte Krankheiten erspart bleiben und sie ein erfülltes Leben voller Vitalität und Schaffenskraft führen können – und so all ihre persönlichen und beruflichen Ziele erreichen.

Dazu hat er die Berufszulassung als Heilpraktiker für Psychotherapie (HeilPrG) durch die entsprechende Ausbildung erworben und sich als Business Trainer 4.0 nach DIN EN ISO 9000ff zertifizieren lassen.

Jetzt ist er da, wo er sein möchte: Voller Vitalität, Dynamik und vor allem Gesundheit. Ein selbstbestimmtes Leben ohne Hamsterrad. Wie er da hingekommen ist, zeigt er in seinem Online-Programm „Aufbruch". Mit Werkzeugen und Impulsen, die ihm geholfen haben, motiviert er dazu, Stress in positive Energie umzuwandeln.

Er vermittelt sein Wissen als motivierender Mentor und Speaker on- und offline im Coaching, in Seminaren und bei Mitarbeiter- oder Kundenveranstaltungen, Kick-Offs, Kongressen, Events oder Tagungen. Die Themen rund um den Erhalt der persönlichen Leistungsfähigkeit, ohne auszubrennen, stehen dabei im Zentrum seines Programms und seiner Vorträge.

Mit seinem direkten Vortragsstil, seiner überzeugenden Rhetorik und anschaulichen Beispielen versteht es Rainer Kapellen, selbst komplexe Strategien, Techniken und Zusammenhänge deutlich darzustellen und allgemein verständlich zu machen. Mit dieser Fähigkeit schafft er es, auf informative, humorvolle, unterhaltsame und einzigartige Weise, praxiserprobte Inhalte mit motivierenden Elementen zu verknüpfen. Für seine Zuhörer und Teilnehmer erreicht er ein Lernerlebnis mit vielen AHA-EFFEKTEN und voller AUFMERKSAMKEIT.

Er vermittelt komplexe Sachverhalte unterhaltsam, praxisnah und verständlich und gibt leicht umsetzbare Tipps zur Verhaltensänderung.

Er motiviert dazu, Neues und Unbekanntes anzugehen, die Komfortzone zu verlassen und langfristig leistungsfähig und erfolgreich zu sein.

Seine Bilanz:

- 30+ Jahre Erfahrung in öffentlichen Einrichtungen und wirtschaftlichen Unternehmen der Energiebranche, im Wohnungsbauwesen und sozialen Bereich geben ihm einen umfassenden Einblick in den Alltag von Selbstständigen, Führungskräften und Unternehmern.
- mehr als 21.000+ Menschen als Speaker inspiriert: Impulse to go - Unterhaltsam. Mitreißend. Nachhaltig.
- über 2.000+ Einzelcoachings für den individuellen Erfolg, für mehr Gelassenheit und Zufriedenheit.
- über 1.000+ Erfolgsstorys mit Menschen, Unternehmen, Vereinen und Organisationen

▶ ForwardVerlag

Weitere Produkte:

Entrepreneurshit

So präsentiert sich wahres Unternehmertum – Ideen, Denkanstöße und Reinfälle, die du nicht auf Gründerszene liest.

ISBN: 3947506694

Why I Care

Wie gute Unternehmer großartig werden und privat im Lot bleiben.

ISBN: 3947506736

Mit Odysseus ins Silicon Valley

Erwecke den Gründer in dir.

ISBN: 3947506821

www.forwardverlag.de